NORBERT MUIGG

DIE MAGIE DES HERZENS

LEBENSWEISHEIT DER MAYA

Ibera

DANK

Ich danke dem Rat der Meisterinnen und Meister der Lichtstätte A-KASHRA-OM, meinem Mayavater Don Julián Lopez Mendez und den vielen Begleitern und Helfern im Kraftfeld TO-OM-RA. Aus diesen Verbindungen öffneten sich mir Tore zu einem sinnerfüllten und aus dem Herzen getragenen Mensch-Sein. Für die liebevolle Begleitung und Hilfe danke ich der Heilerin des Herzens, meiner geliebten Frau Christine, meinen drei Kindern Daniel, Florian und Sarah und der Weisheitslehrerin Silvia für ihre freudvolle Hingabe an den geistigen Plan und an das Werk TO-OM-RA.

OMRAEL NORBERT MUIGG

Norbert Muigg

Die Magie des Herzens

Lebensweisheit der Maya

Ibera verlag, wien

Informationen zu diesem Buch und der aktuelle Seminarkalender unter:
Norbert Muigg: <http://www.to-om-ra.com>
e-mail: kontakt@to-om-ra.com
Fax: 0043(0)5225 64090

Die Deutsche Bibliothek – CIP-Einheitsaufnahme
Muigg, Norbert:
Der Magie des Herzens:
Lebensweisheit der Maya / Norbert Muigg.
– Wien: Ibera-Verl., 2005
ISBN 3-85052-190-7

Bild Schutzumschlag: Mayafigur: im Besitz von Christine und Norbert Muigg
Bearbeitung und Lektorat: Genia Gazda
Herstellung: Graphik & Buchdesign
Druck: Druckerei Theiss GmbH, Wolfsberg
ISBN- 3-85052-190-7

www.ibera.at

Inhaltsverzeichnis

Vorwort

Die Stimme des Rates

Über der großen peruanischen Tempelstadt Machu Picchu lag in den frühen Morgenstunden noch dichter Nebel, der wie eine Trennwand zwischen den ersten Besuchern und dem Geheimnis dieses sakralen Ortes stand. Die Bitte um Einlass und die Verbindung zu unseren Herzen würden mir und meiner Frau Christine die Pforten öffnen, hatte Meister Cirilo, der Präsident des Maya-Rates, vor unserer Abreise in Guatemala gesagt. Wir baten bei zwei Steinsäulen, die wir als Toreingänge verspürten, um Einlass und warteten so lange, bis wir den inneren Ruf vernahmen, in die Pyramidenstadt einzutreten.

Ein auf der anderen Talseite emporragender Bergkoloss war in den ersten Stunden unseres Besuches besonders meiner Frau aufgefallen. Christine interessierte sich weniger für die wunderschönen Bauwerke der Inkas und saß stundenlang auf einer Steinstufe, den Blick auf diesen Berg gerichtet. Sie nahm ihre Kamera und fotografierte diesen mächtigen Hüter der Inkastadt, wie sie ihn bezeichnet hatte. Dann erzählte sie mir von einem Tor, das sich für sie in das Innere dieses Berges geöffnet hatte. Wieder daheim in Guatemala, legte sie das Bild auf ihren Altar und meditierte über die Meister von Ibez. Diese Meister werden in einem der Werke Alice Baileys in Verbindung mit den Völkern Amerikas erwähnt. Dies war für meine Frau der Beginn einer Jahre dauernden Suche nach den Geheimnissen der goldenen Lichtstadt Ibez. Nach einer Meditation bat sie mich eines Tages, mich diesem Kraftfeld zuzuwenden. So fand ich den ersten Kontakt zur Weisheit und Kraft des verborgenen Geheimnisses einer Lichtstätte, aus der die Indianerweisen einst geschöpft hatten.

Jahre später hörte ich auf der mächtigen Pyramide KUKUUL-HAs in Tikál erstmals die Stimme des Rates der Meisterinnen und Meister dieses globalen Kraftplatzes. Dadurch öffnete sich mir eine Weisheitsquelle, die mein Leben stark verändern sollte. Es wurde mir dort die Erlaubnis gegeben, den Schatz Maya aus den Herzen der Menschen zu heben, die mir begegnen würden. UXBALAM, der weise Jaguartänzer, sprach zu mir über Jahre meines Suchens mit der Stimme des großen Priesters und Magiers der Maya, Don Julián. Während ich an diesem Buch schrieb, riet mir Keme, mit dem Schreiben des sechzehnten Kapitels bis zum Tod meines geliebten Mayavaters zu warten. Ich würde nach seinem Übergang seine liebevolle und humorvolle Stimme aus dem Rate der Meister Tikáls erkennen. So durfte ich den Tod meines Mayavaters Don Julián vorbereiten. Aus der Sprache des Herzens vieler Menschen, die ihn liebten und erkannten, erfuhr dieser große Anciano seine Auferstehung in die Aufgabe als kosmischer Brückenbauer. Wenige Tage nach seinem Begräbnis schrieb er bereits im Namen des „Consejo Invisible“, des unsichtbaren Rates der Meister der Maya, einen Brief an mich: „Geliebter Norbert! Erinnere dich aus den Segnungen meines Volkes deiner keltischen Ahnen. Die Nebel des Vergessens, die wie Rauchwolken das Mysterium der alten Völker umhüllen, beginnen sich in deiner Heimat und in den Kulturen und Religionen zu lichten. Du wurdest als Kind in Ritualen deines Erdenvaters mit dem Herzen des großen Meisters der Liebe, Jesus Christus, verbunden. Wir haben dich bereits in deiner unbändigen und lebendigen Kindheit als großen Brückenbauer erkannt. Deine jahrelangen Gebete für die Verstorbenen haben sich tief in dein Herz eingeprägt. Du hast durch deine Lebensfreude die Reiche der Mutter Natur aus dir selbst heraus lebendig werden lassen. Die großen Meister und Hüter der Naturreiche haben dich viele Jahre geleitet, ohne dass du es bewusst wahrgenommen hättest. Der große Brückenbauer und Meister der Maya, B'AATZ, erkannte dich als Wegbereiter für eine Vielzahl von Musikern und Künstlern, denen du Jahre deines Lebens gewidmet hattest. Er war es, der dich über die Grenzen deiner Heimat auf einen anderen Kontinent führte. Dort erkanntest du die dunkle Schwere deiner eigenen Ängste. Abgründe deiner selbst nahmen dir den Lebensatem, bis du in einem mutigen Akt der Befreiung die Klammern sprengtest, die um dich und deine Vorstellungen und Glaubenssätze gelegt waren. Als dein

Herz wieder zu atmen begonnen hatte, öffneten wir dir die Tore zu dem über Jahrtausende im menschlichen Vergessen ruhenden Kraftquell der Meisterinnen und Meister des Rates der Maya. Aus verborgenen Welten begannen sich durch dein Sein und Wirken die Nebel zu ihnen zu lichten. Von einem dunklen Schleier bedeckt, liegen sie in den Herzen der Maya-Altäre, auf Bergen, Vulkanen und in Täler und Gewässer der großen und mächtigen Länder Zentralamerikas eingebettet. Selbst die mächtigen Hüter der Dunkelheit öffneten dir ihre Reiche, die du in Würde und Respekt im Dienst der Menschen betreten hast. So lichteten sich für dich auch die dunklen Nebelschwaden des für viele Menschen deines Kulturkreises vergessenen Mayavolkes. Dort wurdest du aufgenommen und gebeten, die Weisheit deines Herzens im Namen des Rates zu öffnen. Für deine Aufgabe als Brückenbauer und Weisheitslehrer segneten wir dich mit dem Meisternamen Omrael. Durch deine gelebten Erfahrungen mit den zwanzig Nahuales des Mayakalenders wird es vielen Suchenden möglich gemacht, diesen kosmischen Lebensbegleiter zu erfahren und in das alltägliche Leben zu integrieren. Geh aus diesen Erfahrungen und Segnungen in die Welt und berühre aus deinem Sein und Wirken die Herzen derer, die dich erkennen, so wie wir dich einst erkannt haben. Aus eurem gemeinsamen Wirken wird sich der Plan des göttlichen Vaters in Erfüllung zu bringen."

A-Kashra-Om

Die Pyramiden der Alpen

Es war mir eine große Freude, meinen Mayavater mit seiner Enkelin über die Kontinentbrücke erstmals in meine Tiroler Heimat zu führen. Bereits über dem bayrischen Luftraum begann es im Flugzeug unruhig zu werden. Tata Julián holte seinen Fotoapparat hervor und wollte die unter ihm im Abendschimmer liegenden Bergformationen fotografieren. Als er durch die Erschütterungen der Maschine mit der Kamera an das Fenster gestoßen wurde, setzte er sich überrascht hin und schnallte sich an. Santa Majom, der Herr der alpenländischen Lüfte, verschaffte sich Respekt. Er begrüßte auf seine Weise die Mayaschamanen. Ein Föhnsturm kam auf ohne jegliche Rücksicht auf die für die beiden sehr ungewöhnliche Situation, in einem Flugzeug zu sitzen. Die Schamanen der Maya bezeichnen sich selbst als Reisende durch Raum und Zeit. Im Moment aber schien der ansonsten Traumreisen Gewohnte seine ihm gewohnte Flexibilität einzubüßen. Don Julián, der oft in den Nächten auf anderen Seinsebenen reist und arbeitet, musste sich wie wir alle dem Schicksal ergeben.

Die Maschine stürzte in ein Luftloch, fing sich aber bald wieder. Gleich einem Spielball warf der Föhn das Flugzeug durch die nun dichter werdende Wolkenschicht. Ich war diesen oft sehr unliebsamen Willkommensgruß bereits gewohnt. Ein tiefes Aufatmen ging durch die Reihen der Passagiere, als das Flugzeug endlich am Boden aufsetzte.

Bereits am nächsten Tag saßen Don Julián und Gloria staunend in einer kleinen Gondel. In einer Höhe von 2500 Metern wurden wir lautlos durch eine schwer auf dem Stubaier Gletscher lastende Nebelschicht getragen. Vor unserer Abfahrt war uns noch aufgefallen, dass Gloria barfuß in ihren Indianersandalen ins Auto stieg. Meine Frau steckte noch im letzten Moment die junge Mayafrau in ihre Bergschuhe. Wir amüsierten uns köstlich bei der Suche nach Kopfbedeckungen für die beiden. Es blieb uns letztlich nur die Wahl zwischen zwei eher ausgefallenen Kappen unserer Kinder.

Blauer Himmel mit vom Föhn duftig durchzogenen Wolkenschichten hieß uns auf 3000 Höhenmetern willkommen. Noch in der schwankenden Gondel sitzend, sagte Tata Julián zu mir: „Noch nie habe ich so etwas gesehen. Wie schön ist dein Land! Du bist gesegnet, diesen Ort deine Heimat nennen zu dürfen." Gemeinsam tauchten wir in eine dem Guatemalteken unbekannte Gletscherwelt ein. Mit der Freude und dem Staunen eines Kindes empfand er die Klarheit der Luft und die Reinheit des Lichts, die von der Natur geschaffenen Altäre, die sakralen Berge meiner Heimat. Don Julián, ein Hüter alter Maya-Tradition, war bereit, sich von unserer westlichen Kultur berühren zu lassen. Dünne Nebelfetzen verschleierten noch immer den freien Blick in die Weite und Tiefe der unter uns liegenden Landschaften. La Santa Neblina, wie sie Tata Julián nennt, kroch langsam die im Juni noch schneebedeckten Geröllfelder empor. Wir bewunderten still das Leuchten der Schneefelder. Der Blick über weiß glitzernde Berghänge, auf die vom Nebel umhüllte Alpenlandschaft erweckte in uns ein Gefühl tiefen Respekts, ja tiefer Liebe zur göttlichen Schöpfung.

Wir stiegen aus der Gondel. Die Temperaturen waren deutlich gesunken. Ich musste beim Anblick unserer Maya-Gäste schmunzeln. Eingehüllt in Snowboardanzüge meines Sohnes wirkten beide eher wie in den Bergen verloren gegangene Eskimos denn als Maya-Schamanen. Die beiden Guatemalteken stiegen vorsichtig über die Stahltreppen der Bergstation. Die Situation erinnerte mich an die ersten Gehversuche der Astronauten auf dem Mond. So näherte sich Don Julián, der Wasserschamane der Maya und Regenmacher von Palín, erstmals dem Schnee. Ich hatte ihm oft von der in seinen Breiten fehlenden Jahreszeit Winter erzählt. Die Vorstellung von europäischer Kälte und Schnee erfüllt Bewohner der Tropenländer meist mit purem Entsetzen. Don Julián nahm eine Handvoll Schnee und fühlte erstmals dessen Konsistenz. Ich sagte ihm, dass es in unseren Breiten bei Kindern Tradition sei, der Freude über den ersten Schneefall durch Schneeballschlachten und andere Schneespiele Ausdruck zu verleihen. Wir hätten zwar nicht die richtige Jahreszeit, aber es würde auch ihm nicht erspart bleiben, wenigstens einmal in seinem Leben mit Schnee eingerieben zu werden. Ich nahm eine Handvoll des durch die Sonnenbestrahlung bereits nassen Schnees und rieb den Kopf Don Juliáns damit ein. Der ungewöhnliche Anblick eines Maya im Snowboardanzug erinnerte mich an unsere ersten gemeinsamen Rituale in Guatemala. Ich trug damals einen Zeremonialhuipil der Maya und eine Priesterschleife mit Kopftuch. Auch Don Julián rieb mich damals mit seinen Duftessenzen ein und sprach von Tradition. Er amüsierte sich darüber, wie mein ganzer Körper erzitterte, als er mich mit den geistigen Mächten der Maya verband. „Mein Lieber, du hast dich mit einigen Espiriti Burlones, mit Betrügergeistern, verstrickt.“ Dies waren seine ersten Worte, die mich schockierten, während er herzhaft darüber lachte. Er sprach von einem guten Zeitpunkt in meinem Leben, mich selbst zu erkennen. Ich sollte mich um meine Freiheit und um meinen inneren Frieden bemühen. Dafür müsste ich auch die Verantwortung für mein Leben bewusster in die Hand nehmen. Wenn ich selbst es nicht tat, so würden andere Kräfte mein Leben bestimmen. Ich konnte die Zusammenhänge dessen, was er mir damals sagte, lange nicht verstehen.

Im Gefühl vollkommener Erhabenheit und Freiheit befanden wir uns über den Dörfern und Bergspitzen Tirols. Tata Julián stand auf einem riesigen Schneefeld, den Blick zum Himmel erhoben. Gloria zog ihren Anorak aus und kniete betend auf der Snowboardjacke. Schifahrer machten einen großen Bogen um uns und beobachteten uns verwundert. Eine kleine Gruppe verlorener Träumer hatte sich wohl, ihren Gesichtern nach zu urteilen, auf dem Areal touristischer Freiheitssuchender verirrt. Diese gaben sich mit Schiern oder Snowboards den um diese Jahreszeit beschwerlichen Freuden des Schisports hin. Die beiden Maya-Pocomames staunten über die sportliche Geschicklichkeit der Touristen. Eine im spärlichen Sonnenlicht badende Bikini-Schönheit ergänzte das vielfältige Bild meiner Heimat. Vom Stubaier Eisjoch aus umgab uns die Nord- und Südtiroler Bergwelt wie ein in sich ruhendes, kraftvolles Bergmeer. An eine steile Felswand der Stubaier Wildspitze gelehnt, verband ich in Dankbarkeit mein Herz mit dem Herzen dieser mächtigen Bergpyramide. Ich eröffnete das Ritual und erbat die Präsenz der geistigen Mächte der uns umgebenden Bergwelt. Ich rief den Wilden Freiger, den Pfaff, das Zuckerhütel, die Schaufelspitz, die weiße Pracht der umliegenden Berge, die mich seit meiner Kindheit an das Göttliche erinnerten, an das Reine meiner Heimat und der Mutter Natur.

Die Geburt der Meister

Aus den Segnungen des Rates der Meisterinnen und Meister Tikáls

Der ALL-EINE und NAMENLOSE, GOTT, das kosmische Feuer JUN-AB-KU – übersetzt: die Einheit, aus der die Vielfalt in der göttlichen Harmonie entsteht – rief ihn bei seinem Namen, NIM KU-KUUL-HA, CHIPI KU-KU-UL-HA und RAX KU-KUUL-HA. Der Hüter der kosmischen Hierarchie und Herr der drei Strahlen Gottes trat vor JUN-AB-KU und übernahm als Erstes den Gedankenfunken Gottes, die Erde und den Menschen zu erschaffen. Aus der Spitze der kosmischen Pyramide flossen drei Kraftströme gleich einem Flammenmeer des göttlichen Willens auf die Erde und berührten die Urwasser der Ozeane. Strahlen der kosmischen Liebe öffneten die göttliche Absicht in den Tiefen des Dunkels, in denen die kosmischen Energien als Materie sichtbar geworden waren. Gleich einer Flutwelle erhob sich aus dem kosmischen Meer eine Woge von Kraft und Dynamik, als das Wasser von der Kraft des Geistes belebt wurde.

TZAKOL, der mit dem göttlichen Schöpfungsplan Beauftragte, BITOL, der Formgebende, ALOM, die sich Hingebende und Empfangende, und CAJALOM, die aus der Liebe Gebärende, sie folgten in der heiligen Vier der Stimme Gottes. Aus dem Herzen und der Kraft und Mächtigkeit der drei Strahlen KU-KUUL-HAs würden sie das weltliche Leben über die heilige Sieben in Form und Erscheinung bringen. So wurde die gefiederte Schlange, der große Hüter der menschlichen Urseele, KU-KUUL KAAN, als Abbild des Geistes Gottes und des Wassers des Lebens geboren.

ALOM, die Empfangende, schlief noch im Dunkel des Mondes, als sie von der Feuersbrunst der schöpferischen Liebe und

Kraft KU-KUUL-KAANs erfasst wurde. Sie möge sich als Hüterin des Lebens in all ihrer Fülle und Schönheit bereit machen. So vernahm sie die Stimme des göttlichen Vaters. Fruchtbarkeit aus dem Wasser des Lebens werde durch sie in die Welt strömen und alle Lebensformen nähren, die aus CAJALOM geboren würden. Dort, wo noch die Dunkelheit das Leben verdeckt hielt, soll eine Formenwelt als Abbild ihrer Schönheit aus der Liebe des Schöpfers entstehen. Dies war ihr weltlicher Auftrag, der aus der Stimme des ALL-EINEN in ihr Herz gelegt wurde.

Eine rote Scheibe erhob sich aus den Tiefen des Kosmos und berührte den matten Glanz ihres silbernen Schleiers. Ein im fahlen Licht des erwachenden Morgens schimmernder Regenbogen legte sich über ihr Gesicht. Von der Wärme und dem Schein der Sonne erweckt, erkannte sie die Botschaft des Schöpfers. Im kosmischen Feuer der Sonne erwärmte sich ihr Herz. Im Schein des Lichts wurde ihre Anmut offenbar, denn der Krieger des Herzens AJPUU, die göttliche Sonne, hob seinen glanzvollen Schild, in dem sie sich im Spiegel des Lichts erkennen konnte. Denn niemand durfte Schönheit auf die Erde bringen, ohne in sich das reine, göttliche Abbild des Schöpfers zu erkennen.

Ihre Freudentränen flossen auf die Erde und schufen die ersten Quellen, Bäche, Flüsse und Ströme. Die überfließende Freude und die Liebe zu ihrer Aufgabe schufen das Blut der Erde, das in den Adern und Venen des Planeten zu pulsieren begann.

Der Klang des Donners erfüllte das Universum, als sich TZAKOL, das Feuer des Schöpfers, und die Freudentränen ALOMS, der Empfangenden, berührten. In Freude und Hingabe vereinigten sie sich, Sonne und Mond. Auf der Erde wechselten Licht und Schatten, Hitze und Kühle, Trockenheit und Feuchtigkeit. Der Schöpfungsakt aus dem Schoße von Sonne und Mond entlud sich in Feuersbrünsten und Wasserfluten.

Blitze und Donner erhoben sich, als aus dem Samen des göttlichen Feuers und dem Wasser des Lebens aus den heiligen sieben Schöpferstrahlen Gottes die zwanzig Sternenboten als Lebensbegleiter für den Menschen erschaffen und geformt wurden. Sie sollten als Boten des Lichts den weißen Weg der Erkenntnis in den Sternenhimmel über unseren Planeten Erde zeichnen.

Der siebenfarbige Regenbogen stand über den Meereswogen und aus den Klangbildern der kosmischen Töne formten sich die Freudentränen des Schöpfers in reinstem, weißem Kristall. Als Nahuales des heiligen Kalenders Maya eröffneten die zwanzig Sternenboten als Hüter der Lebensweisheit den Reigen des Schöpfers. Sie trugen Kristallschädel in ihren Händen. Von Hand zu Hand gingen sie, die Schätze des Rates. Im Rhythmus von Sonne und Mond, in der Bewegung von Licht und Schatten glänzten sie hell oder verblassten im silbrigen Schein des Mondes.

Die Meister wussten von der Bereitschaft des ALL-EINEN, sich auf Erden als Ebenbild des Menschen zu manifestieren. Dafür hüteten die Boten der Sterne das Geheimnis aller Geheimnisse, einen smaragdgrünen Schädel formvollendeter Schönheit. Als Abbild des Herzens Gottes ruhte er verborgen in den heiligen Hallen des Rates. In seinen Tiefen sahen sie das große kosmische Ereignis, das Erscheinen des Christus als Sohn Gottes auf Erden.

BITOL, der Formgebende, begann nun, den Menschen aus dem Quell der Materie, aus dem verdichteten Licht, zu formen. Im Dickicht des Waldes rief er den Geist des Jaguars und erweckte daraus die Kraft und Dynamik des Menschen. Aus den Bewegungen des Schalls erkannte DER FORMGEBENDE den Geist der Schlange und schuf aus dem Rhythmus des Kosmos die Beweglichkeit und seinen Lebensrhythmus. Im Schein der Sonne erwärmte und stärkte er die Herzen derer, die aus seinen Händen geformt waren. Im Wasser des Mondes gab er dem Menschen Ebbe und Flut der Gefühle. Er rief die Stürme des Nordens und füllte den Menschen mit der Kraft der Gedanken und Visionen. BITOL berührte das Herz der Mutter Erde und verband alles Leben mit dem Puls des göttlichen Schöpfers. Aus dem Mais, aus den vier Gewalten und Elementen wurden sie für das Erdendasein geschaffen, die vier Jaguarmenschen Balam-Quitzé, Balam Acab, Mahucutah und Iqui-Balam. Auf sie, die mit dem Herzen des Himmels in Verbindung standen, wollte er bauen und den göttlichen Ruf in Erfüllung bringen:

„Ihr Abbilder der Schöpferkräfte des Kosmos auf Erden, geht in die Welt und bewegt aus euren Herzen. Ruft mit der Stimme eurer Herzen die Sternenboten und lasst dabei die Klangbilder der heiligen Dreizehn erklingen. Bewegt die Welten des Lichts und des Dunkels aus euren Herzen, denn aus diesen Quellen verbindet ihr euch mit dem heiligen Liebesakt, der einst Wasser und Feuer in euch vereinte. Lasst euch berühren von den Stürmen des Lebens und öffnet euch für das Herz der Mutter Erde, die euch Leben und Form gab. Eure Absicht sei uns heiliges Gesetz, denn daraus wird das Wort des Schöpfers lebendig. Aus eurem freien Willen wird sich euer Leben formen, in Liebe und Weisheit, oder in Leid und Schmerz. So geht den Weg der Erkenntnis, auf dass Fülle und Schönheit euer Leben erfüllen. Der Strahl des kosmischen Christus wird euch im ICH BIN nähren mit der Essenz der kosmischen Liebe. Geht und erfüllt das Werk, wie es euch ins Herz geschrieben steht!“

Mit diesen Worten segnete der Formgebende BITOL die vier Jaguarmenschen, die auf der Stirn das Zeichen der Schlange trugen. Ihnen zur Seite standen die zwanzig Meister des Rates, Nahuales, Mittler und Begleiter des Menschen auf dem Weg der Erkenntnis. Aus dem Schoße CAJALOMS waren sie geboren und miteinander verbunden. Dies geschah zur Erfüllung des Wortes Gottes, das aus dem kosmischen Gedanken in die weltliche Formenwelt drängte und sich in den Lebensformen Ausdruck verlieh. Alle Geschöpfe Gottes sollten täglich an die nächtliche Liebesverbindung von Sonne und Mond erinnert sein und im erwachenden Morgen Gottes Schönheit und Würde preisen.

So wirken die Boten Gottes, die heiligen Nahuales, in das Leben der ihnen anvertrauten Menschen. Aus ihrer Begleitung offenbart sich der göttliche Plan, der Weiße Weg der Erkenntnis im Menschen. Aus der Verbindung von Kraft und Beweglichkeit erinnern sie den Menschen an den kosmischen Fluss, an die Absicht der Schöpfung. In der Schwingung von Musik und Farben bewegen sie sich, die Sternenboten. Freude und Lebendigkeit tragen sie in ihren Herzen, denn sie sind auserkoren, den von Gottes Hand geschaffenen Menschen als Lehrmeister zu begleiten. TZAKOL, der mit der göttlichen Schöpfung Beauftragte, BITOL, der Formgebende, ALOM, die sich Hingebende und Empfangende, und CAJALOM, die aus der Liebe Gebärende – sie alle bauen Gottes Werk aus der Quelle der göttlichen Einheit JUN-AB-KU. In der liebenden Verbindung von Licht und Schatten erhält der Mensch das Licht der Erkenntnis in Verbindung mit der Kraft und der Dynamik der heiligen Zwei. Liebe und Weisheit im Ausdruck des kosmischen Christus verstärken das Kraftfeld in die heilige Drei. Auf den vier Säulen des weltlichen Lebens steht der göttliche Plan in seiner Kraft und Festigkeit im Ausdruck der sieben Schöpferkräfte GRAN TEPEWs. So drückt sich Gott über unseren Geist, über unsere Seele und unseren Körper, über unser Wirken und Sein auf der Weltenbühne in Licht und Dunkel aus.

Aus diesem Schöpfungsplan ist der Bauplan der Pyramide gegeben. Sie wurde als Zeichen menschlicher Erkenntnis in Liebe und Dankbarkeit für die kosmischen Begleiter, die Hüter der Schöpferkraft Gottes, von Menschenhand erbaut. Dort kommen sie erneut zusammen, die Liebenden und Weisen, um die Rituale zu feiern, die ihnen von Anfang an als Magier des Herzens gegeben wurden.

Kapitel 1

B'AATZ (Batz)

DIE WELTENBRÜCKE
Maya in Christus

Chuen

Der Meister der Santa Neblina, der Regenschamane der Maya-Pocomames, weinte, als er erstmals in seinem Leben in den Tiroler Bergen von der geistigen Kraft des Schnees berührt wurde. Seine Hände wurden kalt, während sein Körper die Segnung des weißen Elements aufnahm. Als sich Don Julián und seine Enkelin Gloria, auf dem Gletscherfeld kniend, erhoben, nahm der Maya die von ihm mitgebrachten Reliquien aus seinem Morral. In einen Pocomamhuipil hatte Gloria den Text „Gott segne die Familie Muigg" eingewoben. Er bat mich, niederzuknien, und rief zuerst die Namen meiner Frau und meiner Kinder. Sie sollten sich auf geistiger Ebene einfinden und mit mir zusammen die Segnung erhalten. Dann bat er um die Präsenz der Mayakräfte, ganz besonders des kosmischen Brückenbauers und Hüters der Nabelschnur zwischen Mensch und Gott, B'AATZ: „Ich rufe dich, Ser Puente, Nahual des heutigen Tages, der du im Kraftfeld der kosmischen Liebe, aus dem Herzen des Himmels und der Erde alles miteinander verbindest.

Wir bitten dich um deine Präsenz, um deine Liebe, um deine Klarheit und Führung. Wir rufen dich in der Bewegung des Lebensrades, in der ständigen Wiederkehr der kosmischen Weisheit, die sich seit Äonen in den menschlichen Rassen und Kulturen manifestiert hat. Segne unsere gemeinsame Verbindung zu den Quellen derer, die vor uns den Planeten Erde gehütet haben. Gleich einer Mutter mit dem Kind stehen wir in ständigem Kontakt mit der Lebensweisheit und Kraft der Vorfahren, die sich über uns ausdrücken. Sie stehen um uns, all die Großen, die uns vorangegangen sind. Dein Diener Omrael

Norbert kniet vor ihnen, um seine Dienste anzubieten und deine Begleitung zu erbitten. Verbunden mit dem Herzen Maya rufe ich dich, Hüter der Weisheit aus dem Quell und der Liebe Gottes. B'AATZ, du Hüter der Zeittore Maya, nähre uns im Symbol der Nabelschnur mit der Kraft unserer Mutter Erde. Ich rufe dich als in uns ruhende Kraft des Vertrauens auf unsere geistige Führung. Ohne dich als Mittler und Helfer zu unserem wahren Sein sind wir den Zweifeln und Ängsten unseres Menschseins ausgesetzt. Erwecke in uns Menschen als Hüter der kosmischen Musik die wahren Kunstwerke schöpferischen Gestaltens. Aus den göttlichen Schöpferkräften erwachen die großen Künstler und Musiker unserer Erde. Sie zeichnen mit ihren Werken ein Abbild des kosmischen Geschehens auf Erden. Ich rufe dich hier, auf den heiligen Gipfeln der Berge. Ich danke dir dafür, dass du mich in dieses wunderschöne Land gerufen hast. Eine Weltenbrücke spannt sich über die Meere, aus der Liebe und im Geist derer, die bereit sind, in deinem Dienste das Werk zu erfüllen."

In den Hochnebeln öffnete sich ein in den sieben Regenbogenfarben schillerndes Fenster. „Wir sind von den geistigen Kräften dieses Ortes angenommen", sagte der Anciano. „Dieses Zeichen am Himmel ist aus uns selbst geschaffen. Die Erkenntnis zeichnet Zeittore in unsere inneren Himmelsebenen. Diese beginnen in den sieben Farben zu leuchten. Es gleicht einer Einladung, uns in diesen Zeittoren bewusst zu machen, dass wir aus den Verbindungen zu den großen Hütern des Lebens und Sterbens, den Nahuales, das Leben in all seiner Farbenpracht erfassen und empfinden können."

Don Julián nahm meinen Arm und half mir, mich zu erheben. Gloria umarmte mich. Er segnete mich und beendete das Ritual. Wir gingen zur Bergstation, um Postkarten zur Erinnerung an diesen Ort zu kaufen. Bald darauf trug uns die Gondel wieder über Almwiesen, Wasserfälle und Föhrenwälder in das Tal.

Ich erinnere mich an den Schalenstein, den wir einige Tage später mit unseren Maya-Gästen und einer kleinen Gruppe von Freunden besuchten. Dieser alte Kraftplatz der Räter wollte kein Feuer, keine Kerzen und keinen Weihrauch. Die geistigen Hüter dieses heiligen Steins im Tiroler Ötztal baten darum, von den anwesenden Frauen mit dem heiligen Wasser und mit Blumen gesegnet zu werden.

Die Kraftorte unserer Ahnen, ihre Tempel und Sakralstätten liegen teils vergessen auf den Bergen, Hügeln, an Bächen, Flüssen und Seen. Sie tragen Kapellen und Kirchen, Wegkreuze, Baumkreise und christliche Symbole. Wenn sich nun die alten Weisen an ihren Stätten wieder in Erfahrung bringen, so werden die Gläubigen in den Kirchen an ihre Wurzeln erinnert. Es kommt zu einem sanften Erwachen der Bevölkerung. Dieses Erwachen zeigt sich zuerst als Interesse an dem, was über Jahrhunderte in Vergessenheit geraten ist. Alle suchenden Menschen werden auf dem Weg der Wahrheitssuche aus der Weisheit und Verbindung zu den Ahnen mit neuen Erkenntnissen gesegnet.

Ich wanderte mit Don Julián auf einem alten Karrenweg zu einer romanischen Kapelle über der Südtiroler Kleinstadt Brixen. Bevor wir in die Kapelle eintraten, setzte er sich auf eine Bank, die über einem Felsstein neben der Kirche stand. Dort blieb er einige Zeit in der Stille. Julián schaute mich an und sagte: „Wir beide ehren durch unsere Anwesenheit diesen heiligen Platz deiner Vorfahren. Meine Hand liegt auf deinen Schultern. Sie schafft eine Brücke zwischen uns beiden, zugleich bauen wir aber eine Brücke, die zwei Kontinente miteinander verbindet. In meinem Volk ist es üblich, dem großen Geschehen im Kosmos Ausdruck im Kleinen, in unserem täglichen Verhalten zu verleihen."

In gleicher Weise erkannten die beiden Völker, die Kelten und Maya, ihre gemeinsame Aufgabe. Beide Völker schöpften aus denselben Weisheitsquellen. Ihre Ritualformen waren ähnlich. Sie gestalteten ihr Leben durch den bewussten Umgang mit den Kräften der Mutter Natur und den geistigen Kräften des Kosmos. Urmütter und Urväter alter Völker erwachen wieder in den Herzen bewusster Menschen. Sie werden nicht aus ihren einst gelebten Irrtümern, sondern aus ihrer gelebten Wahrheit in uns lebendig. Sie erinnern uns daran, aus den gemachten Fehlern zu lernen. Aus diesem Grunde ist es wichtig, ihnen unser Herz, unsere Liebe zu ihrer großen Kraft und Weisheit anzubieten. Richten wir unser Augenmerk auf die

Verirrungen der Kelten und anderer alter Völker, kann ihre Wahrheit nicht in uns lebendig werden.

Julián deutete auf einen in weiter Entfernung befindlichen Sendemast für Mobiltelefone und sagte: „Mit unserer heutigen Technik schaffen wir es, jederzeit miteinander in Verbindung treten zu können. Dafür hatten unsere Vorfahren ihre feinstofflichen Antennen, ihre heiligen Steine und Bäume. Sie verwendeten dafür die Vögel und den Geist anderer Tiere. Aus dieser Verbindung erkannten sie sich und schufen Brücken zueinander. Aus diesen Quellen vereinheitlichten sie unterschiedliche Sprachen und überbrückten die Unterschiede, die zwischen den Völkern und Religionen existierten."

Die Natur spricht mit der Sprache feinstofflicher Wesen. Aus der Intuition des Herzens finden wir wieder zu diesem gemeinsamen Verständnis, das in der Natur und in jedem Menschen, wo auch immer er lebt, angelegt ist. Über all den Unterschieden, die uns vermeintlich voneinander trennen, steht eine unbändige Kraft des Wiedererwachens all dessen, was einst bestanden hat und gelebt wurde. Es ist uns ein Zeichen, dass nichts im Kosmos verloren geht. Alles Sein, alle kulturellen und religiösen Ausdrucksformen warten auf den richtigen Zeitpunkt, sich in neuem Kleid, in einem bewussten, reifen und mit dem Herzen verbundenen Menschen zeigen zu können. Generationen von Menschen lehnten über Jahrhunderte hinweg ab, was in alten Kulturen erarbeitet worden war. Nun kommt es zu einer Renaissance des alten Gedankengutes und der Mensch beginnt das Alte mit dem Neuen zu verflechten. Was wir Menschen auf Erden miteinander verbinden, wird auch auf geistigen Ebenen verbunden. Dafür sorgt der Nahual B'AATZ. Es sollte wohl so sein, dass sich Maya und Christus miteinander verbinden. Die Vorzeichen für diese Brücke wurden aus anderen Ebenen bereits vor Jahrhunderten gegeben.

Don Julián erkannte diese Zeichen, als ihm die göttliche Mutter Maria im Kleide der Virgen Candelaria erschien. Er erhielt den Segen vom Erzengel Michael für seinen Weg als Einweihungspriester der Maya. Das ist nun viele Jahre her. Viele seiner Begleiter in Guatemala, Priester der Maya, Heiler und Schamanen haben nie verstanden, warum er beide Religionen in seinen Zeremonien miteinander verbindet. Der Anciano sagte bei meiner Einweihung zur Priesterschaft der Maya: „Es ist deine Aufgabe, dich als gesegneter Priester und Weisheitslehrer an die Verbindung von Christus und Maya zu erinnern. Es liegt darin für uns beide ein großes Mysterium. Der Auftrag, den wir in uns tragen, wurde uns aus unserem Herzen gegeben. Nur dort ist es möglich, die großen Kraftquellen des Kosmos miteinander in Einklang zu bringen."

So erinnerte er mich in meiner Heimat an das Mysterium meiner Urahnen. Er sprach in seinen Ritualen zu den Ahnen der Kelten und bat sie darum, aus der Dichte der Nebel, mit denen sie sich über lange Zeiträume umgeben hatten, wieder hervorzutreten. So wie die Indianervölker vom Christentum in ihrer Lebenshaltung verändert wurden, kommen viele Wahrheitssuchende aus den westlichen Ländern mit der Kraft des Christus in ihrem Herzen zurück. Sie berauben die indigenen Völker nicht wie einst ihrer Schätze. Sie erinnern durch ihren Respekt und ihr Verhalten, durch ihre tiefe Hingabe und Liebe an einen inneren Schatz, den sie, ohne es oft selbst zu wissen, in sich tragen. Diese in uns bereits bestehenden Verbindungen wurden geschaffen und sind gehütet vom Lehrmeister B'AATZ. Er bringt uns diese unterschiedlichen Seelenanteile aus früheren Inkarnationen als kosmischer Brückenbauer wieder in Erfahrung.

Mein Mayavater zeigte auf das in weiter Entfernung leuchtende Felsmassiv, den Rosengarten, und sagte: „Denk darüber nach, was die Berge in deinem Leben bedeuten. Wie haben sie dich geformt? Wie drücken sie sich in deiner Persönlichkeit aus? Die Landschaft, die uns umgibt, prägt uns. So wie ich vom Vulkan Agua, an dessen Fuße ich lebe, geprägt bin. An seinen Hängen schläft und erwacht nahezu täglich die Santa Neblina. In seinem Krater ruht das Feuer. Es ist eingebettet in eine wuchernde, dichte und fruchtbringende Vegetation. Das alles wurde mir von diesem heiligen Berg in die Wiege gelegt. Seine Stärke und Präsenz, seine Mächtigkeit und Schönheit durfte ich für meinen Lebenswandel übernehmen. An seinen Hängen wurde ich oftmals vom Militärgeheimdienst aufgespürt. Ich sollte schon lange in seinen durchfurchten Abhängen begraben liegen. Aber er hat mir in den dramatischen Momenten meines Lebens immer Schutz gegeben. Die geistigen Mächte können ihre Kraft und Weisheit, ihren Schutz nur entfalten, wenn wir Menschen durch unsere Bewusstheit ein Gefäß für diese Qualitäten darstellen. Nur wer sich selbst anerkennt und liebt, kann als geistiges Gefäß für Anerkennung und Liebe von der geistigen Welt erkannt und angenommen werden.

Meine innere Haltung, meine Liebe zu meinem Leben haben mich unangreifbar gemacht. Betrachte zum Beispiel den Untergang der Indianervölker. Die Würde und die Liebe zu Mutter Natur konnte man uns Indianern trotz Zerstörung unserer Kultur über Jahrhunderte hinweg nicht nehmen. Fünfhundert Jahre werden wir nun unterdrückt und verachtet. Auf der Jahrhunderte währenden Wanderschaft der Maya durch die neun Unterwelten ist vieles von dem, was uns kostbar war, zerbrochen. Aber es ist nicht verloren gegangen. Es hüllt sich wieder in neue Kleider. Ja, unsere Weisheit und Kraft verbindet sich wieder mit der Essenz des heute wirkenden kosmischen Bewusstseins. Dieses Bewusstsein wird im Zeitenzyklus der dreizehn Überwelten, der dreizehn Himmelsebenen auf der Zeitreise Maya in allen Menschen erweitert. Meine Vorfahren zeigen sich nicht nur im Mayaland Guatemala. Sie suchen sich für ihre Rückkehr den Ort, an dem sie ihren Auftrag am besten erfüllen können. Du bist in der guatemaltekischen Presse als Indianer der Alpen bezeichnet worden. Erinnere dich daran, wie wir darüber gelacht haben. Heute stehen wir am Fuße der Altäre deiner Heimat. Als Indianer der Alpen schöpfst du aus der Weisheit der Maya, aber auch aus der Kraft und Weisheit der Berge, die dich seit deiner Kindheit nähren und erkennen."

Die Kraftfelder und Qualitäten der Tiroler Bergwelt werden uns in den Alpensagen und Legenden in Licht und Schatten in Erinnerung gebracht. Das Dunkle zeigt sich als Sturheit, Unbeweglichkeit, als Verhaftetsein, als Schwere und Enge der Menschen. Der Blick für das Schöne und Vollkommene in uns und in der Natur geht solchen Menschen verloren. Die kollektive materielle Kraft und Wucht der Bergwelt zeigt sich nicht selten auch in der Gier vieler Menschen nach Macht und Einfluss, nach Geld und Besitztum. Früher manifestierte sich diese versteinerte Haltung der Bergbauern freilich in anderer Form, als es heute der Fall ist. In der Sagenwelt werden wir auf die Gefahr eines versteinerten Herzens des Alpenbewohners hingewiesen.

Umso wichtiger ist es für die Bewohner von Bergregionen, die Lichtseite der Natur wahrzunehmen und sie in sich lebendig zu machen. Aus dieser Qualität verschaffen sie sich Überblick, Weite, Gottesnähe und Reinheit. Die Alpenbewohner stehen im Ruf, kraftvoll und authentisch zu sein. Urlauber suchen in den alpenländischen Gebieten nicht nur Erholung. In vielen Menschen regt sich ein ursprünglich angelegtes Bedürfnis nach Kraft und Authentizität. Die weltweit stärksten Schamanen leben in Berggebieten und arbeiten mit den dort wirkenden Urkräften. Die Mutter Natur ist ein Spiegel unserer selbst. Wir prägen das Wesen der Berge und der uns umgebenden Landschaften in dem Maße, wie wir uns selbst erkennen. Die Berge können den Menschen nicht nur Stärke und Festigkeit geben. Sie öffnen ihre Weisheit für jene, die sie als lebendige und bewusste Wesen erkennen, und geben uns den freien Blick in die Fülle und Vielfalt des menschlichen Lebens. Aber auch ihr bedrohliches, aggressives, zerstörendes und vereinnahmendes Gesicht ist ein Teil ihres Seins, das jeder Alpenbewohner aus Erfahrung kennt. Die Mutter Erde trägt beide Seiten in sich, Licht und Schatten. Wenn die Natur ihre Schattenseiten zeigt, kommen die Katastrophen über uns Menschen. Wir werden geradezu zu einem Spielball der Naturkräfte. Je mehr sich der Mensch seiner selbst bewusst ist, um so stärker wird die ihn umgebende Natur für ihn lebendig. Wir sind als Menschen dazu angelegt, mit allem, was uns umgibt, verschmelzen zu können. Die Berge, Seen, Flüsse und Meere, sie alle leben aus dieser Verbindung in uns als Qualität. Sie prägen uns aus ihrem Seinszustand.

Don Julián stellte mir auf unseren gemeinsamen Wegen in meiner Heimat viele Fragen. Er wollte wissen, wie ich mit unserem Hausberg, der Serles, arbeiten würde. Ich konnte ihm nur zur Antwort geben, dass dieser Berg als Altar Tirols in einer Sage auch als König Serles bezeichnet wird. Dies war der Beginn einer Belehrung ganz besonderer Art. Don Julián gab sich mit meinen beschränkten Antworten keineswegs zufrieden. Es würde doch einen Grund geben, warum mein Volk diesen Berg als Altar bezeichne. Ich könne als geistiger Lehrer nicht am Fuß eines Altars der Mutter Natur leben, ohne aus seiner Weisheit zu schöpfen. So erhielt ich eine Fülle von Anweisungen, den Geist der alten Völker in den Tiroler Bergen zu wecken. Ich solle in meiner Heilungsarbeit zu den Hütern der Natur in Guatemala die geistigen Wächter meiner Tiroler Heimat rufen. Sie würden die Menschen daran erinnern, wer sie seien und aus welchen Quellen sie, ohne es zu wissen, schöpfen.

Spreche ich von meiner Tiroler Heimat, so empfinde ich eine liebende Verbindung zu den Naturwesen und Naturgewalten. Die Berge, die Bäche und Quellen, die Bergseen, sie alle sind in mir seit meiner Kindheit lebendig. Als Reisender durch die Kontinente habe ich mir oft die Frage gestellt, wo ich Heimat für mich wahrnehme und empfinde. In dem Moment, wo ich mich als Teil meiner Umgebung empfinde, verspüre ich das Gefühl, daheim zu sein. Ich glaubte immer, dieses Gefühl sei allein gebunden an mein Zuhause, an Erinnerungen an meine Kindheit. Heute erkenne ich, dass es in erster Linie die Verbindung zu den in der Heimat lebenden Menschen und den in der Natur wirkenden Kräften ist. Bei einem Kontinentwechsel bitte ich den Geist des Landes Guatemala, die mir nahe stehenden Maya-Altäre und die Kräfte unseres Zentrums um Aufnahme. Somit werden das Land Guatemala und die Region, in der ich dort lebe, zu meiner Heimat. Ich empfinde mich eingebettet, beschützt und geborgen. Unseren heiligen Platz über dem Lago Atitlán erkenne ich dadurch mehr und mehr als Ausdruck und Abbild meines eigenen Seelengartens. Der Bogen zwischen zwei Heimatorten auf unterschiedlichen Kontinenten wird durch den Nahual B'AATZ geschlossen.

In der Vorbereitung der gemeinsamen Reise mit meinen Mayagästen machte ich mir viele Gedanken darüber, was ich wohl einem weisen Indianerführer als Geschenk auf seiner Lebenswanderschaft anbieten könnte. Es zeigte sich in unserer langjährigen gemeinsamen Verbindung, wie sehr er meine Gedankenwelt, meine Klarheit und meinen Sinn für das Erklärbare an mir schätzt. Mithilfe meiner Sprache ist es mir möglich, verständlich zu machen, was er aus seiner Intuition weiß. Selbst Gespräche, die ich hier wiedergebe, haben ihren Ursprung und ihre Aussagekraft auf einer anderen Seinsebene. Ich möchte meinem Mayavater Julián wie auch anderen in meinen Büchern angeführten Weisen der Maya Ehre und Respekt für ihr großes Lebenswerk erweisen. Sie widmen ihr Leben als Brückenbauer vielen Menschen, die Heilung und damit verbunden den Weg zu Gott suchen. So wie die in uns sich lichtenden Nebel die Sicht in andere Seinszustände öffnen, so kann ich aber auch durch meine Erzählungen und Wahrnehmungen den Mayaweisen einen Teil meiner Weltanschauung und Lebenserfahrung öffnen.

Don Julián bat mich um tibetische Musik und sprach in dem Zusammenhang von den Schwestern und Brüdern Tibets, mit denen er sich sehr verbunden wisse. Als ich mich vor Jahren von ihm verabschiedete, um wieder nach Europa zu fliegen, sollte ich ihm einen siebenstrahligen Kerzenhalter der Hebräer mitbringen. Allein dieses Symbol öffnete damals in ihm, aber auch in mir die Gewissheit einer tief angelegten Verbindung zur Weisheit und Kraft der Hebräer.

Tata Julián hat mit dazu beigetragen, durch seine Liebe zu mir die Verbindung zu den Weisen der altägyptischen Kultur in mir zu öffnen. Er fühlt sich der ägyptischen Kraft und Kultur sehr verbunden. Ich erweckte einen ägyptischen Altar im Zentrum TO-OM-RA in einem Feuerritual. Als ich einige Tage später den Anciano Don Anacleto besuchte, hatte er ein besonderes Geschenk für mich vorbereitet. Er übergab mir einen herzförmigen Stein. Er sagte, es sei das Herz des Osiris, des Hüters der ägyptischen Unterwelten. Ich staunte über die wunderbare Übereinstimmung beider Geschehnisse. Der Anciano wusste also, dass er mir dieses Geschenk zu einem Zeitpunkt überreicht hatte, wo sich die Kräfte Ägyptens an unserem heiligen Platz, aber auch in mir zu öffnen begannen.

Es erstaunt mich, wie schnell meine Mayabegleiter in Kulturen Einlass finden. Bilder, Bücher, Musik genügen, und sie gehen auf die innere Reise zu den Orten, die sie oft auch bildhaft vor sich sehen. In diesen Erfahrungen zeigen sich unsere menschlichen Fähigkeiten, den Geist auf Reisen zu senden. Als

Reiseführer werden sie begleitet von B'AATZ, der über den von Menschenhand gezogenen Grenzen der Länder, Kulturen und Religionen steht.

Wir leben in einer Zeit, in der es nicht mehr wichtig ist, ob wir als Christen, als Maya, als Kelten oder Hebräer, Buddhisten, Hinduisten oder Afrikaner leben. Die alten Kulturen lichten die Nebel, in die sie über lange Zeiträume hinweg eingehüllt waren. In unseren Seelenanteilen liegen die unterschiedlichsten Erfahrungen früherer Existenzen verborgen. Aus unseren Herzen drängen diese Erfahrungen in unser Bewusstsein. Alle Menschen, die mit ihrem eigenen Herzen in Verbindung stehen, bekommen dadurch Zutritt zur Essenz der alten Völker. Die Wiederkehr des Christus, das erwachende Bewusstsein des Buddha, die erneut wirkende Kraft KU-KUUL-KAANs, sie alle brauchen uns Menschen, um sich wieder in die Welt und in unser Bewusstsein einbetten zu können. Aus der Kraft der Gemeinschaft, aus dem Gefühl vieler Menschen, die sich mit Gott verbunden wissen, wird so der Same für den Übergang in eine neue Zeitepoche des Menschen und unseres Planeten Erde gelegt.

Die in den Mayaschriften genannten „Hijos del Sol", die Kinder des Lichts, lösen durch ihre Absicht, das menschliche Bewusstsein auf den göttlichen Plan abzustimmen, einen starken Magnetismus auf die noch unsichtbaren Welten aus. Der göttliche Kosmos reagiert wie unser Herz auf Zusammenziehen und Ausdehnung, auf Anziehung und Abstoßung. Dieser Bewegung ist alles unterworfen, auch die Beziehung zu allem, was uns umgibt. Als Erstes reagiert auf unser menschliches Verhalten die Erde, die uns umgebende Natur. Empfinden wir in unseren Herzen die Liebe und die Anziehung unserer Mutter Natur, lösen wir zugleich einen starken Magnetismus in allen Naturreichen aus. Die Wesen der Mineralien, der Pflanzen, die Tiere und vor allem die Mitmenschen spüren den Magnetismus eines im Herzen verankerten Menschen. Der von liebenden Menschen auf ihrem Lebensweg gesäte Samen wird somit auch reiche Ernte tragen. Ihre Aufgabe, ihr Lebensweg wird von den Meisterinnen und Meistern gesegnet und begleitet.

Menschen, die sich bereit erklären, aus dem Herzen zu leben, erhalten die Erlaubnis, aus ihrem Herzen zu bewegen, ohne sich von den bewegenden Mächten abhängig zu machen. Menschen, die aus ihrem Ego, aus ihrem persönlichen Wollen oder für Macht die geistige Welt bewegen, setzen sich der gleichen Qualität von Mächten aus. Es kommt für sie die Zeit, in der plötzlich unsichtbare Kräfte einfordern und sie selbst zu bewegen beginnen. Wir ziehen somit entsprechend unseren Absichten gleichwertige Mächte in unserem Leben und unserer magischen Arbeit an.

Somit steht der im Herzen gesegnete Mensch in der Ermächtigung, aus der göttlichen Magie zu bewegen und bewegt, beschützt und geführt zu werden. Für den Magier des Herzens öffnet sich eine neue, faszinierende Welt. Die Herzensmagier erkennen sich an ihrer Einfachheit, an ihrem Respekt vor allem Sein und an ihrer absoluten Hingabe an ihre Aufgabe, das göttliche Werk in Erfüllung zu bringen. Es kommt auf ihrem Lebensweg immer öfter zu mystischen Begegnungen in der Natur und in der Zwischenmenschlichkeit.

Es ist ein großes Geschenk, als Brückenbauer dienen zu dürfen. Eine tief in mir eingebettete Liebe zur göttlichen Welt und zu allem Existierenden lässt mich oft den Himmel auf Erden erahnen. Diese Wahrnehmungen geben mir Friede und Freiheit und die Erkenntnis, dass ich dort, wo ich gebraucht werde, aus der göttlichen Ermächtigung, aus meinem Herzen auch bewegen darf. Als Reisender durch die Kulturen bewege ich aus dieser Verbindung die örtlichen Kräfte. Ich bette diese unterschiedlich ausgeprägten Wesen in ein globales Bewusstsein ein. Nach und nach entwickelt sich in der Menschheit durch jeden einzelnen Brückenbauer die in uns allen angelegte Einheit von Natur, Mensch und Gott. Es ist dem bewussten, in dieser Verbindung lebenden Menschen unmöglich, Alltag, Arbeitswelt, Reisen, Erholung und Urlaub von der gelebten Spiritualität als Brückenbauer zu trennen.

Verbinden wir uns auf unseren Reisen bewusst mit fremden Kräften, bedarf es allerdings einer menschlichen Grundhaltung. Das Erreichen des Urlaubsortes gibt dem Urlauber das Gefühl, nun endlich am Ziel angekommen zu sein. Er freut sich im Idealfall über das schöne Ambiente und auf eine geruhsame Zeit. Der spirituell Reisende findet sich am Ziel, wenn er spürt, dass er vom Geist des Ortes angenommen wird. Es ist mir ein großes Anliegen, in einem anderen Kulturkreis in den unsichtbaren Ebenen auf mich aufmerksam zu machen. Ich begrüße die Natur, ich verneige mich vor sakralen Stätten, ich erbitte den Schutz der Hüter eines Ortes und bitte den Geist des Hauses, in dem ich übernachte, um Erlaubnis, hier sein zu dürfen. Liebende erkennen sich an ihrer Sprache, an ihrem respektvollen Umgang miteinander. Wenn wir als Liebende ein Land betreten, so machen wir im höchsten Maße durch den Umgang mit Menschen und Natur auf uns aufmerksam. Die geistige Welt, die Naturkräfte, aber auch die Menschen anderer Kulturen reagieren auf die Schwingungen unseres Herzens. Die in anderen Kulturen wirkenden Kraftfelder und Wesen werden somit für uns Reisende spürbar. Sie führen uns an die Plätze, die uns energetisch aufnehmen und innerlich füllen und weiten.

Wenige Tage vor der Rückkehr unserer Mayagäste nach Guatemala feierten wir gemeinsam die Hochzeit eines jungen, mit mir verwandten Paares. Ich hatte für diese Trauung den Tag B'AATZ im heiligen Mayakalender ausgesucht. Das Wetter hatte sich leider verschlechtert. So waren die uns umgebenden Bergkolosse des Tiroler Obernbergtales nicht zu sehen. In der örtlichen Pfarrkirche wartete ein uns befreundeter Jesuitenpater auf das Erscheinen des Paares. Inzwischen besprachen wir den Ablauf der Verbindung des christlichen Trauungsrituals mit den Segnungen, die die Mayagäste dem Paar geben sollten. Ich fragte Don Julián, wie er gedenke, in einer katholischen Kirche das Brautpaar zu segnen. Seine kurze Antwort war, es werde sich alles so ergeben, wie es sein sollte. Davon konnte ich den katholischen Priester schwer überzeugen.

Meine gesamte Verwandtschaft erwartete bereits gespannt, aber auch skeptisch die Verbindung von christlichem und schamanischem Ritual. Ich wusste aber, dass Tata Julián auf die Präsenz des Maya Nahuals B'AATZ wartete. Nach der Lesung nahm ich meine Gitarre, um mit meinem Sohn Daniel das Lied „You've got a friend" von Carol King zu spielen. Der Priester gestaltete die Messfeier mit Texten des Hohelieds Salomonis aus dem Alten Testament. Mein Sohn Florian machte sich bereit, die Trommel zu spielen. Ich erklärte den geladenen Gästen unsere Absicht, die Kräfte der Mutter Natur, die Wesen der Lichtwelten und der Dunkelheit zu dieser Feier einzuladen. Der Geist des Obernberger Sees, der in der Nähe liegt, möge im Klang der Trommel die Einladung annehmen und uns mit seiner Schönheit in unserer inneren Schönheit und Anmut berühren. Der Grundrhythmus der Trommel solle in uns allen den Herzschlag unserer Urmutter, der Mutter Erde, anregen. Tata Julián und Gloria erhoben sich und betraten den Altarraum. Der Klang der Trommel sprach zu ihrem Indianerherz. Es war für die Mayagäste der Zeitpunkt gekommen, den Tagesnahual B'AATZ zu rufen. Don Julián nahm seine Priesterschleife, die Faja, und band sie um seine Hüften. Er öffnete die Suite, das Priesterkopftuch, legte es diagonal zusammen und band es um seinen Kopf. Der Doppeladler als Symbol seines Volksstammes zeichnete sich deutlich auf diesem Kopftuch ab. Er reichte dem katholischen Priester die Hand und bat um Erlaubnis, das Ritual mitgestalten zu dürfen.

„Es ist mir eine Ehre, gemeinsam mit Ihnen diese Feier abschließen zu dürfen. Ich bin von weither gekommen, um in diesem Land etwas in Erfüllung zu bringen. Ich spüre Ihre Güte und Ihre Offenheit für das, was ich bin. Wir tragen alle den Geist des Vaters und der Mutter Erde in uns. Mögen alle, die wir hier zusammen sind, erkennen, dass das Herz des göttlichen Vaters und der Mutter Erde in unserem Herzen seine Einheit findet."

Er wandte sich an die versammelte Gemeinde und erzählte von der Weisheit seines Volkes, der Maya. Ich hatte inzwischen die Trommel aus der Hand gelegt, um zu übersetzen. Florian füllte den Kirchenraum mit dem sanften Klang seiner im Pulsschlag gespielten Trommel. Der Maya beendete seine Rede mit den Worten:

„Ich hatte zeitlebens nicht die Möglichkeit, mir Wissen durch ein Studium anzueignen. Ich war ein armer Waisenjunge, der schon in frühen Jahren schwer arbeiten musste und keine Möglichkeit hatte, eine Schule zu besuchen. Trotzdem hat sich Gott mir genähert. Er hat mich in seine Kraft gehoben und in seinem Namen ermächtigt. Er hat mich mit Weisheit und Liebe gefüllt und mir meine Aufgabe gegeben. Ich habe in meinem Leben nie etwas anderes gemacht, als versucht, diesem Auftrag gerecht zu werden. Das ist auch der Grund, warum ich jetzt bei euch sein kann. Gott hat mich hierher geführt, um an diesem Platz, vor diesem Altar, mit diesem jungen Paar ein Beispiel zu setzen.

Ich bitte den Nahual des heutigen Tages nach dem heiligen Mayakalender, das Paar für den Lebensweg zu segnen. Wie eine unsichtbare Nabelschnur zieht sich ein roter Faden durch das Leben der Menschen, die sich ihrer wahren Herkunft und ihrer wahren Aufgabe bewusst sind. Wenn sich die Absicht zweier Menschen vereint zu einem gemeinsamen Ziel, dann verbinden sich zwei Seelen zu einem Klangkörper. Diese Verbindung wird vom göttlichen Vater angenommen und kann auch nicht mehr gelöst werden. Aus einer geistigen und seelischen Verbindung heben sich der Geist und die Seele von Mann und Frau in das Feuer des Geistes Gottes. Verbindungen, die auf der Ebene der Gefühle geschlossen werden, leben aus den Emotionen und Gefühlen. Aus den Gefühlen erhalten wir aber nicht die erwartete Erfüllung. Solche Verbindungen lösen sich häufig durch Eifersucht, Hass, Egoismus und Frustrationen. Derlei Verbindungen werden nicht von unserem Vater gesegnet, selbst wenn sie vor dem Traualtar dem Göttlichen zur Segnung dargereicht werden."

Eine spirituelle Vereinigung zweier Menschen gleicht einer Feinabstimmung ihres Bewusstseins aus der Kraft ihrer Seelen. Aus dieser oft seit Urzeiten bestehenden Seelenverbindung zueinander erkennen wir auch die Übereinstimmung mit anderen Mitmenschen. So ist das Versprechen der Ehe zugleich auch ein Übereinkommen, die gemeinsamen Aufgaben als Seelen zu erkennen und aus der Liebe zueinander zu erfüllen. Das durch die spirituelle Wanderschaft und die Aufgabe der Seele geöffnete Herz eines Menschen ermöglicht dadurch eine höhere Intensität von Empfindsamkeit und Liebe. Diese Verbindungen nähren das wahre Wesen der göttlichen Liebe auf Erden. Sie sind bei vielen Menschen schon vor dem Eintritt in das Erdenleben gegeben und sollten nicht allein aus der beschränkten Lebensschau eines Menschen gelöst werden. Erst die Klärung der beidseitig gegebenen Aufgabe wäre eine heilsame Grundlage, eine rituelle Verbindung zweier Menschen durch ihr beiderseitig gegebenes Einverständnis in einem Ritual wieder zu lösen.

Menschen, die aus reinem Herzen und im Auftrag ihres inneren Planes handeln, lösen aus dieser inneren Quelle oft sogar die engen Moralvorschriften der Gesellschaft und der Religionen in sich auf.

Im Wesen der Liebe liegt es, sich als Lebensstrom durch alle Lebensbereiche und Erfahrungen zu bewegen. Ist ein Mensch an diese kosmische Kraftquelle angeschlossen, tritt dieser Strom nach und nach über seine Ufer. Dies bedeutet, dass dieser Lebensquell alles beinhaltet, was ihn zum Wachsen gebracht hat. Genährt aus der Quelle, aus vielen Zuflüssen, aus dem Drängen der Seele nach Weite, zieht dieser Liebesstrom dem Ozean der göttlichen Weite entgegen. Aus dem Herzen des Menschen strömt auf diese Weise die Essenz des Lebens in die Gemeinschaft. Das ist das Blut, das aus dem christlichen Glauben durch Jesus hingegeben wurde.

„Wir Maya erklären das Grundwesen der geistigen Kräfte gerne über unseren Tempel Gottes, den Körper", fuhr Julián fort. „Über diesen Tempel bringen sich die großen Lehrmeister der Maya, die Nahuales, in Erinnerung. Er ist der Altar unseres Menschseins. Er trägt das ganze Universum in sich. Die heutige Tagesqualität B'AATZ entspricht in unserem Körper den Arterien, den Venen und den Gefäßen. Sie sind die Brücken, über die wir mit dem Zentrum, unserem Herzen, in Verbindung stehen. Aus dem Herzzentrum, dem Symbol für Gott, pulsiert das Leben. Ständig sind wir durch unseren Puls an die Dynamik des Lebens erinnert. Über die Blutgefäße, Venen und Arterien werden wir zuerst in uns selbst mit Nährstoffen, mit Sauerstoff, mit dem Lebenssaft versorgt." Don Julián legte dem Brautpaar die Hände auf und schloss dabei seine Augen. Die Trommeln erfüllten mächtig den Raum. Leise Gebete der Mayaschamanen verklangen im Gewölbe des Kirchenschiffes. Julián lud seine Enkelin Gloria ein, zu ihm zu kommen, und forderte sie auf, das Paar mit der Kraft der Mayafrau zu segnen. Sie legte zuerst dem Mann die Hände auf das Haupt und bat die Mayamutter IXMUCANE um die Begleitung und Einführung in die Mystik und Weisheit der Frau. Dann legte sie ihre Hände auf das Haupt der Frau und sprach: „Geliebte Mutter Erde, erneuere die Nabelschnur zu deiner Tochter. Lass sie wachsen in deiner Liebe und bette sie ein in die Kraft und Weisheit deiner Reiche. Verbinde diese Frau mit den geistigen Hütern der Mineralien, der Pflanzen und Tiere. In der Verbindung beider hier vor mir knienden Menschen erbitte ich deine Segnung, B'AATZ, für ein aus dem Herzen pulsierendes Leben beider Liebenden als Kinder des Lichts."

Es wäre niemandem in den Sinn gekommen, die Verknüpfung von Christentum und Maya in einer katholischen Kirche für unstimmig zu halten. Die Verbindung zweier Menschen vollzog sich in der energetischen Verbindung zweier Kulturen. Eine herzliche Umarmung beider Priester beendete eine unvergessliche Hochzeit.

Monate später erzählte mir Don Julián in seiner Indianerhütte in Guatemala von großen Geschenken meiner Ahnen, die er in seine Kultur mitgenommen hatte.

„La Santa Nieve, der heilige Schnee, hatte eine wundersame Wirkung auf mich. Ich habe in deinem Land die Reinheit und Klarheit vieler Menschen ebenso gespürt wie im Schnee. Seitdem arbeite ich mit dieser wundersamen Kraft in meinen Ritualen. Wie damals spüre ich die Kälte in jeder Zelle meines Körpers. Ich rufe den heiligen Schnee, wenn das Gemüt oder auch der Körper eines Menschen überhitzt ist. Gleich Schneefeldern leuchten im reinen und klaren Menschen Millionen von Kristallen. Wenn wir in uns allerdings zu viel emotionale Hitze haben, geht diese kristallklare Schönheit unseres Menschseins verloren. Ich spüre in Verbindung mit dem Schnee die weiße Stille, die weiße Klarheit und den reinen Geist des Nordens. Wir Maya bezeichnen diese Kraft als Espiritu XAMAN, die Kraft des Polarsterns. Von dort aus standen wir über den Nahual B'AATZ, den kosmischen Brückenbauer, auch in telepathischer Verbindung mit dem Geist der Völker des Nordens.

Du, Omrael Norbert, kamst zu mir nach Guatemala, um die Weisheit der Maya zu ergründen. In deiner eigenen Heimat kann sich nun die Weisheit der Ahnen mit der Klarheit und Reinheit deines Landes verbinden und in dir und deinen Begleitern lebendig werden. Viele Menschen in deinem Land werden den Weg des Schamanen und der Schamanin erkennen. Ich habe ihre Lehrmeister auf diesem Wege in den gemeinsamen Ritualen in Tirol gesehen. Es sind weise Männer mit langen weißen Bärten und Frauen, die mit der Kraft und Magie der Weiblichkeit und des Mondes gesegnet sind. Sie glänzen in vollkommener Reinheit wie ein Schneefeld in der Sonne und wollen sich aus dieser Reinheit wieder in Erinnerung bringen. In vielen Menschen auf dem Kontinent Europa werden sich wie bei dir ihr Geist, ihre Weisheit und ihr Leuchten aus dem Herzen entfalten."

Kapitel 2

EE (Eb)

DER WEG DER ERKENNTNIS
Das Mysterium der Wanderschaft

Eb

Die Wolkenschicht über dem Tiroler Obernbergtal hatte sich nach der Hochzeitsfeier etwas gelichtet. Unsere Gäste aus Guatemala waren umringt von Besuchern der Messfeier. Obwohl es in diesem Kreis niemanden gab, der Spanisch sprechen konnte, schien es für die Mutigen möglich, mit einem anderen Kommunikationsmittel als dem der Sprache mit den Gästen aus Guatemala zu kommunizieren. Aus der Distanz vernahm ich das herzhafte Lachen Don Juliáns, der sich über die gelungene Hochzeit, aber auch über die lockere Stimmung sehr freute. Allein das Beobachten jener, die mit Mimik und Gestik sich verständlich machen wollten, amüsierte ihn so sehr, dass er oft laut lachen musste. Ich hielt mich bewusst im Hintergrund. So war es mir lange genug in Guatemala ergangen. Selbst gute Spanischkenntnisse waren noch lange kein Garant dafür, einen Maya zu verstehen. Ich erinnere mich an einen Mayakongress, den wir vor Jahren in Guatemala City veranstaltet hatten. Wir engagierten eine in den USA lebende Mexikanerin für die Übersetzung der Vorträge. Als Tata Julián über die Heilmethoden der Maya-Pocomames zu sprechen begann, agierte sie die ersten Minuten noch sehr selbstbewusst in ihrer Rolle. Diese Sicherheit währte allerdings nicht allzu lange. Inhalte, Vokabular, Geschichten und Traditionen aus den Ebenen des Sichtbaren und Unsichtbaren drifteten im Verständnis der Dolmetscherin auseinander. Sie erkannte keine Zusammenhänge des Gesagten mehr und ging schließlich weinend und wütend zugleich von der Bühne. Tata Julián sah damals keinen Grund, seinen Vortrag abzubrechen. Er vertraute auf diejenigen Besucher, die seine Sprache als Energiefelder dekodieren konnten, und bat mich auf die Bühne. Ein Maya spricht aus der Lebendigkeit, die ihn umgibt und aus der er wirkt. Aus der Sprache fließen die Kräfte und Wesen, mit denen er sich verbunden weiß. Die Schamanensprache bedient sich oft äußerst schwieriger Formulierungen. Rituale, Gepflogenheiten und Arbeitsmethoden der Ahnen, geistige Kräfte und Wesenheiten der Natur, das alles hat zu tun mit außerweltlichem Geschehen. Jemand, der dem keinen Glauben schenken kann, findet in solchen Momenten keine Rubrik, in der das Gesagte eingeordnet werden könnte. Die Dolmetscherin bezeichnete nachträglich den Maya-Anciano als abnormal und verrückt.

Ich allein wusste, mit welcher Unbeschwertheit dieser Anciano den Lebensnerv eines Menschen treffen konnte. So erkennt er hinter den Schmerzen und Symptomen eine sich in das menschliche Leben drängende geistige Kraft. Er führt viele Krankheiten darauf zurück, dass der betroffene Mensch sich seiner wahren Qualität und Aufgabe nicht bewusst ist. Wenn wir den Ruf der Seele nicht verstehen, drücken uns äußere Lebensumstände in die entsprechende Richtung. Auch in meinen Begegnungen mit offenen Menschen empfinde ich es als großes Geschenk, deren Seelenkraft spüren zu dürfen. In den wenigen Sekunden der Begegnung beginnen ihre Augen zu leuchten, weil ihre Seele sich in diesen kostbaren Momenten verstanden weiß. In diesen Augenblicken der Erkenntnis wirkt der große Lehrmeister des Lebensweges, EE.

Der Weg, im heiligen Mayakalender als Nahual EE bezeichnet, führt von der Urquelle des Seins, aus dem Herzen Gottes über unsere Seele in unseren gelebten Alltag. Dieser Weg der Erkenntnis nährt unser Leben und lässt es gedeihen. Der Mensch erkennt auf diesem Weg die größeren Zusammenhänge, er verspürt Geborgenheit und Führung, denn er ist verbunden mit der Weisheit seiner Seele. Der aus der Seele bereits in groben Zügen vorgezeichnete Weg des Menschen drängt sich oft mit aller Vehemenz in sein Leben. Es ist möglich, kraft einer starken Persönlichkeit diesen Seelenstrahl zu überdecken. Dies geschieht dann, wenn wir persönliche Motive vorrangig vor unsere innere Stimme stellen und die Lernaufgaben unserer

Seele zurückstellen. Wir schaffen damit aber in unserem Energiesystem Reibung, die sich schließlich über den Körper in Form von Leid, Schmerz und Krankheit zeigt.

Zwischen dem Anciano und den Hochzeitsgästen entwickelte sich eine sehr intime und offene Atmosphäre. So war es für meine Familie auch leichter, den Sinn der Worte Juliáns seiner Mimik und Gestik zu entnehmen. Ich war mir bewusst, dass sich aus dieser entspannten und herzlichen Atmosphäre für einige der anwesenden Menschen nach und nach der innere Weg öffnen würde. Die Sprache, die gelebte Einfachheit, aber zugleich auch die kosmische Ermächtigung des Ancianos lösen bereits während einer Begegnung innere Impulse und Prozesse aus. „Als Wegbereiter arbeiten wir als Priester und Magier auf sehr feinsinnige Weise", sagte der Anciano, als er beim Hochzeitsmahl neben mir saß. „Wir lassen unser Herz in den zwischenmenschlichen Begegnungen sprechen und übergeben diese kostbaren Sekunden der Berührung zweier Seelen. Es sind dies Momente, in denen für Sekundenbruchteile die Seelenkraft eines Menschen bewusst aktiviert wird, während auf persönlicher Ebene die Begegnung sich in einem Gespräch, in einem Blick zu entfalten beginnt."

Menschen spüren in solchen Momenten, dass sie einander bereits kennen. Man spricht von Seelenpartnern, von Brüdern und Schwestern, von einer alten Liebe. In Wirklichkeit ist dieser besondere Moment des sich gegenseitig Wahrnehmens ein in Liebe eingebettetes kosmisches Ereignis. Dieses Erlebnis haben viele Menschen auch beim Lesen eines Buches, beim Betrachten eines Fotos, ja selbst in Verbindung mit Ritualgegenständen und Antiquitäten, die mit einer liebenden kosmischen Kraft und Erinnerung in Verbindung gebracht werden.

Der Moment dieser zwischenmenschlichen Herzensöffnung löst im ganzen Kosmos eine Bewegung aus. In Sekundenbruchteilen erkennen wir die in uns angelegte Verbindung mit Gott aus zwischenmenschlichen Begegnungen, aber auch in der Schönheit und Lebendigkeit der Natur. Aus diesen Erlebnissen bahnen sich für jeden einzelnen Menschen die Wege durch die Impulse von Gedanken und Emotionen, mit denen wir unseren Alltag erleben. Das Universum, der Nachthimmel sind ein Spiegel dieser Erfahrungen.

Spät am Abend spazierte ich mit meinem Mayavater durch die Altstadt von Innsbruck. Ich musste ihn gelegentlich stützen und ihm Halt geben. Nach Maya-Zeremonien ist es angebracht, den Körper für seine Beschwernisse und Mühen zu belohnen. Der Anciano nahm keinerlei Rücksicht auf seinen Gesundheitszustand. Er ließ es sich trotz Diabetes gut gehen. Er stieß freudig mit dem einen oder anderen Glas Wein an und ließ den verbotenen Nachtisch auf der Zunge zergehen. Über den Häuserreihen der Altstadt zeichnete sich ein klarer Nachthimmel ab. Als wir nach dem Stadtbummel zusammen ins Stubaital fuhren, hielt ich an, um die Mächtigkeit des Bergmassivs der Serles zu bewundern. Die Milchstraße deutete ihre Fülle und Dichte am wolkenfreien Abendhimmel an.

„Schau dir diese unglaubliche Fülle von Sternen an", sagte der Maya. „Wir bezeichnen die Milchstraße als Camino Blanco, das bedeutet der weiße Weg. Der Mensch braucht in der Verbindung zu Gott seine Hilfe und Führung. Haben wir heute in der Messfeier noch vom kosmischen Brückenbauer B'AATZ gesprochen, so öffnet sich aus dieser Verbindung des Menschen zu Gott der weiße Weg EE. Dieser Nahual bringt sich über den reinen und klaren Abendhimmel uns Menschen in Erinnerung."

Wie könnte man sich im heiligen Kosmos orientieren, wenn es da nicht Kräfte gäbe, die den aus unserer Seele für dieses Leben vorgezeichneten Weg kennen würden? Wie die unzähligen Sterne am Himmel stehen eine Vielzahl von Gedanken, Vorstellungen, Wünsche und Hoffnungen, vor allem aber unsere Lebensumstände in Verbindung mit dem Nahual EE. Ein Blick in den klaren Abendhimmel genügt, um uns ständig daran zu erinnern, dass in der Vielfalt des Sternenhimmels eine kosmische Ordnung existiert. Diese Ordnung können wir trotz Raumfahrt, Observatorien und dem klaren Geist der Wissenschaft nicht durchschauen. Viele große Weisen sind von dort oben gekommen, um uns Hilfe, Weisheit und Begleitung auf unserem Lebensweg anzubieten. Jesus hat seine Wanderschaft auf unserem Planeten aufgenommen, weil er aus der Tiefe der menschlichen Herzen gerufen wurde. Die Seele der Menschen war bereit, Liebe zu erkennen und zu entfalten. So zieht sich auch der Weg Jesu gleich einer klaren, feinen Linie durch die Sternennebel, Sonnensysteme und Planeten. Er wusste, dass seine Fußspuren über Jahrtausende hinweg den weißen Weg des kosmischen Christus für uns erkennbar machen würden. Aus diesem inneren Wissen war es ihm möglich, die Schranken der Traditionen und gesellschaftlichen Normen als Wegbereiter der Menschheit zu durchbrechen.

Der Nahual EE, der Weg, wäre für uns aus dem Licht allein nicht erkennbar. Die Wegmarkierungen in der Milchstraße zeichnen sich erst in der Dunkelheit ab. Es ist einerlei, ob wir Menschen unseren Blick in den Sternenhimmel von Europa, Amerika oder Asien erheben. Allein unser persönlicher Blickwinkel ist es, der sich dadurch ändert. So nehmen auch die Menschen unterschiedlichster Kulturen das eine, für uns alle vorgezeichnete Ziel wahr. Die Spuren der großen Meister und Götterboten sind in den tausendfachen Möglichkeiten deutlich erkennbar. Kulturen, Religionen, die Wahrheit suchende Menschen erkennen aus dieser Vielfalt ihren individuellen Weg. Die Milchstraße pulsiert auch in unseren menschlichen Herzen, in der Weite und Enge des Rhythmus unseres Pulsschlages. In dieser Spannbreite bewegen sich letztlich alle Ausformungen des Weges zu Gott. Aus diesem Rhythmus bewegen wir unsere Beine auf der Wanderschaft durch das Leben.

Der Nahual EE steht beim Menschen in Verbindung mit den Fußsohlen und den vielen Facetten einer Wanderung. Je nach Beschaffenheit des Weges kostet es mehr oder weniger Anstrengung, dem Ziel dieser Wanderschaft näher zu kommen. Aus der Weite des Herzens erhalten wir alle Kraft und Dynamik für die körperliche und geistige Bewegung.

„La sagrada sandalia tiene su misterio“ – die heilige Sandale birgt ein Mysterium in sich“, sagte Don Anacleto, als er mir ein kleines Plastiksäckchen in die Hand legte. Darin eingepackt waren ein Paar kleiner Ledersandalen, zwei Würfel, eine Spielkarte und ein Geldschein. Auf dem Altar stand ein Wasserglas mit einem schwimmenden kleinen Plastikfrosch. Mit einem Ruck stellte er das gefüllte Glas auf den Kopf. Der Wegbereiter und Magier legte einen Esslöffel zwischen ein altes, abgenütztes Stück Knochen und das Wasserglas. Auf den Rücken des

Löffels platzierte er ein Küchenmesser. Aus seiner magischen Schatztruhe nahm er unterschiedlichste Ritualgegenstände. Einige davon legte er auf den Boden und bat mich, meine Füße auf eine alte, ausgetretene Gummisandale zu legen. Auf meine Beine legte er einen alten, schwarzen Hut, um das Handgelenk hängte er mir eine abgegriffene Indianerkette mit Schmucksteinen, in die Hand gab er mir ein an der Wand hängendes Schwert.

Der Anciano erhob sich von seinem Stuhl. Er berührte eine neben seinem Altar befindliche große Darstellung eines weißen Knochengerüsts. Eine Feder, die er auf die Altarbilder richtete, dirigierte gleichsam das auf der Löffelkuppe balancierende Messer. Eine geistige Kraft ließ das Messer in die gewünschte Richtung drehen. Das Messer wurde regelrecht in die Richtung gezogen, in die Don Cleto seine Feder richtete. Der Magier bringt in diesem Ritual das Leben in seiner Vielschichtigkeit in Bewegung.

Eine starke Spannung war im Raum spürbar. Mein Puls schlug schneller. Der Anciano setzte sich und erzählte Belangloses. Von Ärzten, die ihn besucht und um Rat gefragt hatten. Von einem Dieb, der vor wenigen Tagen von den Männern des Dorfes auf frischer Tat ertappt und gefasst worden war. Er hätte ihm im letzten Moment das Leben gerettet. Man hatte den Mann bereits mit Benzin übergossen und wollte ihn gerade anzünden, als Don Cleto von Helfern gerufen zum Schauplatz kam.

Seine Erzählungen faszinieren durch die detaillierten Beschreibungen. Der bereits hundertjährige Mann erinnerte sich an Patienten, die ihn vor Jahren besucht hatten und die er hatte heilen können. Jede Handbewegung bewegte unabhängig vom Gesprochenen meine innere Welt. Seine Sprache war selbst im Belanglosen Ausdruck seiner Kraft und seiner geistigen Verbindungen.

Don Cleto verließ den Raum. Seine Frau Rosa räucherte den kleinen, armseligen Heilungsraum mit Weihrauch. Binnen weniger Sekunden stand ich im dichten Weihrauchnebel, der sich nach und nach durch die Ritzen der Bretterwand aufzulösen begann. Sonnenstrahlen drangen vereinzelt durch die Bretterspalten in den sonst dunklen Raum.

„Du bist beschützt von den großen Lehrmeistern der Maya, aber auch von einer großen Anzahl von geistigen Mächten unterschiedlicher Kulturen, die dir den Weg als Weisheitslehrer weisen. Gib dich diesem Weg vorbehaltlos hin. Wenn du der Sprache deines Herzens weiter folgst, wirst du dahin geführt, wo dich der göttliche Vater braucht. Ich habe nur noch wenig Zeit in meinem Leben, diesem Auftrag nachzukommen. Sei dir dessen bewusst, dass es keine Rolle spielt, auf welcher Seite wir stehen. Jetzt bewege ich die Welt, in die wir Menschen eingebettet sind. Später, wenn für mich die Zeit gekommen ist zu gehen, wird es mir eine Freude sein, dich in deiner Aufgabe aus der Magie des Herzens zu begleiten."

Mit aufgeregtem Herzen erhob ich mich. Wir umarmten einander und der Anciano küsste meine Stirn und beide Hände und sagte: „Die heilige Drei möge auf diese Weise deine Gedanken und deine Hände mit kosmischer Macht füllen."

Am folgenden Abend lag ich im Bett, noch immer aufgeregt und voller innerer Freude. Ich wurde in der Nacht wachgerüttelt und spürte Don Cleto an meiner Seite. Er war gekommen, um mich daran zu erinnern, ja mir zu beweisen, dass es unerheblich sei, ob er den Weg von diesen oder auch von anderen Welten aus an meiner Seite mitbeschreiten würde.

Zwei mächtige Nahuales führten uns in den letzten drei Jahren mit aller Intensität zusammen. Wenn ich den Anciano besuchte, erinnerte er seine Familienmitglieder daran, dass ich ihm einst das Leben gerettet hatte. Als ich ihm vor einiger Zeit an seinem Sterbebett meine linke Hand auf das Herz legte, hatte auch mich KEME, der Nahual Tod, berührt. Erst Monate später sollte ich die größeren Zusammenhänge des Geschehens erkennen. KEME erklärte es mir in einer Meditation mit folgenden Worten:

„Du bist damals in erster Linie von mir gerufen worden, um einen meiner großen Meister und Helfer auf Erden zurück in das Leben zu begleiten. Ich segne viele Angehörige von Sterbenden in den besonderen Momenten der Sterbestunde. Wenn eine Seele sich bereit erklärt, zurück zur Quelle Gottes zu gehen, steht das geistige Tor auch für die Hinterbliebenen, vor allem aber für die im Sterbemoment Anwesenden offen. Zu dieser kostbaren Stunde bist du zu Anacleto geführt worden. Du solltest dort mit meiner Kraft gesegnet werden und zugleich habe ich dir die Erlaubnis gegeben, in meinem Namen den Anciano in das Leben zurück zu begleiten. Erinnere dich, was Anacleto damals zu dir gesagt hat. Er meinte, sein Leben sei noch nicht zu Ende. Er hätte noch etwas in Erfüllung zu bringen. Damit wollte er ausdrücken, dass sein aus der Seele vorbereiteter Weg EE noch nicht den Wendepunkt zwischen der physischen und geistigen Ebene erreicht hatte. Was der Mensch durch seine Absicht, durch seine Gefühle und Gedanken im Leben vorbereitet, sollte mit dem Wegbereiter, dem Nahual EE, auf die Absicht der Seele und deren Plan abgestimmt werden. Verliert ein Mensch seinen Lebensweg und damit seine Lebensabsicht, ist dieser Meister des Lebensweges EE die nächstliegende Wesenheit und Kraft, die Rückkehr in das bereits sich zurückziehende Erdenleben einzuleiten. Aus dieser Abstimmung mit dem Seelenplan erhält der Mensch die geistige Führung, die ihn vor Umwegen bewahrt und die ihn auch aus den im Leben gemachten Erfahrungen die richtigen Schlüsse ziehen lässt."

Ich hatte auch vor dem Tod meines Vaters erkannt, dass er die Absicht und den tief in sich gehegten Wunsch hatte, von dieser Welt zu gehen. Durch seinen tiefen Glauben hatte er die Verbindung zu seiner Seele. Sie ließ ihn erspüren und erkennen, dass seine Bereitschaft, aus dem Leben zu gehen, mit ihrem Ruf nach Hause zu gehen übereinstimmte. Somit hatte KEME, der Bruder Tod, die Erlaubnis, in dieses Leben einzugreifen und meinen Vater würdevoll sterben zu lassen. Ich erinnere mich an meine Gefühle, als ich von seinem plötzlichen Tod erfuhr. Der erste Impuls war: Es ist gut so. Er hatte seine Aufgabe in diesem Leben erfüllt und konnte nun in die Arme seiner heiß geliebten Mutter zurückkehren, die er bereits als kleiner Junge verloren hatte. Das war immer sein tiefster Wunsch gewesen. Nach meinem Einverständnis mit seinem Tod öffneten sich die Schichten meiner Persönlichkeit. Diese waren verbunden mit dem Empfinden des Verlustes, der Leere, der Trauer, ja auch der Aggressionen und des Vorwurfs. Ich erinnere mich, dass ich ihn wenige Stunden nach seinem Tod im Auto sitzend beschimpfte, dass er sein Leben so leicht aufgegeben hatte.

Ich erwartete eine kleine Gruppe von Mayaschamanen in unserem Zentrum. Don Juan, Tata Julián und seine Enkelin Gloria stiegen aus dem alten Toyota Pickup. An den abgefahrenen Reifen zeigte sich an manchen Stellen bereits das Stahlgeflecht. Von Reifenprofil konnte keine Rede mehr sein. Bremsen und Kupplung schienen allerdings so zu funktionieren, wie man es hinter einem Lenkrad sitzend erwartet. Ich fragte mich, ob es bei diesem Fahrzeug ein Gerüst gibt, das noch alle lockeren Teile miteinander verbindet und zusammenhält. Bei den Maya scheint das geistige Gerüst eines Menschen selbst sein Fahrzeug zusammenzuhalten.

Don Julián kam mir mit einem freudigen Lachen entgegen, umarmte mich und sagte: „Ich freue mich aus ganzem Herzen, dass wir wieder zusammen sind. Meine Begleiter auf geistiger Ebene machen mich oft darauf aufmerksam, dass es noch vieles gibt, das ich mit dir teilen sollte."

Don Juan war gerade dabei, Säcke voller Zeremonialmaterialien auszuladen. Er ging auf mich zu, umarmte mich und sagte: „Bevor wir heute zu arbeiten beginnen, habe ich einen ganz besonderen Auftrag zu erfüllen. Ich möchte dafür mit dir in die Pyramide gehen. Dort können wir uns miteinander unterhaten." Ich fragte mich, was es wieder an Überraschungen für mich geben würde, und bereitete meinen Altar in der Pyramide vor. Dabei zündete ich dem weißen Tod, der unter meiner Mesa steht, eine Kerze an. Einen großen, weißen Totenschädel, den ich vor Jahren auf einem Indianermarkt erstand, ehre ich als den formgebenden, weiblichen Aspekt der Wesenheit KEME. Die Verbindung zu dieser Kraft lässt das Neue im Kraftfeld des Wegbereiters EE entstehen, nachdem der schwarze Tod, Bruder KEME, das Alte und Behindernde in uns hat absterben lassen. Dadurch stehen wir in einem ständigen Rückerstatten und Neuformieren unseres Seinszustandes. Nach diesem ständigen Wechsel habe ich mein Leben ausgerichtet. Dadurch fällt es mir auch leichter, den vielfältigen Aufgaben auf zwei Kontinenten nachzukommen. Brücken zwischen den Kontinenten zu bauen fordert von mir viel Flexibilität und Anpassungsvermögen. Eine starke und feste Führung aus den geistigen Seinsebenen macht es leichter, mich mehrmals jährlich an die sehr unterschiedlichen Kraftfelder beider Kontinente anzupassen.

Ich setzte mich auf den Stuhl, berührte den Kristall, der als Symbol der Klarheit des Christuslichtes auf der Mesa steht, und bat um Verbindung mit den auf meinem Altar wirkenden Kräften. Während sich Tata Julián und Gloria mit den Gästen, die gerade im Zentrum weilten, unterhielten, kam Don Juan zu mir. Er segnete mich und begann zu beten und die Kräfte der vier Altäre der Pyramide einzuladen. Er wandte sich zuerst an den Norden. Dort steht ein Altar der Kelten. Steine verschiedener Kraftplätze in Österreich hatten mit mir den Kontinent gewechselt, um die ursächliche Verbindung von Maya und Kelten in der Pyramide zu manifestieren. Dann wandte sich der Quiché-Schamane an den Süden. Hier steht meine Mesa, die verbunden ist mit dem Kraftfeld der Pocomames, aber auch mit meinen christlichen Begleitern Moses, Jesus Christus, dem Erzengel Michael, der kosmischen Mutter Maria, dem Apostel Jakobus und geistigen Begleitern anderer Kulturen. Danach wandte sich Don Juan an den Osten, der in der Pyramide verbunden ist mit den geistigen Kräften Buddha, Shiva, Tara, Chenresig und anderen Gottheiten des Ostens. Abschließend drehten wir uns nach Westen zum Maya-Altar, der von KU-KUUL-HA, dem Schöpfer und Formgeber der Maya, gehütet wird. Unter diesem Altar liegen Steine von verschiedenen Maya-Altären Guatemalas. Die sich erhebende Schlange „Coatl Malan“ hütet mit dem Jaguar den Altar. Don Juan stellte sich hinter mich und erzählte mir, was ihm in einer Konzentration bei seinem Altar mitgeteilt worden war.

Tief berührt von dem, was nun geschehen sollte, spürte ich in diesen Momenten die liebende Präsenz des göttlichen Meisters der Liebe und des Lichts, Jesus Christus. Aus ihm wirke ich, wenn es darum geht, Menschen zu helfen, die sich von der Liebe entfernt halten. Er spricht in diesen Momenten mit klarer Sprache und weist mich darauf hin, ihn auch in der Präsenz all jener Menschen zu erkennen, die in der Trennung von sich selbst leben. In der Verbindung unser beider Herzen empfing ich kürzlich einen wunderbaren Text. Ich verspürte seinen inneren Ruf und setzte mich an den Computer. Ich bat um Klarheit und Erkenntnis, um die kosmische Weisheit und die aus meinem Herzen fließenden Worte und Bilder. Die ersten Worte und Lebensszenen begannen sich in mir zu formen:

„Ich kenne sie, die mir folgen werden,
Denn sie sind aus meinem Herzen geboren.
Ich rufe sie bei ihrem Namen.
Der Ruf hallt durch Berge und Täler,
Über Flüsse, Seen und Meere.
Der Wind trägt ihre Namen über die Dünen der Wüsten.
Höhlen und Schluchten füllen sich im Klang.
Feuerszungen erheben sich im Ritual der Schamanen.
Menschen halten staunend inne.
Die Welt hält den Atem an.
Der Klang der Stimme füllt die Mauern der Städte,
Häuser, Tempel, Kirchen,
Die Hütten der Völker erzittern.
Pyramiden öffnen ihre Zeittore,
Steine schließen sich erneut im Kreise.
Sie kommen, die gerufen sind, und halten sich an den Händen.
Ihre Namen sind offenbar.
Sie erkennen sich am Klang des Rufes,
Und ihre Sprache füllt sich mit der Kraft des Herzens.
Steine, Pflanzen und Tiere,
Die Berge, Flüsse, Seen und Meere,
Höhlen und Schluchten,
Sie alle geben denen Heimat, die da EINS sind miteinander.
Wind und Wasser, Erde und Feuer werden lebendig und
berühren ihren Geist und ihre Liebe zueinander.
Ihre Absicht ist gegeben und ihre Körper
Für die Wanderschaft gesegnet.
So gehen sie miteinander, um das Werk zu erfüllen.“

Tata Julián kam zu uns in die Pyramide und segnete mich mit dem Kreuzzeichen der vier Himmelsrichtungen. Er bat Don Juan, die Verantwortung für das nun folgende Feuerritual im Kreis der im Zentrum anwesenden Gruppe zu übernehmen. Es obliege ihm als Quiché-Schamane, TOJIL, den geistigen Hüter des heiligen Mayafeuers, für die Reinigung und Heilung der anwesenden Personen einzuladen.

Don Julián legte seine Hand auf mein Haupt und sagte: „Norbert ist derjenige, dem ich all meine Hilfe und Unterstützung als Vater gebe. Ich sehe ihn als meinen Sohn und erkenne ihn als Mittler des Bewusstseins Maya. Seine Aufgabe ist es, die Weisheit der Maya in sich zu wecken und in die Welt zu tragen. Diese Aufgabe ist verbunden mit viel Mühsal, vor allem aber mit der vollkommenen Hingabe an den göttlichen Vater. Gott ist es, der unsere Geschicke leitet. In seinem Namen wurden die Füße dieses Weltenbotschafters gesalbt. Jeder Fußabdruck wird dadurch zu einem Kraftfeld der Heilung für unseren Planeten. Erkennt euch selbst in der Aufgabe, durch euren Lebensweg, durch eure Fußabdrücke auf der Wanderschaft die Mutter Erde zu heiligen und zu ehren. Moses hat einst diesen Lebensweg begonnen. Jesus ist seinen Spuren gefolgt. Jetzt kommt die Zeit auf uns zu, in der Menschen diese Wanderschaft bewusster fortführen werden. Erkennt sie an der Reinheit ihrer Herzen. An ihren Werken werdet ihr sie erkennen. Es ist die Zeit gekommen, die magischen Kräfte der Menschen in ihren Herzen zu wecken. Diese Kräfte sind uns gegeben, um die Schöpferkraft des göttlichen Vaters auf unserem Planeten zu manifestieren. Geht mit dieser Kraft bewusst um und setzt sie für das ein, was eurem Herzen entsprießt. Ich segne meinen Sohn und Vertrauten Norbert mit der Kraft des Magiers des Herzens."

Er drehte sich zu mir und sprach mit erhobener Stimme:

„Die Quellen der göttlichen Magie werden sich nach und nach aus dir offenbaren. Ein Schlüssel dazu ist unser heiliger Kalender und die Arbeit mit den Nahuales. Es ist dir von meinen Ahnen in dein Herz gelegt worden, die Essenz unserer Kultur und unserer menschlichen Entwicklung als Maya den Menschen anderer Kulturen und Religionen zugänglich zu machen. Sie werden erkennen, dass darin vieles von dem eingebettet liegt, was ihnen aus unterschiedlichen Gründen von den Vertretern ihres Glaubens nicht gegeben wurde. Wir stehen als Maya zwar in der Enge unserer Tradition, in den Repressionen der politischen Systeme, aber wir haben uns auf geistiger Ebene etwas erhalten, das von großer Kostbarkeit ist. Unsere Kosmovision ist in keine Religion, in kein Glaubenssystem eingebettet und konnte aus diesem Grunde auch nie von Menschen verdrängt werden. Dadurch konnte sich in Maya die Kraft und Weisheit der heiligen Magie erhalten. Niemand hat uns jemals vorgeschrieben, die geistigen Schöpferkräfte zu verdrängen und aus dem Leben zu verbannen aus Angst davor, wir könnten sie missbrauchen. Große Schamanen und Magier haben uns durch ihr Leben ein Beispiel gegeben, vorsichtig zu sein, wenn wir unser Leben bewusst in die Hand nehmen und gestalten. So habe auch ich am Beispiel der großen Magier meines Volksstammes gelernt, den Umgang mit diesen Mächten in den Dienst des göttlichen Vaters zu stellen und nicht zu meinem eigenen Vorteil einzusetzen. Der Lebensweg, den meine Vorfahren gegangen sind, hat es ermöglicht, meinen eigenen Weg zu erkennen. Ich könnte dir Geschichten von Magiern erzählen, die ihre große Kraft und Macht dafür einsetzten, Menschen zu schaden. Es gab große Kämpfe zwischen Weißmagiern und Schadensmagiern, die teils mit Blitzen und Unwettern ausgetragen wurden. So konnten sich Generationen von Menschen ein Bild davon machen, was es bedeutet, die Macht im Dienste des Göttlichen oder zur Zerstörung einzusetzen. Selbst das kann ich dir ohne Verurteilung der Schadensmagier erzählen. Gott hat ein Viertel seiner Macht in die Hände des Dunkels gelegt. Aber drei Viertel der Kraft werden durch uns Menschen aus dem Licht bewegt. Allein aus dieser Tatsache sollten wir erkennen, dass es immer Menschen geben wird, die im Dienst der menschlichen Entwicklung auch das Dunkel bewegen.

So ist es von großer Notwendigkeit, dass es Menschen wie dich gibt, die die Gesetze und die Wirkensweise der Mächte des Dunkels und des Lichts kennen. Je stärker die Urkraft der Nahuales erweckt wird, um so direkter wird es für viele Menschen möglich sein, ihren Weg mit diesen großen Lehrmeistern des Lebens zu gestalten. So ist der Nahual EE auch einer der vier tragenden Pfeiler und Verstärker des heiligen Mayakalenders, die sich im Jahresrhythmus in ihrem Wirken abwechseln. Sei dir bewusst, dass du dich beim Schreiben deines Buches durch Dunkel und Licht der Nahuales bewegst. Was Generationen von SchamanInnen und MagierInnen bewegt haben, liegt wie ein Nebelschleier über den Herzen der Nahuales. So werde ich dir aus der Einweihung mit der Santa Neblina zugleich den Schlüssel in die Hand legen, das große geheime Wissen der Nahuales durch deine Schriften für die Menschen fassbar und lebbar zu machen.

So kann sich aus der Magie des Herzens die Essenz der Nahuales öffnen und den Alltag vieler Menschen formen. Das ist es, was wir uns alle so sehr ersehnen und doch nicht glauben, erreichen zu können. Es wird bald die Zeit kommen, wo es mir erlaubt sein wird, aus dieser Welt zu gehen. Glaube mir, Norbert, ich sehne mich sehr nach einem Leben ohne die Schwere meiner Kultur und meines Lebensumfeldes. Auch über mir lastet eine dunkle Nebelschicht, die ich selbst kaum zu lichten weiß. Es sind die Schwere meines Volkes und die vielen, tiefen Verletzungen meiner Würde und meines Herzens. So war es auch mir oft unmöglich, mein Leben aus dem Herzen zu gestalten. Ich konnte mich aus dieser Trennung selbst nicht erreichen und gestaltete vieles in meinem Leben, ohne auf die Sprache meines Herzens zu achten. Ich werde dich zu gegebenem Zeitpunkt darum bitten, diesen dunklen Nebel aus dunklen Tagen meines Menschseins zu lichten. Dies wird zugleich deine Einweihung in eines der großen Mysterien meines Volksstammes sein. Wem sich der Zugang zur weißen und schwarzen Neblina öffnet, dem stehen zugleich die Tore in die Ebenen des Lichts und des Dunkels offen. Dies ist das Geschenk, das ich dir machen möchte, wenn die Zeit für mich gekommen ist zu gehen."

Die Verbindung mit der Santa Neblina roja y amarilla, der roten und gelben Nebel, wurde mir bereits in Verbindung mit dem bereits verstorbenen Maya-Schamanen Don Katharino Lobo Juarez gegeben. Es war mir inzwischen klar geworden, dass die Arbeit mit der Santa Neblina in unmittelbarer Verbindung zur Kapazität der Menschen steht, die unterschiedlichen Dimensionen in Erfahrung zu bringen. Maya, der Dimensionenpendler, wusste von den Nebelschichten, durch die man sich in die geistigen Welten vorarbeiten kann. Wie bei den Nebeln von Avalon bedarf es eines entsprechenden Zugangs, der in Initiationen gegeben werden kann. Die Maya-Pocomames tragen dieses Wissen in sich. Die heiligen Nebel verschließen oder öffnen die in uns angelegten Möglichkeiten, in die Tiefen und Weiten des geistigen Geschehens einzutreten. Ich trat durch diese Segnung mit dem Nahual EE in den Garten meiner eigenen Seele ein. Wie in einem Labyrinth gilt es, den richtigen Weg zu erkennen und der äußeren und inneren Führung und Begleitung zu vertrauen.

Es war noch früher Morgen. Die Santa Neblina lag wie ein grünlich schimmernder, weit über der Landschaft ausgebreiteter Teppich über den Zuckerrohrfeldern der Finca El Baul. Ich wollte einen Ritualstein der Maya suchen, den eine Bekannte vor Jahren im Freilichtmuseum einer alten Kaffee- und Zuckerrohrfabrik fotografiert hatte. Auf dem Parkplatz des Fabrikgeländes warteten ausrangierte Busse amerikanischer Colleges auf die Arbeiter. Ein Wachposten bat mich um meinen Führerschein. Dabei kam mir in Erinnerung, dass ich nach fünfzehn Jahren noch immer ungesetzlich mit meinem österreichischen Führerschein in Guatemala unterwegs war. Die Straße war übersät mit überfahrenen Zuckerrohrstangen, die in der heißen Luft einen fauligen Geruch verbreiteten. Offensichtlich war die Zeit der Zuckerrohrernte angebrochen. Ein am Straßenrand stehendes Steinrelief eines Maya, der aus dem Schlund einer Schlange geboren wird, hatte mich vor Jahren schon fasziniert. Ich erkannte darin die Geburt des Mayamagiers, der aus den Quellen der Nahuales neu geboren wird. Da dieser Stein jahrelang ohne Überdachung im Gelände dieser Fabrik am Wegrand stand, bildeten sich in der Regenzeit Moose, die das Gesicht noch lebendiger machten.

Die energetische Verbindung des Jaguarmagiers mit dem Zuckerrohr schafft in den Schriften und Überlieferungen der Maya die Verbindung zum Nahual AAJ, dem in die Süße des Lebens und der menschlichen und geistigen Gemeinschaft eingebetteten Herzensmagier und Krieger.

Kapitel 3

AAJ (Ach)

STÄRKE UND KRAFT DES LEBENSBAUMES

Die Süsse des Lebens aus der Erotik des Herzens

Ben

Einst entschlossen sich die Zwillingsbrüder HUN AJPUU und IXBALAMQUE, auf die Jagd zu gehen. Sie verabschiedeten sich von ihren Großeltern IXPIYACOC und IXMUCANE mit den Worten: „Unsere Mission ist es, im Auftrag des göttlichen Vaters die Mächte der Unterwelten für die Menschheit in Erfahrung zu bringen. Dadurch können diese Welten der Menschheit zugänglich gemacht werden. Wir werden im Hof unserer Familie Zuckerrohr pflanzen. Wenn dieses Zuckerrohr vertrocknet, dann ist dies ein Zeichen dafür, dass wir nicht zurückkehren werden. Die frischen Knospen und Wurzeln des Zuckerrohres allerdings sollen daran erinnern, dass wir unsere Aufgabe erfüllen konnten und wiederkehren werden.“ So zogen sie aus, die neun Unterwelten XIBALBAs kennenzulernen. Sie waren zu den Urzeiten des Menschseins die ersten Götterboten, die den Mut hatten, sich den dunklen Mächten zu stellen. Beide wussten von den Gefahren, sich mit den Mächten der Dunkelheit einzulassen. Allein durch List und Tapferkeit konnten sie den vielfältigsten Gefahren entkommen. Das Zuckerrohr im Garten der Großeltern vertrocknete, und aus den noch frischen Wurzeln setzte es neue Sprösslinge an. Dies war das Zeichen des Sieges der Götterboten HUN AJPUU und IXBALAMQUE über die Mächte der Unterwelten. Im Schutz des Lichts kehrten sie schließlich nach schweren Erprobungen und mehrmaligen Tötungen als Hüter des Lichts zurück. HUN AJPUU verband sich mit der Sonne und IXBALAMQUE verschmolz mit dem Mond. Von dort aus wirken die beiden als Bindeglieder zwischen den Unter- und Oberwelten auf unseren

Erdenplaneten ein. Die in die Mittelwelt eingebettete Menschheit ist denselben Gefahren und Herausforderungen der Unter- und Oberwelten ausgesetzt. Wir verstricken uns aus unserer Unvollkommenheit, aus unserer beschränkten Lebensschau und fallen somit uns selbst, unserer Dunkelheit und Unwissenheit und dem kalten Licht, das nicht mit der Liebe verbunden ist, zum Opfer. Gleich Kindern, die das Gehen erlernen, stehen wir wieder auf, um trotz aller Mühen die Wanderschaft unseres Erkenntnisweges fortzusetzen.

Für die menschlichen Erfahrungen und Einweihungen bedurfte es in allen Kulturen und Religionen der großen Götterboten, die uns den Weg und das Ziel durch ihr Leben und Werk als Botschaft hinterließen. Was einst das Zwillingspaar HUN AJPUU und IXBALAMQUE in Erfahrung brachte, gilt auch für uns Menschen. In den Momenten unseres Hochmuts, unserer Unzulänglichkeiten und Unvollkommenheiten zerstören wir uns aus uns selbst. Wer sich nicht reinen Herzens den Mächten der Dunkelheit nähert, der wird von diesen Kräften zerstört. Dies gilt auch für den Wahrheitssuchenden in unserem heutigen Verständnis des geistigen-spirituellen Weges. Die beiden Mayahelden glaubten, als Krieger und Jäger mächtig genug für die in den Unterwelten wirksamen Gewalten zu sein. Die Herren der Unterwelten belehrten sie eines Besseren. Sie wurden Opfer ihres eigenen Hochmuts. Zerstückelt und geschunden erhielten sie allerdings vom göttlichen Schöpfer ein neues Körperkleid, mit dem sie ihre Wanderschaft durch die Reiche der dunklen Mächte unter besseren Voraussetzungen fortsetzen konnten. Das von ihnen gepflanzte Zuckerrohr im Garten IXMUCANEs zeigte ihren Seinszustand an. Es wurde schwach und trocken, bildete immer wieder neue Triebe, die vertrockneten und von der Sonne versengt wurden. Die Wurzeln allerdings blieben immer lebendig genug, ihre Wiederkehr ins Leben einzuleiten. Beide Heroen kehrten zu IXMUCANE und IXPIYACOC, ihren Großeltern, zurück, die gemeinsam mit ihnen bei der Beobachtung der Pflanze durch Freud und Leid gegangen waren. Unsere Großeltern sind uns im selben Maße Brücke zu den Ahnen, von denen wir auf dem oft schweren Lebensweg durch Licht und Schatten getragen werden.

Der Nahual AAJ ist ein Teilaspekt des großen Kriegers AJ PUU. Seine Aufgabe es ist, die göttliche Schöpfung aus der Wärme und Kraft des solaren Logos voranzutreiben und die daraus entstehende Formenvielfalt als Lehrmeister des sich ständig verändernden Lebens zu hüten. AAJ verbindet im Schöpfungsakt die vielfältigen Seinsformen des Lebens mit einer alles zusammen haltenden kosmischen Kraft. Er repräsentiert die Fülle von Lebenserfahrungen, die wir mehr oder weniger bewusst als Weg der Entfaltung unseres wahren Seins erkennen. Alle zwischenmenschlichen Gemeinschaftsformen sind ein Abbild der Verbindungen, die es auch auf geistigen Ebenen gibt. So fügt AAJ die in der Schöpfung Gottes angelegte Verbindung von feinstofflichen und grobstofflichen Formen zu einem Ganzen zusammen. Was der Mensch in seinem Ideenreichtum in Dichtung, Musik, Kunst, Technik, Wissenschaft, Medizin und dergleichen schafft, hat sein Ebenbild in der feinstofflichen Welt. Gehen diese Formen ineinander über, beginnt daraus das Göttliche zu wirken. Wäre dies dem Menschen bewusst, gäbe es auch keinen Missbrauch und keine körperlichen Schäden aus den Errungenschaften technologischer Entwicklungen. So kommt für die zukünftige planetarische Entwicklung dem Nahual AAJ eine große Aufgabe zu. Durch die Verbindung mit ihm werden die Forschung und die damit beschäftigten Menschen den Schöpfergeist Gottes in ihrem Tun erkennen und aus Respekt und in seinem Dienst für die Menschheit heilsame Formen entwickeln.

Als Meister Cirilo das Zentrum TO-OM-RA in Guatemala im Kreis einer Gruppe von Mayapriestern aus der Samenkraft des Nahuals QUANIL segnete, erbat er auch die Begleitung und Hilfe des Kriegers des Herzens, AJ PUU. Den Blick nach oben gerichtet, rief er den mächtigen Nahual der Gemeinschaft AAJ mit den Worten:

„Höre mich, großer Lehrmeister der Schöpfung, AAJ. Das heilige Feuer bewegt sich aus deinem Herzen und verbindet unseren Ideenreichtum mit dem Willen Gottes. Ich danke dir für die Kraft des Feuers, das uns reinigt und mit dem göttlichen Schöpfergeist verbindet. Verzeih uns unsere fehlende Einsicht und Erkenntnis und segne uns mit der Gabe, heilsame Formen zu bilden für die Schaffung des Friedens in der Gemeinschaft der Menschen. Nimm die Geschicke dieses heiligen Platzes auf in dein Herz und hüte die Arbeit derer, die aus dem Herzen dieses Zentrums die Kraft und das Geheimnis meines Volkes öffnen.“

Dann wandte sich Don Cirilo zu uns und sagte: „Erinnert euch an die Geschichte AJPUUS UND IXBALAMQUEs. Die von uns gehütete Weisheit Maya sollte euch Hinweise geben, wie ihr euch in eurer Arbeit durch die Unterwelten und durch die Lichtwelten bewegen könnt, aber auch selbst bewegt werdet. Aus diesem Wissen kann sich die Kraft des göttlichen Kosmos in eurem Wirkungskreis manifestieren. Ihr setzt euch damit aber auch vielen Gefahren aus. Eure eigenen Unvollkommenheiten werden durch diese Kraft und Ermächtigung mit großer Vehemenz an die Oberfläche gebracht. Es bedarf großer Wachheit, dies zu erkennen und darauf zu reagieren.

Im Namen des großen Kriegers AJPUU verbirgt sich der Nahual AAJ. Somit steht der große Held unserer Legenden im Dienst der göttlichen und menschlichen Gemeinschaft. Beide sind ständig miteinander verschmolzen. Allein der Mensch trachtet aus seinen Egoismen danach, diese Verbindung durch seine schöpferische Macht und Gier zu trennen. Die Kraft des Feuerkriegers gibt euch Dynamik und Effizienz und die Weisheit AAJs verbindet euch mit der aus allem wirkenden Kraft der göttlichen Liebe. Seid aus dieser Konstellation Begleiter für all jene, die aus ihrem Herzen eure Familie suchen und unterstützen. Erinnert euch, dass es das Wesen einer Familie ist, den Kindern Freiheit in ihrer Entfaltung und auf ihrem Lebensweg zu geben. Später werden euch große Persönlichkeiten auf eurem Weg unterstützen, ja euch einmal ersetzen. Das ist der Lauf der Dinge. Vergesst nie darauf, dass Konflikte und Auseinandersetzungen notwendig sind, das Herz der Familie zu festigen und zu stärken. Das Wesen einer Gemeinschaft ist es, dass jeder seinen Platz darin findet und auf diesem Platz respektiert und eingebettet ist. Der Dunkelheit gebt ihr dadurch Raum, indem ihr auch diejenigen in eurem Kreis aufnehmt, die sich selbst vergessen haben und in einem Zustand der Trennung von sich selbst leben. Wenn ihr das beachtet, steht ihr als

Gruppe unter dem Schutz von Licht und Schatten. Je stärker ihr an euch selbst arbeitet, um so größere Festigkeit wird diese Familie erhalten."

Jahre später bat ich in Momenten großer Bedrängnis meinen AJPUU-geborenen Mayavater Don Julián um Hilfe und Rat. In seiner Gelassenheit erinnerte mich der Anciano oft daran, dass das Leben als Dienst am göttlichen Werk erkannt und angenommen werden sollte. Als er mich an seiner Mesa sitzend segnete, sagte er:

„Ihr habt in kleinem Kreis das Zuckerrohr AAJs aus euren Herzen beim Aufbau eurer Arbeit TO-OM-RA in Guatemala und Europa gepflanzt und mit viel Liebe und Hingabe jahrelang genährt. In den vergangenen Jahren hat dieses Zuckerrohr durch kraftvolle Wurzeln auch die entsprechende Festigkeit in den Unterwelten erhalten. Aus dieser Verbindung konnte die Pflanze wachsen. Sie trägt die Süße des Lebens in sich. Nährt sie mit eurer Dankbarkeit, mit eurem Vertrauen und mit eurer Liebe. Menschen, die dieses Kraftfeld suchen, werden mit viel Liebe und Hingabe ein Stück ihres Lebensweges begleitet. Aber in allem Geschehen gibt es auch Menschen, deren Absicht es ist, Trennung und Misstrauen zu schaffen. Übergebt diese Menschen in die Obhut des Schöpfermeisters AAJ, des Nahuals der Erneuerung, der Klarheit und Festigkeit und der immerwährend sich weiterentwickelnden menschlichen Erkenntnis. So werden diese Menschen auf euch und euer Werk vergessen und sich anderen Dingen zuwenden. Baut vertrauensvoll weiter an dem, was eurem Herzen entspringt. Ihr habt alle Unterstützung aus den geistigen Ebenen, aus unserer Tradition Maya und seitens großer Meisterinnen und Meister anderer Kulturen, die aus euch heraus das Geheimnis der Schöpferkraft in die Weite tragen möchten."

Im Erleben des Alltags, im Tun und Wirken, in der rituellen Verbindung sät der Mensch den Samen seines Werkes. AAJ ist der Lehrmeister, der aus alter Verbindung zu Licht und Schatten, zu Himmel und Erde diesen Samen aus dem Wasser des Lebens, aus IMOX, wachsen und gedeihen lässt. Der Lehrmeister des sich entfaltenden Lebens in der Gemeinschaft zeigt sich von zwei Seiten. Er drängt uns als aktive und bewusste

Menschen in den Seinszustand von Glück und Lebensfreude. Aber er macht uns auch durch die Erfahrung von Leid und Schmerz auf unsere Unvollkommenheit und unsere Schwächen aufmerksam. Jeder Mensch trägt in sich den Wunsch, von der menschlichen Gemeinschaft angenommen zu werden. Wir wünschen uns Geborgenheit, das Gefühl des Angenommenseins, wir möchten geliebt werden und dennoch stehen wir vor der Herausforderung, durch unsere Haltung die gegebenen Traditionen zu verändern und an den Zeitgeist anzupassen.

Als ich meine Frau vor 27 Jahren in Innsbruck kennen lernte, entschlossen wir uns bereits nach wenigen Monaten, gemeinsam eine Wohnung zu nehmen. Meine Eltern standen diesem Vorhaben sehr skeptisch gegenüber. Die „wilde Ehe" könnte dem Ansehen der Familie schaden. Da ich ohne Bereitschaft zur Diskussion zu meiner Wahrheit stand, erschöpfte sich die Vorstellung und Kritik meiner Eltern. Ich wollte und musste diese Erfahrung mit meiner Geliebten machen. Ich wollte mich selbst kennen lernen und suchte nach meiner eigenen Wahrheit. Diese Wahrheit vertrat ich nach außen meiner Familie und meiner Verwandtschaft gegenüber. Es stand nicht zur Debatte, ob diese Wahrheit richtig oder falsch oder im Einklang mit den Gesellschaftsregeln war. Damit lernte ich als junger Mann, zu meiner Wahrheit zu stehen. Ich habe meiner inneren Wahrnehmung entsprechend gehandelt, Menschen um mich herum verunsichert, aber dabei niemandem geschadet. Es war uns beiden klar, dass allein wir die Verantwortung für unsere Entscheidung tragen mussten. Aus demselben Gefühl schöpften wir später als Ehepartner für uns und unsere Kinder Vertrauen. Wir waren bereit, zusammen aus unserer eigenen Wahrheit heraus den Kontinent zu wechseln. Unsere Entscheidung, nach Guatemala zu gehen, schuf viel Unverständnis, Schmerz und Angst bei unseren Angehörigen. Dennoch war es für uns beide unabdingbar, dem Ruf des Herzens aus unserer persönlichen Lebensverantwortung heraus zu folgen und nicht auf die Besorgnisse unserer Umgebung zu reagieren. Die Vielfalt der Formen menschlichen Zusammenlebens ist verbunden mit dem Wahrheitsbild einer Kultur und Religion und damit auch von Menschenhand aus seiner Erfahrung heraus geschaffen. Je näher wir uns selbst kommen, desto eher wird es möglich sein, der eigenen Stärke und Intuition des Herzens zu folgen. So wird der einzelne Mensch in unserer westlichen Gesellschaftsform immer stärker gefordert, sein Verhalten mit seiner individuellen Wahrheit in Einklang zu bringen. Wir brauchen mehr Erfahrungen darin, unsere eigene Wahrheit zu leben und zu vertreten. Sich dabei an den gesellschaftlichen und moralischen Normen zu orientieren wird immer schwieriger. Aus der inneren Begleitung entfaltet sich AAJ als Mittler zu den geistigen Helfern, die darauf achten, dass wir unsere Seelenaufgabe aus dieser individuellen Wahrheit heraus auf die sich daraus ergebende Gemeinschaft, Familie und Partnerschaft abstimmen und damit auch den Geist und die Wahrheit einer Gemeinschaft verändern.

Ein bewusst lebender Mensch trachtet danach, das vor der Inkarnation getroffene Übereinkommen zu leben. Aus der Gewissheit, dass ein Mensch im Dienste Gottes seinen Lebensweg beschreitet, ergibt sich eine Fülle von Herausforderungen. Je mehr der Mensch erkennt, dass er in die Liebe Gottes eingebettet ist, um so mehr wird er erkennen, dass in diesem Urvertrauen zu Gott Schuldgefühle, Rachegefühle, Eifersucht und Habgier immer weniger Raum haben. Wir alle sollten wahrnehmen, dass die tiefste Absicht unserer Seelen darin besteht, sich durch das Leben in Erfahrung zu bringen. Wir beschreiten den Weg der Entwicklung durch die Wiederaufnahme alter, aus früheren Leben stammender Verpflichtungen. Es wird uns die Chance geboten, wiedergutzumachen, uns weiter zu entfalten, Ungerechtigkeiten zu klären und tief in uns schlummernde Qualitäten zu erwecken. Somit besteht in einem Menschenleben ein sehr starker Magnetismus, aus dem wir altbekannte Seelen anziehen und abstoßen. Viele Ehen werden geschlossen, weil die beiden aufeinander treffenden Seelen erkennen, dass sie aus dieser Verbindung heraus ein Ungleichgewicht ausbalancieren können. Die Liebe wird sich in diesem Zusammenhang auf Dauer nicht als romantischer Liebesrausch zeigen. So entfalten sich im Lauf des Lebens immer klarer die anstehenden Aufgaben, die in uns festgefahrenen emotionalen Programme zu erkennen und zu heilen.

Der Nahual AAJ ist ein möglicher Zugang, diese zwischenmenschliche Reibung zu erkennen und in Ritualen um Heilung zu bitten. Aus den Beziehungen ergeben sich damit auch vielfältige Möglichkeiten, das aus früheren Leben stammende Ungleichgewicht durch Arbeit an sich selbst in eine neue Form zu bringen. Diese Aufgaben würden dann am leichtesten gelöst werden, wenn wir erkennen könnten, welche Umstände uns als Ehepartner oder in einer Lebensgemeinschaft zusammengeführt haben. So erkennen Paare oft schon nach wenigen Jahren, dass sie sich durch eine fehlende innere Abstimmung und Begleitung in eine einengende Situation begeben haben. Ihre Grundabsichten waren durch fehlende Einsichten oft von Anfang an nicht aufeinander abgestimmt und bewegen sich durch die individuelle Entfaltung des Einzelnen immer stärker auseinander. Für viele Menschen, die in einer Zweierbeziehung leben, ist eine Herzensverbindung mit einem oder mehreren Menschen außerhalb der Ehe oder Lebensgemeinschaft immer weniger auszuschließen. Stehen Menschen in reiner Absicht in einer respektvollen, liebevollen zwischenmenschlichen Verbindung, wird diese Form der Liebe auch von der geistigen Ebene angenommen. Bewussten Menschen fällt es in der Begegnung mit anderen Menschen immer schwerer, Empfindungen einem anderen Menschen gegenüber zugunsten des Partners oder der Partnerin zu verleugnen. In unserer Gesellschaft gibt es wenig Erfahrung, wie wir Beziehungen dieser Art bewerten sollten. Daraus entstehen viel Unheil und der innere Hilferuf vieler Menschen, die sich durch außereheliche Erfahrungen des anderen verraten und verletzt fühlen. Werden Partner einander untreu, so ist es wichtig zu erkennen, aus welchen Motiven eine sexuelle Verbindung außerhalb der Partnerschaft entsteht. Durch Transparenz, Absprache und gemeinsame Vereinbarungen lassen sich für beide Teile akzeptable Lösungen finden.

Es fordert alle Beteiligten auf hinzuschauen, ob und in welcher Form Verletzungen entstehen und wie das Geschehen in eine heilvolle Lösung für alle Beteiligten eingebettet werden kann. Es gibt in jeder zwischenmenschlichen Gemeinschaft zwar gesellschaftliche Normen, Regeln und Moralmaßstäbe. Der Kosmos kennt aber keine Moralgesetze, sondern Verantwortung und das Handeln aus der inneren Wahrheit und aus dem Herzen. Die Kraft der Liebe lässt sich nicht durch moralische Beschränkungen einengen. Es wird im jetzigen Zeitenwandel für viele Menschen immer schwieriger, die in das Leben gelegten Aufgaben auf die Verbindung zu Partner, Kindern und Angehörigen zu beschränken. Die Assoziation zu dieser Form zwischenmenschlicher Erfahrung ist nicht eine daraus sich ergebende sexuelle Beziehung. Aus diesen Begegnungen bauen sich meist auch keine Lebenspläne oder Partnerschaften. Würden Menschen die Erfahrung von Liebesverbindungen auch innerhalb einer Zweierbeziehung machen können, könnte sich eine in uns allen angelegte Form des Liebesaustauschs entfalten. Aus der Erotik des Herzens verspüren wir die zwischenmenschlich wirkende Sexualkraft, verbunden mit unserer Seele. Es ist eine Kraft, die eine liebevolle Verbindung geschehen lässt, ohne dass die gelebte Sexualität im Vordergrund stünde. Aus einer vom Herzen getragenen Verbindung zu Mitmenschen entstehen Freude, Vitalität, Begehren und zugleich das Gefühl von Respekt und Verantwortung. Verbindungen dieser Art führen zu keinem Ziel außer dem, dass man sich gegenseitig aus der Kraft und Lebendigkeit einer Begegnung nährt. Mit jeder kommenden Generation würden sich aus diesen Verbindungen mehr Ausdrucksfreiheit für uns Erwachsene und ein gesundes Wachsen unserer Kinder ergeben.

Die gelebte Liebe zweier Menschen zählt wohl zu den größten Herausforderungen, vor die uns das Leben stellen kann. Es sollte uns bewusst werden, was in jedem Einzelnen von uns durch die Liebe bewegt wird. Je reiner die Liebe eines Menschen ist, um so direkter steht sie im Kraftstrom der kosmischen Liebe. Die kosmische Liebe trägt das Gesetz des göttlichen Kosmos in sich: „Sei in der Liebe und alles ist gut und geheiligt." Wenn wir uns diesem Kraftstrom nähern, erkennen wir Schuldzuweisungen und Verurteilungen in einer Partnerschaft als Flucht vor uns selbst und vor unserer Lebensaufgabe. Die Öffnung unserer Herzen, wie sie für den Zeitenwechsel vorgesehen ist, wird unsere Gesellschaftsformen nicht nur verändern, sondern revolutionieren. Menschen, die aus dem Herzen leben, lösen kulturell und religiös bedingte Wertmaßstäbe in sich auf. Sie orientieren sich nicht an dem, was außen ist, sondern an ihren eigenen Gefühlen, an den Regeln des Respekts und an der Vorstellung von Leben, das sich aus dem Ruf ihrer Herzen heraus öffnen möchte.

Moses trug einst den Stab und hielt ihn als Zeichen der machtvollen Verbindung zwischen ihm und seinem göttlichen Vater. Mit diesem Stab orientierte er sich nicht an den Regeln der Gesellschaft, sondern an den Maßstäben, die ihm von Gott aus seinem Herzen gegeben wurden. Die Kraft der Schlange bewegte sein inneres Feuer, sie hob es über seine Wirbelsäule in den Geist. Aus dem brennenden Dornbusch erhielt er die Führung und vernahm die Sprache Gottes. Wir alle erhalten die Hilfen und Ratschläge göttlicher Botschafter, wenn wir bereit sind, das Feuer des Geistes in einem beweglichen Körper aus uns wirken zu lassen. Die Sexualkraft, auch als Kundalini bezeichnet, verbindet in uns Menschen aus dem Nahual AAJ den animalischen und erdverbundenen Aspekt mit dem Feuer des Geistes, mit Gott. Die Form der Verbindung aus göttlicher und weltlicher Schöpferkraft entfaltet sich aus dem Mut und der Tapferkeit derer, die den Herausforderungen des Lebens offen gegenüberstehen. Somit finden wir den Nahual AAJ in den unterschiedlichsten Kraftgegenständen, die Symbol für diese Verbindung von göttlicher und menschlicher Kraft und Standfestigkeit sind. Der Kraftstock des Schamanen AAJ-KIJ, der Wegbegleiter des Priesters, die Maya-Vara, ist verbunden mit der Kraft der sich erhebenden Schlange KAAN. In uns Menschen repräsentiert AAJ die Wirbelsäule und damit auch die Lebenshaltung. Hat die sich erhebende Schlange der Sexualkraft keine Festigkeit, so wühlt sie sich in alle Lebensbereiche. Der Mensch verliert dabei seine Haltung und Lebensorientierung. Diese fehlende Führung unserer inneren Sexual- und Feuerskraft zeigt sich auch in den Fehlformen der Sexualität, in der Haltungslosigkeit unserer menschlichen Gemeinschaft. Unglück, Krankheit, Aggression und Tod sind die Auswirkungen dieses fehlgeleiteten Kraftstroms der kosmischen Schöpferkraft.

Die ständige Erneuerung des Lebens steht als Wachstumskraft mit der menschlichen Sexualität in Verbindung. Im Zeugungsakt wirkt das kosmische Feuer, das sich aus der Kraft Gottes über den Lehrmeister der Schöpfung, AAJ, den Weg in das planetarische Leben bahnt. Ob sich nun die Süße des Lebens mit der Kraft der Sexualität verbindet oder die Emotionen sich als Klebstoff in Form von Abhängigkeiten herausstellen, hängt von der jeweiligen Absicht und von der Reinheit des Menschen ab. Als Wunschbild tragen wir eine heilsame Verbindung von Liebe und Sexualität in uns, aus der sich Kinder und ein friedliches und konstruktives Familienleben ergeben sollten. Die Realität unserer partnerschaftlichen Beziehungen entspricht allerdings immer weniger diesen Vorstellungen. Für viele Frauen ist die Atmosphäre für eine heilsame sexuelle Verbindung nicht gegeben. Umgekehrt klagen immer mehr Männer darüber, arbeitsmäßig wie privat unter enormem Druck zu stehen. Der so kostbare und notwendige Magnetismus zwischen Mann und Frau weicht immer stärker der Vorstellung eines unabhängigen und ungebundenen Single-Daseins. Aus der Erinnerung an Konflikte in der eigenen Familie suchen viele Menschen nach einer heilsamen Beziehung, ohne sich zugleich auf die Mühen einer spannungsgeladenen und erfahrungsreichen Zweierbeziehung einlassen zu wollen. Materielle Absichten und Lebensfreuden stehen damit auch im Vordergrund beabsichtigter Zweierbeziehungen.

Je stärker wir die Bedürfnisse unseres Lebens und unsere partnerschaftlichen Verbindungen nach materiellen Richtlinien ausrichten, um so intensiver richtet sich auch unsere Sexualkraft nach den Maßstäben eines materiell ausgerichteten Lebens. Sexualität zeigt sich für viele Menschen in der Qualität von Macht, Kontrolle, Habgier und Druckabbau. Darauf aufgebaute Beziehungen spiegeln immer klarer erkennbar die Werte unserer derzeitigen Gesellschaft. Sie äußern sich in gleichem Maße in den vielfältigsten Fehlformen menschlicher Sexualität. Somit stehen wir vor der großen Herausforderung, unserer Sexualität eine andere Basis für eine heilsame Entfaltung unseres Menschseins zu geben. Feinfühligkeit, Intuition, Vertrauen, Zuneigung, Hingabe und Liebe können sich entfalten und gelebt werden, wenn sie der Wahrheit unseres Herzens entstammen.

Die Menschen werden im Zeitenwandel immer empfänglicher für die Schwingungen, die von anderen Menschen ausgehen. Die Schöpfungsenergie zeigt sich auch da in unseren kreativen Möglichkeiten und in dem von uns mitgestalteten Gemeinschaftsleben. Dieses Zusammenleben wird nicht nur von den lebenden Familienmitgliedern gestaltet. Auch unsere Verstorbenen und unsere geistigen Lebensbegleiter helfen dabei, dass wir uns in den sich entfaltenden Lebensbaum einfügen können.

Schamanen und Priester der alten Kulturen zeichnen sich in erster Linie dadurch aus, dass sie besondere Verbindungen zu den Ebenen der Unter- und Oberwelten haben. Daraus ergibt sich für sie eine besondere Aufgabe für die Mittelwelt, das menschliche Leben in Verbindung mit den Naturreichen der Mutter Erde. In Maya wird dieser Zugang des Menschen zu den verschiedenen Seinsebenen mit ihrem heiligen Baum, der Ceiba, verbunden. Dieser Baum steht in Mittelamerika unübersehbar, oft bis zu 50 Meter hoch, mit einem bis zu acht Meter messenden Stammdurchmesser in den Wäldern und Feldern. Er erinnert mit seinen starken, meterhoch sichtbaren Wurzeln an die tief in uns Menschen angelegte Verbindung zu Mutter Erde und zu den Unterwelten. Die Baumkrone der Ceiba entfaltet sich gleich einem weit auslaufenden Schirm über den gerade emporstrebenden Stamm, das Symbol unseres menschlichen Wachstums. Der Lebensbaum der Maya erzählt die Geschichte des Menschen. In der Naturheilkunde werden die Blätter der Ceiba für die Heilung von Augenentzündungen verwendet. Der Lebensbaum heilt unser inneres und äußeres Auge der Erkenntnis und gibt uns den Blick frei für das wahre Geschehen. AAJ erhebt sich in diesem Lebensbaum und erinnert uns als Weisheitslehrer an unser Wachstum. Eine starke Baumkrone gibt Schatten für jene, die sich zu sehr dem Licht ausgesetzt haben. Sie nährt mit ihren Früchten diejenigen, die sich nicht in diese luftigen Höhen emporarbeiten können, und gibt jenen ein Ruhekissen, die der Wanderschaft des Lebens müde geworden sind.

In unserer westlichen Kultur zeigt sich der Maya-Nahual der Stärke und des menschlichen Wachstums in der Eiche. Sie galt bei den Kelten als Symbol menschlicher Kraft und Standfestigkeit. Selbst im Winter behält die Eiche ihr Blattwerk, bis die neu austreibenden jungen Blätter sie im Frühling zu Fall bringen. Somit steht die Eiche in der Kultur der Kelten für die in uns Menschen angelegte Grundfestigkeit, Beständigkeit und Einheit. Männliches und Weibliches verbinden sich in gemeinsamem Wachstum zu einer Frucht. Der Mensch lässt in der Zellerneuerung ständig seine abgestorbenen Strukturen für die neuen Lebenstriebe fallen. Somit stehen wir nie ungeschützt und nackt in der Kälte des Lebens. Die Druiden, die Weisheitslehrer der Kelten, erkannten die Eiche als Lehrmeister und verehrten sie in Ritualen. Aus ihrer Weisheit und Führung schöpften die Menschen Vertrauen in die göttliche Weisheit und Führung.

Die Lebensprogramme für uns Menschen sind im Glauben der alten Völker in allem enthalten, das uns umgibt. Vor allem die Naturreiche tragen die Weisheit und das kosmische Gesetz des Lebens in sich. Somit ist es für uns möglich, aus der Verbindung und Kommunikation zu den Ebenen der Naturreiche Hilfen auf dem Wege der Wahrheitsfindung zu erhalten. Die Rückkehr des Menschen zu seinen Wurzeln, zu seiner Urzelle, führt den Wahrheitssuchenden auf den Weg der Erkenntnis. Eine fruchtbringende Existenz in der Mittelwelt, dem Menschenreich, ist nur möglich, wenn der Mensch sich seiner Wurzeln und seiner Lebensabsicht, seines Lebenszieles bewusst wird.

Die Eiche als Lebensbaum gibt uns Richtlinien zur Ausrichtung auf eine vom Kosmos her wirksame Schwingung. Es sind jedoch nicht nur die Bilder und Rhythmen der Natur, die unser eigenes Wachstum spiegeln. Es ist in erster Linie der lebendige Geist einer Pflanze, eines Baumes, der dieses Geheimnis hütet. So trägt der in den Indianerkulturen geheiligte Mais seit Urzeiten eine Fülle von Lebensweisheiten in sich. Der Geist wirkt im Samen von vier verschiedenen Farben, die wiederum den menschlichen Rassen zugeordnet sind. Der in den Legenden der Maya aus Mais geformte Mensch trägt Qualitäten in sich, die es ihm ermöglichen, das Prinzip des sich ständig bewegenden Kosmos in sich aufnehmen zu können. Es ist jedoch nicht nur der Mais als Lebensmittel das Maß der menschlichen Entwicklung. Es ist die Qualität dieser Pflanze und der damit verbundenen Wesenheit, die in den Indianerkulturen das Lebensprogramm des Menschen in sich gespeichert trägt. Somit ist es für den Indígena auch möglich, viele Aspekte seiner Wahrheitssuche über den Mais als tägliches Nahrungsmittel in Erfahrung zu bringen.

Die schwangere Frau isst die schwarzen Maisfladen, die Tortillas, um ihr ungeborenes Kind auf das polare planetarische Kraftfeld vorzubereiten. Im schwarzen Mais liegt die Weisheit der auf uns einwirkenden, sakralen Dunkelheit. Ein in diesem Bewusstsein lebender Mensch öffnet in sich die in den Lebensmitteln angelegte Kraft und Verbindung zu den Seinsebenen der Unterwelten. Auf unseren westlichen Kulturkreis bezogen würde dies bedeuten, dass wir Wurzelgemüse, schwarze Bohnen, dunkle Lebensmittel nicht nur in ihrer Zusammensetzung der Nährstoffe, sondern auch aus der Qualität ihres Geistwesens erkennen und für unser geistiges Wachstum einsetzen. Der weiße Mais steht in Verbindung mit unserer Fähigkeit, zu denken und Gedanken in Zusammenhängen zu formen. Der rote Mais trägt das Programm des in uns brennenden Feuers, das in uns angelegte Bewusstsein. Der gelbe Mais ist verbunden mit der Schönheit und Fülle, mit der Ausdruckskraft der Liebe und des Lebens. Wenn wir Menschen aus Mais geformt wurden, so liegen all diese Qualitäten in uns angelegt.

Meister Cirilo erzählte mir bei einem Ausflug zum Vulkansee Chile Verde von dieser ursächlich in der Indianerkultur angelegten Verbindung zwischen Mensch, Natur und Kosmos. Ich saß auf der Ladefläche eines alten Pickups, der sich an einem Samstagnachmittag auf einem vom Regen ausgewaschenen Waldweg quälte. Ich hatte wohlweislich mein eigenes Auto in San Martin gelassen. Mit diesem Mayameister in die Wälder und auf die Vulkane zu fahren, überfordert selbst die in Guatemala im besten Ruf stehenden japanischen Autos. Ich war es müde, nach Ausflügen mit den Mayaschamanen ständig mein Auto in der Werkstatt abgeben zu müssen. Manchmal hege ich den Verdacht, dass sich die Maya an den Autos dafür rächen, wie die westliche Welt im Niedergang ihrer Kultur mit ihnen umgegangen ist. Da ich als verweichlichter Europäer nicht imstande bin, Lasten von 50 Kilogramm und mehr über weitere Strecken tragen zu können, entschloss sich Don Cirilo, einen Pickup für die Zeremonialmaterialien anzuheuern. Wenn es ein Karma für ein Auto gibt, dann wird dies kollektiv für alle anderen Kulturkreise und Länder in Guatemala abgetragen.

Gab es früher Wettbewerbe, wie viele Menschen in einem VW Käfer Platz hätten, so stehen die japanischen Pickups in Guatemala täglich unter härtesten Wettbewerbsbedingungen. Oft voll beladen mit 20 und mehr Menschen, schleppen sie sich auf ausgewaschenen Schotterwegen in die kleinen Comunidades und Aldeas. Die einzelnen Jahrgänge dieser Autos haben ihren gesunden Ruf und oft unabhängig vom Baujahr ihren Wert. Man sollte sich vielleicht beim Kauf eines dieser Fahrzeuge die hintere Stoßstange von unten betrachten. Daran könnte man vielleicht ablesen, ob dieser Pickup seine Karmalast bereits abgetragen hat oder ob ihm die Erfüllung seines Schicksals noch bevorsteht.

Wir stiegen an jenem besagten Nachmittag in einen Toyota Pickup ältesten Datums. Da Don Cirilo bei größeren Anstrengungen Atembeschwerden hat, war anzunehmen, dass er mit dem Besitzer des Pickups bereits vereinbart hatte, den vor uns liegenden Vulkan per Auto erklimmen zu wollen. So quälte sich denn auch das Fahrzeug auf einem schmalen Weg den Vulkan hinauf. Auf der Ladefläche hatten wir das Gestänge der Überdachung, an der wir uns festhalten konnten. Es gab Situationen, in denen ich sicher war, dass der Pickup umstürzen würde, wenn er die seitliche Wegböschung erklimmen musste. Dann rumpelte wieder das Hintergestell des Japaners über das Geröll. Jedes Mal hatte ich dabei das Gefühl, als würde ich selbst über den Boden geschleift. Indígenas fühlen sich in solchen Extremsituationen recht wohl. Das erkennt man an ihrem unbeschwerten Lachen. Es kommt Leben und Bewegung in ihren Alltag. Als das Auto dann endgültig die Vorderfront steil in die Höhe richtete und die Bodenplatte sich im Schotterweg verbiss, war es Zeit, zu Fuß weiterzugehen. Es war nur noch ein Fußweg von einer Stunde, bis wir den Vulkansee erreichten. In einem grünen Paradies lag die Laguna friedlich eingebettet zwischen den Kraterwänden. Ein hauchdünner Nebel hing über dem Kratersee.

„Auf diesem Nebel ruht der Geist dieses Ortes“, sagte Meister Cirilo. „Er hat uns gerufen, weil der rechte Zeitpunkt gegeben ist, ihn als Wegbegleiter auf deiner Wanderschaft zu erkennen. An diesem Ort sind die Kraft des Vulkans und der heilige Nebel, also Feuer und Wasser, miteinander verbunden. In dieser Verbindung liegt eine große und mächtige Kraftquelle des Mayaschamanen.“

Ein schmaler Weg schlängelte sich durch Maisfelder bis hin zum Ufer des in dichte Vegetation eingebetteten Sees. Don Cirilo berührte eine Maispflanze und sagte: „Diese Pflanze, so unscheinbar sie auch sein mag, trägt das Geheimnis unseres Volkes in sich. Sie wird von AAJ, einem der ganz großen Nahuales unseres heiligen Kalenders, gehütet. Vergleichbar mit der Aufgabe AAJs wäre unsere Aufgabe als Eltern, an unseren Kindern zu wachsen und uns durch sie ständig neu zu orientieren. Ich habe eine Fülle von Enkelkindern, die viel Lebendigkeit und Freude in mein Leben bringen. Ich beobachte, wie sie wachsen und sich ständig verändern. Sie werden von der Kraft der sich bewegenden Sonne geformt. Ihre Beweglichkeit, ihr Phantasiereichtum, ihre Spiele, ihre Spontaneität und Sensibilität erinnern mich an vieles, das ich in meinem beschwerlichen Leben nahezu vergessen habe. Ich sehe in ihnen ein kleines Urgroßmütterchen, einen kleinen Großvater, kleine Weisheitslehrer, kleine Boten der Venus, der Plejaden. Die Weisen des eisigen Nordens erkannten wie wir Maya die Herkunft der Seele eines Kindes und ehrten die Entscheidung dieser Seele, sich durch eine neuerliche Inkarnation auf dem Planeten Erde als Mitarbeiter im göttlichen Plan zur Verfügung zu stellen. Freilich erkannten sie auch zwanghafte Inkarnationen, in denen eine Seele sich durch ein Erdenleben herausgefordert sah, eine in früheren Leben verursachte Disharmonie auszugleichen. Kinder, Jugendliche und Erwachsene als Stammesmitglieder wurden auch dann mitgetragen und akzeptiert, wenn sie als Lebensaufgabe die zerstörenden Kräfte ihrer Persönlichkeit zu leben hatten. Über Bewusstwerdung und schamanische Rituale wurden sie nach und nach aus den Fesseln des Bösen, das sie selbst in ihrem früheren Leben aufgenommen hatten, erlöst.

AAJ erinnert uns aber auch daran, wie sehr unsere Kinder einer für ihr Wachsen notwendigen Basis, Stütze und Verbindung zu ihren Ahnen bedürfen. Diese Hilfe erhalten sie aus dem Westen, aus dem Dunkel des Totenreiches. Aus dem Norden bekommen sie die Führung zur Klärung und Reinigung des Geistes und aus dem Süden werden sie mit dem Geist des Wassers und mit der Kraft der Emotionen gesegnet. Im Zentrum der vier Himmelsrichtungen liegt die Kraft der Liebe Gottes. Dieser Entwicklungsweg zieht sich durch die vier Phasen unseres Menschseins: der Kindheit, der Jugendzeit, dem Erwachsensein und der das Leben abrundenden Phase der Anciana, des Ancianos, der Zeit der integrierten Lebensweisheit.

AAJ trägt die Weisheit in sich, aus der wir Menschen uns an die Veränderungen unseres Lebensumfeldes und des Kosmos angleichen. Unser Bewusstsein wird ständig auf eine neue Frequenz eingestellt. Wie bei einem Radiosender wird dadurch die Sprache, die Musik, die wir hören möchten, klarer und verständlicher. Dieser Weg hat sein Ziel in der Auferstehung des Menschen aus den Tiefen seiner meist leidvollen menschlichen Erfahrung. AAJ, der kraftstrotzende Meister der Lebensführung, hebt uns in dieses Ziel."

Wir stiegen über einen steil abfallenden Weg zum Kratersee hinab. Meister Cirilo kniete sich auf den Boden. Der Strand des Sees, schwarzer, feiner Vulkansand, glitzerte im von einem lichten Nebel gedämpften Sonnenlicht. Er rief die Hüterin dieses Platzes, und bat sie um Erlaubnis, in ihr Reich eintreten zu dürfen. Auf diese Weise begann ein Quiché-Ritual, das zu einem großen Erlebnis für mich wurde. Nachdem ich von Don Cirilo auf diese Wesenheit aufmerksam gemacht worden war, wartete ich gespannt auf ein Zeichen ihrer Präsenz. Als sanfter und zugleich kühler Schauer berührte sie mich. Ich grüßte dieses Wesen und verband mich dabei mit meinem Herzen. Während Meister Cirilo die Nahuales des Mayakalenders invokierte, bedankte ich mich vorerst dafür, dass sie diesen wunderbaren Ort hütete, und er sagte noch, dass ich sie mir als Fee, als wunderschönes und kraftvolles Wesen vorstellen sollte. Ein Kompliment, aus dem Herzen gegeben, berührt die Wesen der Natur in einer ganz besonderen Weise. Dieser Augenblick fühlte sich wie ein Hauch von Verliebtheit an. Nun begann die Fee auch aus meinem Herzen zu sprechen:

„Es ist mir eine große Ehre, deine Aufmerksamkeit zu erhalten. Was du mir heute gegeben hast, lässt sich schwer mit Worten ausdrücken. Deine aus dem Herzen gedachten Worte ehren mich über alle Maßen. Ich freue mich, dich im Namen der Princesa Encanta Mundo, der Hüterin der Weltenfreuden, durch dein weiteres Lebens begleiten zu dürfen. Was dies für dich und deine Arbeit bedeutet, wirst du im Lauf deiner weiteren Entfaltung merken. Ich bin ganz besonders von den großen Meistern der Pocomames eingesetzt und erkannt worden. Sie haben mit mir Zugang zu den Naturkräften erhalten und mich als Hüterin der Altäre dieses Landes eingesetzt. Dies war eine große Ehre für mich und ich habe diese meine heiligen Orte bis zum heutigen Tag in meiner Obhut. Ich bringe sie in Ausgleich, wenn sie von unbewussten Menschen missbraucht werden, was sehr häufig vorkommt. Dies ist meine ganz besondere Aufgabe. Ich bringe in Balance, was der Mensch in den Naturreichen in Unordnung bringt. Freilich ist es mir nicht möglich, überall einzugreifen. Auch ich bin in meiner Aufgabe oft genug überfordert, wenn die Menschen dunkle Mächte einsetzen oder selbst mich für ihre Absichten missbrauchen. Wenn sich die Menschen isoliert von uns Naturkräften bewegen, uns missbrauchen und für ihre Zwecke einsetzen, verletzen sie das Gesetz der Gemeinschaft, aus der alles Leben geschaffen wurde. So stand ich lange in einer großen inneren Spannung, die ich selbst nicht beheben konnte. Rufe mich in Verbindung mit meinem großen Begleiter und Führer, dem Nahual AAJ. Aus ihm formt sich der Lebensbaum, auf dessen Ästen und Blättern meine Brüder und Schwestern der Naturreiche dem göttlichen Licht entgegenblicken. Das ist das Geschenk, das ich dir anbieten möchte.

Ich begleite dich durch mein Land und über die Grenzen in deine Heimat. Überall, wo du wanderst, wirst du meine Präsenz und die Begleitung der ganz großen Wegbegleiter der Maya haben. Ich möchte dir im Namen der Naturreiche und deren Geistwesen Dank sagen. Freue dich über die großen Gaben, die euch gegeben sind. Ich grüße dich im Namen der großen

Meister der Pocomames. Ich segne dich mit all meiner Liebe und Fürsorge für deinen Weg. Ich verabschiede mich nun von dir im Namen all derer, die sich mit uns allen über dein und euer Wirken freuen."

Als ich Don Cirilo von dieser wundervollen Erfahrung während der Zeremonie erzählte, sagte er: „Solche mystischen Erfahrungen sind große Geschenke des Himmels. Auf diese Weise werden wir in unserer Kultur belehrt und mit Kraft und Weisheit gesegnet. Maya kann nicht studiert werden. Erlebte Erfahrungen wie diese sind für den Menschen wesentlich schneller integrierbar als angelesenes Wissen. Die Liebe zur Natur, die Hingabe und Demut vor Gott und seinen Helfern, aber auch das innere Wissen um die Kraft und Macht des Menschen fügen sich in Maya zu einer Ganzheit zusammen. Aus dieser Einheit, aus dem Respekt und der Liebe entfaltet sich der Magnetismus eines Menschen. Diese Anziehungskraft ist im Kosmos spürbar und wirkt in das Herz unserer Mutter Natur. Aus diesen Quellen öffnen sich auch die global wirkenden Weisheitslehrer und Lebensmeister, die Nahuales des heiligen Kalenders der Maya. Auf gleiche Weise kehren die großen Weisheitslehrer und Magier der alten Kulturen in unser Bewusstsein zurück. Menschen, die aus ihrem Herzen leben, schärfen zugleich die Sinne für die noch unsichtbaren Welten. Telepathie, Medialität und die Intuition des Herzens entfalten sich dabei als Kommunikationsmittel."

Bei den naturverbundenen Völkern war es üblich, aus dieser menschlichen Weisheitsquelle das menschliche Bewusstsein der Bewusstseinsebene eines Tieres anzugleichen. Die Sprache des Tieres kann von uns Menschen aufgenommen und dekodiert werden. Umgekehrt reagieren Tiere sehr stark auf die Sprache, die aus dem menschlichen Herzen gesprochen wird. AAJ, der Nahual und Hüter der Haustiere, gilt als Transformator und kann in Ritualen dafür eingesetzt werden, Tiere in ihrem Verhalten den menschlichen Wünschen und Vorstellungen anzupassen. Dies wird vor allem dann notwendig, wenn Tiere im Haus und auf den Feldern Schäden anrichten. Sie können über den Geist ihrer Gattung erreicht und in ihrem Verhalten beeinflusst werden.

Kapitel 4

I'X (Isch)

DAS HERZ DER MUTTER ERDE
Der Schatz im Schoss der Urmutter

Ix

Der Bote AAJs im Christentum, Franz von Assisi, hütet als einer der großen Meister dieses Nahuals das Geheimnis der gemeinsamen Sprache zwischen Mensch und Mutter Natur. Seine Dankbarkeit, sein Respekt allem Lebenden gegenüber öffneten ihm die im Herzen der Urmutter eingebettete Weisheit der Naturreiche. Diese liebte er, wie Eltern ihre Kinder lieben. Er erkannte in der Natur die Sprache und Liebe Gottes zu uns Menschen. Jede Blume, jede Pflanze, jeden Baum oder Stein erkannte er als einzigartiges und im Geist der Mutter Erde behütetes Wesen. Bäume ehrte er als Brüder und Schwestern des Menschen. Er lebte in liebender Verbindung zu Bruder Sonne und Schwester Mond. Seine gesamte Liebe ließ er auf seiner Wanderschaft durch das Leben in die Natur und zu seinem göttlichen Vater fließen. Er dichtete und sang für seine geliebten Tiere, für die Engel des Wassers, des Feuers, des Windes und der Naturreiche, für die Engel des Friedens und den Bruder Tod. Im Herzen des bewussten Menschen ist die höchste Verdichtung unseres Bewusstseins gegeben. Aus dieser Instanz entfaltet sich auch in Maya die Sprache, mit der wir uns mit Tieren, Pflanzen und Mineralien unterhalten können.

Als wir das Ritualfeuer auf einem alten Keltenplatz im Gebiet des Wilden Kaisers in meiner Tiroler Heimat entzündeten, röhrte in der Ferne ein Hirsch. Ich konnte nicht glauben, dass die Natur auf so unmittelbare Weise reagieren würde. Der Hirsch gab uns damit ein Zeichen und hieß uns willkommen. Eine Gruppe von Menschen war zusammengekommen, um mit mir ein Vollmondritual zum keltischen Beltanefest zu feiern. Es war ein klarer und lauer Frühlingsabend. Der Klang meiner Trommel hatte den Geist dieses rätischen Kraftplatzes erweckt. Ich spürte die Präsenz des Vaters der Kelten, wie wir den Hüter dieses heiligen Platzes bezeichnen. Er steht in Verbindung mit dem Feuerdrachen, der mich schon in früheren Zeremonien spürbar mit seiner Feuersbrunst überrascht hatte. Den Erfahrungen mancher Menschen nach entzündet und reinigt das Feuer des Drachen ihre Emotionsmuster und lässt im Ritual den Menschen und sein Energiefeld lichterloh brennen.

Das Element Feuer in Verbindung mit der Kraft des Drachens bewegt und verbrennt in diesen Momenten vieles, was wir an Blockaden und Behinderungen in uns tragen. Ich erbat im Namen der Gruppe die rituelle Reinigung und Öffnung unserer Herzen. Eine überwältigende Kraft durchflutete minutenlang meinen Körper. Ich verspürte dabei die tief in mir verankerte Verbindung zu diesem heiligen Platz meiner Vorfahren. Meine Frau Christine hielt eine Schale mit glimmendem Räucherwerk in ihren Händen und segnete die Anwesenden. Silvia nahm aus der Verbindung von Feuer und Wasser den Wasserkrug und hob ihn in den silbrigen Schein des Mondes. Sie segnete das von mir aus verschiedenen Kulturen zusammengetragene Wasser und schüttete gesegnetes Wasser auf den von den Frauen und Männern der Seminargruppe liebevoll vorbereiteten Platz. Sie trug in ihrer Rechten einen aus Guatemala stammenden Schlangenstab. Eine Klangschale aus Tibet stand vor uns auf dem Boden. Ich erbat mit der Trommel die Präsenz der Weisen der Druiden.

Über IX, den Nahual der Mutter Natur, luden die anwesenden Frauen die weisen Frauen der Kelten und Germanen, aber auch die Göttinnen der Maya und der alten Ägypter, Sumerer und Inder ein. Die germanische Hüterin des Wachstums, OSTARA, kam einst auf einer Regenbogenbrücke mit einem Kleid warmer und leuchtender Sonnenstrahlen. Sie erweckte den Frühling und ließ mit ihrer Körperwärme den Schnee schmelzen. IXCHEL, die Mayagöttin der Fruchtbarkeit und des Wachstums, riefen sie als Göttin des Regenbogens. Als Geliebte des Sonnengottes AJPUU öffnete sie die Herzen derer, die ihre eigenen Schatten annahmen, und segnete sie als Mutter Mond mit dem Licht ihres Geliebten. Sie erweckte daraus den inneren Frühling der Liebe und Fruchtbarkeit. Aus dem Mitgefühl der indischen Himmelsgöttin TARA erbaten wir die Heilung unserer Herzen. ISIS, die Göttin, Magierin und Heilerin Ägyptens, erweckte den von Seth getöteten Geliebten Osiris mit ihrer Kunst der Magie wieder zum Leben. Sie empfing durch den goldenen Penis ihres Geliebten ihr gemeinsames Kind, den Sonnengott Horus. Gleich der Jungfrau Maria wurde sie in Ägypten, Griechenland, bei den Römern und Germanen als Magierin und kosmische Mutter mit dem Kind in der Hand verehrt. Sie baten wir um die Begleitung und den Schutz unserer Kinder. Die Himmelsgöttin der Sumerer, LILITH, luden wir ein, den anwesenden Frauen Kraft und Stärke auf ihrer Lebenswanderschaft zu geben.

Ich kniete nieder und öffnete meinen Geist und mein Herz für die anwesenden Meisterinnen und Meister der Kelten. Dabei ließ ich mich nach und nach in die Tiefe des Geschehens tragen.

Ich fand mich bald in meiner eigenen Kindheit wieder. Erinnerungen an meine unmittelbare Verbindung zur Natur wurden lebendig. Ich sah mich selbst an einem Wiesenbächlein, an dem ich mit Steinen und Morast Dämme baute. Ich nahm Blätter als Boote für die Wesen, die ich nahe spürte, und bewegte den Stausee mit meinen Händen, um die Wogen des Meeres zu rufen, das ich nur aus Erzählungen und Bildern kannte. Ich sah mich in meinem elterlichen Garten sitzend und darauf wartend, bis ein Vogel in meine selbst gebastelte Vogelfalle ging. Es war ein wunderbares Gefühl, dieses Tier für Sekunden in meiner Hand zu spüren, und ich gab ihm unmittelbar danach wieder die Freiheit.

In einem unbeschreiblichen Gefühl der Einheit mit der Natur nahm ich mich selbst wieder wahr. Die mich umgebenden Menschen bewegten sich im Rhythmus der Trommel. Ich empfand dieses Ritual als tief heilend, für uns und alle Anwesenden. Ich verneigte mich in Dankbarkeit vor Morgan Le Faye, vor dem Rate der keltischen Meisterinnen und Meister.

Ich erzählte Don Julián von diesem Ritual und sprach mit ihm über das Geheimnis der Weisen der Maya, die Kraft der Fruchtbarkeit auch in den Dienst der Mutter Natur und der geistigen Seinsebenen zu stellen. Als wir eines Tages über die Heilung der menschlichen Sexualität sprachen, sagte der Anciano:

„Als Brückenbauer werden dir auf deinem Weg der Zusammenhang und die Heiligkeit der Fruchtbarkeit von Mensch und Mutter Erde wieder bewusst gemacht. Aus dem Lebensumfeld vieler Menschen ist es für sie schwer vorstellbar, was es bedeutet, sich einer geistigen Kraft und Aufgabe hinzugeben. Die einseitig intellektuelle Bildung hat die in uns allen angelegte Fähigkeit und Bereitschaft der Hingabe verdrängt. Wir glauben, alles unter Kontrolle zu haben, wenn wir das Denkvermögen abseits anderer Wahrnehmungsebenen für die Beurteilung einer Situation einsetzen. Auch die sexuelle Hingabe löst in vielen Menschen Angst vor Verletzung oder Missbrauch der Macht aus. So empfinden Menschen Lebenserfahrungen, die aus der Hingabe gemacht werden, als tiefes Glücksgefühl oder auch als tiefgehende Verletzung.

Genauso ergeht es der Mutter Erde. Öffnet die planetarische Mutter I'X ihr Herz, so gibt sie sich zugleich uns Menschen und unseren Absichten hin. Sie hinterfragt nicht, ob es richtig oder falsch ist, uns Menschenkindern zu vertrauen. Sie macht keinen Unterschied zwischen einem Indígenacampesino, einem Schamanen, einem Arzt oder einem Bankunternehmer. Aus ihrem Schoße können wir alle in jeder Minute des Lebens zu neuer Erkenntnis wiedergeboren werden. Wie jede Mutter aus ihrem Herzen für alle ihre Kinder da ist, so könnten sich alle Menschen als ihre Wesen erkennen und in ihrem Schoße geborgen fühlen. Sie braucht die Instanz eines reinen, geöffneten Herzens, um ihre wahre Fülle, Vielfalt und Kraft aus uns Menschen manifestieren zu können. Ihre mütterliche Urkraft fließt wie ein sanfter und zugleich kraftvoller Lebensstrom aus den unterschiedlichen Quellen der Naturreiche. Mineralien, Pflanzen und Tierwelt stehen uns seit Menschengedenken in unserer Entfaltung zur Seite. Aus den Urgewalten der Berge, in der Kraft und Weisheit der Bäume, der Gewässer oder im Geist eines Tieres werden wir von diesen Kräften bewegt.

Wir Maya stellten auch unsere Fruchtbarkeitsrituale, unser Sexualleben in den Dienst der Urmutter IX. Aus ihrem Schoße wurden dadurch die göttlichen Schöpferkräfte lebendig. Auch wenn es für viele Menschen nicht vorstellbar ist, sind wir in der sexuellen Verbindung nicht allein. Je bewusster wir unsere Sexualkraft mit unserem Herzen verbinden können, um so stärker nähern sich uns Wesen, die aus dem Schöpfungsplan Gottes gestalten. In diesen kostbaren Momenten des Lebens können wir unsere geistigen Begleiter und Helfer einladen und sie darum bitten, die Schöpferkraft dorthin zu leiten, wo sie gebraucht wird. Die Energien, die in diesen Momenten frei werden, fließen wie aus einem übergehenden Kelch in alle Seinsebenen. Das ist es, was du auf deiner rituellen Reise erlebt hast. Die elektrisierende, vibrierende Lebensenergie drückt sich aber zuerst in unserem ganzen Wesen und Sein als Menschen aus. Sie strahlt aus lebendigen Augen, sie sensibilisiert unser Gehör und versüßt den Geschmack und den Duft des Lebens. Es gibt kein wertvolleres Schönheitsmittel für uns Menschen und für die Natur. Würden die Menschen dies erkennen, könnten sie ihre Arbeit, ihre Familien und Lebensumstände in kürzester Zeit aus der sexuellen Hingabe aus ihrem Herzen verändern.

Das Wesen der planetarischen Schöpfungskraft I'X liegt darin, sich im Wachstum zu äußern. Sie macht keinen Unterschied, was zum Wachstum gebracht werden sollte. I'X befruchtet unabhängig von der Lebenssituation eines Menschen den Ideenreichtum, die Visionskraft und die weibliche Intuition und Heilkraft. Ständig erinnert uns die Mutter Erde daran, dass wir als ihre Kinder Teil ihrer Lebendigkeit im Ausdruck ihrer Elemente Feuer, Erde, Luft und Wasser sind. Die Natur ihres Herzens liegt im Verströmen. Eine Rose im Blumengarten erblüht aus ihr wie das Gestrüpp der Steppe. Es ist nicht vorstellbar, dass der Schein der Sonne oder des Mondes danach fragen würde, wohin er seine Strahlen richten sollte. Die Sonnenstrahlen bewegen alles Wachstum. Die Wolken lassen den Regen da fallen, wo sich in der Natur die dafür notwendige Thermik aufbaut. So gibt es Wüsten, in denen die Pflanzenwelt sich zurückzog, die aber dennoch ihre Schönheit entfalten. Länder erblühen in der Fülle und Schönheit, sie erstrahlen im Reichtum ihrer Schätze. Selbst die Kontinente sind Ausdruck unserer inneren und äußeren Fülle und Schönheit, oder auch unserer

Armut und Bedürftigkeit. So hütet I'X in ihrem Herzen das Geheimnis der Liebe Gottes und öffnet es für uns Menschen aus unserer Erfahrung von Erhabenheit, Würde und Schönheit."

Ich kenne sie aus vielen Ritualen im Kraftfeld Maya, die kraftvolle Urmutter der Maya, IXMUCANE. Als Jaguar zeigt sich I'X stark und beständig. So ist es unmöglich, sich in Ängsten und als Schwächling der Urmutter IX, dem Schwarzen Jaguar, zu stellen. Der Jaguarschamanin der Maya als ihr Ebenbild ist es unmöglich, nach den Gründen des Handelns zu fragen oder die Wirksamkeit eines ihrer Rituale zu hinterfragen. Allein die Frage nach dem Warum schwächt ihre Kraft. Sie begleitete mich beim Schreiben meines zweiten Buches „Der Mond im Jaguar". Sie bewegte mich mit der Bewegung KAANS, der heiligen Schlange, durch die Ebenen von Licht und Schatten des Bewusstseins Maya. In ihr wirkt der Nahual I'X in all seinen Facetten. Das Herz der Mutter Erde erweitert wie kaum ein anderer Nahual unsere Kapazität, zwischen der realen Ebene und den geistigen Welten zu vermitteln. Es gleicht männliche mit weiblicher Energie in uns aus und schafft dadurch auch den Ausgleich der männlichen und weiblichen Kräfte in der Natur. I'X vermittelt zwischen dem Möglichen und dem für uns unmöglich Scheinenden. Der Magier des Herzens bewegt sich ständig über diese Grenze und kann im Geist I'X über die Naturkräfte eine Verbindung zur Tiefe des Kosmos in sich selbst finden, aus der er gestalten, verändern und manifestieren kann.

Aus unserer Erfahrung wissen wir, dass sich die Persönlichkeit eines Menschen sehr stark durch seinen Beruf und durch seinen Interessenbereich verändert. Arzt, Lehrer, Manager, Künstler, Musiker, der Mensch verändert sich innerlich und äußerlich durch seine Vorstellungen, durch Gefühle und letztlich auch durch die täglichen Einsichten. In gleicher Weise verändert sich der Mensch, wenn er geistige Kräfte in das Zentrum seiner Aufmerksamkeit stellt. Die Qualitäten dieser Kräfte beginnen sich in ihm zu entfalten. So prägen wir Menschen unsere Gesellschaft aus dem, was wir in das Zentrum unserer Aufmerksamkeit stellen. Gefühle, Herzkraft, Intuition, Vertrauen, Naturverbundenheit werden in der Meinung vieler

Menschen den Schwächen des Menschen zugeordnet. Im westlichen Kulturkreis liegen die für uns alle so kostbaren Lebensbereiche wie Religion, Spiritualität, Politik, das Berufs- und Wirtschaftsleben oft in den Händen von Menschen, die sich von der Quelle, dem Herzen der Mutter Erde I'X entfernt halten. Die große Hüterin der weiblichen Weisheit und Kraft trägt aus ihrem Herzen die Verantwortung für alle Lebensformen. Somit ist sie auch die Hüterin unseres Menschseins. Ihre gebende Hand wäre der Schlüssel für viele Menschen, die den Lebensfaden und damit die Verbindung zu sich selbst verloren haben. I'X geht mit uns in solchen verfahrenen Lebenssituationen bis an die Grenze unserer Vorstellungen und Möglichkeiten.

IX, die Magierin, zeigte sich mir erstmals in meiner Frau. Christine ist als Fisch aus dem Wasser geboren. Ihre Form des Fühlens und Handelns zu durchschauen oder nachzuvollziehen war mir selbst als Ehemann oft nicht nachvollziehbar. Sie hütete ihr Frausein vor meinen männlichen Vorstellungen wie einen Schatz, aus dem nur sie allein schöpfen konnte. Dieser Schatz wurde wie in einem Märchen von sehr starken Mächten, vor allem aber von ihrem Schwarzen Jaguar gehütet. So stand ich oft genug vor dieser Schwelle und wurde vom Hüter des Schatzes zurückgewiesen. Jahre kämpfte ich als Krieger um den Schlüssel und um den Zugang zu ihrem Sein. Aber in diesem Krieger gab es zu viele Schwächen und Unklarheiten, die der Hüter ihres inneren Schatzes nicht annehmen wollte.

In solchen Lebenssituationen stand ich ratlos vor einer Mauer, ohne auch nur die geringste Idee zu haben, wie diese Mauer überwunden werden konnte. Ihre Liebe zu mir war gegeben, aber sie reichte offenbar nicht aus, mir ihr wahres Sein, ihren inneren Kern zu öffnen.

Einen ersten Zugang zu ihrem Wesen erhielt ich bei der Geburt unserer Kinder. Durch schwere Geburten stand dreimal der Bruder Tod an ihrer Seite. Aus einer fast unlösbaren Situation ging sie mit Gelassenheit zu ihrer Schatztruhe als Magierin und machte das unmöglich Scheinende möglich. Sie verabschiedete mich gelassen aus dem Operationssaal. Das besorgte

Gesicht des Arztes sprach Bände. Sie wusste, wie Wunder möglich werden konnten. Aus dieser Gewissheit nahm sie in dieser schwierigen Lebensphase das Leben selbst in die Hand. Aus ihrer mentalen Stärke stoppte sie die inneren Blutungen und ermöglichte damit dem Arzt eine Notoperation. Ich erkannte damals, dass es in kritischen Lebenssituationen eine innere Instanz in ihr gab, die aus der Gelassenheit einen Anschluss schuf an die göttliche Schöpferenergie. Oft dachte ich danach an den Ausspruch Jesu, wir könnten im Vertrauen und im Glauben Berge versetzen. Zugleich war ich aber auch konfrontiert mit einer Kraft, aus der sie ihr Frausein vor jeglicher Art von Verletzung verteidigte. Ich sah damals wie auch sie selbst keine Möglichkeit, unsere Beziehung aus den bisherigen Erfahrungen auf eine andere Ebene zu heben. Darin erkannte ich, dass unsere Ehe nicht nur aus Liebe geschaffen wurde, sondern auch mit einer tiefer in uns beiden verankerten Absicht, alte Wunden und Verletzungen zu öffnen und zu heilen. Diese Aufgaben konnten wir beide aus dem damaligen Wissen und Bewusstsein heraus nicht in der Konstellation eines Ehepaares lösen. Es bedurfte der Einwirkung von außen, diese Schichten unserer alten Behinderungen und Bindungen zu öffnen. Der Weg Maya, verbunden mit den Weisheitslehrern Don Chepe, Don Sebastian, Don Julián, Don Cirilo, Don Anacleto und anderen für meinen und unseren Lebensweg tragenden Persönlichkeiten machte mir bewusst, dass eine weitere Entwicklung in meinem und unserem Leben nur geschehen konnte, wenn wir bereit dazu waren, uns diese aus früheren Leben bestehenden Verstrickungen bewusst zu machen. Dies geschah in aller Klarheit und Heftigkeit in Verbindung mit der großen geistigen Mayakraft KU-KUUL-HA.

Ich erinnere mich an jenen Tag, an dem ich stundenlang weinend unter einem Baum auf unserem Grundstück in Guatemala lag. Die Nacht zuvor sah ich in einem Traum, wie sich meine Frau von mir entfernte. Sie verabschiedete sich in Liebe von mir und ging ihren eigenen Weg. Dabei konnte ich nicht erkennen, wohin dieser Weg führen würde. Als ich aufwachte, dachte ich an eine bevorstehende Trennung. Aus einer tief in mir empfundenen Liebe zu ihr fand ich keine Erklärung dafür, warum wir getrennte Wege beschreiten sollten. Vieles hatten wir gemeinsam aufgebaut, Kinder, Familie, Kulturprojekte, das Heilungszentrum TO-OM-RA. Nun sollte ich diese Form der Zusammenarbeit aufgeben. Ich erzählte ihr vom Schmerz dieser Tage nichts, weil ich ihr keine Erklärung hätte geben können, warum dieser Traum in meinem Herzen als Wahrheit empfunden wurde. So begann von jenem Augenblick an ein sehr direkter und schmerzhafter Prozess meiner Loslösung. Ich weinte in den Armen IXMUCANEs, der Mayamutter, und betete oft vor dem Altar der Maria Candelaria. In diesem Jahre dauernden Prozess des sich Lösens bat ich ganz besonders um die Hilfe und Begleitung meines geistigen Vaters Moses und meines großen Lebensbegleiters Jesus. Was ich in den größeren Zusammenhängen nicht erkennen konnte, legte ich in ihre Hände. Unzählige Gespräche und Diskussionen, Auseinandersetzungen und Hilferufe beiderseits bewegten monatelang unseren Alltag. Dennoch wurde in dieser schweren Zeit eine neue Basis für eine gemeinsame Aufgabe geschaffen, die mit dem Herzen Gottes und nicht allein mit der persönlich verankerten Liebe in Verbindung steht. Ich war aus einer unbändigen Kraft heraus entschlossen, meinem inneren Ruf und der damit verbundenen Sprache meines Herzens zu folgen. So öffnete sich in mir die Qualität des Herzenskriegers, der zugleich bereit war, sein eigenes Herz für seinen Weg zu geben. Aus dieser Lehre lernte ich viele Aspekte meines Mannseins kennen und erhielt dadurch den Zugang zum inneren Kern meiner Frau. Unser weiteres Bemühen richtete sich immer stärker darauf, unsere individuelle Wahrheit zu leben und zugleich aus unserem Bewusstsein heraus die Übereinstimmungen zu erkennen. Aus diesen Schwingungen formte sich aus unserer Ehe eine spirituelle Verbindung zweier Liebender und die daraus entstehenden individuellen und gemeinsamen Aufgaben. Don Julián spielte in dieser schweren Lebenskrise eine besondere Rolle. Seine Ratschläge hielten sich dennoch in Grenzen. Er wollte sich in dieses Geschehen kaum einmischen und zugleich spürte ich sein Wirken und seine Führung für uns beide. Einmal meinte er dazu:

„Wir können uns auf der Wanderschaft in die Tiefe unseres Seins dem Bruder Tod anvertrauen. Er führt uns über das

Sterben in das Leben. Über ihn finden wir das wahre, innere Licht. Viele Menschen geben sich bereits damit zufrieden, von außen von der Sonne beschienen zu werden. Das Licht der Erleuchtung öffnet sich aber aus unserem inneren Kern. Diesem Blick nach innen zu folgen erfordert von uns Mut, Bereitschaft und Wachsamkeit. Dieser Weg kann nur begangen werden, wenn wir erkennen, dass auch in der Dunkelheit die Liebe existiert. Menschliche Erfahrungen lassen erkennen, dass wir selbst in den tiefsten Erfahrungen von Schmerz und Leid fähig sind zu lieben. Betrachte die Verbindung zu deiner Frau aus diesem Blickwinkel. Es ist einfach zu lieben, wenn sich im Leben alles ineinander fügt. Aber auch diese Erfahrung habt ihr über viele Jahre hinweg miteinander geteilt. Die wahre und große Liebe entfaltet sich in Zeiten unserer tiefsten Bedürftigkeit. Das ist auch die Form von Liebe, die wir aus der geistigen Welt erhalten und der auch ich mich zeitlebens hingegeben habe. Es gibt für mich eine Wahrheit, die ich in meinem Leben vor alle anderen Lebensbereiche gestellt habe. Aus dieser Kraft heraus habe ich alles dazu getan, ein Diener Gottes zu sein. In die Weite des Lebens Einblick zu erhalten erfordert den Mut, über die eigenen Grenzen des Menschseins zu treten. Das sind sehr schmerzhafte Momente, weil wir dabei spüren, dass wir uns außerhalb eines festgelegten Rahmens bewegen und dabei zugrunde gehen könnten. Es ist schwer gewesen, meine göttliche Aufgabe mit meinem Menschsein zu verbinden. Ich habe dadurch viel Leid und Unverständnis im Kreis meiner Familie ausgelöst. Aber ich habe nie daran gezweifelt, dass meine Aufgabe denen am meisten dienen würde, die mir nahe stehen und mit denen ich in Liebe verbunden bin.

So kannst du auch erkennen, dass die Nahuales den Wahrheitssuchenden am sensibelsten Punkt seiner Persönlichkeit berühren. Es ist nicht bequem, diese Lehrmeister unserer Stärken und Schwächen, mit denen wir Maya seit Jahrtausenden arbeiten, in den täglichen Lebensablauf einzuladen. Aber es ist ein Weg, der über die Reinigung unseres Seins aus vielen kleinen und größeren Abhängigkeiten unseres Menschseins in die innere Freiheit führt. Die Meisterinnen und Meister auf den geistigen Seinsebenen brauchen jeden einzelnen Menschen in seiner eigenständigen Wahrnehmung. Allein aus der sich im individuellen Menschen zentrierenden Kraft wird es möglich, der Gemeinschaft zu dienen. Aus alten zwischenmenschlichen oder geistigen Abhängigkeiten heraus der geistigen Welt zu dienen würde zur Folge haben, dass sich diese Abhängigkeiten auf andere übertragen. Dieser Weg in die innere Freiheit lässt euch Gott in all seiner Kraft, Güte und Liebe erkennen. Dieser Weg gleicht der Bewegung zweier Schlangen, die in ihrer Bewegung sich kreuzen. Es gibt Lebensphasen der individuellen Entfaltung und Zeiten, in denen ihr diese Erfahrungen gemeinsam teilen und weitergeben könnt. So wird euer Lebensweg getragen von KU-KUUL-KAAN, der gefiederten Schlange, die nur ein Ziel kennt, den wahren Kern jedes einzelnen Menschen aus der Liebe und dem Geist Gottes zu entfalten.“

Die großen Herzensmagier der Menschheit kannten früher und kennen heute noch die Dimensionen, aus denen sie das Leben bewegen. Ihr Blick ist weniger nach außen gerichtet, sondern auf den Grund der Seele und auf die Ursubstanz des Menschseins. Sie gehen in ihrer Arbeit in die Urkraft, in die größtmöglichste Dichte I'Xs, um dort als Heilerinnen und Heiler die menschlichen Begrenzungen aufzuheben. IX, die Urkraft der weiblichen Stärke und Magie, nährt und segnet die Magier des Herzens mit der Schöpferkraft Gottes aus dem Herzen der Mutter Erde. Aus diesen Segnungen schließen sich die Naturreiche in ihrer Formenvielfalt von Wesen und Kräften ihren Absichten an. So können sie in der Hingabe und im Dienen ihren Auftrag erfüllen.

An einer hohlen alten Steineiche lehnend, öffnete sich mir das Tor zum Herzen I'Xs. In der Stille der Nacht berührte mich die Urmutter in meinem Herzen und begann zu mir zu sprechen:

„Ich, weiblicher Hüter der Ebenen des Erdendunkels, hüte das, was ihr als meine Kinder vergessen habt. Was Generationen von Menschen, Kulturen und Religionen aus ihren verengten und versteinerten Herzen verurteilten und von sich trennten, formte sich zu Wesenheiten. Diese Wesen werden durch euch selbst zu zerstörenden Monstern genährt. Ihr bekommt immer mehr Angst vor den Dämonen, die ihr durch eure ständige Verurteilung weiter in euch nährt und stärkt. So geht es mit allem, was ihr verteufelt oder was von euren Eltern, von eurer Kultur und Religion verteufelt wird.

Wer auf dem Weg der Wahrheitssuche den Mut hat, sich seiner dunkelsten Seite zu stellen, wird Befreiung erlangen. Ihr werdet auf diesem Weg der Erkenntnis viel Kraft gewinnen. Es ist dieselbe Kraft, die an zerstörende Wesen gebunden war und diese am Leben hielten. Sie war gebunden an euer Durchsetzungsvermögen, an Aggressionen, Macht, Hass, Neid und Missgunst. Haltet euren Blick nicht nach außen gerichtet, sondern nach innen. Erklärt euch bereit, bis tief an den Grund eurer Seelen zu blicken, und ihr werdet die Tiefen eures Menschseins in euch ausloten und inneren Frieden erlangen. Wo Anfang und Ende aufeinander treffen, geschieht das große Wunder menschlicher Befreiung. Es ist der Ort des Alles und Nichts. Es ist der Ort, an dem das ICH BIN und das NICHTS aufeinander treffen. Löst eure Verteufelungen auf, indem ihr sie zurücknehmt, indem ihr ihnen keine Nahrung mehr gebt. Es gibt im Leben nichts zu verteufeln. Nichts existiert außerhalb eures Bewusstseins. Ihr selbst erzeugt Emotionen und lasst euch dann von ihnen beherrschen. Ihr glaubt dann sogar, ihnen ohnmächtig ausgeliefert zu sein. Diese eure Haltung hat auch mit eurer eigenen Enge zu tun. Warum schafft ihr etwas und beschwert euch dann hinterher, dass es euch schadet? Warum jammert ihr über euer selbstkreiertes Schicksal und fühlt euch ihm ausgeliefert? Seht ihr denn nicht, wie ihr euch selbst manipuliert und schadet? Wacht endlich auf und erkennt, was ihr tut. Eure Passivität, eure fehlende Bereitschaft, Verantwortung für euer eigenes Leben zu tragen, das fehlende Vertrauen in Gott ist Grund allen Leids. Ihr flieht vor euren eigenen Tiefen der Dunkelheit und glaubt, dadurch Befreiung zu erlangen. Wacht auf, öffnet eure Augen und seht und begreift! Folgt eurem Blick nach innen und wagt den Dimensionssprung in euer Herz.

Liebt, und bringt die Liebe in die Materie. Alles, was ihr liebt, verwandelt sich und wird liebevoll. Was liebevoll ist, erscheint euch in Anmut und Schönheit, die jeden umgibt, wenn er sie erkennen kann. Beobachtet liebevoll eure Ängste und sie können sich in Liebe verwandeln. Aber liebt ohne Absicht und

Erwartung. Liebt ohne Anhaftung und ohne Besitzstreben. Liebt, weil die Liebe nichts anderes kann als lieben. So könnt ihr Gott in euer Herz schließen. Weil die Liebe alles einschließt, was ist, sollte nichts ausgeschlossen sein. Gott ist die Liebe. Alle Geschöpfe entspringen seinem Herzen. Viele von ihnen haben sich von diesem Kraftstrom entfernt und werden aus seiner Liebe wieder zurückkehren und sich erinnern an seine Urabsicht, die Schöpfung als Ausdruck seiner selbst erkennbar zu machen. Er strahlt aus meinem Herzen für die Kinder der Erde, um von hier aus alle Lebewesen an sich und seine Weisheit, Kraft und Liebe zu erinnern."

IX, der Nahual der Mutter Erde, errichtet über die Wesenheiten der Naturreiche eine Brücke in die tieferen Schichten der Unterwelten. Sie ist somit auch die Urmutter, die unsere dunkelsten Seiten wahrnimmt und uns trotz aller Unvollkommenheiten als Mutter beschützt und ihre Liebe und Begleitung anbietet. Als Jaguar zeigt sich I'X stark und beständig. Das Herz des Schwarzen Jaguars ist Träger dieser Kraft und ein starker Begleiter in die Tiefen unserer inneren Räume, in die Tiefe der Zeit. Diese Ebene der Befreiung und Umkehr liegt am dunkelsten und dichtesten Ort unserer Seele und unseres Herzens. So ist es unmöglich, sich in Ängsten und als Schwächling der Kraft und Weisheit der Urmutter I'X zu stellen. In der Kraft und Intelligenz des Schwarzen Jaguars bewegt sich IX, die Jaguarschamanin, in Klarheit und Furchtlosigkeit durch die Dunkelheit der Nacht. So ist die Schwarze Jaguarfrau eine Einladung an uns alle, uns dem Puls des Lebens anzuvertrauen und sich ihm mit Kraft, Ausdauer, Vertrauen und Lebensfreude hinzugeben. Um ihre Kraft in uns zu entfalten, braucht sie ein klares JA, kein Vielleicht, Wenn oder Aber, keine Theorien und Gedankenkonzepte. Es ist für den Menschen nur erschwert möglich, aus dieser von unseren Kontrollmechanismen distanzierten Position den liebenden Geist Gottes, die Liebe zu Mutter Natur und zu den geistigen Helfern alter Kulturen in Erfahrung zu bringen. Auch hier formt sich die Erfahrungswelt der Schamanin oder der Weg der Wahrheitssuchenden aus den darin eingebetteten Erfahrungen. Aus einer disharmonischen und unreinen menschlichen Tiefe, aus unreinen Absichten wirkt die Kraft des Schwarzen Jaguars zerstörend und manipulierend.

Viele Frauen und Männer gestalten ihre zwischenmenschlichen Beziehungen bewusst oder auch unbewusst aus der Quelle der Sexualmagie. Absichten und Wünsche werden mit Sexualkraft verdichtet und über die Sprache, über ihr Denken, Fühlen und über den Körper zur Wirkung gebracht. Menschen, die Zusammenhänge ihrer magischen Absichten nicht erkennen, richten diese Mächte früher oder später in großer Heftigkeit gegen sich selbst. Zugleich formen sich aus der Verbindung zur Lebendigkeit der Natur und zu unserer eigenen Schöpferkraft die unzähligen Gesichter Gottes in Licht und Schatten.

Die Göttinnen der Kelten und Germanen, der Ägypter, Griechen, Sumerer, der Inder und der Maya: Ostara, Brigid, Morgan Le Faye, Freya, Lilith, Aphrodite, Isis, Ixchel, Kali, Tara … sie alle leben in uns Frauen und Männern und heben die Schleier der Wahrnehmungen und Gefühle, die in uns Menschen seit Anbeginn unserer Existenz verborgen liegen. Sie erinnern uns daran, die Kräfte des Weiblichen aus dem Herzen I'X wieder bewusst in unser Leben einzubetten und aus unseren Herzen zu entfalten und zu leben. Die Nebel von Avalon lichten sich in der Klarheit jener, die bereit sind, sich ihrem inneren Ruf und ihrer inneren Führung hinzugeben. Durch diese Nebel bahnt sich die Barke der Schamanin den Weg in andere Seinsebenen. Sie wird für die Frau, für die Schamanin und Heilerin gezogen von der magnetischen Kraft IX, aus dem Herzen der Mutter Erde und des Mondes.

Ich wanderte mit einer Gruppe durch den Urwald zum Altar der Mondgöttin IXCHEL in der Pyramidenstadt Tikál. Meiner fünfzehnjährigen Tochter Sarah hatte ich von diesem großen Initiationsplatz der Maya erzählt. Ich folgte dem inneren Ruf, sie dort mit einem Ritual in ihr Frausein einzuweihen. Im Kreis einer Gruppe von Frauen stand sie aufrecht vor der Steinskulptur der Hüterin der Frauen. Ich bat um die Präsenz der Urmutter IX, um die Anwesenheit ihrer Erdenmutter Christine und um die Präsenz der Kräfte und Wesen, die aus der Quelle der Mutter Erde wirken. IXCHEL öffnete ihre Tore und hieß

Sarah willkommen. Sie würde in ihr das Geheimnis des Frauseins erwecken und sie auf ihrem Lebensweg führen und begleiten. Aus der Stimme des Herzens sagte sie:

„Viele Menschen haben vergessen, was es bedeutet, die Tore in das Wesen und in die Kraft des Frau- oder Mannseins geöffnet zu bekommen. Ich danke dir dafür, dass du in Verbindung mit einer jungen Frau, die deine Tochter ist, das Mysterium des Menschseins neu in das Bewusstsein eines Menschen bringst. Über Jahrtausende hinweg erkannten die Menschen die Kostbarkeit der Verbindungen zu den geistigen Quellen ihrer Geschlechterrolle. Die Urmutter erkennt ihre Kinder in ihrer Kraft und Schönheit, wenn sie den Schatz aus ihrem Schoß als ihren eigenen Weisheitsschatz hüten und in ihrem Leben lebendig werden lassen."

Kapitel 5

TZ'IKIN (Tsikín)

DER SEGEN DES ADLERS

Die sich öffnende Seele
aus der Blume des Lebens

Men

Das zum Beltanefest gestaltete Vollmondritual beendeten wir in der Stille der Nacht. Der nächtliche Friede lag über der Natur und unserer Gruppe. Ich lud die Beteiligten ein, am frühen Morgen wiederzukommen.

Die ersten Sonnenstrahlen legten sich auf die Nebelschwaden, die sich noch in den Senken der uns umgebenden Landschaft festhielten. Der Wilde Kaiser thronte mächtig über den weit auslaufenden Landschaftsformen. Auf den harmonisch in die Landschaft eingebetteten Bauernhöfen hatte der Arbeitstag bereits begonnen. Unter einer alten Eiche lag noch friedlich ruhend eine Schafherde. Der Mai hüllte die Wiesen und Felder in saftiges Grün. Die Obstbäume in den Gärten der Bauernhöfe standen bereits in voller Blüte. Der Klang einer aus Tibet stammenden Muschel erfüllte das Tal. In der Indianertradition ruft der Schamane mit dem Muschelhorn den Atem Gottes. Seit Menschengedenken erinnern sich die Wesen der Natur an den Urklang des Muschelhorns. Der tiefe Klang legte sich über die Natur und schallte von den Berghängen wider. Die Kräfte der vier Himmelsrichtungen sammelten sich im Mandala, das wir für das Ritual aufgebaut hatten. Im Zentrum des Kreises lag eine Adlerfeder, Symbol für den heutigen Tagesnahual, TZ'IKIN. Ich richtete mich an die anwesenden Teilnehmer und gab die Absicht des Rituals bekannt.

„Ich rufe den Adler, der sich in Leichtigkeit vom Bruder Wind in die Höhe tragen lässt. Schließen wir uns dem heutigen Tagesnahual an, so öffnet sich uns eine stärkere Verbindung zum göttlichen Vater. Wie der Adler sich herabsenkt und seine

Nahrung aus dem Garten der Mutter Erde erhält, so erhalten auch wir Menschen in Verbindung mit dem Kraftfeld der Erde die Nahrung für unseren Körper als Tempel des Geistes. Der Bruder Wind bewegt sich aus der Wärme und aus der dynamischen Kraft des alles durchdringenden, dumpfen Pulsschlags des Herzens der Mutter Erde. Aus ihrem Schoß geboren, entfaltet sich unser menschlicher Geist in der Geborgenheit und aus dem Vertrauen in unsere Urmutter, die uns körperlich nährt und wärmt. Ein reiner Geist bedarf eines kraftvollen und reinen Körpers, damit er sich harmonisch in unserem Bewusstsein einbetten und entfalten kann. So existiert in der Kosmovision Maya der weiße Adler TZ'IKIN als Symbol für die Reinheit und Klarheit des sich ständig hebenden und senkenden menschlichen Geistes. Aus der Geborgenheit und den Bedürfnissen seiner Körperlichkeit verändern wir durch TZ'IKIN unser Blickfeld. Wir erhalten aus diesem Nahual das Geschenk der kosmischen Weisheit, der Fülle und Lebensfreude. Menschen, die in der Materie gebunden sind, können diese göttliche Vielfalt und Lebendigkeit nur aus einem beschränkten Blickwinkel wahrnehmen. Sie glauben, sich den Reichtum im Kampf um das Überleben erkämpfen zu können, ohne zu erkennen, dass er ihnen aus der Verbindung zu Gott gegeben wird. Ein in voller Blüte stehender Baum erinnert uns an die im Kosmos angelegte Schönheit und Fülle. Die Verbindung mit dem Nahual TZ'IKIN gibt uns somit auch die Beweglichkeit und Übersicht, aus der heraus wir die Schönheit und den Farbenreichtum unseres Planeten erfahren können. TZ'IKIN hebt uns in seiner Qualität über unser Tagesgeschehen und dient uns als Botschafter des göttlichen Universums. Aus dem Quell der inneren Schau öffnet sich unsere Vision für das Größere, aus dem sich unsere äußere Realität zu formen beginnt."

Ich faltete mein Priestertuch zu einem Dreieck und band es um meinen Kopf. Dieses von Frauenhand gewebte Tuch der Maya-Pocomames trägt viel von dieser Weisheit der Verbindung des kosmischen Geistes mit dem menschlichen Geist in sich. So bat ich um die Präsenz und um die Mithilfe meines Mayavaters Don Julián, dessen Vorfahren auch durch ihre rituelle Kleidung mit TZ'IKIN in Verbindung standen. Als wir einen alten Maya-Altarstein des Nahuals TZ'IKIN in unserem Zentrum mit dem Anciano einweihten, sprach der Pocomamführer erstmals über diesen großen Mediator, dem er sich sehr verbunden fühlt:

„Auf meinem Kopftuch ist der Adler mit zwei Köpfen dargestellt. Dieses Symbol erinnert uns an die Verbindung von menschlichem und göttlichem Geist, die sich aus einem Körper erheben. Beide ineinander wirkenden Kraftquellen formen das menschliche Bewusstsein als Tempel der Erkenntnis. Die Flügel TZ'IKINs befreien uns aus der Schwere der menschlichen Erfahrungen und sind Ausdruck des sich befreienden Bewusstseins. Der Adler stößt sich von der Erde ab und spürt alsbald die tragende Kraft der Luft. Er lässt sich im Vertrauen auf die tragenden Winde in die Höhen der göttlichen Seinsebenen heben. In gleicher Weise geht unsere menschliche Entwicklung vor sich. Aus der Schwere des mühsamen Erdendaseins können wir uns erheben, indem wir uns mit aller Kraft und Anstrengung durch unseren geistig-spirituellen Weg von unserer Bodenverhaftung lösen.

Viele Menschen unternehmen diesen Versuch nur deshalb, weil sie durch den Druck des Leids sich dazu gezwungen sehen, sich aus ihrer beengenden Lage freizukämpfen. Dies ist ein sehr schlechter Moment, die Leichtigkeit des Luftelements als tragende Kraft in Erfahrung bringen zu können. Ich habe mich mit vielen Mühen aus der Schwere meiner Lebenstage gelöst und den starken Willen in mir getragen, mit erhobenem Blick mein eigenes Schicksal als Indígena zu besiegen. TZ'IKIN ist mit mir den schweren Weg meiner inneren Befreiung gegangen. Niemand konnte mir dabei helfen, in meine innere Leichtigkeit und Freude zu gehen. Meine materiellen Umstände, die Familiensituation, auch mein Werdegang als Priester und Schamane ließen wenig Hoffnung auf ein Leben in Freude und Unbeschwertheit aufkommen. Ich empfand mich in meinem Herzen verlassen und einsam, weil wenige Menschen verstehen konnten, dass ich mein Leben dem göttlichen Vater widmete.

TZ'IKIN trug mich des Nachts in die Lüfte und erinnerte mich an diese Abmachung. Wenn ich tagsüber oft mit schweren Schicksalsschlägen zu kämpfen hatte, so hob er mich in der

Nacht in luftige Höhen. Dort wurde ich mit Aufgaben betraut, die weder mit meinem Lebensumfeld noch mit meinem Menschsein zu tun hatten. Aus diesen Erfahrungen schöpfte ich die Gewissheit, dass mein Leben als Campesino und Familienvater nur ein Teilaspekt meines Auftrags war, den ich zu erfüllen hatte.“

Als Don Julián mir von seinen nächtlichen Ausflügen in andere Seinsebenen erzählte, erinnerte auch ich mich an Träume, die mir über Jahre in Erinnerung geblieben waren. Ich sah mich auf Hügeln und Bergen meiner Tiroler Heimat und verspürte plötzlich die tragende Kraft meiner Hände. So breitete ich wie ein Adler meine Flügel aus, stieß mich ab und wurde über Felder, Dörfer und Städte getragen. Es war ein wunderbares Gefühl, mich auf die eigenen Tragflächen verlassen zu können. Während ich durch die Lüfte flog, spürte ich, wie die aus mir fließende Kraft der Leichtigkeit und Freude auch über die unter mir liegenden Landschaften und Menschen floss. Aus dem Gefühl dieser Träume erhielt ich wie mein Mayavater das Grundvertrauen zu meinem eigenen Leben. Ich wusste, dass die oftmalige Schwere des Alltags mich nicht daran hindern konnte, die Leichtigkeit des Seins zu empfinden, zu leben und andere daran teilhaben zu lassen. Ich empfand diese Unbeschwertheit schon seit meiner Kindheit als Geschenk, das mir in die Wiege gelegt worden war. Hatte der Anciano in seinem Leben wenig Anlass, Leichtigkeit und Freude zu empfinden, so kann ich viele meiner Lebensfreuden mit ihm teilen. Es ergaben sich daraus auch die gemeinsamen Aufgaben, aus dem Fluge TZ'IKINs die Schwere der Menschen zu erleichtern. Der Wechsel des Kulturkreises machte es allerdings vorher notwendig, mich von vielen vorgegebenen Vorstellungen loszureißen. Ganze Welten und innere Bildergalerien mussten dafür eingebrochen werden, die ich mir über Jahre mühsam errichtet und eingerichtet hatte. Ich war bereit, mich in die Schwingen des Adlers zu legen und einen neuen Blickwinkel für mein Leben zuzulassen. Jahre suchte ich in einem mir fremden Land das Gefühl von mehr Freiheit und innerer Beweglichkeit. Die ersten Flugversuche des Tiroler Adlers in Guatemala hatten einige Bruchlandungen zur Folge. Ich hatte mir das im Traum gewohnte Fliegen etwas leichter vorgestellt und musste nun erkennen, dass meine Hände nicht als Tragflächen geeignet waren. Die tiefe Schwere einer Millionenstadt, die Schwere in meinem Arbeitsumfeld, die Dichte einer aggressiven, städtischen Gesellschaft bis hin zur Dichte der Rauchschwaden der Auspuffgase tausender Fahrzeuge drückten mich in eine Enge und Schwere, die ich vorher nie gekannt hatte. Monatelange Ängste und Besorgnisse und die turbulenten Lebensumstände erzeugten in mir das Bild eines Versagers. Jedes in mir angelegte Fluchtprogramm vor den Problemen in Ehe, Beruf und Familie wurde gnadenlos Teil dieser Schwere. TZ'IKIN hatte mich getäuscht. Er schuf ein Bild, das vielleicht meine Seele kannte, aber das nicht mehr vereinbar schien mit meinem Leben. So arbeitete ich mich Schritt für Schritt durch die Schwere vor, immer daran denkend, dass es für mich darum ging, eine Aufgabe zu erfüllen, die ich mir selbst gestellt hatte. Ich hätte in dieser Zeit nie daran gedacht, dass diese Lebensumstände etwas mit spiritueller Entwicklung zu tun hatten. Was auch immer ich in meinem Leben getan habe, war verbunden mit der Absicht, aus einem inneren Schöpferdrang das Leben so zu gestalten, wie ich es gerne leben wollte. Meine Visionen und Ideen entstammten der schlichten Idee, mir in meinem Umfeld das zu schaffen, was mir gut tat. Wenn ich die Musik und die Kunst liebte, so schuf ich die Strukturen, in der Kulturarbeit das zu ermöglichen, was mir selbst Freude bereitete. Zugleich damit dem Gemeinwohl zu dienen war ein angenehmer Begleitumstand.

So trug ich von Kindheit an TZ'IKIN als Spender der Lebensfreuden in meinem Herzen. In den ersten Jahren in Guatemala erkannte ich die Prinzipien seines Fluges. Es war das Vertrauen, sich einer inneren Bewegung hinzugeben und zugleich den Pulsschlag des Herzens als treibende Kraft anzunehmen. So öffnete sich die Leichtigkeit meines Lebens in den Momenten, wo ich mir selbst vertraute und keine Schuldigen für die fühlbare Schwere und Dichte meines Umfeldes suchte. Ich entschied mich, in diesen Umständen die kleinen Lichtpunkte wahrzunehmen. Ich suchte die schönen Seiten des Stadtlebens und des Landes. Noch heute empfinde ich große

Freude, wenn ich nach Monaten des Landlebens aus dem Flugzeug steige und in das pulsierende Stadtleben von Guatemala City eintauche. Ich öffnete mir auch in meinem Berufsleben die Lebensschau, aus der heraus ich mit Enthusiasmus und Begeisterung mitgestalten konnte. Der Kampf um Formen und Werte innerhalb eines Schulbetriebes hatte für mich nur den einen Sinn, mir selbst den Blickwinkel zu schaffen, meinen Beruf und das gegebene Umfeld meiner Arbeit als Lehrer lieben zu können. So ließ mich TZ'IKIN für einige Zeit abstürzen, um mich die unterschiedlichen Lebenseinblicke und Lebensumstände erfahren zu lassen. Nie hätte ich schwer verängstigte und depressive Menschen eines fremden Landes verstehen können, wenn ich nicht selbst über Monate geglaubt hätte, mich und meine Familie nur durch Pistole, Stacheldraht und Fenstergitter beschützen zu können.

Monat für Monat arbeitete ich daran, das zu verwirklichen, was mir ganz besonders am Herzen lag. Es war die Suche nach jenen, die mich in dieses Land gerufen hatten. Nie zuvor in meinem Leben hatte ich eine Vorstellung, eine Vision oder gar den inneren Ruf der Maya verspürt. Ich war in einem mir fremden Land und spürte dennoch tief in meinem Inneren den Drang nach etwas, das ich weder definieren noch finden konnte. TZ'IKIN trug mich zu dieser Zeit durch meine inneren Welten, die noch immer überlagert waren von Bildern religiöser Glaubenssätze und Traditionen, von Neugier und dem üblicherweise in uns Europäern stark wirkenden Wissensdrang. Als ich endlich die Suche aufgab, öffneten sich nach und nach die Pforten in eine Welt voller Mystik. Wir kamen bei einem Ausflug in das Indianerhochland zu einer Mayahochzeit. Verunsichert suchten wir bei einem Maya-Altar in San Andres Xecul einen Platz, wo wir als Familie mit dem nötigen Respektabstand das Geschehen beobachten konnten. Man hatte uns vorher gesagt, dass es oft vorkäme, dass man als Ausländer bei Zeremonien der Schamanen zurückgewiesen werde. Wir sollten uns am besten an den sakralen Orten niederlassen und zu essen beginnen. Dies taten wir dann auch. Vor allem durch unsere kleine Tochter wurden wir in wenigen Minuten zum Brennpunkt aller Aufmerksamkeit. Die Indianerfrauen streichelten ihr blondes Haar und zeigten uns durch ihre offene Art, dass wir herzlich willkommen seien. Nach einiger Zeit versammelte sich um diesen Altar eine Hochzeitsgesellschaft. Eine Schamanin begann das Ritual in traditioneller Form. Sie bereitete das Zeremonialfeuer vor und bat die Gäste, die mitgebrachten Kerzen, Räucherwerk, Blumen und Heilkräuter in das Mayakreuz zu legen. Die versammelte Gesellschaft wurde mit dem Corazon del Cielo, mit Gott, und mit dem Corazon de la Tierra, mit der Mutter Erde, verbunden.

Die Priesterin rief die zwanzig Nahuales in den unterschiedlichen Schwingungen der dreizehn Zahlen und die Kräfte der vier Himmelsrichtungen. Von der brennenden weißen Kerze im Zentrum des Mayamandalas wurden der All-Eine Schöpfergott, HUN-AB-KUU, der Herr der drei Strahlen, KU-KUUL-HA, und der Hüter der sieben Schöpferstrahlen, GRAN TEPEW, in die Zeremonie eingeladen. Von dieser weißen Kerze breitete sich das Feuer über das in Schichten mit Materialien gefüllte Mayamandala aus.

Das Brautpaar in Indianertracht trug in einem Käfig zwei weiße Tauben mit sich. Die Taube gilt auch in der Indianertradition als Friedensbote Gottes. Ihr weißes Federkleid sollte die reine Absicht des Brautpaares repräsentieren. Die Priesterin opferte die erste Taube. Mit dem Blut der Taube wurde die energetische Verbindung zwischen Mann und Frau geschaffen. Die zweite Taube wurde von den beiden so lange in den Händen gehalten, bis sie selbst mit einem Ruck sich von den zusammengelegten Händen des Brautpaares löste und davon flog. Das Geschehen wurde uns erst viel später von meinem Mayavater Don Julián erklärt. Er erzählte mir von den unterschiedlichen rituellen Formen bei der Verbindung zweier Menschen.

„TZ'IKIN, der weiße Adler, zeigt sich uns in den Ritualen als Sendbote und Botschafter des Geistes Gottes. Wenn wir durch Zeremonien unsere Vorstellungen und Wünsche in die Hände Gottes legen, so warten wir auf die Antwort, die uns von seinen Mittlern und Helfern gegeben wird. Bei einer Hochzeit ist es sehr kostbar, wenn sich TZ'IKIN in seiner reinsten Form zeigt. Es sind dies Momente, die jedem Schamanen unvergesslich bleiben. Aus den Höhen senkt er sich mit weit gespannten Flügeln herab, legt sie über die Schultern von Mann und Frau und segnet so das Ehepaar. Dies ist ein Zeichen dafür, dass sich zwei Seelen miteinander für die Lebensaufgabe verbinden. Es kommt vor, dass in diesem Moment die Vögel der Umgebung in Schwärmen zusammenkommen und die Stimme TZ'IKINS in ihren Gesängen weitergeben. Wenn sich allerdings TZ'IKIN nicht zeigt, kann dies ein klares Zeichen dafür sein, dass die Absicht des Brautpaares nicht mit ihrer Seelenaufgabe in Verbindung steht. Dies wird oft von den Priesterinnen und Priestern als ein erstes Anzeichen dafür gesehen, dass Gott diese Verbindung nicht anerkennt. Wenn dennoch die Ehe rituell geschlossen wird, so ist dies mit einem Ehevertrag gleichzusetzen, der eher die materiellen und emotionalen Angelegenheiten von Mann und Frau regelt. Eine derartige Verbindung trägt bereits den Geist der Trennung in sich. Meist liegt es in der Fähigkeit des Schamanen, der Schamanin, den Geist des weißen Adlers zu erkennen.

Wenn die Verbindung zu TZ'IKIN im Hochzeitsritual nicht zustande kommt, so lädt man beim Anrufen der zwanzig Nahuales ein Medium ein, mit TZ'IKIN in Verbindung zu treten. Der Nahual des sich herabsenkenden Geistes und der Lebensfülle spricht dann durch ein Medium oder durch die anwesenden Schamanen und gibt dem Brautpaar wertvolle Hinweise auf ihre gemeinsame Aufgabe. Das größte Geschenk für das Brautpaar ist es, wenn die beiden für ihre gemeinsame Wanderschaft den Schutz und die Begleitung TZ'IKINs erhalten. Dies hat Lebensfreude, Glück und inneren wie äußeren Reichtum zur Folge. Wenn sich TZ'IKIN in Form des weißen Adlers gezeigt hat, wird die Taube, die von beiden Ehepartnern gehalten wird, zum Flug freigegeben. Auf selbige Weise sollten einander beide Ehepartner für den individuellen Weg freigeben. Die Friedenstaube sorgt für eine heilsame und friedvolle Verbindung. In Freiheit und in Verantwortung öffnet sich so der gemeinsame Weg zweier füreinander bestimmter Menschen. So sind Mann und Frau ständig aus sich selbst daran erinnert, was sie sich im Angesicht des weißen Adlers als Bote Gottes für ihre Wanderschaft durch das Leben versprochen haben.

Das Geheimnis zwischenmenschlicher Verbindungen wird aus der inneren Freiheit, dem gegenseitigen Respekt und dem

Bemühen um Frieden den Menschen offenbar. Sie erinnern sich im Rhythmus des Mayakalenders, dass sich ihnen TZ'IKIN als treuer Begleiter auf dem Lebensweg angeboten hat. Auch in der körperlichen Liebe geben sich TZ'IKIN-Gesegnete aus der Kraft des weißen Adlers einander hin. Sein Segen kann zwei Menschen aus der sich zentrierenden Kraft zwischen Mann und Frau in gemeinsame Höhen tragen. In der gemeinsamen Hingabe sind sie damit auch verbunden mit dem Herzen des Schöpfers. Auf den Flügeln TZ'IKINs getragen, heißen sie gemeinsam auch die Seele willkommen, die dieser heiligen Verbindung vorbestimmt ist."

So ist TZ'IKIN der Hüter des Reichtums und der Kraft der körperlichen Liebe. In der Form des Schmetterlings weckt er den Magnetismus zwischen Mann und Frau. Er setzt sich auf die Blüte, um den Honig aufzunehmen und aus dieser Süße in den geistigen Ebenen des Seins das Ebenbild seiner selbst in Form einer Seele zu finden. Aus dem sich lichtenden Morgen kommt symbolisch aus dem Osten die in Liebe gerufene Seele, um den Lebensweg auf dem Planeten zu finden. Gleich der aufgehenden Sonne zeigt sie sich in den unsichtbaren Ebenen, um Form und Gestalt in der physischen Ebene anzunehmen. Der göttliche Mittler und Botschafter, der weiße Adler, hat die sich nähernde Seele bereits im Hochzeitsritual als segnender Engel Gottes für die Wiederkehr auf Erden willkommen geheißen.

In anderer Seinsform zeigt TZ'IKIN sich als Kolibri, der von der bunten Vielfalt der Blüten angezogen wird. Oft sitze ich im Garten unseres Zentrums, um diese in grünem Federkleid schimmernden Vögel zu beobachten. Manchmal kommt es vor, dass sie sich aufgrund ihres schlechten Sehsinns unmittelbar neben mir auf eine Blüte setzen, ohne meine Anwesenheit zu bemerken. Sie berühren mit ihrer Zunge in Bruchteilen von Sekunden das Blütenmeer des Salbeis, den sie ganz besonders lieben, und setzen sich dann auf die Blüte, die ihnen die Süße des Nektars gibt, die sie für ihre Nahrung brauchen. Zugleich tragen sie dadurch zu neuem Wachstum von Pflanzen und Blumen durch die Übertragung und Bestäubung der Pollen bei. Der Nektar schafft somit als Essenz der Lebensblume des Menschen seine ständige Erneuerung in unterschiedlichem Umfeld.

Diese Lebensblume steht in der Weisheit Maya im Zentrum des heiligen Mayakreuzes. Der sich in die vier Himmelsrichtungen bewegende Kolibri erneuert das Leben aus der Schönheit und Essenz des Zentrums in den vier Elementen, in den vier Himmelsrichtungen. So zieht auch die menschliche Seele aus dem Herzen Gottes in die vier Rassen, in die vier Urkulturen, in die vier in uns angelegten Qualitäten unseres Menschseins. Trägt TZ'IKIN als Engel der Verkündigung der Lebensabsicht den Blütenstaub in den Westen, gilt es für die Seele, sich durch Erkenntnis und Reinigung aus der Schwere früherer Existenzen zu befreien. Auf dem Flug in den Norden steht ihr eine Existenz als Mittler zum göttlichen Geist bevor. Im Osten wird sie aus dem Menschen wie die aufgehende Sonne dem Leben Wärme und Licht bringen und im Süden wird sie wie der alles nährende Regen für Fülle, Freude und Schönheit im Menschendasein sorgen. Aus der Begleitung verschiedener Nahuales des Mayahoroskops, die den jeweiligen Himmelsrichtungen zugeordnet sind, wird sich dieses Lebensprogramm in das Bewusstsein des Menschen einbetten.

Wie in der Bibel beschrieben, überbrachte der Erzengel Gabriel der Mutter Maria die Botschaft der sich nähernden Seele des göttlichen Lichtboten Jesu. Maria war überwältigt von der Kraft und Schönheit dieses Engels, der sich ihr als Hüter des göttlichen Geistes in Verbindung zur Materie und damit als Mittler zwischen Licht und Dunkel zeigte. In gleicher Weise beginnt die Wanderung der Seele in einem menschlichen Körper aus der Stimme und dem Ruf des Engels des Herrn. Aus der sich verdichtenden Schöpferkraft erblickt schließlich ein Mensch das Licht der Welt. Die im Menschsein eingebettete Seele hat nur die eine Ausrichtung, im Leben den ihr gegebenen Auftrag zu erfüllen. TZ'IKIN wird als weiterer Begleiter der Seele in den verschiedenen Lebensetappen des Menschen in Erinnerung bringen, was aus dieser Urabsicht der Seele zum Ausdruck drängt. Diese Ausrichtung der Seele Jesu zeigte sich in seinem Leben durch die ihm vorbestimmte Initiation aus dem Licht Christi.

So kennt auch die Weisheit der alten Völker wie die menschliche Seele keine Grenze, die bestimmt ist durch Jahreszahlen, durch den Beginn einer neuen Epoche oder die durch das Entstehen einer Religion vorgegeben wäre. Sie verbindet das Gewesene, das Urprinzip der Schöpfung im sich ständig wandelnden Geist und Bewusstsein der sich ständig erneuernden Menschheit. Aus dieser inneren Instanz der Erneuerung allen Seins und Lebens hat sich der Mensch Symbole und archetypische Kraftfelder geschaffen, die ihre Gültigkeit auch über Jahrtausende nicht verlieren. Wenn die Blume sich nicht in ihrer Blütenvielfalt öffnet, kann sie der Kolibri nicht als Nahrungsquelle erkennen. Der Geist und die Seele des Menschen verkümmern wie TZ'IKIN im Bild des Kolibris, wenn durch verschmutzte Gefühle, durch unreine Vorstellungen und Absichten die Verbindungen zur Blume des Lebens, zur Essenz unseres Menschseins und zu den Gesetzmäßigkeiten des göttlichen Kosmos nicht mehr sichtbar sind.

In das Kopftuch der Pocomames sind unzählige kleine Punkte eingewebt. Sie stehen für die Vielfalt der Insekten, die das Geschehen im Mikrokosmos darstellen. Wie der Adler weithin sichtbar seine Kreise dreht, so bewegen sich die Insekten in einem Millionengetümmel in unserer Natur. Sie erhalten einerseits die Vogelwelt als kostbare Nahrungsquelle. Wir kennen sie aber auch als Plagegeister, als Blutsauger, die unser Wohlbefinden erheblich stören können. Sie stehen symbolisch für unsere Gedankenformen, die wir in jeder Sekunde unseres Lebens aussenden und aus denen wir unser Wesen und Sein bewusst oder unbewusst formen.

„Du kennst das Millionengetümmel eurer Gedanken", sagte der Maya-Anciano. „In euren Köpfen wimmelt es von unzähligen Vorstellungen, Gedanken und Wünschen. Ihr martert euch mit der Geißel eurer Gedanken, die alles durchschauen und mit dem Verstand durchforsten möchten. Meist kämpfen die Menschen aus diesem Gedankengetümmel der Vorstellungen um eine kleine, herzlose und inhaltslose Welt. Viele von ihnen sind Opfer ihrer Vorstellung, dass es ein erfülltes Leben ohne Gott gäbe. Selbst Menschen, die an Gott glauben, verbinden ihn mit der beschränkten Vorstellung eines Wesens, das über den Verstand und über die zwanghaften Gesetzeslehren ihr Leben regelt. Der Gott des Westens ist nach unserer Erfahrung ein Gott, der straft, rechtfertigt, verurteilt und erobert. So haben wir ihn in den letzten Jahrhunderten kennen gelernt und so wird er heute noch vielerorts in unseren Dörfern von den Kanzeln gepredigt. Unsere traditionelle Vorstellung von Gott ist die Verbindung des Geistes mit unserem Herzen, das in Einklang mit dem Herzen unserer Mutter Erde schlägt. Aus diesem Grund erkennen wir Gott nicht in den Moralregeln und Gesetzen der von Menschenhand geschaffenen Religionen. Wir sind uns dessen bewusst, dass wir den großen Geist Gottes nicht in unsere beschränkte Schau, in unseren Verstand einsperren können. Wir erkennen ihn in allem, das existiert, und wir erfahren ihn in der Liebe des Menschen zu seinem Umfeld. Das ist auch die Botschaft Jesu, den ich als Maya zusammen mit der Mutter Maria als meinen geistigen Begleiter und Führer anerkenne und ehre. Das Gewimmel der Insekten auf meinem Kopftuch ist geordnet, wie auch die Gedankenwelt der Ordnung bedarf. Aus einem Chaos entsteht Trennung und Verwirrung. Viele Menschen im westlichen Kulturkreis kennen dieses Gefühl, in der Trennung zu stehen. Sie haben keinerlei Verbindung mehr zu Gott, zur Natur, ja nicht einmal mehr zu sich selbst.

Der doppelköpfige Adler in unserem Volksstamm steht mir aus dieser Vorstellung als Liebender zur Seite. Er schafft in mir die Verbindung zum Geist des Allmächtigen, zum Geist der Liebe. Aus dieser Kraft haben die großen Magier meines Volksstammes ihr Leben und das vieler Mitmenschen bewegt und verändert. Es obliegt unserer Zentriertheit, ob wir fähig sind, einer winzig kleinen Gedankenform die Form und Mächtigkeit einer Vision zu geben. Dies geschieht nicht dadurch, dass wir die Vielfalt der Gedanken vermehren. Es geschieht auch nicht dadurch, dass wir mehr und mehr Wissen in uns anhäufen. Wir haben die magische Formel für dieses große Geheimnis auf unserem Priesterkopftuch eingewoben. Der reine menschliche Geist ist die Quelle, aus der wir aus einem Insekt einen Adler formen können.

Die Maya als Formenwandler kennen die größeren Zusammenhänge des schöpferischen Geschehens. Sie beginnen im Kleinen, in der von der menschlichen Gedankenwelt geprägten

Vorstellung. Diese Vorstellung legt der Mayamagier in das Federkleid der Schlange, die sich in den Kosmos hebt. Was immer der Magier in das Herz und das Federkleid der Schlange einbettet, verbindet sich mit dem menschlichen Urprogramm, mit der Schöpferkraft und zugleich mit dem Geist Gottes. Aus dieser rituellen Handlung verschmilzt der Magier des Herzens seine Absicht mit der Absicht des göttlichen Schöpfers. Aus der Bewegung der gefiederten Schlange nährt sich die Gedankenform, gestärkt aus dem Pulsschlag der Mutter Erde und deren vier Elemente. Das Feuer des Geistes nährt sich aus dem Feuer der menschlichen Liebe und aus dem Herzen der Mutter Erde. Geist und Kundalini verbinden sich in der pulsierenden Bewegung des menschlichen Herzens. Dies schließt jeglichen Missbrauch dieser Kraft aus, weil diese geistige Handlung mit der Liebe in Einklang steht. Was wir aus unserem Herzen in das Federkleid QUETZALCOATLs einbetten, wird aus TZ'IKIN lebendig. Über seine geistige Zentriertheit steht der Magier des Herzens in der kosmischen Feuersbrunst, die er als Gott erkennt. Auf der traditionellen Kleidung der Maya liegt vieles von diesem Geheimnis eingeflochten.

Ich habe dir vor einiger Zeit dieses Kopftuch übergeben", fuhr mein Mayavater fort. „Damit habe ich dich mit dem Geist der Schöpfung in Verbindung gebracht. Als Magier des Herzens ist es notwendig, die größeren Zusammenhänge des Schöpfens aus der Liebe zu erkennen. Aus den größeren Zusammenhängen im Umgang mit den kosmischen Mächten bringen wir in der magischen Arbeit die verschiedenen Nahuales miteinander in Verbindung. TZ'IKIN, der Adler, erhebt sich nicht nur aus dem Luftelement, dem Nahual IQ. Er nährt sich im magischen Geschehen auch mit dem Feuer der Kundalini, mit der Kraft und Bewegung der Schlange KAAN. Der Nahual der Santa Neblina, IMOX, sorgt für die Ausgeglichenheit und Reinheit der Emotionen. IX, der schwarze, weibliche Jaguar gibt die Verbindung zu Mutter Erde und zu den Reichen der Natur. Er schafft aber auch die Verbindung zur Materie, zu den Ebenen der Dunkelheit. Die Lebendigkeit und Beweglichkeit im magischen Wandel der Formen schöpfen wir aus der Farben- und Artenvielfalt der Vogelwelt. In unserem Kulturkreis ist der Quetzal der Vogel, der die Vielfarbigkeit unseres Lebens darstellt. In Copán in Honduras ist diese Vielfarbigkeit durch den Guacamaya dargestellt, den prächtigen Papagei, der uns in seinen schillernden Farben an die Leichtigkeit und Vielseitigkeit unseres Lebens und unserer Schöpferkraft erinnert.

TZ'IKIN hebt uns über das Geschehen und lässt uns erkennen, dass jede Zeitepoche demselben Prinzip von Entstehen, Werden und Vergehen unterliegt. Im Schamanentum trägt der 'Fliegende', 'El Volador' mit Leichtigkeit durch die unterschiedlichen Qualitäten und Seinsebenen des Lichts und des Dunkels. Mit seinen Federn transformiert der Schamane des Herzens die Energiemuster, die uns anhaften und auf unserem Lebensweg behindern. Damit taucht TZ'IKIN in die Tiefe der Dunkelheit, in die Tiefe der menschlichen Erfahrungen von Leid, Schmerz und Tod. Wo ansonsten Schwere und Anhaftung spürbar werden, trägt dieser Engel und Meister mit der Leichtigkeit einer schwarzen Feder durch die Erlebniswelten der Reiche des Dunkels. Die Indianerstämme rufen ihn in ihren Ritualen mit dem Geist des Raben. Sie geben dem durch die Unterwelten fliegenden Geist TZ'IKIN auch das Gesicht der Eule, die uns als große Trägerin der Weisheit zur Seite steht. Ihr Blick durchwandert das nächtliche Geschehen. Sie sieht, was anderen, Unwissenden, verborgen ist. Zu ihr kommen jene, die vor den Toren der Weisheit stehen, ohne Einlass zu finden. Sie nimmt jene auf, denen die Weisheit der Dunkelheit unfassbar scheint."

Der in unseren Märchenwelten beschriebene Feuervogel nimmt verlorene Seelen auf, trägt sie auf seinen Schwingen und stärkt und wärmt sie aus der Kraft des Feuers. Auf dem Flug durch die Unterwelten erinnert er an die Kraft des Engels des Todes, KEME, an dessen Sanftmut, Barmherzigkeit und an die Nestwärme der sakralen Dunkelheit. Seine fallende Feder schafft Bewusstheit und erweckt das Feuer und die Wärme in den Seelen, die sich weit vom Licht entfernt halten. Wenn sich der Feuervogel durch die Ebenen des Seins bewegt, hört er den Hilferuf der Seelenanteile der Verbrecher, der Verräter, der Massenmörder und Tyrannen, der Schänder und der Missetäter. In seinem Flug entzündet die brennende Feder das die

Kälte der Unterwelten wärmende Feuer der Erkenntnis. Über ihn verspüren die Lebenden den Ruf und den Auftrag zu handeln, zu heilen und zu segnen.

So obliegt es den Betenden, den Heilern und Helfern, die tiefsten Schichten der Unterwelten als Orte des Leids verlorener Seelenanteile anzuerkennen. Nirgendwo werden so viele Helfer gebraucht wie in der erstarrten Stille und Kälte dieser Reiche. Für immer mehr Menschen werden die Hilferufe dieser Seelenanteile wahrnehmbar. Mit Ritualen, Gebeten, in Meditationen und aus ihrer liebevollen Hingabe an diese Aufgabe können sie die verloren Geglaubten heimführen. TZ'IKIN bringt in Verbindung mit Santa Majom durch den von seinen Flügel ausgelösten, sanften Luftstrom Leben und Hoffnung in dieses vergessene Reich der Erstarrung. Er bewegt sich durch die schwarzen Nebel und zeichnet eine Spur, einen Lichtblick für die Blinden. Der Schamane, die Schamanin wandern in Verbindung mit TZ'IKIN durch die Dunkelheit und bewegen mit der schwarzen Feder die Nebelschichten, die alles verdeckt halten. Sie laden die Seelen ein, mit ihnen zusammen in die Freiheit zu gehen. Wie im Bild des wandernden Moses zieht das Volk der vergessenen Seelenanteile in ein versprochenes Land. Aus ihrer inneren Schwere wandern sie langsam, mit gebeugten Häuptern und entwürdigten Herzen. Es ist ein Weg, den sie selbst zu Lebzeiten nicht für möglich gehalten hätten und der ihnen aus der Liebe der Herzensheiler erfahrbar gemacht wird. Die Heiler und Heilerinnen des Dunkels beleben auf diese Weise aus TZ'IKIN die Brücke zwischen Licht und Schatten. Sie führen die Vergessenen durch unwirkliches und unwegsames Gelände in die liebenden Hände KEMEs. Alles auf dem Planeten Erde hat in den Indianerwelten sein Ebenbild in der Natur. In den Ländern Südamerikas trägt das Geheimnis TZ'IKINs der weiße Kondor.

In den Prophezeiungen der Maya verbinden sich Adler und Kondor im Herzen Amerikas, im Herzen des Quetzals, in Guatemala und Mexiko. TZ'IKIN ist der große Hoffnungsträger der indigenen Völker, wieder zu einem Volk zusammenzuwachsen. Symbolisch verbinden sich die Weisheit des Nordens und des Südens Amerikas in der Kraft und Weisheit der Maya zu einem Ganzen. Eine Darstellung in der Pyramidenstadt Mayapan in Yucatán zeigt den kopflosen Menschen, an seinen Seiten die beiden Greifvögel.

Ich stand neben Meister Cirilo vor dieser Abbildung eines Tempels, als er zu erzählen begann: „Seit Jahrhunderten bemühen sich meine Ahnen, große, weise Menschen, das wiederzufinden, was ihnen durch die europäische Invasion genommen worden ist. Ich kann es schwer bezeichnen, was das wirklich ist. Oft denke ich darüber nach, warum so viel Zerwürfnis und Desorientierung in meinem Volk herrschen. Ich habe den Verlust der inneren Haltung meines Volkes immer den Spaniern zugeschrieben. Aber es musste wohl auch in uns etwas verloren gegangen sein, dass alles so geschehen konnte. Ich selbst frage mich, warum der hier abgebildete Mensch ohne sein Haupt dargestellt ist. Viele Besucher werden glauben, dass wir Indianer schon immer kopflos dem Geschehen ausgeliefert waren. Unsere Vorfahren trugen viel Weisheit in ihren Herzen. Sie wussten sich in der geistigen Welt zu bewegen und pflegten mit den unsichtbaren Kräften ihre eigene Sprache.

Auch dieser hier dargestellte Maya bestätigt das Bild, das wir selbst von uns haben. Wir lassen in den größeren Lebenszusammenhängen unseren Geist aus unseren Herzen sprechen. Die Flügel von Kondor und Adler ersetzen den Kopf dieses Mannes. Wir können heute aus dieser Darstellung erkennen, dass wir nicht aus unserem eigenen Willen, unseren eigenen Vorstellungen die Vereinigung der Indianerstämme gestalten können. Es wird so geschehen, wie es in der göttlichen Vorsehung gedacht ist. Das anzunehmen ist aus der Erfahrung Jahrhunderte währenden Leids sehr schwer für uns. Der Adler und der Kondor bewegen sich in ihrem Flug über allem Geschehen. Sie tragen in sich die Weite und den Überblick, den wir Indígenas in unserem Lebenskampf verloren haben. So bemühe auch ich mich, in den Treffen unserer Stämme den Überblick zu wahren, was wir aus unseren persönlichen Wünschen und Erfordernissen heraus verändern können und was seitens unserer Ahnen und unserer göttlichen Führung für uns vorgesehen ist.

TZ'IKIN ist in unserem Mayakalender der Nahual der materiellen Fülle. Über die Vielfalt und Beweglichkeit der

Vögel verbreitet sich dieser Geist der Fülle und lässt rundum alles in unserem Leben lebendig werden. Er ist unser großer Hoffnungsträger und zugleich spüren wir, dass er in seinem Flug die Armut und das Leid meines Volkes übersehen könnte. Das ist der innere Aufschrei, unser Hilferuf, den du in den gemeinsamen Treffen vernimmst. So stehen wir alle vor der großen Herausforderung, uns im Zeitenwandel bemerkbar zu machen. Adler und Kondor könnten aus unserem Schmerz und unserer Verzweiflung erneut an uns vorüberziehen und sich den Ort suchen, an dem sie in ihrer Größe erkannt werden. So habe ich mich entschlossen, als einsamer, umherschweifender Wolf, als Lobo Errante, den Menschen die Lieder zu singen, die TZ'IKIN verstehen kann. Ich trage unsere Weisheit Maya in die Welt und erzähle vielen Ausländern unterschiedlicher Länder von der über Jahrtausende in uns Maya eingebetteten Lebensweisheit. Aus ihrem großen Interesse an unserer Weisheit habe ich gelernt, dass sich dieser große Nahual über die Grenzen unserer Völker erheben möchte. Im Geist und in der Wiedergeburt der Menschen wird diese Verschmelzung stattfinden und allen Menschen, ungeachtet der Religion und Rasse, das alte, von den Traditionen gehütete Wissen wieder in Erfahrung bringen."

Das vierte Treffen der Stammesführer der Indianer Amerikas war für März 2003 angesagt. Bereits die Vorbereitungen zu diesem Treffen waren gezeichnet von fehlender Koordination und Unklarheit. Noch wenige Tage vorher wussten weder Meister Cirilo noch wir, wo in der Stadt Mérida das Treffen geplant war. So flog ich mit meiner Frau Christine und Silvia, die beide den Verein für interkulturelle Friedensarbeit repräsentierten, von Europa nach Yucatán. Meine ganze Hoffnung setzte ich daran, in der Wartehalle des Flughafens in Mérida jemanden zu treffen, der von diesem Treffen wusste und den Veranstaltungsort kannte. In Mérida angekommen, ging ich geradewegs auf einen Mann zu, der auf jemanden zu warten schien. Er gehörte dem Organisationskomitee des Treffens an. So erfuhren wir in letzter Sekunde, wo sich die Stammesvertreter der Indianerstämme am nächsten Tag treffen würden.

Die einzelnen Teilnehmer stellten sich vor. Als ich an die Reihe kam, erzählte ich vor dem versammelten Rat, dass ich von einem großen mexikanischen Aztekenhelden und Meister gerufen worden war. Wochen vor dem Treffen meldete sich der berühmte Aztekenführer Cuauhtemoc bei einer Konzentration mit Gloria in Guatemala. Er lud mich ein, in sein Land zu kommen, wo er mich mit all seiner Kraft und Liebe segnen wolle. Aus seiner Verbindung zu TZ'IKIN bat er mich, meine Heilungsfedern mitzunehmen. Ich erinnerte mich nach dieser Konzentration an den kostbaren Kopfschmuck seines Vorgängers, des Aztekenführers Moctezuma, und an die mit diesem Federschmuck verbundene Kraft des Weltenfriedens.

Wenige Wochen nach diesem Treffen stand ich auf der Sonnenpyramide der Tempelstadt Teotihuacan. Der Name bedeutet: Verbindung zwischen dem Reich der Toten und dem Licht Gottes, der Auferstehung in den Sonnenlogos. Ich ging zuerst an einen Ort, an dem ich die Präsenz der Unterwelten spürte. Für dieses Verbindungsritual nahm ich Wasser verschiedenster Orte in Europa und Guatemala mit und verband es mit den Heilungsessenzen Siete Machos und Agua Florida. Ich rief die Meister der Unterwelten XIBALBA, verbunden mit den unterschiedlichen Ebenen der Unterwelten der Azteken und Tolteken. Aus meinem Herzen bat ich um Einlass und um die Verbindung mit der Dunkelheit dieses heiligen Aztekenplatzes. Nach dieser Bitte um Einlass stieg ich die steilen Stufen der Sonnenpyramide empor.

Auf dem Plateau der Pyramide befanden sich bereits viele Menschen. Es war Ostersamstag und viele Mexikaner nützten die freien Ostertage, um diesen Ort zu besuchen. Trotz der vielen Menschen spürte ich viel Respekt und Stille, die von den Besuchern ausgingen. Ich rief die Mondgöttin, die Hüterin des Mondtempels der Pyramidenstadt, der dem Sonnentempel gegenüberstand, und verband mich mit den weiblichen und männlichen Kräften dieses großen sakralen Ortes der Azteken. In einer tiefen Meditation meldete sich erneut Cuauhtemoc. Der große Aztekenheld zeigte sich in meinem Herzen als liebender, weiser Begleiter. Seine Stimme war sanft und zugleich klar und kraftvoll. Cuauhtemoc sprach mich mit meinem Namen an, freute sich über meine Rückkehr an diesen Ort und öffnete mir die Tore in das Geheimnis dieser wunderbaren

Pyramidenstadt. Er setzte mir feinstofflich seinen Federschmuck auf mein Haupt. Ich spürte die Kraft und Würde, vor allem aber den Frieden, die von dieser Federkrone ausgingen. Wir würden uns aus alten Zeiten kennen, meinte er. Er wolle mich auf meinem Lebensweg mit seinem Geist verbinden und nähren. Ich solle ihn in den Ritualen mit meinen Federn rufen. Dabei öffnete sich aus meinem Scheitel ein Kanal in das Universum. Mit meinem inneren Auge verspürte ich einen kraftvollen goldenen Strahl, der sich aus der Sonne über mich ergoss und sich tief in das Herz der Unterwelten zog. Ich spürte die Präsenz der großen Meister der Azteken. In diesem Augenblick erkannte ich erneut die Lebendigkeit und Präsenz der von vielen Menschen totgeglaubten alten Völker und Kulturen.

Wenig später kaufte ich sein Ebenbild in schwarzem, im Sonnenlicht golden schimmerndem Obsidian. Nachdem ich schon seit Monaten nach einer Darstellung Cuauhtemocs gesucht hatte, fand ich diese Obsidianfigur bei einem Straßenhändler auf dem Parkplatz der Pyramidenstadt. Mit großer Freude und Dankbarkeit drückte ich den in der Mittagssonne golden glänzenden Aztekenheld an mein Herz.

Kapitel 6

AJMAQ (Achmak)

KRAFT UND WEISHEIT DER AHNEN

Segen und Leid aus der Seelengemeinschaft der Verstorbenen

Cib

Die Maschine zog in den nächtlichen Himmel empor. Unter mir lag Mexiko City im Übergang vom Tag zur Nacht. Die Straßenbeleuchtung war bereits eingeschaltet. Die reichen Erfahrungen der letzten Wochen zogen wie in einem Film an mir vorüber. Noch vor vier Wochen war ich Teilnehmer beim vierten Treffen der Vertreter der Indianerstämme in Mérida, Yucatán, gewesen. Ich hatte kaum Zeit für mich selbst gehabt, zu verarbeiten, was dort alles geschehen war. Nun drängten mit einem Male Erlebnisse in mein Bewusstsein, an die ich nicht mehr gedacht hatte und auch nicht mehr denken wollte.

In den gemeinsamen Beratungen war es bei dieser Zusammenkunft der Stammesvertreter Amerikas vermehrt zu Trennung und Streitigkeiten gekommen. Ein völliges Chaos in der Organisation, der Missbrauch des Treffens durch eingeschleuste Touristengruppen und die unwürdigen Bedingungen, unter denen Frauen und Männer in Mérida untergebracht waren, schufen Spannungen und Trennung. Vorwürfe gegen die Organisation wurden in Gesprächskreisen vorgebracht. Neben Zeremonien und Gesprächen über den Weisheitsschatz der Stämme wurden vermehrt zwischenmenschliche Probleme angesprochen und ausgetragen. Es wurde mir bewusst, wie vorsichtig Menschen mit der Sprache umgehen sollten, wenn sie in einem Ritual stehen. Ich hatte tagelang einen regelrechten Knoten in meinem Solarplexus und spürte den Druck, der sich in den vergangenen Tagen aufgebaut hatte. Mein Körper reagierte auf die chaotischen Energiefelder mit einem heftigen, schuppenähnlichen Ausschlag. In Chichen Itzá kam es zu einem Eklat, weil die Organisatoren es unterlassen hatten, die dortige Verwaltung um Erlaubnis für ein Feuerritual der Maya zu bitten. So entzündeten die Maya Guatemalas im Herzen dieses Pyramidenplatzes ein großes Ritualfeuer, das von den Parkwächtern sehr argwöhnisch beobachtet wurde. Inmitten der Zeremonie, in der die Ahnen gerufen werden sollten, erschienen plötzlich Polizeieinheiten mit Feuerlöschern. In sehr aggressiver Weise drängten sie sich durch die Menschenmassen und löschten unter Schreien, Flüchen, Verwünschungen, Weinen und Bitten der anwesenden Indianervertreter das heilige Feuer. Für manche Vertreter der Indianerstämme war dies ein Zeichen der Aggression der westlichen Welt gegen die Ausübung ihrer heiligen Traditionen. Zugleich stand erneut das Versagen der Organisation des Treffens im Raum. Zwistigkeiten aus der Enge der Traditionen, Macht und Respektlosigkeit machten uns alle darauf aufmerksam, woran nicht nur die westliche Welt, sondern auch die Indianerwelt leidet.

Zwei Tage nach diesem Vorfall erhob ich mich vor dem versammelten Rat der Stämme, um mit ein paar Worten die Energien der Anwesenden zu beruhigen. Ich wurde gebeten, mich kurz zu halten. Nach mir sollte Meister Cirilo, der Präsident des Indianerrates, den Vormittagskreis beschließen. Das Mittagessen war bereits vorbereitet. Es war heiß, schwül und windstill. Wir alle saßen im Schatten unter großen Zelten, die eigens für dieses Treffen aufgebaut worden waren. Ich ging mit der Redefeder in die Mitte der Gruppe, als sich mit einem Male aus dem Nichts eine Sturmböe erhob. Die Befestigungsstangen des Zeltes wurden aus der Verankerung gerissen. Als sich eine direkt neben Don Julián verankerte Stange aus den Angeln riss, wollte er sie festhalten und wurde ein Stück in die Höhe gehoben. Christine hielt ihn fest. Er fiel zu Boden, verletzte sich aber nicht. Es war mir vorerst unmöglich, diesem Chaos zu entkommen. In Sekunden stand das schwere Zeltgerüst bereits schwankend über mir und drohte auf mich und alle Beteiligten zu fallen. Ich hörte Schreie, die Anwesenden rannten aus dem Gefahrenbereich. In mir war trotzdem alles ruhig und besonnen. Ich fühlte in diesem Moment eine geistige Kraft und Führung. Wie an der Hand genommen bahnte ich mir den Weg durch herumschlagende Metallstangen. Ich hörte den Aufschrei eines Indianerhäuptlings, der von einer Zeltstange am Rücken getroffen wurde und zu Boden fiel. Das Zeltgerüst brach mit einem Male in sich zusammen und begrub viele Teilnehmer unter sich. Ich befand mich bereits außerhalb der Gefahrenzone und suchte nach meiner Frau, nach Silvia und nach Tata Julián. Kurz stieg in mir Panik empor, es könnte ihnen etwas geschehen sein. Nach wie vor war es unmöglich, sich von der Situation ein klares Bild zu machen. Menschen liefen umher und riefen um Hilfe. Der von den Stangen getroffene Indianervertreter der Lakota-Indianer lag auf dem Boden. Schamanen umringten ihn und riefen ihre geistigen Helfer. Unter den ineinander verkeilten Zeltstangen und der alles bedeckenden Zeltplane bewegten sich Menschen. Wie durch ein Wunder krochen zwei Inka-Vertreter aus Peru heil unter der Plane hervor. In diesem Moment kamen Christine und Silvia an meine Seite. Tata Julián winkte mir von der anderen Seite zu. Er gab mir ein Zeichen, dass auch bei ihm alles in bester Ordnung sei. Langsam beruhigte sich die Situation. Es war bald klar, dass es außer dem Lakota-Indianer keine Verletzten oder gar Tote gab. Nach wie vor waren Hilferufe im Raum zu hören. Die Rettung sollte gerufen werden. Der auf dem Boden liegende Indianer war bewusstlos. Man hegte Verdacht auf einen Wirbelbruch. Bei den Helfern mischten sich rituelle Anrufungen mit Aktionen Erster Hilfe.

Wenige Minuten nach dieser Sturmböe war es wieder windstill. Jedem Teilnehmer saß der Schock im Nacken. Ich hielt nach wie vor die Redefeder in meinen Händen und glaubte mich in einem Traum. Die Sirene einer Rettung war bereits hörbar, als der auf dem Boden liegende Indianer sich bewegte. Man half ihm aufzustehen. Man vertraute darauf, dass auch ihm nichts Ernstes geschehen war, und bedankte sich beim Arzt und bei der Rettung für das Kommen. Die ersten Teilnehmer gingen zum Mittagessen über, ohne viele Worte miteinander zu wechseln. Ein Mitarbeiter der Küche kam auf mich zu und sagte:

„Während sich dieser Wirbelsturm aus dem Nichts erhob, standen wir hier und beobachteten das Geschehen. Es war rundum windstill. Ich kann nicht fassen, was plötzlich, aus heiterem Himmel geschah.“ Tiefe Betroffenheit war bei allen spürbar. Auch am folgenden Nachmittag wurde kein Wort über dieses Geschehen verloren. Ich setzte mich zu Tata Julián und fragte ihn, wie er das Vorgefallene interpretiere. Er lächelte mich an und sagte: „Viele Menschen hier verstehen nicht, was sie durch ihre Worte und ihre Haltung auslösen. Sie betten ihre eigenen Gefühle und Gedanken in ein Ritual ein und erkennen dabei nicht, was sie damit auf anderen Seinsebenen in Bewegung bringen. Viele Weisen der Indianerstämme wussten dies bereits vorher und entschlossen sich, zuhause zu bleiben. AJMAQ ließ die Ahnen der Indianerstämme auf ihre Weise sprechen. Mit wie viel Hoffung erwarteten die Mütter und Väter, die einst die Geschicke der Stämme geleitet hatten, einen friedvollen Austausch von Erfahrungen. Das Ritual ist nicht die gegebene Form und der rechte Zeitpunkt, sich bei den Organisatoren über die unwürdigen Bedingungen zu beschweren oder Unstimmigkeiten auszutragen. Auch ich schlafe auf dem Boden. Ich sehe täglich, wie gedemütigt sich Frauen fühlen, wenn sie sich neben den Männern in zwei verschmutzten Duschen waschen sollen.

Wir verurteilen die Weißen dafür, dass sie uns nicht wertschätzen und auf unsere Kosten leben. Zugleich kannst du hier erkennen, dass wir in unseren eigenen Kreisen nicht fähig sind, uns Respekt und Würde zu geben. Ich habe den Druck der Ahnen vernommen, dieses Treffen doch noch zu einem guten und friedvollen Ende zu bringen. Als du in den Kreis gingst, lhabe ich Santa Majom gerufen und den Herrn der Lüfte darum gebeten, dir Klarheit und die Reinheit des Herzens zu geben. Ich spürte auch deine Absicht, Frieden im Kreis der Teilnehmer zu schaffen. Da aber die Gedanken und die Reden einiger Menschen die Atmosphäre schon derart verschmutzt hatten, kippte mit einem Mal die Energie. Santa Majom entlud sich in einem Wirbelsturm. Wie du siehst, ist dabei niemand zu Schaden gekommen. Selbst mein Indianerbruder aus dem Norden steht wieder auf den Beinen. Es ist ihm nichts geschehen. Was wir hier miterlebt haben, ist zugleich auch ein Ordnungsruf der geistigen Kräfte und ein Beispiel, wie Auseinandersetzungen und Kriege sich aufbauen und entladen. Wir selbst sind Verursacher des Geschehens. Für dich, Norbert, ist das, was wir hier erlebten, ein Hinweis dafür, was es bedeutet, mit der Kraft des Santa Majom in Verbindung zu sein. Wir Pocomames arbeiten aus alter Tradition mit dieser Kraft. Wir setzen sie in Ritualen ein. Ich rufe Santa Majom, wenn es notwendig wird, Menschen von ihren Unreinheiten zu befreien. Hier wollte ich wie du um ein friedliches Zusammensein aller Teilnehmer bitten. Zugleich hast du gesehen, mit wie viel Verantwortung die Verbindung des Menschen zu den göttlichen vier Elementen wahrgenommen werden muss. Sie reagieren auf unsere Absicht und bringen Heil oder Zerstörung. Beides hängt von der Haltung des Menschen ab. Somit kreieren wir die Naturkatastrophen aus uns selbst und aus unserer Lebenshaltung."

Die dunklen Rauchschwaden werden in der sakralen Sprache der Maya als MAQ bezeichnet, die uns Menschen die freie Sicht verwehren. Es sind verdichtete Energien, die nach Entladung drängen. Die Natur weist uns bei jedem Gewitter darauf hin, mit unseren Äußerungen, mit unseren Gefühlen und Gedanken bewusst umzugehen. Die verdichtete Energie der Spannung sucht sich Formen und Wege zur Entladung. Die dunkle Seite des Nahuals AJMAQ ist somit auch der Nährboden jedes Konflikts, jedes Krieges und jeder Naturkatastrophe. Einerseits richtet sich unser aller Streben in die Weite des Kosmos, zu Gott. Wir sehnen uns danach, den Blick in die Höhen des Seins frei zu bekommen. Andererseits stecken wir tief in schwarzen Wolkenformationen, die uns von der Klarheit und Schönheit des wahren Geschehens fernhalten. Eingehüllt in den Schleier der dunklen Nebel, MAQ, ruhen auch die Seelen derer, die vor uns den Planeten bewohnt und durch ihre Unvollkommenheit und ihr Fehlverhalten verschleiert haben. Zu diesen Lasten zählen ebenso die ausgesprochenen Verwünschungen und Flüche, mit denen sich Menschen wie schmerzende Klammern an die Lebenden heften und großes Unheil anrichten. Aus den Märchen wissen wir, dass Verwünschungen sich über sieben Generationen erstrecken können.

Don Julián ist in großer Besorgnis, wenn Unglück über eine Familie hereinbricht und das Gefüge der Sippe gestört wird. Altersversorgung, Notfälle bei Krankheit und Tod liegen in der Verantwortung der Großfamilie. Don Juan, der Feuerschamane der Quiché-Indianer, erzählte mir erst kürzlich, dass von seinen dreizehn männlichen Geschwistern innerhalb von fünfzehn Jahren zehn durch Unfälle zu Tode gekommen waren. Aus der Familie unseres Verwalters Gilberto blieben von sechzehn Kindern vier Geschwister übrig. Aus dieser Dramatik erhebt sich die Frage, aus welchen Zusammenhängen so viel Schmerz und Leid entstehen. Oft sprach ich darüber mit Tata Julián, der meinte:

„Ich habe es immer als Aufgabe gesehen, über AJMAQ den Grund für die Zerstörung einer Familiengemeinschaft zu erkennen. Stell dir vor, allein die Hochzeit zweier Menschen verbindet über die Großeltern bereits vier Sippen miteinander. Es ist nicht anzunehmen, dass durch die Verbindung eines Paares eine heilvolle Verbindung dieser Ahnensippen besteht. Je materieller oder emotionaler eine Partnerschaft oder Eheschließung ausgerichtet ist, um so stärker drängen auch die Seelen auf materieller und emotionaler Ebene in das Leben der beiden. Der göttliche Segen für eine Verbindung ist dann gegeben, wenn die geistigen und seelischen Anlagen zweier Menschen übereinstimmen. So ist der Friede in einer Familie auch dadurch gegeben, dass über die spirituelle Verbindung auch die Seelengemeinschaften der Ahnen miteinbezogen werden. Aus diesem Segen werden Lebende und Verstorbene in ein gemeinsames Energiefeld eingebettet.

Die im Volksmund als böse verschriene Schwiegermutter kann durchaus auch aus dem Wirken AJMAQs gesehen werden. Die Ablehnung eines neu in die Familiensippe eindringenden Menschen schafft oft im Kreis der lebenden Familienmitglieder in gleichem Maße Spannung wie in der Seelengemeinschaft in der Anderwelt. Wird ein Partner in der Gemeinschaft der Lebenden nicht akzeptiert, schafft dies auch Spannung bei den Seelen der Ahnenketten. Es kommt zu einer Ablehnung dieser Verbindung aus der Verstorbenenwelt, was für viele Frauen und Männer zu einer unlösbaren Aufgabe wird. Sie glauben, dass die zerfallende Liebe und Gemeinschaft allein an ihrem Unvermögen liegt, und fühlen sich schuldig. Die Seelen verstorbener Familienangehöriger nützen aber diese offenen, dunklen Tore und mischen sich in ihren dunklen Anteilen in das Geschehen ein. Sind sich die Menschen dessen nicht bewusst, erreichen diese Seelen ihr Ziel, Mensch und Gemeinschaft zu zerstören, wie sie selbst vielleicht einmal zerstört wurden. Ein zu Lebzeiten machtbesessener und nicht erlöster Mensch sucht sich auch aus den Ebenen des Totenreiches Wege, seine Macht über Lebende weiter auszudrücken. Seelen suchen im Kreis der Nachkommen diejenigen, die für diesen Missbrauch offen und sensibel genug sind. Selbst der Tod von Familienangehörigen kann durch die zerstörende Kraft einer sich anklammernden Seele verursacht werden. Diese Anhaftung durch einen Verstorbenen ist freilich auch ein Zeichen für den betroffenen Menschen, an sich und an der Gemeinschaft der Ahnen zu arbeiten. Leidvolle Lebenserfahrungen liegen wie eine schwere Last über dem Reich der Ahnen. Sie verwehren den Lebenden wie Verstorbenen in gleichem Maß den Einblick in die göttlichen Ebenen des Lichts und der Liebe.

Mein Volk der Maya lebt seit Jahrhunderten in einem Zustand der Not und der Hoffnungslosigkeit. Sie verbinden das Leben allein mit Schmerz und Mühsal. Ich empfand es zeitlebens als meine Aufgabe, meinem Volk zu dienen und zugleich die verstorbenen Ahnen aus der Mühsal ihrer Lebenserfahrungen zu befreien.

Empfanden Verstorbene zu Lebzeiten nie das Gefühl von Liebe, Zuneigung und Lebensglück, so sind sie auch im Totenreich durch diese Schwere der Lebenserfahrungen eingeschränkt. Eine der großen Mittlerinnen und Helferinnen bei der Befreiung von Seelen aus ihren leidvollen Verstrickungen ist mir die Schwarze Madonna. Sie geht mit mir in die Tiefe des Dunkels und löst diese schweren, dunklen Lebensbilder aus dem Wirken der Barmherzigkeit auf. Ich rufe die schwarze Mutter an den Tagen AJMAQ, TIJAAX und am Tag meines geliebten Bruders KEME. So verbinde ich mich mit der Mutter der göttlichen Gnade und Barmherzigkeit an den in unserem heiligen Kalender dafür vorgesehenen Tagen. Wenn die geistigen Tore in diese Tiefen des Leids offen stehen, gehe ich mit der schwarzen Mutter auf die Ebenen der Unterwelt, wo Not und Leid die Seelenanteile der Menschen gefangen halten.

Das Christentum hat vieles in unserem Mayaweltbild zerstört und in unserer Kultur großer Schaden angerichtet. Die Europäer haben in unserer Kultur das Bild des leidenden, schuldhaften und mit Sünde behafteten Menschen geprägt und damit die Grundmauern unserer Kosmovision erschüttert. Du weißt, wie sehr meine Verbindungen zu den Heiligen, Engeln und Erzengeln mein Leben bestimmen. Ich liebe diese großen Mächte, die mir als Heiler und Schamane in meiner täglichen Arbeit behilflich sind. Sie haben sich mir in ihrer großen Mächtigkeit nicht als schuldbehaftetem Gläubigen angeschlossen. Der Erzengel Michael rief mich in meiner Aufgabe als Krieger des Herzens und ermächtigte mich, in seinem Namen das Schwert der Wahrheit zu führen. Das hat mir bei vielen gläubigen Christen und katholischen Priestern den Ruf eines Hexers eingebracht.

Als Maya tragen wir den göttlichen Geist in uns, der sich durch unseren Lebensweg aus dem heiligen Kalender entfaltet. Wir gehen dem göttlichen Vater über die Stufen der Pyramide entgegen. Das Christentum hat uns diesen Weg versperrt. Ein einseitig interpretiertes und geprägtes Bild des Erlösers Jesus hat Millionen und Abermillionen von Menschen in der ganzen Welt die Bestätigung für die Notwendigkeit von Leid und Schmerz im Leben gegeben. In diesem Weltbild werden auch die dunklen Seinsebenen des Totenreiches XIBALBA mit Fegefeuer und Hölle bezeichnet. Beide Begriffe sind im Bewusstsein vieler Gläubiger mit Angst, Sühne, Strafe oder gar Verdammnis verknüpft. Maya hat diese Ebenen der Dunkelheit in das Weltenbild verschiedener Qualitäten der Unterwelten eingebettet. Somit existiert und leidet ein Seelenanteil des verstorbenen Menschen auf der Ebene der Dunkelheit, auf der er sich zu Lebzeiten verstrickte. Es bedarf der Hilfen von uns Lebenden, die Bindungen hin zu den Ahnen in der Heilungsarbeit und durch Gebete zu lösen. Dadurch öffnen wir unseren Lieben auf der anderen Seite eine wunderbare Aufgabe. Sie begleiten im Kraftfeld AJMAQs als Hüter und Lehrmeister den Lebensweg ihrer Nachkommen. So schaffen sie Frieden in den Wohnstätten, in den Konflikten mit den Nachbarn. Sie geben Hilfen und Begleitung für Kinder und Jugendliche. Sie helfen dabei, heilsame Berufswege zu beschreiten, und wirken mit ihrem unterstützenden Rat bei der Suche eines Lebenspartners.

Sie geben ihre Talente, ihre Vorlieben an jene weiter, die sich bereit erklären, ihren Weg weiter zu beschreiten. Es ist anzunehmen, dass eine in das planetarische Leben verstrickte Seele nicht die Aufgabe erfüllen kann, als Spender der Lebensweisheit aus dem Reich der Ahnen zu wirken.

Aus dieser Einsicht löst sich im Menschen auch das Leid und die Trauer um einen Verstorbenen auf. Wenn beide Seiten geheilt sind, fließen auch die Erkenntnisse und Lebenserfahrungen zwischen beiden ineinander liegenden Welten. Im menschlichen Leben können wir uns selbst erkennen und in Erfahrung bringen. Wir können ausgleichen, was in Disharmonie steht. Wir können verzeihen, an uns selbst arbeiten, uns reinigen, uns erheben und aus unserem Seelenplan die Schönheit und Fülle Gottes auf Erden verwirklichen.

Eine Vielfalt von Zugängen steht jedem einzelnen Menschen zur Wahl, in seine eigene Tiefe und Höhe vorzudringen und daraus die ersehnte Freiheit zu erlangen. Viele dieser Möglichkeiten sind in der Anderwelt nicht gegeben. So drängen viele Seelen alsbald wieder danach, in ein neues Erdenleben einzutauchen, um im Licht des Tages handeln und ihren Seinszustand verändern zu können. In unserer Kosmovision erlöst sich der Mensch aus der Verbindung zum göttlichen Licht. Er selbst ist es, der die Hände ausstreckt und nicht nur um Hilfe bittet, sondern zugleich auch das eigene Leben in die Hand nimmt."

Kürzlich begegnete mir in einer meiner Veranstaltungen eine 70-jährige Frau, die an einer sehr ungewöhnlichen Krankheit litt. Ihr Körper begann immer stärker männliche Hormone zu produzieren. Sie musste sich täglich rasieren, ihr Wesen veränderte sich zusehends. Selbst ihre Stimme erinnerte mehr an einen Mann als an eine alternde Frau und Großmutter. Das ganze Geschehen wirkte sehr befremdlich auf ihre Familie. Als wir uns begegneten, gab mir AJMAQ den Hinweis auf ihren vor Jahren verstorbenen Mann. Er war zu Lebzeiten bekannt für seinen Machtanspruch und schuf damit in seinen eigenen Reihen viel Trennung. Nach seinem Tode begann für die Frau eine jahrelange Trauer. Obwohl man eher von einer Befreiung hätte sprechen können, konzentrierte sich die Aufmerksamkeit der Witwe auf einen Menschen, der nur in wenigen Momenten seines Lebens diesem Bild entsprochen hatte. Sie äußerte ihren Verwandten und Kindern gegenüber, dass ihr Mann zwar verstorben sei, aber in ihr weiterlebe. Aus ihrer Einsamkeit heraus bettete sie ihren verstorbenen Mann in ihr Leben ein und übergab ihm ihren eigenen Körper. Wie sie bereits zu Lebzeiten bereit war, sich beherrschen zu lassen, erklärte sie sich nun auch nach seinem Tode dazu bereit, ihm die Vorrangstellung in ihrem Leben einzuräumen. Ihr Körper verfiel dabei zusehends. Es zeigten sich Krankheitsbilder, die sie in wenigen Jahren zu einem verstümmelten Menschen formten. Die Zusammenhänge ihres Leids waren klar. Ihr Körper reagierte bereits auf die Impulse eines verstorbenen Menschen, der sich nicht von dieser Welt lösen konnte oder wollte.

Durch ihre eigene Bereitschaft, das bereits fest verankerte Bild ihrer Lebenssituation aufzugeben, war es möglich, dem Verstorbenen den für ihn vorgesehenen Weg zu öffnen und damit die Frau von ihren Symptomen zu befreien. AJMAQ war in diesem Heilungsritual der Mittler, der ihr die Kraft geben konnte, die Zusammenhänge dieses Geschehens zu erkennen, anzunehmen und schließlich die in einem anderen Körper sich festklammernde Seele zu befreien. Diesem Beispiel könnte ich viele weitere Erfahrungen mit gebundenen Seelen von Verstorbenen hinzufügen. Das menschliche Leben und die Anderwelt hängen nicht nur unmittelbar miteinander zusammen. Sie sind auch räumlich nicht voneinander getrennt.

Hüllt AJMAQ in seine dunklen Nebelschwaden ein, so erinnert er uns daran, den Vorhang, der von uns selbst vor einer friedvollen Weltenbühne zugezogen wurde, zu öffnen. Unsere Ahnen haben vor uns Möglichkeiten und Lösungen gefunden, sich aus schweren und leidvollen Erfahrungen zu befreien. Oder sie sind wie viele Lebende aus diesen inneren Nöten von den göttlichen Seinsebenen abgeschnitten. Wir müssten nicht all jene Erfahrungen Generation für Generation wiederholen, würden wir erkennen, dass es einen ständigen Erfahrungsaustausch zwischen Lebenden und Toten gibt. Dieses Wissen um den Austausch von Erlebtem aus unterschiedlichen Seinsebenen ist bei den Indianervölkern sehr präsent. Ein gewichtiger

Teil ihrer Auffassung von einem friedvollen Leben ergibt sich aus einem heilen und friedvollen Zustand der verstorbenen Seelen. Die Aufgabe, Frieden im Kreis der Gemeinschaft der Lebenden zu nähren, können sie allerdings nur erfüllen, wenn sie selbst das Bild eines friedvollen Lebens in sich tragen. AAJ, der Nahual der Kraft der menschlichen Fruchtbarkeit, ist auch der Samen, aus dem sich die menschliche Gemeinschaft formt. Diese Gemeinschaft existiert und entwickelt sich ständig auf den Ebenen der Lebenden und im Reich der Toten weiter. Was wir als lebende Gemeinschaft verändern, strahlt in die Gemeinschaft der Verstorbenen aus. Kann sich ein einzelner Mensch von einem schwerwiegenden Lebensproblem befreien, tut er dies nicht nur für sich allein. Auch die ihm nahe Seelengemeinschaft im Reich der Ahnen nimmt diese Erfahrung auf. So bewegen wir ständig durch unsere Lebenserfahrungen und werden aus den Erfahrungen der Verstorbenen bewegt. Aus diesem Zusammenklang von Erfahrungen heben sich Lebende und Verstorbene gleichermaßen in einer sich ständig entfaltenden Spirale nach oben.

AJMAQ hütet diese Verbindung, aus der heraus viele Menschen Begleitung und Schutz durch das Einwirken ihrer Ahnen erhalten. Viele von uns kennen die Erfahrung, dass einzelne Familienmitglieder nach dem Tod eines Großvaters, einer Großmutter einen plötzlichen Lebenswandel einleiten. Sie fühlen sich aus dieser Verbindung beschützt und geführt. Junge Menschen finden plötzlich Interesse am Lebenswerk eines Urgroßvaters, einer Großmutter. Aus Erzählungen, aus Büchern alter Zeiten werden sie auf deren Leben und Interessen aufmerksam. Sie finden alte Fotos, die plötzlich wichtig für sie werden, und betten Verstorbene dadurch in ihr Leben ein. AJMAQ beginnt in solchen Lebensabläufen aus seiner Lichtseite und aus seiner Vollkommenheit zu wirken. Er überträgt Dateien der Ahnen in unser Leben. Ohne den genauen Hergang der Zusammenhänge zu erkennen, entfalten sich daraus in einem jungen Menschen die Weisheit und das Wissen früherer Generationen. In der Abfolge dieses Geschehens wird uns vielleicht klar, wie unterschiedlich wir Wissen in uns einbetten können. Ein Mensch, der aus alten Quellen heraus das Neue in

Erfahrung bringt, steht mit integrierter Lebensweisheit authentisch im Leben. Diese Form von Weisheit steht in Verbindung mit dem Herzen der Ahnen, mit früheren Generationen und Kulturen. Ein Schamane baut auf dieser Basis sein Leben und seine Lebensabsicht auf. Er schöpft aus diesem Fundament Kraft und Rückhalt.

Viele Wahrheitssuchende orientieren sich heute an anderen Religionen und Kulturen, ohne jemals daran gedacht zu haben, die eigenen Wurzeln kennen zu lernen und zu festigen, aus denen die Brücken in andere Welten und Kulturen gebaut werden könnten. Es gibt einen Grund, warum wir uns in einem Kulturkreis inkarniert haben. Für die Lebenssituation jedes einzelnen Suchenden ist dort die beste Voraussetzung gegeben, den eigenen Lebensplan zu erkennen und zu verwirklichen. Selbst wenn viele Menschen glauben, sich im Kulturkreis, in der Familie, in der Inkarnation geirrt zu haben, steht eine damit verbundene Aufgabe im Raum. Meist hat diese Aufgabe zu tun mit den Verstrickungen, die wir zu den Menschen haben, denen wir auf der Lebenswanderschaft begegnen. AJMAQ erinnert uns an die Gedanken, die wir als Seele hegten, bevor wir uns entschieden, in den Kreis der Familie einzutreten, in der wir leben.

Viele frühere Indianer leben in unserem westlichen Kulturkreis, weil sie hier die besten Bedingungen vorfinden, das alte Wissen für die planetarische Veränderung einzubetten. Dennoch möchte dieses Wissen mit den Hütern des Kraftfeldes verbunden bleiben. Nur so verbinden sich Tradition und die in neuem Kleide sich öffnende Weisheit der Indianerstämme. So stehen auf der Seelenreise über AJMAQ unterschiedliche Aufgaben im Raum. Aus der Tradition gilt es zu hüten, was die Vorfahren für die kommenden Generationen hinterlassen haben. Eine andere Absicht tragen jene Menschen in sich, die das alte Wissen aufnehmen und in das neu sich entfaltende Bewusstsein der Menschen einbetten. Wenn Wahrheitssuchende von einer Veranstaltung zur anderen wandern, ständig neue Erfahrungen aufnehmen, Impulse erhalten, so sollte irgendwann auch der Moment kommen, ein klares JA zu einem Kraftfeld und der sich ergebenden Aufgabe zu sagen. Ansonsten stehen Menschen als ständig Suchende im Leben. Sie werden immer wieder jemanden finden, an den sie glauben, ohne jemals erkennen zu können, dass sie an sich selbst glauben sollten. Sie sind weder in sich selbst verankert, noch können sie in ihrer Lebenswanderschaft Festigkeit finden. Die geistige Welt braucht die Festigkeit und Entscheidungskraft der Persönlichkeit. Als mir Don Julián den Initiationsweg der Priesterschaft der Maya anbot, war mir selbst noch nicht klar, ob das der richtige Weg für mich sei. So sagte er eines Tages:

„Sich in den Dienst des Lebens zu stellen, wird von der geistigen Welt mit der Entscheidung gleichgesetzt, sich dem göttlichen Plan zur Verfügung zu stellen. Die geistigen Kräfte brauchen uns in unserer Entscheidungskraft, in unserer Hingabe und in unserer Bereitschaft, die Wahrheit aus uns selbst heraus zu erkennen. Was auch immer an Impulsen aus anderen Kulturen und Religionen und Weltbildern uns nahegebracht wird, kann nur dazu dienen, den eigenen, inneren Ruf zu hören und ihm zu folgen. Wenn du dich entscheiden solltest, mit mir gemeinsam den Weg Maya einzuschlagen, dann entscheide nicht aus dem heraus, was du bereits kennst. Dieser Ruf hallt aus den inneren Weiten deiner Seele, die sich auf diesem Weg entfalten möchte. Es ist schwer, Menschen auf dem Weg zu ihrem inneren Kern und ihrer Aufgabe zu führen, wenn sie zu gleicher Zeit andere Wege der Erkenntnis einschlagen. Auch auf dem geistig-spirituellen Weg zeigen sich Neugier und Habgier in der Form, dass man in möglichst kurzer Zeit alles haben möchte, wofür andere Menschen Jahre ihres Lebens gearbeitet haben. Wenn sie es dann zu haben glauben, kommen die ersten Erfahrungen als Heiler oder Schamane. Sie geben sich oft nicht die Zeit und die Geduld, das Erfahrene aus sich selbst heraus zu integrieren und sich entfalten zu lassen. So entscheiden sich viele, die Wanderschaft von neuem zu beginnen, weil sie den Ruf allein aus ihrer begrenzten Persönlichkeit wahrnahmen.

In Momenten des Lebens die Sprache des Herzens zu vernehmen, ist ein großes Geschenk. Du wirst auf deinem Weg viele Menschen mit dieser Sprache berühren. Sie werden über Traditionen und Glaubenssätze hinweg die Entscheidung treffen, wie du selbst den Weg des Herzens zu beschreiten. So belehren wir auch unsere Ahnen, die Grenzen zu öffnen und sich Erfahrungen hinzugeben, die sie zu Lebzeiten nie zugelassen hätten. Nähern wir uns mit klarer Absicht und mit einer klaren inneren Haltung dem Reich der Ahnen, werden wir auf den Seinsebenen unserer Seelen als Liebende und Gebende erkannt. Wie du dich selbst in vielen deiner Lebensentscheidungen an das Unbekannte hingegeben hast, so werden sich auch deine Ahnen aus der Liebe und dem Vertrauen zu dir auf den Weg in das ihnen Unbekannte mit dir begeben. Der Lebensmeister AJMAQ hütet einerseits die unterschiedlichsten Formen der Kulturen und Religionen im Namen der Ahnen und Traditionen. Er macht uns aber auch aus den gewonnenen Erfahrungen bewusst, diesen Weisheitsschatz in neue Lebenshaltungen einzubetten. Was die Ahnen durch die gegebenen Umstände an Zusammenhängen nicht erkennen konnten, öffnet sich den kommenden Generationen oft mit Leichtigkeit. So schaffen wir von Generation zu Generation neue Möglichkeiten, altbewährte Erfahrungen zu sammeln, zu bewahren und mit neuen Lebensinhalten zu verknüpfen."

Die verstorbenen Ahnen können sich während eines Rituals in Lebenssituationen hineinversetzen, in denen sie zu Lebzeiten das Leben in seiner Vielfalt und Lebendigkeit genießen konnten. Dazu gehören die uns allen bekannten Düfte der Speisen und Getränke, die Feste und die wundersamen Momente des Naturerlebens. Ich verbinde mich gerne in AJMAQ-Ritualen mit dem Erlebnis, verliebt zu sein. Das Herz der Ahnen lässt sich wie unsere eigenen Herzen am leichtesten durch die erlebte Liebe bewegen. Zeit und Raum spielen auf diesen Ebenen keine Rolle. Somit bewegt die Vorstellung zweier sich liebender Menschen in einem ungeahnten Ausmaß das Reich der Ahnen.

Wenn AJMAQ unsere Unvollkommenheiten im Menschsein repräsentiert, so steht er auch in Verbindung mit all den wundersamen Erfahrungen, die wir in die Fülle eines in Glück und Zufriedenheit gelebten Lebens einbetten. So bereiten wir den Gang in das Totenreich durch die liebevolle Gestaltung des Altarraumes vor. Wir schmücken den Raum mit Kerzen und Blumen und stellen Bilder der Ahnen auf. Die vier Elemente stehen in den vier Himmelsrichtungen. In dieses Kraftfeld sind wir als Menschen eingebettet. Wir bereiten einen Speisenteller mit Köstlichkeiten vor und stellen ein Glas Wein und Süßigkeiten in den Kreis. Was auch immer für jeden von uns mit einem freudvollen Leben verbunden ist, kann in dieses Ritual mit eingebunden werden. Wir treten in dieses Reich im schummerigen Licht der Kerzen ein und rufen sie, die uns nahe stehen. In vorderster Reihe sind es die vier Großeltern, die die Ahnenkette väterlicher- und mütterlicherseits repräsentieren. Ihnen geben wir die Wertschätzung für ihr Leben, das viele Menschen nicht einmal von der menschlichen Seinsebene her kennen. Ich lernte meine Großeltern zu Lebzeiten nicht kennen. Sie verdienen für all ihre Bemühungen, für ihre Erfahrungen des Leids und der Freude all meinen Respekt und meine Anerkennung. Es spielt keine Rolle, welchen Ruf sie in unserer Familie genießen. Es steht mir nicht zu, jemanden zu beurteilen, den ich selbst nie gekannt habe. Aus dem Mund und aus der Erfahrung anderer möchte ich mir auch kein Lebensbild eines Menschen formen. Wir rufen sie als die vier Seelengemeinschaften der Sippen und laden sie ein, sich zu einer großen Familie zusammenzufinden. Dann treten wir mit Erlaubnis von AJMAQ in ihr Reich ein, um durch die Gabe von Respekt und Liebe Befreiung und Frieden zu bringen. Wir rufen sie mit ihren Vornamen und laden sie ein, sich uns und der Absicht unseres Kommens anzuschließen. Dabei bitten wir um Verbindung mit dem violetten Strahl der Transformation. Dieser Strahl aktiviert sich in einer spiralförmigen Bewegung. In diese sich nach oben hebenden violette Spirale laden wir in den Gruppenritualen die aus den menschlichen Familien und Seelengemeinschaften ausgeschlossenen und vergessenen Seelen ein, mit uns zu gehen. Dabei spüren wir oft auch Seelen, die außerhalb der Friedhofsmauern begraben wurden. Die ungetauften Kinder, die Verzweifelten, diejenigen, die den Freitod suchten, die Behinderten und die schwarzen Schafe der Familien treten dankbar aus den vergessenen Räumen der Unterwelten hervor. In diesen besonderen Momenten des Rituals erbitte ich die Präsenz der großen Wegbegleiter Moses und Jesus. Wie auf der Wanderschaft in das Gelobte Land vertrauen sich diesen Ritualen viele Seelen an, weil sie spüren, dass wir aus der Kraft des Herzens zu ihnen kommen. Wir führen sie zurück in die Gemeinschaft ihrer Seelenfamilie und erbitten ihre Aufnahme. So heilen wir nicht nur die Seelen von ihren Verletzungen. Auch ermöglichen wir damit den Seelen einen heilvollen Wiedereintritt in ein neuerliches Erdenleben. Wurde ein Mensch zu Lebzeiten aus der Gemeinschaft ausgeschlossen, empfindet sich auch nach dem Tod die Seele in einer Isolation. Aus dieser Erfahrung kommen Seelen meist auch wieder zu Eltern, die sie ablehnen. Der Kreislauf der Isolation, des Leids und der verschlossenen Liebe beginnt von neuem.

Als Seelenbegleiter im Reich der Ahnen zu wirken, bedarf des Vertrauens. Nur auf dieser Grundlage sind viele von ihnen bereit, sich in Ebenen vorzuwagen, die sie nicht kennen. Somit spiele ich für die Verstorbenen sanfte Musik aus unserem Kulturkreis des Christentums. Damit werden zugleich die Nahuales AJMAQ und KEME, die großen Meister und Hüter des Totenreiches, geehrt. Wir bereiten ein Ritual in das Reich der Ahnen in ähnlicher Weise vor, wie manch andere Menschen eine Liebesnacht füreinander gestalten. Es sind die Augenblicke unseres Lebens, in denen Liebende bereit sind, sich zu öffnen und einander hinzugeben. Beide Erfahrungen liegen sehr eng beisammen. Die kostbaren Momente unseres intimen Lebens prägen sich tief in unsere Herzen ein. Die Verbindung alter Völker mit dem Göttlichen, Rituale der Kelten, der Maya, der Ägypter wurden aus ihrer Verbindung zu den Gottheiten der Unterwelten und des Lichts aus heilvollen zwischenmenschlichen Erfahrungen geschaffen. Vertrauen, Liebe und Hingabe sind Quellen der Heilkraft für die Verstorbenen.

Nach indianischen Traditionen reagieren Ahnen auf die Süße und Fülle des Lebens, wenn sie selbst einst das Leben genießen konnten. Diese Süße können wir durch unsere Vorstellung geben. In solchen Ritualen geht es somit nicht nur um die Heilung der Ahnen, sondern um die Gestaltung eines gemeinsamen Festes für die Verbindung von Lebenden und Verstorbenen. In diesem Fest werden die seit Menschengedenken bestehenden Lebensprogramme geöffnet und energetisch für die Heilung freigegeben. Weder die einst gelebte Weisheit eines Ahnen noch die Form des Ausdrucks seiner Persönlichkeit lösen sich auf. Feinstofflich wird im Kosmos alles gespeichert, was jemals existiert hat und existieren wird. Dies wissen all jene, die kraft ihrer Sehergabe in das Reich der Ahnen eintreten. Es zeigen sich ihnen die Verstorbenen oft in der Vorstellung ihres Körpers, weil sie sonst nicht erkannt werden könnten. Es ist tröstlich für uns Lebende zu wissen, dass wir einem geliebten Menschen auch in seiner Form wieder begegnen können. Im Sarg versenken wir das physische Kleid in die Mutter Erde. Das feinstoffliche Kleid unseres Menschseins besteht weiter und kann kraft unserer inneren Schau erkannt und sichtbar gemacht werden. Würden wir aus dieser Schau in verschiedene Leben zurückgehen, könnten wir unsere eigenen menschlichen Seinsformen in den unterschiedlichen Kulturen wahrnehmen. Die Verbindung mit den Ahnen trägt uns unweigerlich zu unseren früheren Inkarnationen. Wenn sie in uns lebendig werden, verbinden sich unsere in anderen Leben, Religionen und Kulturen gemachten Erfahrungen wieder mit unserem in diesem Leben gelebten Bewusstsein.

Aus dieser Erkenntnis werden sich immer stärker Toleranz und Respekt vor Andersdenkenden und Andersgläubigen entfalten. Bewusste Menschen messen die Heilslehren am Grad der Freiheit, die den Mitgliedern von Religionsgemeinschaften bei ihrer Wahrheitssuche eingeräumt wird. Einem mündigen Menschen ist es unmöglich, andere Religionen zu verurteilen und ihre Inhalte zu bewerten oder gar zu verurteilen. Er würde damit seine eigenen Ahnen, seine früher in anderen Religionen und Kulturen gemachten Erfahrungen in sich selbst ablehnen. Keine Religion, keine Kultur kann aus diesen Zusammenhängen heraus den Wahrheitsanspruch für sich erheben.

So werden auch die Hüter der Weisheit der Kelten an ihren großen sakralen Orten durch unsere Bereitschaft, sie als unsere Ahnen anzunehmen, wieder lebendig. Was einst sich überlagerte und verdrängte, fügt sich in der kommenden Zeit aus AJMAQ zu einem neuen Bild zusammen. In uns Menschen wird im Lebenslauf, aus unseren Erfahrungen die Weisheit dieses großen Volkes wieder offenbar. Wir empfinden immer stärker die Liebe zur Natur. Wir spüren immer stärker die liebende

Begleitung der christlichen Kräfte, die Kraft der göttlichen Magie und die Wirkensweise der Unterwelt und der Ebenen des Lichtes. Die einst durch die Unvereinbarkeit der Religionsansichten geschaffenen Blockierungen können aus AJMAQ in der Bewegung des Lebensrades wieder aufgelöst werden. Ausgelöst wird diese Dynamik durch die Kraft und Qualität des Verzeihens. Hinter dieser Kraft öffnet sich der Weg in den Frieden und in die innere und äußere Freiheit des Menschen. Das Verzeihen kann nur dann in seiner wahren Qualität aktiviert werden, wenn es zugleich mit der Liebe in Verbindung steht. Aus dem Herzen zu verzeihen bedeutet, sich aus den Verstrickungen der Emotionen bewusst und bereitwillig zu lösen. Damit geben wir den Weg für uns selbst und die betroffenen Menschen frei. Wer aus dem Herzen verzeiht, gibt den Weg frei für Erkenntnis und Respekt vor der Wahrnehmung eines anderen Menschen. Aus dieser Qualität aktiviert sich die göttliche Gnade. AJMAQ kann sich so für den bewussten Menschen aus der Weisheit unserer Urahnen offenbaren.

Erzählungen aus dem Popol Vuh, dem heiligen Buch der Maya, erinnern an einen Zustand, den es in unserer Menschheitsgeschichte gegeben hat. Der Mensch stand einst in unmittelbarer Verbindung zum kosmischen Geschehen. Das Popol Vuh beschreibt diesen Zustand mit der Fähigkeit des Menschen, in die Tiefen und Höhen des Seins Einblick zu haben. Selbst über große Distanzen konnte der Mensch sehen und sich miteinander in Verbindung setzen. Diese Fähigkeit wurde ihm genommen, weil er den Schöpferkräften zu ähnlich geworden war und wohl auch dieses Wissen allein für seine Notwendigkeiten missbraucht hatte. AJMAQ, das Bindeglied zu den Urahnen, hütet diese in uns allen verborgene und in den dunklen Rauchschwaden des Unbewussten ruhende kosmische Verbindung.

Tojil, Aviliz und Hacavitz waren Menschen und zugleich Götterboten der Maya mit erhabenen Doppelherzen. Sie trugen in sich das Herz des Himmels und das Herz der Mutter Erde. Sie waren vielfältig in ihrer Geistform, vielfältig war ihr Erscheinungsort und groß ihre Erscheinung. So wird der Urzustand des Menschen beschrieben, bevor er sich in das Kraftfeld der Dunkelheit und Unwissenheit verstrickt hat. Unsere Urmütter und Väter traten von außen kommend in das Kraftfeld der Mutter Erde ein, das sie magnetisch festhielt und in das Kraftfeld der Dunkelheit verstrickte. Mit dem Eintritt in das planetarische Kraftfeld übernahmen sie die Unvollkommenheit des Planeten Erde. Es blieb für sie das Sehnen nach dem Zustand der Weite, nach der Weisheit des Lichts in der Dämmerung des Morgens. Mit dem Licht begann sich auch das menschliche Bewusstsein zu öffnen. Die Urahnen aus AJMAQ feierten das Erscheinen der Sonne mit einem Ritual der Freude und Dankbarkeit. Sie hatten Freudentränen in den Augen, denn sie wussten, dass mit dem Licht sich auch ihr eigenes Bewusstsein wieder öffnen würde. Sie verbrannten in diesem Ritual der Freude und Dankbarkeit Weihrauch, den sie aus dem Osten mitgebracht hatten. Der Duft erhob sich zum göttlichen Vater und öffnete sein Herz, Corazon del Cielo. In der Wärme der ersten Sonnenstrahlen trockneten die Sümpfe. Der Tag erhellte sich, die Wesen der Nacht zogen sich aus ihrer Vorrangstellung zurück und gaben den Weg frei für das Licht des Ostens, das Feuer der Erkenntnis. All das geschah auf dem Berge der Einweihung, auf dem NO'J, der Hüter der göttlichen Erkenntnis und der kosmischen Weisheit, für uns Menschen geboren wurde.

Kapitel 7

NO'J (Noch)

DER KOSMISCHE WEISHEITSLEHRER

Die Stimme des Rates der Schöpfermeister

Caban

Über den Osten öffnete sich unseren Urahnen die Quelle eines neuen Bewusstseins. Das Herz der Mutter Erde erwärmte sich gleichfalls aus der Verbindung zur Sonne, dem Symbol für das göttliche Licht. Aus den Qualitäten von Licht und Dunkel erfuhr der Mensch die Ober- und Unterwelten und erkannte sich und sein Lebensumfeld aus der Ebene der Mittelwelt. Seine Aufgabe war es, beide Welten miteinander in Verbindung zu halten. So richten sich die Priester der Maya in den Zeremonien in Erinnerung an die ersten Tage der Menschheit in den Osten. Die sich erhebende Sonne bringt die Weisheit des Tages und die Wärme des Lichts in die Herzen der Menschen.

Vor vielen Jahrtausenden wurde den Urmüttern und Urvätern der Maya beim Erscheinen des Morgensterns ein Gebet in ihr Herz gelegt, das sie zusammen sprachen: „Oh du, TZAQOL, Schöpfer, oh du, BITOL, Formgebender! Schau herab auf uns und höre uns. Gib uns deine Aufmerksamkeit und verlass uns nicht. Der, der du im Himmel und auf Erden wohnst, Herz des Himmels und Herz der Erde. Erinnere uns an unsere Abstammung und Herkunft, während die Sonne uns auf ihrer Wanderschaft Klarheit und Erkenntnis gibt. Möge der Morgen erwachen und die Sonne in uns aufgehen. Führe uns auf ebenen und weiten Wegen und lass die Völker Frieden und Glück in einem sinnerfüllten Leben finden." Durch dieses Gebet an den göttlichen Schöpfergeist und seine kosmischen Mittlerkräfte wird Gott und seine Absicht auf unserem Planeten Erde aus den Herzen der betenden Maya offenbar. Unzählige Menschen in unterschiedlichsten Kulturen haben dazu beigetragen, diese Absicht über Zeitepochen hinweg zu erkennen und an der Verwirklichung des göttlichen Planes zu arbeiten. Durch die weltweite Schaffung von Weisheitsschulen und Initiationsstätten erkannten die Menschen die geistigen Meister und die zum Göttlichen hinführenden Mittlerkräfte. Vor allem erkannten sie sich wie die Maya in der Aufgabe, Bindeglied zwischen den Ober- und Unterwelten zu sein und auf dieser Ebene zu wirken. Aus dieser menschlichen Bestimmung heraus öffnet der Nahual NO'J seine Qualität als Weisheitslehrer und gibt uns die Möglichkeit, im jetzigen Zeitenwandel aus den unterschiedlichen Weisheitslehren eine für die gesamte Menschheit gültige Wahrheit zu erkennen.

Über die Schönheit und Vielfalt der Mutter Natur stehen die sieben Schöpferstrahlen durch die Geschichte des Planeten hindurch in ständiger Verbindung zum Menschen und allen anderen Lebeformen. Ihr Wirken hat seit Bestehen der Erde einen tiefgreifenden Einfluss auf die Entwicklung des Menschseins und auf die Entfaltung der Lebensformen.

GRAN TEPEW, der Herr der Sieben Wunder, der Sieben Segnungen und Mächte, lenkt die Schöpferstrahlen durch die Epochen der Zeitgeschichte. Seine Aufgabe als Meister der Schöpfung war und ist es, die unterschiedlichen Qualitäten der heiligen sieben Strahlen des Kosmos in allem Leben auf Erden zu aktivieren. Dieser große Meister des Schöpfungsplans wird von den Weisen der Maya um Rat gebeten, wenn die Qualität und Kraft eines Altars, einer Reliquie, einer Pyramide oder eines Tempels nicht erkannt wird. Über lange Zeiträume hinweg haben sich die Kräfte vieler alter Kraftplätze zurückgezogen. Naturaltäre und sakrale Stätten sind im Lauf von Jahrhunderten in Vergessenheit geraten. Wird eine Reliquie der Maya gefunden, ist es die Aufgabe des Mayapriesters, den Hüter der Schöpferkräfte zu Rate zu ziehen und dadurch ihre Energie und Kraft zu definieren. Aus den sieben Farben der Kerzen, mit denen in den Feuerzeremonien gearbeitet wird, erkennen die Weisen und Schamanen die Kraftkonstellationen. Zugleich stehen sie in geistig-medialer Verbindung zu diesem großen Meister und Hüter allen Lebens. Oft werden alte Reliquien aus

Familien und aus den Dörfern weggegeben, wenn Religionsgemeinschaften von den diabolischen Mächten dieser Gegenstände sprechen. Aus Unwissenheit und Angst verlieren Dorfgemeinschaften dadurch kostbare Energieträger, aus denen Generationen von Menschen Hilfe und Unterstützung bei der Gesundhaltung von Mensch und Gemeinschaft erhielten. Von unzähligen Feuerzeremonien rußgeschwärzte Steine erinnern an die über lange Zeiträume hinweg währende Arbeit von Feuerschamanen. Don Julián spricht in diesem Zusammenhang von einem großen Erwachen dieser Orte im jetzigen Zeitenwandel.

„Es kommt in diesen Jahren zu einer Auferstehung dieser heiligen Orte und der dort über Jahrtausende eingebetteten Kräfte und Wesen. Wir Menschen glauben, dass das Entfernen eines Steinaltars zugleich die dort wirksame Kraft erstickt. Seit Jahrhunderten ist es üblich, dass Vertreter von Religionsgemeinschaften uns sagen, woran wir glauben sollten, was wir tun dürfen und wodurch wir Schaden erleiden. Es ist das Schicksal meines Volkes, dass wir durch Drohungen und Bekehrungen unsere eigenen Wurzeln vertrocknen ließen. Ich habe zeitlebens darum gekämpft, die große Kostbarkeit unserer Weisheitslehren lebendig zu halten und den Menschen wieder zugänglich zu machen. Der Weg meines Volkes aus der Armut führt vom inneren Reichtum unserer Kultur zu innerem Frieden und zum Wahrnehmen der Schönheit und Fülle, die uns umgibt. Unser wahrer Reichtum ist die seit Jahrtausenden in unseren Herzen wirkende Weisheit der Maya. Aus diesem Weisheitsschatz haben unsere Ahnen die großen und über die Grenzen unserer Kultur hinaus wirkenden heiligen Stätten der Pyramiden geschaffen.

In der Wiederkehr des Mayabewusstseins wird diese innere Kraft und Fülle aus den Menschen heraus lebendig werden. Es ist ein großes Mysterium, warum die Weisheit unseres Volkes ausgerechnet von Menschen der weißen Rasse wieder geschätzt wird. Ich habe dich als Weisheitslehrer der Maya erkannt und dadurch verstanden, dass das Geheimnis des göttlichen Wirkens in der Wiederkehr unserer Seelen liegt. Du wurdest an einen Ort geführt, an dem du eine Aufgabe erfüllen solltest. Aus diesem Grund wurdest du in mein Land geführt und hier von den Großen erkannt. Wir Maya erkennen aus dem Wirken der Nahuales die Aufgabe der Seelen, die aus den erwachenden Menschen um Hilfe und Erkenntnis bitten. GRAN TEPEW ist der große Meister, an dem sich die Weisheitslehrer meines Volkes orientieren. Sein Ruf wird im Herzen des Weisen vernommen. Wir sind es gewohnt, uns nicht nach dem sozialen Stand oder der Rasse eines Menschen zu richten. Wir richten unsere Aufmerksamkeit in unseren Begegnungen auf die Sprache, Begleitung und Führung GRAN TEPEWs. Aus seinen Botschaften erkennen wir die Absichten einer Begegnung. Ich wollte lange nicht erkennen, dass du es sein wirst, dem ich meine geistigen Verbindungen und meine Begleitung anvertrauen sollte. Wir kamen uns über Jahre hinweg näher und der große Meister des Schöpfungsplanes ließ mich immer stärker erkennen, dass die Weisheit meines Volkes über dich mit einem liebenden und im Feuer der Maya brennenden Herzen lebendig werden sollte. Was blieb mir anderes übrig, als mich diesem Wunsch des großen Meisters hinzugeben und dich als Botschafter meiner Ahnen anzunehmen.“

Nicht immer ist GRAN TEPEW in seiner gesamten Wirkungskraft aktiv. Über die Zeitepochen hinweg aktivierte er die Kraftfelder der im Westen bekannten Tierkreiszeichen und damit verbunden die durch Planeten und Sonnensysteme wirkenden Kraftfelder. Je dominanter diese Kraftfelder im Kosmos vorherrschen, um so klarer sind die sich daraus ergebenden Strahlenqualitäten und Formen auf unserem Planeten erkennbar. Der Bauplan der Pyramide trägt das große und immerwährende Geheimnis der Wirkungskraft der Schöpferstrahlen in sich und verdichtet die Kraftfelder der sieben Strahlen in der Materie. In der Bibel als die sieben Schöpfertage beschrieben, entfalten sich die Qualitäten und Formen allen Lebens aus diesen kosmischen Impulsen über das Wirken GRAN TEPEWs als Hüter der Pyramiden. Die Maya bezeichnen aus diesem Grunde die Pyramiden als ihre Computer. Sie erhielten durch sie die Lebensprogramme, das Wissen über die auf uns Menschen einwirkenden Kräfte der Planeten und Sternenformationen und trugen aus dem energetischen Wirken dieser Bauwerke zur Verwirklichung des göttlichen Planes bei.

Aus der Spitze der Mayapyramide, dem Herzen Gottes, fließen aus dem ersten Strahl sein Wille, seine Macht und seine Absicht über den zweiten Strahl der Liebe und Weisheit in den dritten Strahl der kosmischen Intelligenz auf unseren Planeten. Der zweite Strahl ist im Nahual NO'J der Hüter des menschlichen Bewusstseins in Verbindung mit der Liebe und dem Feuer des Geistes Gottes. Aus diesen beiden Strahlen bringt sich die menschliche Seele zum Ausdruck. Aus dem dritten Strahl formen sich aus dem Mutteraspekt die Materie und die in uns Menschen aktiv werdende Intelligenz als Abbild der göttlichen Intelligenz. Das heilige Dreieck steht mit seiner Spitze im Kosmos. Dieser dreieckige Energiekörper leitet die göttliche Kraft der drei Schöpferstrahlen in die Basis der Pyramide, in die heilige Vier. In dieser Abfolge der auf die Materie einwirkenden göttlichen Schöpferkräfte formten sich die vier Himmelsrichtungen und Elemente.

In der Kosmovision Maya trägt jeweils einer der vier Götterboten der Sternengruppe der Plejaden eine der Himmelsrichtungen als Pfeiler der so genannten Mittelwelt. Sie wurden als die vier Jaguarmenschen, die vier Balames, als Hüter der vier Qualitäten in uns manifestiert. Die menschliche Ausrichtung in die vier Himmelsrichtungen lässt den Menschen seine innere Qualitäten des Denkens, Fühlens, Wollens und der Körperlichkeit erkennen und seine damit verbundene Lebensaufgabe und Lebensausrichtung finden.

Im vierten Strahl entfalten sich Schönheit und Harmonie, die Künste, die Wirkstoffe und Düfte, die Kräfte in den unzähligen Bauplänen des Mineralien-, Pflanzen- und Tierreiches. Das Menschenreich erfährt aus diesem Strahl die in ihm angelegte Schönheit aus dem Zusammenspiel der Organe und körperlichen Funktionen. Im Seelenreich belebt dieser Strahl der harmonischen Einheit aus der Vielfalt das Zusammenwirken der Seelenanteile auf unterschiedlichen Seinsebenen. Aus diesem Zusammenwirken erfährt sich der Mensch als göttliches Wesen. Je stärker sich das Bewusstsein und die menschliche Persönlichkeit an der Seele orientieren, um so stärker können die auf unterschiedlichen Ebenen eingebetteten Seelenanteile jedes einzelnen Menschen zusammenwirken und daraus eine harmonische Einheit formen.

Der fünfte Strahl trägt das Wissen und die Qualität der Wissenschaften in sich. Seit Bestehen der Menschheit gibt es den tief in uns angelegten Drang nach Erkenntnis und nach den Gesetzen und Bauplänen des Lebens, den Naturgesetzen und dem Zusammenwirken der Lebensbaustoffe. Unsere heutige Wissenschaft ist von diesem Strahl geleitet. Jede Erfindung, alles aus unserem Forschungsdrang Geschaffene trägt das in den Seinsebenen bereits vorhandene feinstoffliche Muster in sich. Wir können nichts erfinden oder erkennen, was nicht im Kosmos bereits existiert. Dies ist eine der Grundwahrheiten der Kosmovision Maya. Erkenntnisse in Genforschung, Atomforschung, Technik, Medizin usw. stammen aus einem feinstofflichen Bauplan, der all dieses Wissen bereits in sich trägt. Insofern gibt jede Arbeit des Wissenschaftlers einen Einblick in die größeren Zusammenhänge, die er über den fünften Strahl der aktiv in uns Menschen wirkenden Intelligenz erkennt. Dieser Austausch wird von NO'J als Meister und Hüter des kosmischen Wissens geleitet und gehütet. Wie es in der so genannten Esoterik Medien gibt, so ist das Medium des fünften Strahls die Wissenschaft und die in diesem Strahl arbeitenden und wirkenden Menschen.

Wenn dennoch Menschen glauben, sie würden nur aus eigener Kreativität und eigenem Verstand schöpfen, kann diese Haltung nur mit beschränkter Einsicht in das größere Geschehen und dem daraus entstehenden Hochmut bezeichnet werden. Wenn wir nur die intellektuelle Basis für das Zusammenwirken des fünften Strahles der Wissenschaften durch unsere geschulte Mentalkraft schaffen, sind wir nicht mehr als ein Gefäß für das, was uns in unserer Schöpfergabe eingegeben werden kann.

Der sechste Strahl prägte in besonderem Maße das Entstehen der Religionen. Er ist der Strahl der Hingabe, des Dienens und des Glaubens. In seinem Wirken formte sich der Glaube des Menschen an Gesetze, Dogmen und Lehren. Es entfalteten sich manipulierte Wahrheiten, Unheil bringende Religionsmuster und damit verbunden zerstörende Fanatismen. In der Menschheit besteht aus dem Wirken dieses Strahls der tief liegende Wunsch, dem Größeren als Werkzeug und Mittler zu dienen. Auch das Tierreich und das Pflanzenreich sind in ihrem dienenden Verhalten dem Menschen gegenüber Ausdruck dieses Strahls, dessen Wirken sich in den kommenden Jahrhunderten und Jahrtausenden zurückzieht. Aus diesem Rückzug erfahren vor allem Institutionen und Religionen eine tiefgehende Umschichtung, weil sich der Mensch durch das Wirken anderer Strahlenkombinationen in anderer Form in das geistig-spirituelle Leben einbetten kann.

Aus dem siebten Strahl wirken die Kraft der rituellen und zeremoniellen Ordnung, die Mystik und die Magie. Dieser Strahl beginnt im jetzigen Zeitenwandel in immer stärkerer Form zu wirken. Daraus ergibt sich ein Wiedererwachen zeremoniellen Geschehens und mystischer und magischer Praktiken. Wir spüren ein starkes inneres Erwachen der Menschen. Alte Zeremonienorte, Kraft- und Kultplätze erschließen erneut ihr Geheimnis.

Der Existenz der sieben Erzengel, die im Sonnensystem wirken, sind wir uns hauptsächlich aufgrund der Überlieferung bewusst, wenn auch sehr verschwommen. Jeder der sieben Erzengel scheint unter der Führung Gottes für einen unbekannten Zeitraum, der von der kosmischen Rotation bestimmt wird, die Verantwortung für die Überwachung eines Planeten zu übernehmen. So besteht die Hauptaufgabe der Erzengel und ihrer Heerscharen darin, bestimmte „Lichtfrequenzen“ in ALLe Lebensprozesse unseres Systems zu strahlen.

Es herrscht eine ständige Wechselbeziehung zwischen den sieben Strahlen und den geistigen Hütern dieser Strahlen, die deren Aktivität, Intensität, Reichweite und Wirkungsweise lenken. Die vereinten Bemühungen großer Meister und Eingeweihter, die sich als Hierarchie zusammenschlossen, haben für den Zeitenwandel den achten Strahl, einen Mischstrahl unter göttlicher Führung hervorgebracht. Die Hierarchie hat für die neue Zeit alle ihre Energiestrahlen gemeinsam gebündelt. Diese Ratsversammlung ist damit beschäftigt, die Essenzen der großen Lehren, die der Welt bereits durch die Meister und Propheten übermittelt wurden, zu harmonisieren und aufeinander abzustimmen. Dieser Strahl verbindet sich derzeit mit dem menschlichen Bewusstsein. Viele unter uns spüren dessen inspirierenden, belebenden und reinigenden Einfluss. Noch niemals zuvor in der Menschheit dieser Evolutionsrunde stand diese vereinte, göttliche Essenz und Energie für die menschliche Entwicklung zur Verfügung. Viele Menschen auf dem geistigen Weg erhalten die Verbindung zu diesem gebündelten Strahl gleichsam als Hilfe und Schutz, diese schweren Phasen der Menschheitsgeschichte unbeschadet überstehen zu können. Dieser Sammelstrahl bereitet jenen, die dazu bestimmt sind, gleichsam den Weg und führt sie aus dem Quell der göttlichen Gnade in das Licht eines neuen Zeitalters und eines neuen Menschenschicksals.

Es versteht sich, dass die Mächte der Verneinung und der Finsternis, die ihre kurze Lebensdauer erkennen, alles ihnen Mögliche unternehmen, um die nahende Ausgießung dieser neuen geistigen Kraft zu verhindern oder zu verzögern. Um dies zu erreichen, bedienen sie sich der Art und Weise, in der die Menschenrasse ihren freien Willen Jahrhunderte lang missbraucht hat. Bedingt durch unseren Eingriff in den Rhythmus der Natur mittels der Kernspaltung, haben die Mächte der Finsternis ihre ersehnte Gelegenheit erhalten, das angesprochene Hindernis zu schaffen.

Die Lage ist so ernst, dass der Mensch ohne Erlösung und Hilfe aus geistiger Ebene nicht imstande ist, das Problem zu lösen, das er im Laufe der Jahrhunderte aufgrund seiner zerstörenden Gedanken und Taten und durch den Missbrauch seines freien Willens selbst geschaffen hat.

Alle, die bereit sind, hier auf der Erde mit Erzengel Michael und seinen Heerscharen zusammenzuarbeiten, sollten alles in ihrer Macht Stehende unternehmen, den erschütterten Rhythmus im menschlichen Bewusstsein und in den anderen Naturreichen wiederherzustellen. Die „Wasser des Geistes" werden von ihm und den Seinen in Strahlen und Energiestrahlung umgewandelt.

Diese werden bis zu einem Grad heruntertransformiert, an dem sie in alle Formen fühlenden und nicht-fühlenden Lebens auf der Erde eintreten können, ohne sie zu schädigen. Dieses

Heruntertransformieren wird in einer Weise reguliert, die unseren derzeitigen Bedürfnissen genügt.

Die Beschleunigung dieses Prozesses führt zunächst dazu, dass die Erde in ihren Grundfesten erschüttert wird, was sich in Kriegen, Katastrophen, Rassenunruhen und seismischen Umwälzungen äußert. Unsere Welt ist von derartigen Vorkommnissen niemals frei gewesen. Nehmen sie ein Ausmaß an, wie es derzeit der Fall ist, wissen wir, dass das Ende eines Zeitalters und die Geburt eines neuen vor der Tür stehen. Metaphysisch betrachtet, sind die im Menschen sich daraus ergebenden Veränderungen ein Spiegel des kosmischen Geschehens. Wir können dem Schlachtfeld nicht entfliehen und werden dazu eingeladen, aus unseren Gedanken, Gebeten, Worten und Taten den Hüter der heiligen Stätten, das Oberhaupt der himmlischen Heerscharen in seinem Wirken auf Erden zu unterstützen.

In vielen Gesprächen mit Don Julián, Meister Cirilo und anderen Weisheitslehrern der Maya ergaben sich unmittelbare Zusammenhänge zu den Schriften des Meisters Djwal Khul in Verbindung mit der Weisheit der Tibeter und den Schriften von Alice Bailey und den christlichen Lehren. In der Abhandlung über die Sieben Strahlen schreibt Bailey: „So kommt ein Mensch, ein Sohn Gottes ins Leben, verpflanzt in ein Formgehäuse, und hält mit der einen Hand das Felsgestein materieller Substanz umklammert, während die andere in einem Meer von Liebe steckt. Seine Seele ist eine Verbindung der materiellen Energie, ausgestattet mit der Qualität geistiger Energie und intelligentem Bewusstsein, das ihre Eigenart durch eine Kombination der sieben Strahlen erhält."

Die sieben Strahlen sind durch einen der sieben Planeten geankert, die als Kraftströme in unserem ganzen Sonnensystem fließen und alles Sein und Leben durchdringen.

Alle Ausdrucksformen der Kulturen und Religionen stehen in unmittelbarem Bezug zur Wirkenskraft dieser Kraftströme. Jeder einzelne Mensch trägt dadurch in sich einen Bauplan unterschiedlicher Strahlenkombinationen, die es ihm ermöglichen, sich aus diesen Kraftströmen entsprechend zu entfalten. Aus diesen Kombinationen ergibt sich das Horoskop als Basislebensplan für jeden Menschen. Je bewusster der Mensch in das Zusammenspiel der Schöpferkräfte eingebettet ist, um so weniger Gültigkeit hat dieser Basisbauplan des Horoskops, um so stärker kann er sich dem generellen Bauplan des Lebens hinwenden. Der verantwortungsbewusste und aus den geistigen Ebenen ermächtigte Mensch kann aus dieser Dynamik seine Lebensaufgabe erkennen. Dabei fügen sich die auf unterschiedlichen Ebenen wirkenden Seelenanteile zu einer Einheit zusammen. Aus dieser Einheit wirkt der Mensch als Abbild des Göttlichen und wird in Maya als kosmischer Mensch bezeichnet.

Das Wissen und die Weisheit der großen Götterboten werden abseits der einst aus ihrem Wirken entstandenen Religionen wieder lebendig und in eine neue Form gebracht. Sie kamen in Zeitabständen auf die Erde, um das Wirken der kosmischen Strahlen zu aktivieren und die Menschheit auf die sich daraus ergebenden Umschichtungen vorzubereiten. Die Völker der Kelten, der Maya, der Ägypter, die Taoisten Chinas und andere wussten um das Zusammenspiel dieser kosmischen Dynamik. Sie entfalteten ihr Wissen aus den Erkenntnissen im Umgang mit diesen Kräften und bewegten die Schöpferkräfte Gottes aus den Formen der Magie und aus den Erkenntnissen der Mystik. Aus der Weisheit und Kraft der Schöpferstrahlen erkannten sie die ursprüglich in uns angelegte Qualität des Schaffens. Dieses Wissen galt es zu hüten, weil es – in falsche Hände gegeben – viel Unheil anrichten kann. Heute können wir die Kraft der Magie wieder als das erkennen, was sie ist. Sie gehört zu den stärksten Kräften des Universums und fließt als neutrale Kraft frei durch die Seinsebenen. Daraus ergibt sich ihr großer Einfluss auf alles Geschehen. So kann der Mensch erkennen, dass allein die Magie des Herzens die Absicht des größeren göttlichen Plans erkennbar werden lässt. NO'J, der Hüter der Urquelle aller Weisheit, führt uns Menschen dazu, diese in uns allen angelegte Einheit von Vater, Mutter, Sohn und Heiligem Geist wahrnehmen zu können. Die Dreieinheit des Schöpfergottes, NIM KUKUUL-HA, CHIPI KUKUUL-HA und RAX KUKUU-HA, zeigt sich in uns Menschen als Energie und Kraft, die aus der Verbindung zum göttlichen Willen wirkt. KU-KUUL-HA ist der auf uns Menschen einwirkende Ausdruck des Schöpferwillens und die damit in Verbindung stehende Kraft der Umsetzung. Er wird in uns spürbar als der Wille, das Leben auf den göttlichen Plan auszurichten. Der Mensch erinnert sich in dieser Dreieinheit an seine ursprüngliche Herkunft, an seine Lebensabsicht und an die damit verbundene Umsetzung. Je mehr wir fähig sind, unser Verständnis, unseren Intellekt und das damit verbundene Bewusstsein auf die Schöpferkräfte auszurichten, um so unmittelbarer wird es uns möglich, NO'J als Lehrmeister kosmischen Wissens in unser tägliches Leben zu integrieren.

Die Nahuales der Maya sind ein Abbild dieser Schöpferstrahlen und geben uns einen klaren Einblick in die Vielfalt der Möglichkeiten unserer Entfaltung. Das Basishoroskop, angelegt in den vier Himmelsrichtungen unserer Lebensausrichtung, wird getragen von der Urkraft unseres Nahuals des Herzens, der an unserem Geburtstag wirksam war. Somit besteht eine Konstellation von fünf Basiskräften, von fünf Lebensmeistern und Lebensaufträgen. Einer davon wirkt aus dem Osten und repräsentiert die früheren Inkarnationen. Mit dem Aufgehen der Sonne offenbart sich das menschliche Leben aus den in früheren Existenzen geschaffenen Bauplänen und mit dem für dieses Leben vorgesehenen Plan. Wie sich die Sonne zum Zenit bewegt, so bewegen auch wir uns aus unseren alten Lebensprogrammen in ein unter veränderten äußeren Bedingungen neu in uns auferstehendes Leben. Ein Nahual wirkt aus dem Westen und möchte wie ein sich schließender Kreis diese Lebensaufgabe runden und vollenden. So geht der Mensch aus dem Licht der Erkenntnis in die dritte Lebensphase eines sich vollendenden Lebens. Mit dem Tod treten wir wieder ein in das Dunkel, in die heilige Stille der Nacht für das sich neu im Morgengrauen vorbereitende Leben. Don Julián drückte dies anlässlich einer Zeremonie zum Tage der NO'J in der Form aus:

„Im Bewusstsein Maya verbinden wir den Lebenssinn eines Menschen mit dem, was aus seinen früheren Inkarnationen in ihm angelegt ist. Für die Entfaltung dieses Seelenplans erbitten wir NO'J um die Weisheit und Kraft der Ahnen. Sie sind uns eine Brücke zu der in uns angelegten Seelenaufgabe. Aus dieser Verbindung kann sich NO'J in seinem Licht und in seiner

Umsicht aus unserem Bewusstsein entfalten. Wenn unsere Aufmerksamkeit allein auf das Licht gerichtet ist, kann unsere Entfaltung nicht diejenigen erreichen, die vor uns gelebt haben. Die sind zugleich auch unsere eigenen Seelenanteile im Reich der Verstorbenen."

Die Wanderschaft der Sonne ist somit ein Symbol für die in einem anderen Zeitenablauf sich bewegende Seele. Diese entfaltet das in der Stille der Nacht sich vorbereitende Lebensprogramm im Licht des Tages. Der Nahual des Südens wirkt auf dieser Wanderschaft aus unserer intuitiven und weiblichen Seite. Der Nahual des Nordens trägt die männliche Umsetzungskraft in sich. Aus der Mitte dieser vier Kraftfelder und Nahuales strahlt die aus dem Herzens-Nahual gegebene, zentrale Lebensaufgabe. Im großen Lebensrad bewegt sich die menschliche Seele in unaufhaltsamer Weise wie die im göttlichen Prinzip wirkenden Sonne und Mond durch Tag und Nacht, durch die Ebenen des Lichts und der Dunkelheit, durch den Rhythmus der sich ständig im Urzeigersinn bewegenden Nahuales aus dem Wirken der sieben Schöpferstrahlen.

Das Basishoroskop der fünf Nahuales kann wiederum erweitert werden durch die Nahuales, die zwischen den Himmelsrichtungen liegen. Damit stehen wir bereits im Einflussbereich von neun Schöpferkräften; es fehlen immer noch elf Nahuales, die unser gesamtes menschliches Lebenskonzept in sich tragen. Der Mayakalender trägt das ganze Wissen um die menschlichen Entfaltungsmöglichkeiten in sich. In seinen Grundfesten wird er von den Cargadores, den Stützpfeilern, getragen. Diese Basisträger des Lebensprogramms der Maya sind die vier Nahuales EE, der Wegbereiter, NO'J, der Weisheitslehrer, IQ, die göttliche und menschliche Intelligenz, und KIEJ, die von den vier Himmelsrichtungen ausgehende Kraft und Dynamik. Von Jahr zu Jahr wird die Spirale der sich ständig bewegenden Nahuales von einem dieser Cargadores vorrangig mitgetragen.

Die göttliche Wahrheit, das kosmische Gesetz des Lebens und die menschlichen Erkenntnisse fließen in unserem Herzen zu einer Einheit zusammen. Das Herz des Lehrmeisters NO'J besteht wie auch unser menschliches Herz aus zwei Kammern. Die eine Kammer ist verbunden mit dem Geheimnis und der

Mystik der Mutter Erde. Aus dieser Kammer öffnet sich im Leben des Menschen die Weisheit der Mutter Natur und unserer Ahnen. Die andere Herzkammer steht in Verbindung mit dem göttlichen Vater. Der Puls des Lebens, unser Herzschlag, schlägt weder für die eine noch für die andere Seite des Herzens allein. Es ist uns als Auftrag gegeben, die beiden Wahrheitsquellen miteinander zu einem Ganzen zu verbinden. Der Mayapriester und Schamane verbindet sich mit dem Gesetz des Lebens im Symbol der beiden Herzkammern, mit dem Herzen des Himmels und dem Herzen der Mutter Erde. Wenn der Ruf nach oben und unten aus reiner Absicht erklingt, beginnen sich beide Weisheitsquellen in uns zu öffnen. Unsere inneren Erfahrungswelten öffnen sich gleich einem Buch, dem auf mystische Weise neue Kapitel hinzugefügt werden. Mit unserem Intellekt ist diese Form der geistigen Belehrung nicht nachvollziehbar. Ohne die Verbindung unseres Intellekts mit dem Geist Gottes und dem Geist der Mutter Erde entwickelt sich unsere Intelligenz zu einer von unserer Lebensabsicht abgetrennten Instanz.

Wir sind es gewohnt, beim Studium Lerninhalte zu erfassen und zu integrieren. Prüfungen sind der Maßstab, ob sich dieses Wissen in unserem Gedächtnis festgemacht hat. In selbiger Weise gehen wir mit diesem Wissen um. Wir setzen es in den zwischenmenschlichen Strukturen, im Berufsleben, in unserer Wahrheitsfindung ein. In diesem von uns erarbeiteten und einseitig erlernten Wissen liegen die Qualitäten von Beurteilung und Verurteilung, weil es nicht mit NO'J und den von ihm gehüteten kosmischen und weltlichen Weisheitsquellen in Verbindung steht. Tausende Schüler erhalten jährlich ein Bild ihrer selbst in Form von Zeugnissen, die darüber bestimmen, wie sich ihre Zukunft gestalten wird. Wir können weder unsere Kinder noch unsere Mitmenschen auf diese Weise erkennen, wie sie wirklich sind. Je stärker wir den Intellekt schulen, um so einseitiger wird die Wahrnehmung unserer Umgebung, unserer Mit- und Umwelt. Intellektuelle Menschen und Lehrsysteme verschließen sich selbst den Weisheitsquellen der Natur, weil die Kühle des Intellekts auch ihr eigenes Herz und das Herz des von ihnen geschaffenen Lehrsystems erkalten lässt.

Aus unserem kulturellen und religiösen Umfeld wurden die Naturwesen bereits vor Jahrhunderten in die Märchenwelt verwiesen. Sie waren uns Mittler zu einem Wissen, das in ihren Seinsebenen für uns Menschen bereitgehalten wird. Es wird jenen zugänglich, die ihre Mutter Erde nicht nur als Nahrungsgeber und Versorger anderer Lebensnotwendigkeiten erkennen. Es sind die Kinder und die im Herzen lebenden inneren Kinder der Erwachsenen, die dieses Geheimnis der Weisheit der Mutter Erde in sich öffnen können. „Ihr müsst werden wie die Kinder", sagte Jesus und sprach von Qualitäten in uns Erwachsenen, denen wir uns durch unseren Intellekt und Verstand verschließen. Aus dieser Haltung könnten wir dazu übergehen, eine Aufklärung über die Aufklärung, die kostbare Aspekte unseres Menschseins verdrängte, zu erbitten.

Ich verspürte als Kind eine alte, in mir angelegte Liebe zu diesen Welten, die ich nie sehen, aber stark wahrnehmen konnte. In stundenlangen Spielen konnte ich allein sein und mich dennoch in Gesellschaft dieser Wesen wissen. Sie gaben mir Einfälle und regten mich an, laut mit ihnen zu sprechen. So unterhielt ich mich mit ihnen, stellte Fragen, gab mir selbst die Antworten und empfand mich dadurch auch selten allein. Wenn ich von ihnen gerufen wurde, verschwand ich im Wald oder ich setzte mich an eine Wiesenquelle, an der ich mich besonders wohl fühlte. Nirgendwo anders verspürte ich so viel Reinheit und Liebe wie an einer aus einem Feld entspringenden Quelle. So pflegte ich meine Lieblingsplätze, an denen viele Naturwesen zusammenkamen und mit mir stundenlang spielten. Als eines Tages in der Nähe meiner Feldquelle ein Unfall geschah, veränderten sich meine Naturfreunde. Ein Jugendlicher geriet dort in die Seilwinde eines Traktors und verlor sein Bein. Ich erinnere mich an die Sirene der Rettung, die den Schwerverletzten in die Innsbrucker Klinik brachte. Damals bat ich meine lieben Wesen der Quelle inständig darum, diesem Jungen zu helfen. Es glich einem Wunder, dass das Leben dieses Buben angeblich in letzter Sekunde gerettet werden konnte. Für mich war damals klar, dass es meine lieben Freunde waren, die ihn gerettet hatten. Als ich Tage später an die Quelle ging, spürte ich eine Veränderung. Wenn ich mit meinen lieben Freunden dort zu sprechen begann, spürte ich ihre Traurigkeit und eine über dieser Quelle liegende Schwere. Auch meine Gedanken kreisten dort ständig um das schreckliche Bild des Unfalls, der geschehen war. Ich konnte mit meinen Naturfreunden sprechen, wie ich wolle, sie hörten mir zu und waren traurig. Dieses Gefühl hat sich an diesem Platz nicht mehr verändert. So zog ich mich, ohne näher darüber nachzudenken, zurück und suchte mir einen Spielplatz, an dem ich mich wieder freuen konnte.

Heute erkenne ich, wie sehr sich unsere Erfahrungen der Freude und des Leids wie ein Teppich über die Naturwelten legen. All das Geschehen der Jahrtausende, Jahrhunderte und Jahrzehnte liegt auch als Erfahrung eingebettet in der Natur. Das ist auch der Grund, warum in den Indianerländern es von höchster Wichtigkeit ist, beim Kauf eines Grundstücks die dort lebenden Wesen um Einlass zu bitten und ihren Ratschlag zu hören. Sie stehen dem Menschen grundsätzlich als Diener und Helfer zur Verfügung, vorausgesetzt, sie werden in ihrer Aufgabe erkannt und angenommen. So ist es auch eine der Aufgaben des Schamanen oder Priesters, den Ratschlag der Naturwesen zu hören und die Weisheit des Ortes an den Grundeigentümer weiterzugeben. Aus dieser Tradition bekommen wir wertvolle Impulse dafür, wie wir in Verbindung mit der Lebendigkeit eines Ortes ein heilsames Heim für unsere Familien schaffen können. Diese Wesen sind durch unser Einwirken sehr beweglich. Sie müssen sich ja auch immer wieder den Veränderungen anpassen, die von Menschenhand oder auch durch Naturereignisse ausgelöst werden. So gäbe es viele Möglichkeiten, im Gespräch mit ihnen eine für beide Seiten heilsame und annehmbare Lösung beim Bau eines Hauses zu finden. Auch in unserer westlichen Welt gibt es viele Menschen, die den Zugang zu diesen Wesen haben und die die Information eines Grundstücks erfahren und weitergeben könnten. Aus dem rituellen Geschehen öffnet NO'J die unterschiedlichen Seinsebenen und wirkt in dieser Kommunikation als Sende- und Empfangsstation zugleich. Er wirkt als Verstärker von Weisheitsimpulsen aus der Natur, die in Form einer Übertragung in den Weisheitsschatz eines Menschen übergehen. Über die Sprache eines geöffneten

Herzens öffnen sich beide Welten, die der Natur und die des Menschen, und gehen in Resonanz miteinander. In dieser aufeinander abgestimmten Frequenz erinnert sich der Mensch an einen Zustand, in dem er im Gefühl der Einheit mit der Natur stand. Als Kind konnte ich diese Einheit verspüren. Aus dieser Übereinstimmung entstanden meine Spielfreude und meine Hingabe an eine Welt, die für meine Freunde oft nicht nachvollziehbar war. Ich erkannte in mir den Auftrag, die Weisheit der großen Heilerin Mutter Erde und das Wachstum ihrer Formenvielfalt in meinem Herzen zu hüten und später einmal zu öffnen. So weiß ich schon seit langer Zeit, was mir als Auftrag in mein Leben mitgegeben worden ist.

Ich erhielt aus der Verbindung mit ihnen Heilung, wenn es mir schlecht ging, und empfand auch meinen Schritt, nach Guatemala zu gehen, getragen von diesen Kräften. Viele der Geheimnisse meines Kindseins hatten sich dennoch für Jahre aus meiner Erfahrung zurückgezogen. So führten sie mich zu Don Julián, den sie kannten und der einen gewichtigen Teil seiner Lebensaufgabe darin sah, mit den Wesen der Naturreiche für die Heilung der Menschen zusammenzuwirken und sie dann mit den Schöpferkräften zu segnen und zu verbinden. Von ihm wurde ich wahrlich an der Hand genommen und in die Sprache der unterschiedlichen Bewusstseinsebenen der Naturreiche eingeführt. Auf diese sehr ungewöhnliche Weise brachten sich meine geistigen Begleiter aus meiner Kindheit wieder in Erinnerung.

Die Geschichte von uns Menschen ist, wie meine eigene Lebensgeschichte auch, getragen von den großen Boten der kosmischen Wahrheit. Sie erklärten sich in den großen Krisen der Menschheit bereit, herabzusteigen, um uns aus den Verflechtungen der Dunkelheit und aus unserem Leid zu befreien. So sind wir im Lauf der Geschichte ständig daran erinnert worden, uns wieder an der kosmischen Liebe und Weisheit zu orientieren. Die Priesterschaft der alten Völker hütete den Schatz dieser großen Sendboten Gottes. Die großen Weisheitslehrer hinterließen ihre Erkenntnisse und Erfahrungen und machten uns darauf aufmerksam, diesen Schatz in uns selbst zu erkennen. Diesen Schatz brachte uns auch Jesus durch seine Lebenswanderschaft in Erinnerung. Er sättigte diejenigen Menschen, die nach Wahrheit hungerten, mit dem Brot der Weisheit. Er sprach von der Mutter Erde und ihren Reichen, ihren Engeln und ihren Gesetzen. Jahrhunderte vor ihm lehrten die Druiden durch ihre Lebensform, durch Einweihungen und Ausbildungen den Zugang zu diesem im Herzen unseres Planeten schlummernden Wissen. Sie wurden aus der Reinheit ihrer Absicht allseits geschätzt und anerkannt. Ihre Lebensweisheit schrieben sie nicht für die Nachwelt auf, weil sie wussten, dass es zu jeder Zeit, in allen Generationen Menschen geben wird, die die Sprache des Herzens aus den Naturwelten vernehmen und entschlüsseln können. Sie gingen davon aus, dass dieses Wissen nur den Menschen zugänglich ist, die auch die Reife haben, es zum Wohle und zur heilvollen Gestaltung des Lebens einzusetzen.

Im Verlauf der letzten Jahrhunderte wurden durch die sehr einseitigen Lebensanschauungen unserer Religion und Kultur die großen Weisheitslehrer der Mutter Natur verbannt. In den Sagen und Märchen sind sie bildhaft beschrieben. Ihr wahres Wirken kannten nur die Eingeweihten, die aus der Verbindung zu diesen Wesen Hilfe gaben, aber auch zerstörten. Hexenzauber und Schadensmagie liegen wie ein unheilvoller, dämonischer Schleier über den dunklen Abgründen des Mittelalters. Bilder von Hexenverbrennungen und eines unmenschlichen Kampfes gegen jegliche Form der magischen Praktik verdrängten das heilvolle magische Wirken von Menschen auch in unserem Alpenraum.

Auf dem Schneefeld eines Gletschers meiner Heimat sitzend, nahm ich die Präsenz eines kraftvollen Wesens wahr. Während die Frühlingssonne mich wärmte, spürte ich in mir einen kühlen, feuchten Schauer, der mich an die Santa Neblina der Maya-Pocomames erinnerte. Das gemeinsame Ritual mit meinem Mayavater Don Julián in den Stubaier Alpen wurde in mir lebendig. Ich hörte die Stimme der mich umgebenden Natur. Eine noch tief im Inneren verborgene Kraft wurde in mir lebendig und begann zu sprechen:

„Aus der Kraft der Herzen der Menschen werden die Weisen und Hüter der Mutter Erde wieder lebendig. Sie haben sich in die Tiefen der Berge zurückgezogen, weil der Mensch auf sie vergessen hat. Die großen Wesen der hier umliegenden Berge schlafen durch die Unnahbarkeit der Menschen, die an ihren Abhängen leben. Die großen Weisheitsboten der Mutter Natur sind in den indigenen Völkern wach geblieben. Aus den Herzen der Menschen, aus dem Verständnis der Kultur konnten sie die ihnen zugedachte Aufgabe erfüllen. Wir sind geschaffen, um die Weisheit der Mutter Erde zu hüten und durch uns weiterzutragen. Wie eine stetig fließende Quelle, die aus der Tiefe eines Berges an die Oberfläche drängt, nähren wir alles Leben aus dem Weisheitsschatz unser aller Mutter. Wir Wesen der Natur schöpfen wie die Quelle des Berges aus einem tiefen, dunklen See, einer tiefen unterirdischen Weisheitsquelle. Dieses Wissen der Mutter Erde drängt wie nie zuvor an die Oberfläche. Viele Menschen, vor allem die Kinder unserer Zeit, können diese Weisheitsquellen wieder erkennen und aufnehmen. Über sie werden die großen Wesen wieder aus ihrem Jahrhunderte währenden Schlaf erwachen.

Der Maya-Anciano lehnte sich damals an das Brückengeländer einer kleinen Brücke, die über einen Wildbach im inneren Stubaital führt. Vor uns donnerten die Wassermassen des Graba-Wasserfalles über mächtige Felsvorsprünge herab. Die aufstiebende Gischt hüllte uns in einen feuchtkalten Nebel. „Die Natur hat ihre eigene Sprache“, sagte der Anciano. „So gewaltig die Wassermassen über diese Felsvorsprünge stürzen, so mächtig zeigt sich auch das Wissen, das sich in unserer Zeit aus dem heiligen Wasserelement öffnen wird. Es kennt keine Widerstände. Weder Lebenshaltung und Religionsvorschriften noch das kalte Wissen der intellektuellen Menschen können die Wiederkehr der großen und mächtigen Wesen der Naturreiche verhindern. Wir stehen hier in einem notwendigen Abstand zu diesem Wasserfall und werden von der kühlenden Santa Neblina berührt. Würden wir diesen Wassermassen zu nahe kommen, würden wir von der Kraft der herunterstürzenden Wassermengen erschlagen. Die auf uns einströmende kosmische Liebe kann erdrücken und töten, wie diese Wassermassen, wenn wir ihr mit kaltem Herzen zu nahe kommen. Du hast die Sprache des Herzens erlernt und sie erkannt als Möglichkeit,

Brücken zu den inneren Widerständen der Menschen zu bauen. Befreie diese Menschen aus dem Zustand der Erstarrung und Kälte.

Die fließende Kraft der Liebe wird in Verbindung mit den reinen Gedanken eines Menschen zur kühlenden Brise. Wenn wir vom geistigen Feuer des Kosmos erst berührt sind, brauchen wir diese Kühle, um das Wissen, das in uns einströmt, überhaupt erst fassen zu können. So öffnet sich über die Kühle NO'Js die Kraft des menschlichen Bewussteins. Unser Leben offenbart sich aus diesem Bewusstsein heraus in der Materie. Der Lebensablauf eines Menschen steht durch die Kapazität seines Bewusstseins in der einschränkenden Enge oder in der sich entfaltenden Fülle und Weite. NO'J, der Weisheitslehrer des Kosmos, verbindet das feinstofflich im Kosmos gespeicherte Wissen aus unserem Bewusstsein mit der Materie und mit der uns umgebenden Natur. Damit ist die Offenbarung dieses Wissens unmittelbar mit unserer Herzenskraft und mit dem Herzen des Planeten Erde verbunden. Wenn es möglich ist, kosmisches Wissen in eine Steinformation zu legen, so können wir auch davon ausgehen, dass nicht nur unser Gehirn, sondern unser ganzer physischer Körper als Wissensspeicher dient. In unserer Knochenstruktur ist das Wissen gespeichert, das in den Lebensprogrammen zurückliegender Generationen lebendig ist und bleibt. Das menschliche Gehirn erfasst in erster Linie die verstandesmäßig zusammenhängenden Erkenntnisse, während das Herz die Zusammenhänge der Lebensimpulse aus der Intuition erfasst. Aus diesen unterschiedlichen Wahrheitsquellen formt sich der menschliche Geist. So vereinigt sich unter der Obhut NO'Js der Geist mit der Materie. Das stellt die Grundlage für alles dar, was wir als unsere Formenwelt, als Schöpfung aus unserer menschlichen Erfahrung kennen.

Aus der Quelle des alles durchdringenden Geistes wird es dem Menschen möglich, in das kosmische Wissen, den so genannten AKASHA, einzudringen und daraus zu schöpfen. Das uralte Wissen und die Weisheit der Ahnen und Völker, verbunden mit der kosmisch aktiven Weisheit NO'Js, liegen in den heiligen Kristallschädeln eingebettet. Ob und in welcher Form sie ihre Informationen für die Menschheit öffnen, hängt allein von der Kapazität derer ab, die in sich die Einheit dieser unterschiedlichen Weisheitsquellen erkannt haben. So können die Kristallschädel in gleichsam schlafenden Zustand ihre Schönheit verbreiten oder auch Quellen kosmischen Wissens in uns öffnen.

Unsere Form der Speicherung von Wissen ist von großer Vergänglichkeit. Unser heute gespeichertes elektronisches Wissen, die unzähligen Bücher und Schriften – all das ginge bei einer globalen Katastrophe zugrunde. Ich stelle mir die Frage, was von den Errungenschaften unserer Kultur wohl übrig bliebe, wenn es zu einer derartigen Katastrophe käme. Bezeichnen wir die alten Völker auch als primitiv, so wussten sie, dass die Speicherung von Wissen am besten in der dichtesten Form der Materie gewährleistet ist. Dadurch konnten sie die in der Menschheit über unendlich lange Zeiträume gespeicherten Erkenntnisse der Nachwelt hinterlassen.

Noch heute ist es in der Kultur der Maya eine Selbstverständlichkeit, aus dem in Naturformationen gespeicherten Wissen der Vorfahren zu schöpfen. Aus der Verbindung zum Nahual NO'J ist es möglich, das planetarische Wissen im Herzen eines Steins, einer Felsformation in Reinheit zu erhalten und an die zukünftigen Generationen weiterzugeben. Somit stehen wir vor den beiden Möglichkeiten, aus dem Kosmos Wissen abzurufen und unsere planetarische Weisheit, die Weisheit der alten Völker aus den Reichen der Natur zu erfahren. So hat jede einzelne Lebensform ihr individuelles Lebensprogramm, das zugleich auch Resonanz in uns Menschen hervorruft. Der Schamane heilt aus dieser Verbindung zu den Naturreichen mit der Kraft einer sich öffnenden Rose, der Kraft eines Samenkorns, einer sprießenden Bambuspflanze oder einer in voller Blüte stehenden Pfingstrose. Wir Menschen sind Geschöpfe der Natur und können damit auch von den archetypischen Kräften der Mutter Natur berührt und verändert werden. Aus der Kosmovision Maya knüpften wir dieses von der Natur erhaltene Wissen unserer Vorfahren gemäß unserem Bewusstsein in die jeweilige Zeitepoche ein, in der wir leben.

NO'J erinnert daran, dass wir die göttliche Intelligenz in Verbindung mit unserem Herzen zum Wohl der Menschheit und des Planeten Erde einsetzen sollten. Er hütet das Geheimnis der kosmischen Weisheit, die dem Menschen in der Bewältigung seiner Aufgabe zur Verfügung steht. Diese Weisheit liegt in allen Lebensformen auf unserem Planeten Erde verborgen. Das wussten auch unsere keltischen Vorfahren. Sie hüteten Landschaften und besondere Orte in der Natur und hielten diese durch Rituale rein. Edelsteine, Kristalle, Felsformationen und Steine dienten als Festplatte und Speicher für das, was sie sich durch Lebenserfahrung und durch die Verbindung zu den geistigen Kräften an Weisheit angeeignet hatten. Dabei war es ihnen bewusst, dass die Wesen der Naturreiche in der Erhaltung dieses Wissens eine besondere Aufgabe hatten. Der Mensch spielte dabei die Rolle des Programmierers. Die Software konnte nur von jenen erstellt und eingegeben werden, die Zugang hatten zu den Wesenheiten der Natur und zu den kosmischen Kräften. Eine Steinformation wurde nach und nach auf die Aufgabe vorbereitet, Weisheitsträger zu sein. Die Programmierung erfolgte durch Rituale, in denen der Mensch die geistigen Kräfte darum bat, sich über die Wesenheit eines Steins auszudrücken. Man könnte diesen Vorgang vergleichen mit einem Initiationsakt. So wie der Mensch seit Anbeginn der Welt das kosmische Wissen und die Kraft in Initiationsriten übertragen bekommen hat, so konnten auch Initiationen in Verbindung mit dem Geist eines Minerals, einer Steingruppe, einer Höhle, eines Baums oder auch eines Tieres gegeben werden. Durch die rituelle Segnung dieser Wesenheiten mit dem kosmischen Wissen wurden Mineralien, Pflanzen, Tiere zu Trägern sakralen Wissens, zu Altären, die wie Anker für die kosmische Weisheit fungierten. NO'J war in Zusammenhang mit dem kosmischen Wissen das Bindeglied auf geistiger Ebene, mit der die kosmische Weisheit in die Natur und in das menschliche Leben eingebettet wurde. Der Weg der Verknüpfung mit der kosmischen Weisheit NO'J bedarf der freien Bewegung des Menschen zwischen Licht und Dunkel. Aus beiden Seinsebenen schöpft der Mensch Lebenserfahrung und Weisheit."

Die Weisheitsquellen öffnen sich auch gemäß den Essenerschriften aus dem lebendigen Gesetz, aus dem lebendigen Wort eines lebendigen Gottes an lebendige Propheten und an lebendige Menschen. Im Evangelium der Essener heißt es: „Alle lebendigen Dinge sind Gott näher als eine Schrift, die ohne Leben ist. In allem Lebendigen ist das Gesetz Gottes. Ihr findet es im Gras, im Baum, im Fluss, im Berg, in den Vögeln des Himmels, in den Fischen des Meeres; doch sucht es hauptsächlich in euch selbst. Gott schrieb die Gesetze nicht auf Buchseiten, sondern in den Geist und in das Herz des Menschen. Er schrieb es in den Atem, in das Blut, in das Fleisch und in die Knochen, in die Augen und Ohren und in jeden kleinsten Teil unseres Körpers. Es ist gegenwärtig in der Luft, im Feuer, im Wasser, in der Erde, in den Pflanzen, in den Sonnenstrahlen, den Mondstrahlen, in den Tiefen und Höhen."

Die Ausgießung enthält eine göttliche Eigenschaft, die der Menschheit in dieser Evolutionsrunde noch niemals zur Verfügung stand und für die wir keinen Namen besitzen. Der Schöpfer gewährt sie uns, um uns in dieser schweren Phase in der Menschengeschichte mit „geistiger Munition" zu versorgen. Sie bereitet den Weg für den Einen oder jene, die dazu bestimmt sind, uns unter der göttlichen Gnade in das Licht eines neuen Zeitalters und eines neuen Schicksals zu führen

Kapitel 8

TIJAAX (Tichasch)

DIE DUNKLE KRIEGERIN

Das schwarze Schwert im Lichtstrahl der Sonne

Eznab

Wie die Essener, so lehrten auch die Maya, die Kelten und andere Völker und Kulturen ihre Weisheit nicht durch das geschriebene Wort. Sie gaben den Menschen Hilfe und Führung, das kosmische Gesetz des Lebens durch den Respekt und die Liebe zu allem Leben auszudrücken. So belehren uns auch die Nahuales der Maya aus unserer eigenen Lebenserfahrung im Umgang mit Tugenden und Untugenden. Diese großen Lebensmeister erinnern uns in jeder auch noch so verfahrenen Lebensphase daran, dass wir jederzeit die Möglichkeit haben, aus einer noch lebendigen Wurzel neue Triebe zu anzusetzen. Sie zeigen sich von ihrer Schatten- oder Lichtseite in unserem Charakterbild und drücken sich über unseren Körper, über unsere Präsenz, über unser Wirken und Sein aus. Tragen Menschen den Geist und die Urkraft dieser geistigen Begleiter authentisch in sich, werden sie von den Mitmenschen, aber auch von den aufgestiegenen Meisterinnen und Meistern als diejenigen erkannt, die sie sind. In der sich daraus ergebenden Lebensaufgabe entfaltet sich die Lebensweisheit der Maya aus der Magie des Herzens. TIJAAX stellte die Menschen vor die große Herausforderung, die Kraft und das Geheimnis der Magie aus den Tiefen des Weiblichen zu erfahren.

Im Vollmond saß ich auf dem von uns humorvoll „Landeplatz" genannten Platz unseres Zentrums in Guatemala. Ich vernahm in der Stille der Nacht die Stimme von IXCHEL, der Göttin des Mondes, der ich mich auf meiner Lebenswanderschaft sehr verbunden fühle. Ich spürte sie in meinem Herzen und bat sie um die Öffnung ihrer Weisheit:

„Hier bin ich, die Göttin der Kraft und Weisheit des Mondes. Du hast seitens des Ancianos Don Julián die Einweihungen erhalten, mit meinen vier Kraftströmen zu arbeiten und aus mir heraus dein Leben und deine Aufgabe mitzugestalten. Ich spüre dich aus der Liebe deines Herzens, aus der du mich und die von mir gehüteten Ebenen des Weiblichen bewegst und veränderst. Ich habe dir in der Öffnung deines Lebensweges Frauen zur Seite gestellt, um dich als Mann aus den unterschiedlichen Energien des Weiblichen zu erwecken. Über deine Frau Christine erkennst du mich in den ihr nahe liegenden Qualitäten des Mitgefühls und der Barmherzigkeit. Sie hat dich auf diesem Weg als denjenigen erkannt, den sie aus ihrem Herzen heraus begleiten wollte. Sie wirkt im Dienen und in der Hingabe aus ihrer Verbindung zum Meister des Übergangs, dem Nahual A'KAB'AL, als Heilerin des Herzens. Dieser Meister ist auch mir und den mir zugeordneten Nahuales nahe.

Im schimmernden Glanz erleuchte ich aus dem Schein des Vollmondes die Finsternis. Im abnehmenden und zunehmenden Mond ziehe ich mich als Göttin zurück oder trete Schritt für Schritt aus dem Dunkel hervor. Im Neumond bin ich selbst Ausdruck der Finsternis. Die Frauen spüren diese vier Phasen aus ihren Gefühlen und reagieren auf meinen ständigen Wandel aus dem Licht der Sonne. Dies kann nur geschehen, weil diese Seinsschichten tief in der Frau verborgen liegen und aus diesen Ebenen auf meine Kraft reagieren. Du hast in Erfahrung gebracht, wie aus den Ritualen meine Kraft und Weisheit aus ihren Tiefen erweckt werden. Aus denselben Kraftfeldern heraus reagieren auch das Wachstum der Natur und die Bewegung der Weltmeere. Aus dem Glanz meines Scheins wird die Stille des nächtlichen Meeres lebendig. Der Glimmer des aus meinem Schein lebendigen Wassers führt wie ein sich öffnender Weg zum Horizont.

Ich zeigte dir auf der karibischen Insel im glitzernden Wasser den immer breiter werdenden Weg in das Unendliche, in die Weite und Stille des Ozeans. Du hast die Herausforderung angenommen, diesen Weg als Weisheitslehrer mit meiner Begleitung und Führung zu beschreiten. Auf diesem Weg ziehe ich mich im abnehmenden Mond in das Dunkel deines Unbewussten zurück und fordere dich auf, der Kraft und Weisheit deines Herzens zu folgen. Allein gelassen stehst du für Momente deines Lebens in der Finsternis, die dir alles verhüllt und dich einsam in den Welten stehen lässt. Im zunehmenden Mond erwache ich nach und nach aus der Lebendigkeit des Lichts, nehme dich an der Hand und führe dich an den Ort, an dem du die Meisterinnen des Rates erkennen kannst. Sie stehen dir in der Erfüllung deiner Aufgabe mit viel Liebe zur Seite. So wie es dir erlaubt ist, aus ihrem Mysterium zu schöpfen, so suchen die Göttinnen für die Erfüllung ihrer Aufgabe das Feuer und das Licht des Männlichen.

Mein Haupt steht in der Verbindung zu meinem Geliebten AJPUU, der heiligen Sonne, die ich als Ausdruck des göttlichen Vaters ehre und liebe und der ich meine Existenz verdanke. In den Webarbeiten der Indígenas ist meine Liebe zu ihm in vielfältigen Symbolen und Mustern eingeflochten. Aus seinem Schein wirke ich aus den Herzen der Meisterinnen und Priesterinnen des Rates als Hüterin allen Wachstums und der weiblichen Fruchtbarkeit. Das aus meinem Schoß Erschaffene übergebe ich den Strahlen der Sonne, die aus ihrer Kraft und Wärme alles Leben im Glanz der Farben gedeihen und reifen lässt. Der wunderbarste Akt der Kreativität und Schöpfung ist die Entstehung menschlichen Lebens, die ich vom göttlichen Schöpfer in meine Hände gelegt bekam. Du schreibst in deinen Schriften über das Wirken der Nahuales aus den heiligen sieben Schöpferstrahlen. Ich bin es, die als Erste von diesen großen Kraftströmen zum Leben erweckt wurde. Aus mir wurde durch das Feuer Gottes das Wasser des Lebens lebendig, das ich aus meinem Krug für alles planetarische Leben vergieße. Lass diesen Lebensfluss als Mann in alle Lebensbereiche eindringen. Segne aus dieser Kraft die Kranken und belebe die Schlafenden. Erwecke aus dieser heiligen Lebensessenz meines Schoßes die Kinder des Lichts und verbinde sie mit der Kraft des Geheimnisses der Finsternis. Nähere dich jenen, die sich selbst verloren glauben, und ziehe dich nach meinem Beispiel zurück, wenn es für Menschen notwendig geworden ist, allein den Weg zu erkennen und ihrem Herzen zu folgen. Scheine in deiner ganzen Kraft und inneren Schönheit im Lichtkegel

AJPUUs und erhebe dich in das Herz Gottes, um seinem Namen gerecht zu werden.

Ich segne dich als Göttin des Mondes, wie dich einst die Mutter IXMUCANE als Mutter der Maya für deinen Lebensweg auf Erden segnete. Ich schaffe dir Zugang zu den dunklen magischen Mächten, die aus meinem Schattenkegel aus den Tiefen des Weiblichen wirken. Ich führe dich in die Leere und das Dunkel des Alls. Dort füllen wir gemeinsam aus der Kraft der Dämmerung die Stille der Finsternis mit Bewusstheit und schaffen aus der Schöpfungskraft des göttlichen Vaters neue Welten. Gemeinsam erwecken wir das Mysterium des Lebens und der Schöpfung in den Menschen aus der Verschmelzung des Weiblichen mit dem Männlichen."

In den Schriften der Essener heißt es: „Wenn der Engel der Weisheit des Menschen Gedanken lenkt, wenn der Engel der Liebe seine Gefühle reinigt und die Taten seines Körpers Liebe und Weisheit wiedergeben, dann leitet ihn der Engel des Friedens unfehlbar zum Thron des Himmelsvaters. Wer im Geheimnis des Allerhöchsten ruht, wird im Schatten des Allmächtigen wohnen." Welch schöneren Hinweis könnten wir Menschen bekommen, das Geheimnis des Lichts in Verbindung mit der Kraft und Weisheit des Dunkels öffnen und in uns entfalten zu können? Dieser Schatten kann von uns nur dann bewohnt werden, wenn wir ihn mit unserem inneren Auge, mit dem Auge der Erkenntnis durchschauen. Wir empfinden im Schatten Gottes die aus uns wirkende Geborgenheit und Wärme des Weiblichen und der Mutter Erde. Eine schwarze Obsidiankugel gilt als Symbol unseres Planeten und der harmonischen TIJAAX-Kraft und ist verbunden mit den menschlichen Empfindungen von innerer Tiefe und Zentrierung aus dem Kraftquell des Herzens der Mutter Natur. Die dunkle Kriegerin verhilft uns zu der in uns harmonisch empfundenen Dunkelheit. Das Schlachtfeld um uns wandelt sich zu einem lebendigen Ort von Kräften, die uns auf unserer Lebenswanderschaft schützen und unterstützen. Maya spricht in diesem Zusammenhang vom Schutz und Segen des sakralen Dunkels der Unterwelten.

Ich verbrachte im letzten Jahr mit meiner Frau Christine und Silvia wunderschöne Tage auf einer Karibikinsel. Gemeinsam genossen wir dort mit unseren Kindern erholsame Tage. Der Geist dieser Insel meldete sich allabendlich. Des Nachts waren Schritte auf dem Balkon und im oberen Stockwerk zu vernehmen. Wenn ich mich in der Nacht auf den Balkon des Hauses setzte, überlief mich ein Kälteschauer. Ich spürte eine starke Wesenheit hinter mir und vernahm in diesen Momenten den inneren Ruf einer geistigen Kraft, die von uns erkannt werden wollte. So gestalteten wir am nächsten Tag aus herumliegenden abgestorbenen Korallenstücken einen weißen Altar für die Wesen und für den Geist und Hüter dieser Insel. In unserem Ritual meldete sich ein Weiser dunkler Hautfarbe aus alter Zeit; viele Schwarze bevölkerten nach ihrer Befreiung aus der Sklaverei die Inselwelten der Karibik. Wir wollten am kommenden Abend der entwurzelten Menschen Afrikas gedenken und sie in einem Ritual ehren. Dabei spürten wir die Präsenz dieses Weisheitslehrers der dunklen Rasse nahezu physisch. In der schamanischen Arbeit sind derartige Verbindungen zu den Ebenen der Verstorbenen kostbare Geschenke. Auf diese ganz besondere Weise zeigen geistige Kräfte ihre Dankbarkeit und ihre liebende Verbindung und Unterstützung.

Die Kräfte des Dunkels stellten uns allerdings in der folgenden Nacht auf eine harte Probe. Bereits in den späten Nachmittagsstunden baute sich ein heftiger Sturm auf. Die Palmen bogen sich in den Windböen. Ihre Blätter bewegten sich gleich riesigen Spinnen, die ständig in das Nichts griffen. Kokosnüsse schlugen mit dumpfem Schlag am sandigen Inselboden auf. Der stürmische Wind pfiff laut heulend durch Tür- und Fensterritzen. Die Wellen brachen sich laut auf dem Korallenriff, das unsere kleine Insel umgab. Zu später Stunde – wir waren bereits alle zu Bett gegangen – vernahmen wir Stimmen und Rufe, die von weither zu kommen schienen. Ich dachte an Fischer und wunderte mich darüber, dass sie in solch stürmischen Nächten zur See fuhren. Wir hörten plötzlich, wie mit einem lauten Ruck die Schiebetür geöffnet wurde. Ich dachte vorerst an einen Überfall, nahm all meinen Mut zusammen und zog mich an. Ich stärkte mich mit der Kraft des Jaguars und nahm geistig das Kriegerschwert in die

Hand. Ich war bereit, mich der Situation zu stellen, und stand auch schon vor einer Gruppe von Schwarzen, die ebenso überrascht und erschrocken waren, vor einem Bewohner des Hauses zu stehen. Bald hatte sich die Situation geklärt. Sie waren, ohne die Warnungen zu beachten, im Sturm aufgebrochen, um fischen zu gehen. An den Riffen unserer Insel lief ihr Boot auf Grund. Die armen Männer verloren dabei ihre Fischerausrüstung. Sie stiegen barfuß über die gefährlichen Korallen und zerschnitten sich dabei ihre Füße. Zwei Männer kämpften um ihr Boot, das in Gefahr war zu sinken. Schließlich suchten sie im Haus nach der Notfunkeinrichtung. Das war der Moment, wo wir uns gegenüberstanden. Bald hatte sich die Situation aufgeklärt. Der Schock saß uns allen noch im Nacken, als wir über unseren Notfunk Helfer für die in Seenot geratenen Männer riefen.

Nach diesem Erlebnis beruhigte sich mit einem Mal die Situation auf der Insel. Es war Harmonie eingekehrt und wir hatten alle das Gefühl, an diesem wunderbaren Ort beschützt und willkommen zu sein. So beschlossen wir gemeinsam, den für dieses Heilungsritual errichteten Korallenaltar mit nach Guatemala zu nehmen. Ich bin es bereits gewohnt, schwere Gepäckstücke auf meinen Reisen zu schleppen. Die Taschen quollen von den Requisiten über, Reißverschlüsse platzten unter der schweren Last der Steine. Auch der Geruch der vertrockneten weißen Korallen begleitete uns auf der zehn Stunden dauernden Rückfahrt nach Guatemala. In unserem Zentrum angekommen, stellten wir die weißen Korallen auf den schönsten Ort unseres heiligen Platzes. Auf diese Weise gaben wir den Weisen der schwarzen Rasse einen würdigen Ort. In den folgenden Wochen übergab mir Don Anacleto, der Maya-Magier und Wegbereiter, einen Stein, den er mit dem Geist des Meeres durch seine Heilungsarbeit gesegnet hatte. Eine erkannte und gelebte Beziehung zu geistigen Begleitern wird in Maya über ein Requisit oder über einen Naturaltar lebendig erhalten. Dies wird als Vorstufe dafür gesehen, unseren eigenen Geist, unsere Seele und unseren Körper als Altar dieser geistigen Kraft aus ihrer Licht- und Schattenseite zu erkennen. Don Julián segnete anschließend diesen Stein in einem von uns gestalteten Initiationsritual mit den Worten:

„Über diesen Stein fließen in der schamanischen Reinigungsarbeit die von unserer Seele abgetrennten dunklen Anteile in die Tiefe der Meere. Dies ist der Ort, an dem im planetarischen Kraftfeld unsere verlorenen Seelenanteile liegen. Aktiviert eine Frau ihre dunkle Seite, so wird auch die dunkle Seite TIJAAX aus diesen Tiefen spürbar und lebendig. Feinstofflich bewegt sich der Mensch dabei über die Grenze des Mondlichts in den Schattenkegel der Mondgöttin IXCHEL und steigt in das Kraftfeld der Finsternis der Meerestiefe. Männer stehen diesen Seinsschichten meist mit großem Unverständnis, Verwunderung und Angst gegenüber. Wird diese dunkle, weibliche Kraft lebendig, erhebt sich eine aus den Tiefen des Meeresgrundes sich aufbäumende Flutwelle mit großer Zerstörungsmacht. Im Geschlechterkampf stehen der äußeren Kriegsführung des Mannes Mächte der Frau gegenüber, die aus ihrem dunklen, magischen Kraftpotential verschlingen und zerstören können. Das ist auch die oft beschriebene Urangst des Mannes vor der Frau. So schöpfen unbewusste und von sich getrennt lebende Menschen aus der Dunkelheit der Mondgöttin IXCHEL, die auch diese Ebenen der dunklen, tiefen Gewässer als ABUELA TIJAAX hütet."

Es war bereits dunkel geworden, als wir vor der Mariengrotte Madre Candelaria ein Feuerritual begannen. Schon vor dem Ritual erfasste Gloria, das Mayamedium, eine innere Unruhe. Tata Julián bat mich, Gloria zu konzentrieren. Er hütete währenddessen zusammen mit dem Quiché-Schamanen Don Juan das Mayafeuer. Ich bereitete Duftessenzen, Federn und Klangschalen für die Konzentration vor. Unter den Klängen der tibetischen Klangschalen fiel es der jungen Priesterin leicht, sich als heiliges Gefäß für die geistige Welt zu öffnen. Bald begann die Mittlerin in das Mysterium der Dunkelheit, die weise Priesterin aus dem Schatten des Mondes, TIJAAX, durch Gloria zu sprechen.

„Ich führe euch Menschen in der Begleitung der Priesterinnen des Mondes an den Übergang zwischen Licht und Schatten. Der Mond wendet uns immer dieselbe Seite zu. Die Kehrseite seines Antlitzes ist dem Menschen verborgen. Diese dunkle Welt war für viele Kulturen der Abgrund und die Heimat allen

Übels, das der Mensch in seinem unbewussten Umgang mit der Schöpferkraft Gottes verursacht hatte. Als Lehrmeisterin hüte ich diese im Menschen angelegte Grenze zwischen dem Bewussten und Unbewussten. Ich lasse alte emotionale Erfahrungen nur nach und nach an die Oberfläche und damit in das Bewusstsein dringen. So können sie von den betroffenen Menschen besser angenommen und integriert werden. Dadurch beschütze ich sie vor zu intensiven Lebenserfahrungen früherer Zeiten und Inkarnationen. Diese Energien könnten in den Menschen Schaden anrichten und ihre körperliche und geistige Gesundheit beeinflussen. Wenn ein Mensch erwacht, die Zusammenhänge des Geschehens zu erkennen beginnt, seine Verantwortung wahrnimmt und seinen Willen für die anstehenden Veränderungen aktiviert, öffne ich ihm diese Tiefen seines Daseins. Ich helfe ihm auf diesen Seinsebenen, sich von zerstörenden, niedrigen Emotionen zu lösen. In diesem Übergang kann der Wahrheitssuchende die ersten Schritte zu seiner eigenen Befreiung, zu seinem inneren Frieden setzen. Zugleich lösen sich in der Finsternis verlorene Seelenanteile aus den abgewandten Schichten des Mondes und gehen über die Schwelle in das Licht der Erkenntnis.

Diese Gratwanderung erfordert vom betroffenen Menschen Mut und Vertrauen. Es harmonisieren sich zusehends die dunklen Seelenanteile aus dem Licht des Tages. Alle dem Licht zugeordneten Qualitäten des Menschseins erwachen in einem sinnerfüllten Leben. Ich hüte diese Schwelle mit meinem schwarzen Schwert, dessen andere Seite von der Sonne beschienen wird. Dieser Grat ist mein Kampfplatz als dunkle Kriegerin. Auf diesem Schlachtplatz gewinne oder verliere ich meine Schlachten. Sieg oder Niederlage sind abhängig von der Bereitschaft des jeweiligen Menschen, sich seiner Dunkelheit und den damit verbundenen Erfahrungen zu stellen. Das ist und war auch immer die Aufgabe der Weisheitslehrer der Maya, der Schamanen, Priester und Heiler."

Don Julián sagte anschließend zu mir: „Wir Menschen sind aus unserer Unvollkommenheit heraus auf unserer Lebenswanderschaft in die 'Schwarze Neblina' eingehüllt. Sie gibt uns den

Schutz, dass wir nicht ständig an frühere Leben als Schadensmagier, als Tyrannen und Machthaber, als Mörder und Missbraucher erinnert werden. Ein Schwertstrich TIJAAXs genügt, um diese Nebelschicht für Sekunden zu lichten und die in vielen früheren Leben geschaffenen Abgründe des Menschseins zu öffnen. Wenige würden den Bildern standhalten, die sich in solchen Momenten zeigen. So ist es für jeden Menschen ein großer Segen, auf dem Lebensweg Helfern zu begegnen, die sich bereit erklären, diese Abgründe zu öffnen und in diese Tiefen der Hilfe suchenden Menschen hinabzusteigen. Wenn oft auch nicht so wahrgenommen, so ist dieses Hinabsteigen in die Sümpfe eines anderen Menschen ein Akt tiefer Liebe und Hingabe. Die Furcht vor der Dunkelheit, vor dem Unbekannten erniedrigt uns Menschen zu ängstlichen und schreckhaften Wesen. Zugleich wüten diese Kräfte und Wesen aus den Quellen unseres Unbewussten und schaffen Trennung durch Aggressionen und Abartigkeiten. Wir spüren diese Brüchigkeit unserer inneren Welten in unseren Gefühlen und Emotionen. Aus diesen Ebenen heraus machen wir unsere Erfahrungen von Glück und Leid. Hier bringen wir zusammen mit der Lehrmeisterin TIJAAX unseren Seelengarten in Erfahrung. Wie alle Nahuales, steht TIJAAX an diesem Ort der Erkenntnis in ihrer Licht- und Schattenseite als Helferin und zugleich Zerstörerin. Wir stehen vor unserer eigenen Realität, vor den eigenen Abgründen, vor den in vielen Menschen wirkenden Kräften des Dunkels und der Trennung.

Es sind nicht nur Tränen der Trauer über uns selbst, die in solchen Erfahrungen geweint werden. Oft genug erfahren sich Menschen in solchen Momenten als tief in der Dunkelheit verstrickte Wesen. Missbrauch und Vergehen gegen die zwischenmenschlichen Gesetze zeigen sich bei Betroffenen oft in ausgeformten Bildern und machen darauf aufmerksam, dass es Zeit ist, an sich zu arbeiten. Es liegt auf der Hand, dass unser Wohlergehen auf Erden von diesen in uns verborgen liegenden Erfahrungen abhängig ist. Wie sollte Friede in uns einkehren, wenn zugleich unser Menschsein von Wesen geleitet wird, die wir einst oder auch in diesem Leben aus unseren Unzulänglichkeiten erschaffen haben? Innere Freiheit und innerer Frieden können nicht auf Angst, Zerstörung und Machtausübung aufgebaut werden. So steht TIJAAX als Wächterin vor den Toren unserer Abgründe, um uns Schutz und Hilfe zu geben. Wir bedürfen in erster Linie des Schutzes vor uns selbst. Keine so genannten bösen Kräfte könnten uns heimsuchen, wenn nicht in uns selbst die Resonanz dafür gegeben wäre. Dies bedeutet, dass die dunkle Kriegerin TIJAAX auf dem Schlachtfeld der Emotionen uns selbst als Mitstreiter braucht. Es bedarf oft des Kampfes um den inneren Frieden und um die Freiheit eines Menschen. Die Mittel des Kampfes sind unser Wille, die Absicht und die sich daraus ergebenden Möglichkeiten der Hilfe, die von geistigen und menschlichen Ebenen aus gegeben werden. Schamanen und Heiler können in dieses Geschehen dann eingreifen, wenn der Betroffene dazu bereit ist, die Verantwortung für sein Leben in die Hand zu nehmen. Das ist das Ziel unseres menschlichen Wachstums, das wir aus der Verbindung zu den Kräften der Nahuales erreichen können."

Die Kriegerin mit dem Schwert des Dunkels ist verbunden mit der Qualität des Obsidians, dessen Abbrüche klar und scharf sind. Dieses in Vulkangebieten vorkommende Mineral ist aufgrund seiner Brüchigkeit schwer zu bearbeiten. Unser menschliches Wachstum ist durchaus vergleichbar mit unserer Bereitschaft, diese scharfen Ecken und Kanten der Verletzungen zu einem Ganzen abzurunden und durch Helfer abrunden zu lassen. Der Mayapriester verfeinert die brüchige, dunkle Seite hilfesuchender Menschen in Ritualen an den dafür geeigneten Altären. Am Tage TIJAAX erhebt er das schwarze, im Sonnenlicht gleißende Schwert und erbittet Reinigung und Klärung auf den emotionalen Ebenen der Dunkels. Er durchtrennt dort in Verbindung mit der dunklen Kriegerin und Magierin unglückselige Verstrickungen und Bindungen. Somit zwingt sie uns aus der Liebe ihres Herzens in unsere eigenen Tiefen, oder erhebt uns in die Leichtigkeit unseres inneren Leuchtens. Von diesen kontrastreichen Ebenen aus leitet der Nahual TIJAAX den Menschen in seiner Wahrheitsfindung und auf dem Weg des gelebten Schamanentums. TIJAAX übergibt uns auf der Wanderschaft durch die Ebenen der dunklen und lichten Emotionen dieses doppelschneidige Schwert. Aus unserer Beständigkeit wandeln wir damit Schärfe in Weichheit und Weichheit in Schärfe um. Wir erkennen in ihr Qualitäten beider in uns Menschen angelegten Welten. Es wird uns auch die innere Kraft und Stärke bewusst, die sich oft in roher Form gegen uns selbst richtet, wenn wir uns der Verantwortung im Umgang mit der Schöpferkraft nicht bewusst sind.

Bewegen Magier aus ihren Wünschen, Begierden, Gelüsten und Stimmungen die Schöpferkräfte, so setzen sie damit auch TIJAAX in ihrer dunklen Seinsform für ihre persönliche Absicht ein. Aus dieser ungeschliffenen Kraft der Dunkelheit richtet sich der Schadensmagier der Maya mit TIJAAX gegen einen Menschen. Er nimmt das schwarze Schwert der Kriegerin in die Hand und richtet seine Aufmerksamkeit auf die im Menschen existierenden Sehnsüchte, Machtgelüste und Begierden. Er taucht somit symbolisch das Schwert in die verunreinigten Gewässer der Emotionen seines Opfers ein und beginnt diese in einem Ritual zu bewegen. Schwere Stimmungen, Wutanfälle, Neid, Macht und Habgier werden geballt in der betroffenen Person wirksam. Diese Menschen fühlen sich anschließend ohne erkennbaren Grund niedergeschlagen und depressiv. Sie beginnen, gesteuert durch die Absicht des Schadensmagiers, ihre Aggressionen und Abartigkeiten gegen andere Mitmenschen zu richten und zerstören so Schritt für Schritt ihre eigene Existenz. Der Magier hält die dunkle, zähflüssige Gefühlsmasse so lange in Bewegung, bis sich der Mensch mit seinen eigenen Abartigkeiten selbst ins Abseits gestellt hat oder sich selbst das Leben nimmt. So vergehen sich Schadensmagier wie Kriminelle gegen das Lebensprinzip. Sie agieren aus dem für viele Unwissende dunklen Unsichtbaren und Unbekannten. Ein einzelnes Haar, ein Kleidungsstück, ein Foto eines Menschen genügen, um die Schwachstellen des Opfers ausfindig machen zu können. Dabei ist es nicht einmal nötig, ja sogar behindernd, den jeweilig Betroffenen zu kennen. Die Schadensmagier sind in ihren Gefühlen meist neutral und können aus dieser Neutralität ihre Absicht klar verfolgen. Wie jeder Nahual seine Licht- und Schattenseite in uns Menschen verkörpert, so ist auch das schwarze Kriegerschwert des Nahuals TIJAAX eine scharfe Waffe zur Zerstörung des Lebens. Somit obliegt es den

Schamanen und Magiern, die Ebene ihres Wirkens festzulegen. Menschen, die sich auf diesen Ebenen mit den Mächten des Dunkels verstricken, richten aber häufig noch zu Lebzeiten das Schwert gegen sich selbst. Das unheilvolle Wirken der Hexen gibt auch in unserem Kulturkreis eine Vielzahl von Bildern aus Sagen und Märchen dieser dunklen, verdichteten Seinsschichten TIJAAXs als Nahual der dem Weiblichen zugeordneten Emotionsschichten.

Für einen mit dem Herzen verbundenen Magier ist es unmöglich, die Kraft der göttlichen Magie durch zerstörerische Absichten herabzuwürdigen. Somit kann das dunkle Schwert TIJAAXs in einem bewussten und mit der Liebe verbundenen Menschen nichts Zerstörendes an die Oberfläche bringen. Der beste Schutz vor Schadensmagie ist ein in sich reiner und von den geistigen Kräften in das Leben eingebetteter und beschützter Mensch. Die schwarze Kriegerin führt uns aus dieser heilvollen Verbindung zu der im Dunkel eingebetteten Weisheit der Frau. Wenn der innere See unserer Emotionen von uns rein gehalten wird, bewegt TIJAAX als Kriegerin des Herzens die reinen Gewässer unserer Gefühle. Aus ihrem Herzen strömen Mitgefühl, Barmherzigkeit und Liebe aus der harmonischen Dunkelheit der sakralen Unterwelt. Unser Körper erhält seine Schönheit und Kraft dadurch, dass sich Gott in all seiner Liebe und Weisheit über uns Menschen in den Qualitäten unserer Licht- und Schattenseite auszudrücken beginnt. Auf meiner Lebenswanderschaft empfinde ich es als großes Geschenk, Menschen begegnen zu dürfen, deren Schönheit und Erhabenheit unabhängig von ihren Lebensumständen und ihrem Lebensalter aus ihrer Seele strahlt.

Da das Zentrum TO-OM-RA als Brückenzentrum den unterschiedlichen Meisterinnen und Meistern der Kulturen und Religionen als geistige Heimat dient, kommt es immer öfter vor, dass uns dort unbekannte Wesen ihre Verbindung und Hilfe anbieten. So lud ich die Priesterinnen des Mondes und die Weisheitslehrerinnen anderer Kulturen dazu ein, einen Altar in unserem Zentrum zu hüten. Einen alten Maya-Feuerplatz vor der Marienengrotte „Virgen Candelaria“ nannte ich „Altar Mujer Mundo“, Altar für die weisen Frauen der Welt.

Über Silvia stellte sich dort eines Tages die indische Göttin ARUNA in einer Vision vor. Durch einen Text öffnete die Göttin der Ausgewogenheit und des Lichts aus ihrer Verbindung zu den weisen Frauen der Kulturen ihr Geheimnis: „Ich strahle wie die Sonne. Meine Schönheit erleuchtet die Welt. Ich trage Sonne und Mond als meine Juwelen. Meine Augen sind wie Lotus, mein Gesicht ist duftend wie Champaka, und mein Haar riecht nach Weihrauch. Ich bin aktiv, bewusst, furchtlos und frei. Ich tanze aus der Bewegung der Dunkelheit und aus den Farben des Lichts. Im Tanze erhebe ich meine Stimme und spreche aus innerer Überzeugung die Sprache des Herzens. Ich erkenne die, die mich umgeben, aus meiner Anmut und Schönheit und lebe aus den Quellen meiner Freude zur Freude und zum Glück anderer."

Dieser Text erinnerte mich an eine Phase meines Mannseins, in der mein eigener Lebenstanz aus sehr unterschiedlichen Kräften mitgestaltet worden war. Die Kraft meines Herzens erlebte ich dabei oft auch als innere Schwäche und Feigheit. Ich war in vielen Lebenssituationen unfähig, aus dieser Schwäche Entscheidungen zu treffen und meine eigene Wahrheit zu erkennen und zu vertreten.

In einer Zeremonie mit Don Julián stand er zu Beginn meines Priesterweges dann vor mir, ein großer, mächtiger Widersacher im Kleid des Zweiflers und Schwächlings. Don Julián stand hinter mir und legte seine beiden Hände auf meine Schultern. Ich wurde für wenige Minuten von einem Erstickungsanfall geplagt. In mir öffneten sich zwei voneinander getrennte Welten. Ich nahm mich in der mir vertrauten Persönlichkeit wahr. Zugleich spürte ich einen Anteil in mir, der sich immer stärker verdichtete und durch die Präsenz und rituellen Anrufungen des Mayaschamanen Don Julián sein Wesen ausdrückte. Ich selbst konnte dabei immer besser dieses von mir abgespaltene Wesen spüren und wahrnehmen. Don Julián bewegte unaufhörlich meine Schultern und löste damit eine für mich stärker wahrnehmbare innere Reibung und Druck aus. Ich empfand Beklemmungen und Enge, verbunden mit einem starken Unwohlsein. Teilnahmslos ließ ich meine Arme hängen. Aus meiner bisherigen Erfahrung hätte ich diese Kraft einem inneren Schwächezustand, einer gelegentlich mich übermannenden Charaktereigenschaft zugeordnet. Der Anciano sprach dieses jämmerliche Wesen in mir mit forscher Stimme an. Er gab den scharfen Befehl, sich noch deutlicher zu zeigen. Zusammengekauert spürte ich das Wesen, das mich in diesen Momenten beherrschte. Mit langsamen Schaukelbewegungen bewegte er mein Innerstes, während er den Erzengel Michael einlud, Klarheit in mein Leben zu bringen. Als er die Cueva de San Jorge, eine Zeremonienhöhle über dem Lago Atitlán, rief, quoll in mir ein Kraftstrom innerer Wurt empor. In diesem Moment aktivierte sich dieses Wesen. Don Julián löste diese Kraft aus meiner dunklen, von mir abgespaltenen Wahrnehmung und Persönlichkeit.

Mein Körper und meine Stimme zitterten, als dieses Ritual der Reinigung zu Ende war. Mein eigenes Erleben machte mir bewusst, dass auf inneren Ebenen ein von mir getrennt existierendes Wesen sich über meine Persönlichkeit in Form von Selbstmitleid, Zweifel und Ängsten ausdrückte. „Hier hast du nun erfahren, was es bedeutet, Mensch zu sein“, sagte Don Julián. „Wir glauben uns zu kennen, wir vertreten unsere Meinung und treten anderen Menschen selbstbewusst gegenüber. Dann gibt es Momente in unserem Leben, in denen wir von Kräften beherrscht werden. Es stellt sich in diesen Momenten die Frage, wer Macht über unsere Persönlichkeit hat. Du hattest in deinem Leben das Bedürfnis, Harmonie und Sanftmut auszustrahlen. In Wirklichkeit wurdest du in dieser Harmoniebedürftigkeit auch bestimmt von einer Kraft, die dich von deiner eigenen Kraft ferngehalten hat. Wenn du dein Leben beobachtest, dann müssten dir viele Erinnerungen bewusst werden, in denen dieser innere Zweifler und Schwächling dein Leben bestimmt hat.“

Ich wusste, wovon der Anciano sprach. Es war mir in bestimmten Lebenssituationen schwer gefallen, meine eigene Wahrheit zu erkennen und als Mann zu vertreten. Ich wunderte mich damals, warum der Anciano diese Wesenheit auf den Meeresgrund geschickt hatte. Dies sei der Ort, an dem diese Wesen ihre Heimat finden würden. Aus dem Wasser seien sie von uns erschaffen und geboren worden. Er würde sie also an den Ort ihrer Herkunft zurück weisen. Dort hätten sie einen würdigen Platz und könnten eine ihnen entsprechende Heimat finden. IXCHEL, die Göttin des Mondes, würde sich in ihrer dunklen Qualität als weibliche Hüterin des Übels dieser Wesen annehmen, meinte er. Mit großer Dankbarkeit umarmte ich Tata Julián. Er hatte einen von mir offensichtlich getrennten Anteil meiner Persönlichkeit wieder mit mir verbunden. So konnte ich damals besser einordnen, was geschehen war. Es war mir sehr unangenehm, mir selbst einzugestehen, dass ich von einem Wesen des Dunkels geleitet, ja in Momenten des Lebens sogar gesteuert wurde.

Auf einer festen, harmonischen und dunklen Basis erhob der Krieger erstmals in mir sein Haupt. Sein Gesicht richtete sich in die Quelle des Lichts. Don Julián segnete mich in diesem Ritual für die Wanderschaft auf des Schwertes Schneide. Eine in mir zu stark verankerte, falsche Weichheit wandelte sich im Kraftfeld der Kriegerin TIJAAX zu innerer Klarheit. Das Licht der Erkenntnis beleuchtete einen Weg, auf dem ich später dem Krieger des Herzens, AJPUU, begegnen sollte. Julián forderte mich auf, den Weg der Klarheit und Reinheit des Lichts zu erkennen und mir zugleich der Wurzeln der Dunkelheit bewusst zu bleiben: „Ich gebe dir das Schwert TIJAAX in die Hand. Ich habe es nicht in die Hand eines Schwächlings gelegt, denn es ist ein Schwert der Ermächtigung aus den Ebenen des weiblichen Dunkels. Der Missbrauch dieses Schwertes würde für dich den Untergang bedeuten. Wenn sich das schwarze Schwert gegen einen Menschen richtet, dann trifft es zielgerichtet die wunden Punkte. Es öffnet die alten Wunden des Missbrauchs der magischen Macht, mit der wir uns Menschen über Generationen und Kulturen hinweg selbst zerstörten. Du bist aufgefordert, die Richtung dieses Schwertes selbst zu bestimmen. In Verbindung mit TIJAAX solltest du es allein zur Reinigung und zur Heilung der Menschen einsetzen. Gleich einem Feuersblitz hat sich die Kraft dieser Kriegerin in dir entladen, als ich sie für deine innere Befreiung rief. Wie ein Funkenregen rieselte es über deinem Kopf, als sich das Kraftfeld meiner Vorfahren, der Pocomames, um dich breitete. Nun liegt es an dir, im Namen der dunklen Kriegerin und im

Namen meiner Vorfahren die Herzen der Menschen zu berühren und sie von ihren dunklen Schatten zu befreien."

Umringt von Kindern in den bunten Trachten der Maya Tzutujiles, gingen wir in der Ortschaft Santiago Atitlán an Land. Unser Ziel war die Kirche von Santiago, die dem Apostel Jakobus geweiht ist. Ihn spüre ich in Verbindung mit dem blauen Strahl des Erzengels Michael. Ich lud die mich begleitenden Menschen ein, mit mir hinter den Altar zu treten. An einer besonderen Stelle öffnet sich dort ein wahrer Kraftquell aus den unterirdischen Bereichen dieser Kirche. Sie dürfte, wie viele andere Kirchen in Guatemala, über einer alten Mayastätte errichtet worden sein. Wir stellten uns in einem Kreis zusammen. Ich öffnete das Heilungsritual und erbat aus den Quellen des Dunkels TIJAAX um die Berührung mit dem Schwert der Kriegerin. Santiago und den Erzengel Michael lud ich ein, uns mit dem Schwert des blauen Lichtstrahls der Erkenntnis zu berühren. Die Anwesenden meiner Gruppe öffneten sich für die von unten und oben einströmende Energie. Durch meinen Schwerthieb trennte sich für die Anwesenden die Wahrheit von der Unwahrheit. Eine Frau aus der Gruppe beschrieb diesen heiligen Akt mit folgenden Worten: „Dieser Schwerthieb spaltete meinen Körper. Vor allem betroffen waren mein Herz und mein Magen. Danach spürte ich eine von unten eindringende Kraft. In meinem Beckenbereich spürte ich einen Knauf. Dieser war schwarz und schuppig. Der Querteil dieses Schwertgriffes ruhte auf meinem Beckenknochen. Der kreuzförmige Griff des schwarzen Schwertes lag in meinem Kreuzbein und war an den Seiten zu Schnecken gerollt. Die Spitze der Klinge lag in der Mitte meines Körpers. Ein gleißend heller Strahl aus einem von oben eindringenden Lichtschwert spaltete meinen Kopf. Ich spürte ein Zischen in meinem Gehirn. Beide Schwertspitzen verbanden sich in meiner Mitte, in meinem Herzen. Mein Körper, vor allem meine Wirbelsäule, richtete sich dabei auf. Ich hatte ein Gefühl der Erhabenheit und der Würde. Dieses Gefühl strömte vom Herzen aus nach unten und oben. Dabei erhielt ich die Botschaft, dass es mir in diesem Kraftstrom leichter fallen würde, zwischen Wahrheit und Lüge zu unterscheiden. An diesen beiden Schwertern würde jegliches Unrecht an mir zerschellen. 'Steh aufrecht in deiner Wahrheit und nimm sie als Maßstab für die Entscheidungen, aus denen du dir deinen Lebensweg bahnen möchtest. Vor der eigenen Wahrheit bestehen zu können erfordert viel Kraft, Klarheit und Mut. Die Lüge bringt dich zu Fall und lässt das in dir scheinende Licht verglimmen!' Dies waren die Worte, die ich von den geistigen Schwertträgern Santiago in Verbindung mit dem Nahual TIJAAX vernahm. Dieses Ritual brachte Veränderung in mein Leben. Ich fühlte mich körperlich besser und konnte mich von nun an selbst besser annehmen, wie ich bin."

Wir stehen in einem seit Menschengedenken wirkenden Spannungsfeld der kosmischen Wahrheit und dem Erkennen und Erleben der persönlichen und aus der Gemeinschaft getragenen, individuellen Wahrheit. Menschen, Religionen und Kulturen verteidigen ihre Erfahrungen und Einsichten und stellen sie oft ohne Abstimmung mit den Erkenntnissen anderer Menschen und Kulturen als ihre reine und einzige Wahrheit dar. Aus diesen Erfahrungen entfaltet sich aus der dunklen Seite TIJAAXs die im zwischenmenschlichen Geschehen zerstörende Kraft des Fanatismus und der Verurteilung. Auf meinem Weg als Weisheitslehrer erlebe ich oft die unterschiedlichen Ebenen dieser Wahrheitsquellen aus den sich voneinander abhebenden Wahrnehmungen und Ansichten der Menschen. Allein die innere, geistige Führung bringt den Menschen nach und nach zur Erkenntnis, was ihn aus seiner eigenen Wahrheit heraus mit einem anderen Menschen verbindet oder trennt. Häufig zeigt sich das Bild, dass der Mensch durch das, was ihm Widerstand leistet, am leichtesten seine eigene Haltung und Wahrheit erkennen oder auch hinterfragen kann.

Allein die Kraft der Liebe kann die persönliche Wahrheit eines Menschen in einem hohen Maße erschüttern und ihn desorientieren, ja in manchen Fällen sogar zerstören. Gerne spiele ich das emotionsgeladene Lied „Too much love can kill you if you can't make up your mind" eines Meisters der Popmusik, Freddy Mercury. Ich erinnere dabei an die große Gefahr des sich Verlierens und Zerstörtwerdens in den so unterschiedlichen Auslegungen der zwischenmenschlichen Liebe. Der Sänger bezeichnete sich in seinem Todeskampf in diesem Liedtext als Schatten eines Mannes, der den Menschen das Licht der Sonne bringen wollte und sich zugleich aus seiner eigenen Weltenschau zerstörte. Zeitlebens habe er das Gefühl gehabt, dass ihm die Wahrheit über das Leben vorenthalten worden sei. Dasselbe Gefühl haben heute immer mehr junge Menschen. Sie fühlen sich von den Religionen und Vertretern der Gesellschaft in ihrem inneren Ruf nach Veränderung und in ihrer Suche nach dem Sinn des Lebens in Stich gelassen. Aus diesem Drang nach Erkenntnis hatte auch ich mich einst auf den Weg gemacht, die Vorstellungen, die ich von den unsichtbaren Welten in mir trug, zu ergründen. Die mir vertraute Welt des Glaubens zu hinterfragen war dabei eine große Herausforderung. Auf dieser Suche nach der Wahrheit waren es immer wieder Frauen, die mir zu gegebenem Moment durch ihre Wahrnehmungen, ihr Vertrauen und ihre Freundschaft und Liebe dabei halfen, den Weg besser zu erkennen. KAWOQ, die Lehrmeisterin und Hüterin der menschlichen und kosmischen Gemeinschaft, sprach in einer Zeremonie aus meinem Herzen: „Ihr Menschen solltet euch in schweren Stunden der menschlichen Gemeinschaft als meine Kinder erkennen. Ich möchte euch in den Lebensturbulenzen meine helfende Hand reichen und euch durch Sturm, Feuer und Wasser eures Daseins führen. Der Kampf um eure Wahrnehmungen, um das Erkennen eurer Wahrheit, euer Kampf um heilsame Lebensformen und euer Bemühen um die Lebendigwerdung der Liebe in der Gemeinschaft ist ein Zeichen der Zeit. Der Pfad der Wahrheit führt auf weiten Wegen in weite Landschaften zur inneren Herzensweite eines Menschen. Dieser Weg lässt sich allein aus der inneren Bereitschaft und Hingabe an den göttlichen Plan eines jedes Einzelnen erkennen und beschreiten. Der Pfad der Wahrheit trägt keine menschlichen Wegweiser und führt in die Tiefe und Weite der Seele des Menschen als Abbild des göttlichen Vaters.“

Kapitel 9

KAWOQ (Kawok)

DIE KÖNIGIN DER NATURGEWALTEN

Die gebende Hand aus Sturm, Feuer und Wasser

Cauac

„Der Weg der Erkenntnis führt auf steinigen Wegen über die Hürden der moralischen Normen. Er kreuzt sich in den Vorstellungen der Menschen, die die Liebe als ihr Eigentum ansehen, und verliert sich in den Weiten der Pläne eines organisierten Lebens. Wer in dieser Zeit seinem Herzen und nicht allein seinen Wünschen folgen kann, der wird als Geschenk die göttliche Wahrheit erkennen können. Die Kinder des Lichts und der Liebe werden in sich erkennen, dass sie gerufen sind, auf ihrem individuellen Weg des Herzens Heilung aus dem Wasser des Lebens und dem Feuer des Geistes zu geben. Die Abartigkeiten der menschlichen Gemeinschaft werden dominiert von Kräften, die schwache, manipulierte und von geistigen Mächten abhängige Persönlichkeiten nicht mehr kontrollieren können. Es ist schwer herauszufinden, in welcher Weise ein betroffener Mensch sich gegen die Prinzipien des Lebens vergangen hat. Die Lüge eines Menschen ist der Ausdruck des Vergehens gegen ein kosmisches Prinzip und nicht gegen die unterschiedlichen, menschlichen Vorstellungen von Wahrheit. Die Natur hat ihre eigene Sprache und Form, uns Menschen aus dieser Unwahrheit heraus ihre Mächtigkeit und ihren Einfluss zu zeigen und spürbar zu machen."

„Glaube mir, Norbert", sagte Don Julián nach einem Regenritual auf seinem Feld am Abhang des Vulkans Agua: „Wie sich die Naturwesen durch Liebe und Respekt dem Menschen in ihrer Weisheit und Kraft offenbaren, so können sie ihn über die im Menschen selbst aktiven Elemente auch zerstören. Unsere Gefühle und Gedanken, unseren Willen und unsere

Körperlichkeit verwenden sie dabei als Eingangstore. Je verschmutzter diese Zugänge zu unserem eigenen Wesen sind, desto stärker wirken auch die zerstörerischen Kräfte der Natur auf den Menschen ein. Könnte der Mensch diese Zusammenhänge erkennen, würden die Anstalten für geistig kranke und abartige Menschen sich lichten. Ihr habt im Westen eure eigene Art und Weise, diese Krankheiten einzuordnen. Meiner Erfahrung nach ist es nahezu unmöglich, einen uneinsichtigen Menschen aus dem Würgegriff einer Naturgewalt zu befreien. Es wird für dich eine große Aufgabe sein, deine Form des Rituals und der Gespräche mit den Naturgewalten zu finden, um die zunehmenden Besessenheiten der Menschen durch die Naturkräfte zu lösen. Ich frage die Abuela KAWOQ, an welchem Platz in der Natur, in welchen zwischenmenschlichen Situationen der bei mir Hilfe suchende Mensch von ihr gefangen genommen wurde. Dort ist auch der gegebene Ort, das Gespräch mit der Abuela aufzunehmen und die Fesseln durch Reinigung und durch Verzeihensrituale zu lösen. Meine Vorfahren hinterließen mir die große Kraft, KAWOQ als Königin der Naturgewalten aus den Tiefen und Höhen zu rufen. Ihre Sprache sind der Blitz und der Donner. Beide in sich wirkenden Gewalten der Abuela in der schamanischen Arbeit zu verbinden war mir zeitlebens eine große Freude. Viele Menschen konnte ich dadurch wieder in die menschliche Gemeinschaft integrieren. KAWOQ ist die Lehrmeisterin, die dir in der Findung deiner eigenen Heilungsrituale helfen wird. Verbinde dich mit ihr und lerne sie in den Menschen kennen, die in ihrem Zeichen geboren sind. Wenn du an ihrem Tag arbeitest, so bitte sie besonders um ihren Schutz und um die Auflösung der Krankheiten und Probleme, die die menschliche Gemeinschaft belasten."

Als sich am folgenden Morgen Don Julián von mir verabschiedete, sagte er, ich solle in den den Ritualen an den Tagen KAWOQ auch der Prinzesa Encanta Mundo, der Hüterin der Weltenfreuden, danken. Sie hüte mächtige Wesen über die Naturaltäre und wirke als verlängerter Arm der Abuela KAWOQ aus den Quellen, Seen und Meeren und aus der Urkraft des Blitzes und des Sturms. Ich könne dieser kraftvollen Hüterin einen Teller mit köstlichen Lebensmitteln und Speisen als Dank bereiten. So sei es auch nach einem Befreiungsakt in Maya üblich. Der Duft der Speisen erfreue nicht nur die Hüterin der Naturkräfte, sondern auch die niedrigen Naturwesen, deren Mithilfe in der schamanischen Heilungsarbeit ein Geschenk für jeden Schamanen sei. Die Princesa der Maya liebe vor allem leicht angebratenen Chile, Tortilla und Tamales de Chipilín. Zum Jahreswechsel der Maya würde er ihr diese Lieblingsspeisen in Dankbarkeit für ihre Unterstützung und Hilfe auf seinen Altar stellen. Außerdem wolle sie jährlich auch ihre Wandersandalen wechseln. Sie sei ja immerhin sehr beschäftigt, die Altäre im ganzen Land zu besuchen und reinzuhalten. So macht sich der Anciano Tage vor dem Mayajahreswechsel auf die Suche nach schönen ledernen Sandalen, mit denen sich die Princesa wieder auf ihren Weg durch die Kraftplätze des Landes machen kann.

Es war mir eine Freude, ihr einen anregend duftenden Speisenteller zu bereiten, und ich stellte diesen Teller auf den Balkon unseres Hauses über dem Lago Atitlán. Neben den Gabenteller stellte ich ein Glas mit dunklem Bier, das von den Naturwesen ganz besonders geschätzt wird. Auch ein Gläschen des kostbaren, über zwanzig Jahre alten Zacapa-Rums aus Guatemala durfte nicht fehlen. Ich tat dies in Respekt der Mayatradition gegenüber, wusste aber auch, dass ich in mir eine andere Form gefunden hatte, die geistigen Kräfte zu ehren. Des Nachts entzündete ich eine rote Kerze, eröffnete ein kurzes Dankesritual und bat die Prinzessin der Weltenfreuden um ihre Anwesenheit. Auf dem Markt hatte ich für sie Sandalen gefunden. Durch diese Gabe öffnete sich die Liebe der Princesa zu mir und meiner Aufgabe. Ein kühler Schauer lief über meine Schultern und zeigte mir an, dass die Hüterin der Höhlen, der heiligen Steinaltäre und Kraftorte anwesend war. Seitdem wandert sie mit mir aus dem Rate der „Saaligen Frauen" auch durch meine Heimat und hilft in den stillen Momenten der Heilungsseminare und in den Meditationen in der Natur. Als sie sich kürzlich sehr heftig während einer Veranstaltung auf der Schweibenalp, einem spirituellen Zentrum in der Schweiz, meldete, gab sie mir folgenden Text:

„Vor langer Zeit war ich allgegenwärtig, jedoch wünschten die Menschen, dass ich mich zurückziehe, so tat ich dies. Nun ist die Zeit gekommen, in der euer Ruf nach mir wieder aus dem Herzen kommt und ich meine Anwesenheit für euch zugänglich mache. Du kennst mich im Bilde der Maya Prinzessin Encanta Mundo, aber auch als die Schönheit des Nordens, der Weißen Büffelkalbfrau. Mit der Kraft der Liebe und der Klarheit werde ich mit euch den Weg für Frieden und Einklang auf diesem Planeten für eure Kinder vorbereiten. Meine Botschaft wird sich durch Bäume, Steine und vor allem im Wasser mit euch verbinden. Auch durch das Feuer werde ich meine Lehren an euch weitergeben. Mein Wohnort in den Alpen wird viele Menschen berühren und sie als Krieger und Kriegerinnen des neuen Bewusstseins ermächtigen. Somit verbinde ich mich in Dankbarkeit mit eurer Aufgabe und Präsenz. Aus dem Herzen der schneebedeckten Alpen steigt meine Kraft als weiße Lichtträgerin empor und breitet sich als Licht des Friedens und der Liebe über die Welt und all unsere zukünftigen Generationen.“

Die Alpenkönigin macht sich oft während eines Gesprächs mit dem mir inzwischen bekannten kühlen Schauer und ihrer aus meinem Herzen kommenden Stimme bemerkbar. So anerkenne ich die Hüterin der materiellen Fülle und der Lebensfreuden, indem ich ihre Schönheit in der Vielfalt der Natur und im Ausdruck der heiligen vier Elemente ehre. Ich werde seitens des Rates der Meisterinnen und Meister oft darauf hingewiesen, dass die Zeit nahe ist, in der das Wettergeschehen und damit verbunden die Entladung der Elementarkräfte unser Lebensumfeld verändert und an manchen Orten sogar zerstören wird. Die Menschen, die in sich den Boden für geistige Begleitung und Schutz bereitet haben, werden aus ihrer Liebe zur Natur die inneren Zeichen erkennen und in Verbindung mit den Naturwesen ihren Beitrag zu einer Besänftigung dieser zerstörerischen Gewalten leisten können. Der Wetterschamane Don Julián setzt nicht seine Kraft und seinen Willen ein, Regen zu rufen, oder Unwetter, Erdbeben und Wirbelstürme zu verhindern oder umzuleiten. Er bittet in Ritualen um Verzeihung für die Unwissenheit der Menschheit. Er gibt all seine Liebe und Dankbarkeit in diese Ebenen weiter und bietet den Wesen der Naturkräfte Früchte, Brot, Süßigkeiten, Räucherwerk und Duftessenzen an, die er in einem Erdloch vergräbt. Damit setzt er klare Zeichen der Demut und Hingabe und äußert dies auch in seinem täglichen Leben. Auf diese einfache und zugleich sehr machtvolle Weise bewegt er die Elemente und die Mächte der Naturgewalten als Magier des Herzens.

Auf geistigen Ebenen steht die Natur in einer Hierarchie von Kräften und Meistern, denen diese Wesenheiten unterstehen. Der Nahual KAWOQ hält seine schützende Hand über diese hierarchische Ordnung der Naturgewalten. Die Urmutter Mam, die Hüterin der göttlichen Schöpfung der Elemente, wird in Maya mit ihr verbunden. Aus ihr bewegen sich das Wasser, der segenreiche Regen, Stürme, Unwetter und die mächtige Kraft des Nebels. Sie steht aber auch in unmittelbarer Verbindung zum Menschen. Ihre Aufgabe ist es, uns die Zusammengehörigkeit zu den heiligen Elementen bewusst zu machen. Aus diesem Wissen öffnen die Naturdevas ihre Tore. Die Meister der Naturreiche richten ihre Aufmerksamkeit auf jeden einzelnen Menschen und machen ihm bewusst, welch große Schätze in den Naturreichen eingebettet liegen. Die in die Natur einwirkenden Kräfte der Abuela KAWOQ sind danach ausgelegt, aus der Verbindung unterschiedlicher Elementarkräfte zum Wohle der Schöpfung zu wirken. Allein die Erkenntnis und das Erleben, von den Naturkräften getragen und geführt zu werden, erweckt in uns Menschen ein Sehnen nach dem Schatz, der in diesen unsichtbaren Welten für uns verborgen liegt. Aus diesem Sehnen schöpfen wir die Kraft, weiterzugehen und uns nicht durch Umwege behindern zu lassen. Die Naturwesen ahmen die Menschen nach, in deren Umgebung sie leben. Sie sind nicht schöpferisch tätig und erwidern die Haltung, die wir ihnen gegenüber einnehmen. Somit wird jeder Mensch, der der Natur Liebe und Ehrfurcht entgegenbringt, auch von diesen Wesen geliebt und geehrt. Die Haltung, die den kleinsten und unscheinbarsten Naturformen entgegengebracht wird, setzt den Maßstab für die Aufmerksamkeit, die wir seitens der Meister und Hüter der Naturreiche erhalten. Umgekehrt formen sich in der Natur auch habgierige, zerstörerische Wesen, die in uns Krankheit auslösen und Leid verursachen können. So vergiften viele Menschen durch ihre Haltung ihr eigenes Heim. Die liebevolle Gestaltung eines Gartens, die Ehrung der Naturwesen durch Blumen und Hausschmuck sind in unseren Breiten Teil einer alten Tradition. Aus der reinen Absicht des Menschen, die Wesen der Natur in sein Lebensumfeld einzubetten, schafft er Verbindung und Heilung. Wenn diese Möglichkeit für viele durch das Stadtleben nicht gegeben ist, so können wir Zeichen setzen, die Naturwesen im jeweilig möglichen Lebensumfeld zu ehren und ihnen an unserer Seite wieder Raum zu geben.

Die Schattenseite der Abuela KAWOQ zeigt sich in der Natur als Unheil bringendes Unwetter, als wütender Sturm, im zerstörenden Blitzschlag. Ein selbstherrlicher, unbewusster, respektloser und verantwortungslos lebender Mensch verstrickt sich mit ihr. Sie wirft ihn in sein eigenes von ihm selbst bereitetes Unglück und drängt ihn aus der Gemeinschaft. Vergehen sich Menschen gegen die Natur, dann kommt der Zeitpunkt, an dem wir in die Fänge dieser zerstörenden Gewalt der Abuela geraten. Wenn dem Mayaschamanen Menschen zugeführt werden, die sich in der Gemeinschaft abartig verhalten, denkt der Schamane als Erstes an eine Verstrickung mit den Mächten der Naturreiche. Diese regelrechte Gefangennahme einer Person kann auch durch Vergehen in früheren Leben erfolgt sein. Es bedarf für eine Heilung aufwendiger Zeremonien, der Einsicht des Menschen und nicht zuletzt der Bereitschaft dieser Mächte, ihn freizugeben. Hier arbeitet der Schamane mit der Kraft des Verzeihens und mit der Bereitschaft der Hilfe suchenden Menschen, alles Leben zu respektieren und ihr Tun in den Dienst der Natur und der Gemeinschaft zu stellen. Stehen wir in Respekt zueinander, so empfinden wir uns zugleich auch als Teil einer kosmischen Gemeinschaft. Die Großmutter KAWOQ erkennt diese Menschen als ihre Kinder und wird alles daran setzen, sie zu schützen und für die Weisheit der Mutter Erde zu öffnen. So erbitten wir über KAWOQ das Erkennen und Umsetzen unserer individuellen Anlagen zum Wohle der Gemeinschaft. Darin eingebettet liegen unsere Lebensaufgabe, unsere Lebensfreude und unsere Verantwortung den Kindern und der Familie gegenüber. Ist ein Mensch bereit, seine Verantwortung in einer kleinen Gemeinschaft anzunehmen, werden seine Führungsqualitäten von den geistigen Begleitern so gestärkt, dass er die Verantwortung für eine größere Gruppe von Menschen übernehmen kann. So steht KAWOQ auch für das Zusammenwirken der individuellen menschlichen Qualitäten und Kräfte mit den geistigen Hütern des Erdengeschehens für eine funktionierende menschliche Ordnung und Gemeinschaft. Diese hüten auf geistiger Ebene unsere Gesellschaftsformen und Organisationen bis hin zu den Staatengemeinschaften unseres Planeten. Aus der Weisheit des Zusammenwirkens der geistigen Kräfte ergibt sich das Wissen um die unterschiedlichen wirtschaftlichen und politischen Systeme. Alles hängt miteinander zusammen und kann vom Menschen nicht voneinander getrennt werden. Auch hier gilt, dass der Mensch selbst die Maßstäbe setzt, ob diese Gemeinschaften seinem egoistischen Machtdenken und seinen Zielen unterliegen oder in die kosmische Ordnung eingebettet bleiben. Die gemeinsame Zusammenarbeit der Menschen zum Wohle der Gemeinschaft ist sowohl im weltlichen als auch im kosmischen Geschehen vorgesehen. Jegliche andere Form des Menschseins liegt außerhalb dieser kosmischen Ordnung und zerfällt früher oder später an ihren eigenen Mustern und Regeln.

Als Abbild des geistigen Rates entfalten wir im Menschsein die kosmische Familie und damit verbunden die Liebe Gottes auf Erden. KAWOQ öffnet uns aus dieser menschlich-geistigen Familie die Tore in die vielfältigen Erfahrungen unseres alltäglichen Lebens. Sind wir bereit, aus diesen Erfahrungen zu lernen und zu erkennen, öffnet sie uns den weiteren Zugang zur Familie des geistigen Meisterrates, dem „Consejo Invisible". In der sich ständig erweiternden Verantwortung ergibt sich daraus der Initiationsweg zu Meisterin und Meister auf Erden. Es sind dies Menschen, die im Kleinen wie im Großen aus sich selbst und zugleich aus ihrer geistigen Verbindung im Namen des geistigen Rates entscheiden. Sie stehen in Ausgewogenheit der beiden ineinander wirkenden Elemente Feuer und Wasser, was sich in der Klarheit ihres Geistes und der Wärme des Herzens ausdrückt. Aus dieser Verbindung beider

Elemente reifen sie in ihrer Individualität. Sie sind fähig, richtige Entscheidungen zu treffen, weil sie mit ihrer Seele in Verbindung stehen. Aus dieser innersten Instanz des Menschseins offenbart sich das Göttliche nicht nur für die Lösung persönlicher Probleme, sondern für den Dienst an der menschlichen Gemeinschaft. Jeder Mensch, der aus seiner Seele heraus wirkt, geht aus diesem Wirken als Individuum und zugleich in den Mitmenschen auf. KAWOQ hütet auch das Kostbarste, das wir für unsere Entscheidungen in uns tragen, die wahre und echte Intuition des Herzens. Jeder Mensch kann aus dieser Verbindung heraus selbst entscheiden, was zu tun ist. Er vertritt aus sich selbst heraus die geistige Wahrheit und wird in seiner Aufgabe als Meisterin oder Meister erkannt. Dies macht den Menschen zu einem kostbaren Juwel der kosmischen und planetarischen Gemeinschaft. Aus dieser Entwicklung heraus verstehen, anerkennen und unterstützen diese Meisterinnen und Meister die Entwicklung des Menschen. Auf diese Weise wirkt KAWOQ aus dem im Zeitenwandel auf uns einströmenden Gruppenbewusstsein.

Unsere menschliche Gemeinschaft sehen die Maya als Abbild des Kosmos. Täglich erinnern uns Sonne und Mond an das Zusammenwirken beider Kräfte. Die Fruchtbarkeit der Natur nährt sich aus diesen feinstofflichen Kräften, die sich vor allem über uns Menschen manifestieren. In den Fruchtbarkeitsritualen der Räter und Kelten bat man einst die Naturwesen um die Kraft und den Segen für eine dem Menschen Heil bringende Sexualität. Rituale der Fruchtbarkeit wurden nicht nur zum Dank an die Göttinnen der Fruchtbarkeit gehalten. Sie sollten vor allem die Fruchtbarkeit der Mutter Erde anregen und aktivieren. Die Maya, die Kelten und andere Völker kannten den unmittelbaren Zusammenhang zwischen der Kraft des Mondes, aus der die Fruchtbarkeit der Frau getragen wird, und dem aktiven Feuer des Männlichen und dem aus der Wärme der Sonne aktivierten Wachstum der Mutter Natur. Wir stehen als Frau und Mann in einer ursächlichen Einheit von Wasser und Feuer. Aus dieser Verschmelzung beider Elemente aktiviert sich aus KAWOQ die Schöpferkraft und kann von den geistigen Bauherren des göttlichen Lebensplans als Baustoff übernommen werden.

Ich saß mit Don Julián an seinem Altar. Er hielt sein Enkelkind in den Händen, auf das er sehr stolz war, und sagte: „Dieses Kind wurde meiner Familie und mir von Gott gesandt und dennoch kann ich nicht verstehen, warum diesem kleinen Jungen nach wenigen Monaten seines Lebens Vater und Mutter genommen worden sind. Ich trage ein Waisenkind in meinen Händen und bitte den göttlichen Vater täglich darum, dass diesem Kind all das gegeben werden kann, was es für sein Wachstum braucht. Auch mir selbst wurden sehr früh Vater und Mutter genommen. Es fiel mir sehr schwer, unter diesen schweren Umständen den göttlichen Vater und die göttliche Mutter als meine Eltern anzunehmen. Sie führten mir auf meiner Lebenswanderschaft Menschen zu, die mich in ihrem Mannsein und Frausein berührten. Nur so konnten sich männliche und weibliche Anteile in mir zu einer harmonischen Persönlichkeit entfalten. Ich weiß nicht, wie lange ich noch leben werde, aber ich sorge mich, dass José Julián zeitlebens seine Eltern vermissen könnte. Ich spüre, dass dieses Kind meine Kraft als Maya in meinem Volksstamm weitertragen wird. So wünsche ich mir, dass ihm auf seinem Lebensweg Menschen zugeführt werden, die ihm nach meinem Vorbild die Kräfte des Männlichen und Weiblichen zugänglich machen.

Auf den großen Kraftplätzen meines Volkes stehen sich Sonnen- und Mondpyramide gegenüber. Damit gaben wir Maya den kosmischen Kräften einen Altar, über den sie sich im Männlichen und Weiblichen auf unserer Erde verankern können. Das sind unsere großen Heilungsplätze für die Orientierung des Menschen in ihren maskulinen und femininen Anteilen. Wir tragen die Verantwortung für eine heile und fruchtbare Welt, in die wir unsere Kinder, unsere zukünftigen Generationen einbetten möchten. So wie eine Frau durch die geschlechtliche Abwendung eines Mannes an Glanz und Schönheit verliert, so leidet auch unser Planet unter der Abwendung des Weiblichen vom Männlichen. Wie könnte ein Mayaschamane einen Mann mit der Kraft des Feuers der Sonne verbinden, wenn dieser sich zugleich als Frau fühlt? Die Frau als Abbild der Mutter Erde ist auch Ebenbild der großen Göttinnen auf geistiger Ebene. Wie sollte es möglich sein, Frauen diese wunderbaren Kräfte zu öffnen, wenn sie sich immer stärker mit ihren männlichen Anteilen identifizieren? Entfernen sich unsere Formen des Zusammenlebens von den kosmisch wirkenden Kräften der Sonne und des Mondes, erhitzt oder erkaltet der Mensch in seinen Gefühlen und in seinem Leben. Dadurch verliert zugleich auch die Erde die Ausgewogenheit in den vier Elementen. Wir vermögen aus dieser Unausgewogenheit unsere Erde für die Entfaltung ihrer Fruchtbarkeit und Schönheit nicht mehr zu nähren. Vertrocknen die Körpersäfte der Frau, wird sich auch das Blut der Erde, das heilige Wasser, zurückziehen.

Die Trennung des männlichen Feuers vom Lebenswasser der Frau hat eine tiefgehende Auswirkung auf unseren Planeten. Stellt sich in Teilen der Welt große Trockenheit ein, dann sollten wir auch an den vertrockneten Lebensfluss in uns Menschen denken. Die Natur wird zum Abbild der Menschen, die aus dem natürlichen Lebensfluss gestiegen sind. Es ist notwendig zu erkennen, dass sich Menschen durch Angst und Aggression dem anderen Geschlecht gegenüber auch aus der geistigen Verbindung zum Männlichen oder Weiblichen ausschließen. Wie sollte sich auch der Lebensweg eines Menschen öffnen können, wenn er Angst davor hat, dem Männlichen oder Weiblichen in seinem Lebensalltag zu begegnen? Sich diesen Ängsten zu stellen ist eine große Herausforderung für uns alle, weil wir dabei erkennen, dass wir selbst es einmal waren, die als Mann oder Frau die kosmischen Kräfte des Männlichen oder Weiblichen verletzt haben. Wir sollten erkennen, dass es uns möglich ist, Verletzungen zu heilen, die wir durch unheilsame Erfahrungen im Geschlechterkampf in uns tragen. Auf dem Weg der Heilung von Mann und Frau leisten Menschen einen kostbaren Beitrag zur Heilung eines seit Menschengedenken bestehenden Konflikts."

KAWOQ ist in unserem menschlichen Körper dem Herzen und dem Nervensystem zugeordnet. Sowohl unsere Nerven als auch unser Herz vernetzen unseren Körper und verbinden ihn dadurch mit der Außenwelt. Über das innere Feuer des Herzens bewegen wir unsere Mitmenschen. Unsere Nerven leiten die Gefühle der Berührungen und Zärtlichkeiten, aber auch die des Schmerzes und der Gewaltanwendung in Form von Energie weiter. Aus einem verhärteten Herzen strömen die niedrigen Emotionen, die verletzen und zerstören. Hier zeigen sich die beiden Seiten der Abuela KAWOQ. Sie trägt in sich das Feuer des Männlichen und das Wasser der Frau. Aus ihrem Sein verbinden sich die beiden Jaguare, der Feuerjaguar und der Wasserjaguar, zu einer Einheit oder sie stehen sich als Konkurrenten in ihrer Macht gegenüber. Sie ist es, die das Feuer jener Männer ehrt, die ihr mit Stärke und Würde gegenübertreten, oder sie wegen ihrer Schwäche verachtet.

Sie zeigt sich in Lilith als starke, würdevolle, in der Verantwortung stehende Frau und Göttin. Über Jahrhunderte wurde diese Göttin von den Kulturen dämonisiert und als Männer fressendes Ungeheuer abgelehnt. Ihre wahre Qualität als Göttin der Kraft des Feuers und des Wassers konnten die alten Völker aus gesellschaftlichen Umständen nicht anerkennen. Je mehr die Kraft der Frau in den Kulturen zurückgedrängt und verachtet wurde, um so stärker wurden auch die Göttinnen auf geistiger Ebene abgelehnt und dem unheilsamen Wirken der Dunkelheit zugeordnet. In den Alpenländern könnte man die physische und geistige Präsenz der Hexen mit dem Wirken der Abuela KAWOQ verbinden. Die großen Lehrmeister der alten Kulturen, vor allem der Kelten, haben aus diesen Qualitäten ihre Weisheit im Umgang mit den Naturkräften weitergegeben. Weise Frauen erkannten sich als Bindeglied zwischen den verschiedenen Naturreichen und gaben den Menschen Hilfe und Führung auf dem Weg der Heilung und Ganzwerdung. Sie drückten das kosmische Gesetz des Lebens durch den Respekt und die Liebe zu allem Leben aus. Auf diese Weise hielten sie die ursprünglich in der Frau angelegten Quellen der Weisheit und Ermächtigung im Umgang mit den Wesen der Natur lebendig. Viele Menschen haben sich dieses Wissens in heilsamer Weise bedient. Durch den unbewussten und teils verachteten Umgang mit den Naturkräften wurde aus der dunklen Seite KAWOQs aber auch ein regelrechtes Chaos geschaffen. Die auf die Menschen einwirkenden dunklen Naturkräfte haben aus der Vorstellung magisch arbeitender Hexen viel Unheil für die Frau und die von ihr genährte Gemeinschaft erzeugt.

Die geistige Hüterin KAWOQ verdeckte diese Welten mit dem Schleier ihres Nebels und beschützte dadurch die Naturreiche vor noch größerem Missbrauch durch uns Menschen. Für die Lichtung dieses Schleiers braucht es Menschen, die als Mittler zwischen unserem menschlichen Geschehen und dem Geschehen auf den geistigen Seinsebenen zu wirken bereit sind. Zugleich bedarf es auch der Mittler auf geistiger Ebene, die uns diese Welten wieder näher bringen und bereit sind, uns den Zugang zu ermöglichen. Über die Verbindung zu KAWOQ werden immer mehr Menschen wieder dazu imstande sein, ihre Wahrnehmung und ihr Bewusstsein auf die Ebenen der Naturreiche auszurichten. Anerkennen wir auch unsichtbares Leben wieder in seiner Vielfalt und Fülle, wird sich auch unsere Seele in dieser Fülle und Vielfalt, in Intensität und Freude ausdrücken können. Wenn sich Naturwesen um einen Menschen sammeln, empfindet dieser Mensch Liebe und Frieden. Gemeinschaft, Schönheit und das Göttliche beginnen sich in diesen besonderen Momenten in uns und unserer Umgebung zu entfalten. Dies sind die Momente, in denen KAWOQ ihre Nebelschleier lüftet und Einlass gewährt in das Geheimnis der Naturreiche. Dies sind auch die großen Momente der Heilung, die wir von den Wesen der Naturelemente erhalten und die wir zugleich auch in diese Seinsebenen geben können. Die Weisheitslehrer der Kelten gaben dieses Wissen nur jenen weiter, die zu dieser Verbindung fähig waren. Es waren Menschen, die aus einem lebendigen Geist und einem lebendigen Herzen in den unsichtbaren Welten auf sich aufmerksam machten.

Meine Mitarbeiterin, die am Tage Neun KAWOQ geborene Priesterin Silvia, übermittelte mir einen sehr schönen Text:

„Aus dem Rat der von euch als Hexen Bezeichneten grüßen wir dich und freuen uns, dir einige Zusammenhänge unseres Seins und Wirkens aufzeigen zu können. Wir sind im Prinzip weder gut noch böse, weder liebevoll noch hasserfüllt, weder gierig noch großzügig. Wir leben aus Licht und Dunkel in Einklang mit allem. Unsere große Liebe gehört den Naturwesen, dem Pflanzen- und dem Mineralienreich.

Durch die Unwissenheit vieler Menschen ist über Jahrhunderte hinweg ein verzerrtes Bild von uns geschaffen worden.

Aus den Bildern und Vorstellungen über unser Wirken ist viel Unheil auf Menschen, aber auch auf uns Hüter der Naturreiche gelenkt worden. Diese Vorstellungen entstanden in einem Zeitabschnitt, der von Dunkelheit geprägt war. Dieser Schleier der Illusion, der sich aus dem Vergessen und der Unwissenheit gebildet hat, wird durch das sich Erinnern der Menschen aufgelöst. Wir erfahren somit, über die Erkenntnis in das Licht geführt zu werden. Das Prinzip wirkt aus der zielgerichteten Absicht. Die Transformation, die Kräfte des Todes und der Auferstehung wirken in Zusammenarbeit mit Menschen wie euch in beschleunigter Form auf allen Ebenen. Dies ist der Moment, wo großer Dank und Liebe zu euch fließen.

Menschen, in denen sich der göttliche Kern, gleich einer Lotosblüte, gleich den Sternen am Firmament entfaltet, erweisen dem Göttlichen große, wertvolle Dienste. Euer Tun wird sehr aufmerksam wahrgenommen und in Dankbarkeit und Liebe in unser aller Wirken und Sein eingebunden und umgesetzt. Der göttliche Plan wirkt aus einer klaren, emotionslosen und selbstlosen Liebe. Diese Liebe ist reiner und klarer Ausdruck des nicht bewertenden Bewusstseins. Dir, Norbert, sind wir in hohem Maße zugetan. Dieses Vertrauen ist gewachsen aus deinem reinen Wirken und deiner großen, fast kindhaften Hingabe an dein Selbst und an den Schöpfer. Dies ist ein Aspekt, wodurch du dich von anderen Wandernden und Suchenden wesentlich hervorhebst und dich in die Ermächtigung stellst. Ein weiterer Aspekt ist, dass deine Seele ihr Umfeld mit Liebe und Weisheit erfüllt und dir das männliche und weibliche Prinzip gleichermaßen gegeben ist. Die Aufmerksamkeit, die aus den verschiedenen Ebenen auf dich gerichtet wird, ist im polaren Einklang. Wertschätzung, Respekt, Dankbarkeit und Liebe deiner geistigen Begleiter entfalten sich aus deiner Demut, deinem endlosen Vertrauen, deiner Unbeschwertheit und deiner absoluten Hingabe."

Anlässlich eines Ausflugs in die Loferer Steinberge im Bundesland Salzburg erlebte ich die Berührung durch eine mächtige, der Natur zuzuordnende weibliche Göttin. Ich wurde von Silvia dorthin geführt. Lange hatte ich in meiner Heimat danach gesucht, die Abuela KAWOQ einer christlichen Kraft und Wesenheit zuordnen zu können. Als ich in der Nähe der

Pinzgauer Kleinstadt Lofer vor der Wallfahrtskirche Maria Kirchental stand, spürte ich dort eine unbändige Kraft. Bereits der Eingang zu diesem abseits gelegenen Wallfahrtsort beeindruckte mich durchs seine Schlichtheit und Kraft. Zwei riesige Felsblöcke begrüßten uns als Wächter. Wir erbaten Einlass und segneten die Steine mit Wasser aus dem Wallfahrtsort Maria Waldrast, das ich als Geschenk mitgebracht hatte. Als ich in die Kirche dieses abgelegenen, zwischen massiven Bergkolossen ruhenden Wallfahrtsortes eintrat, waren wir allein. Mir wurde erzählt, dass es in dieser Kirche immer wieder Wunder gäbe, und ich freute mich darauf, in die Kraft dieses Ortes hineinspüren zu können. Auf dem Hochaltar steht das spätgotische Gnadenbild der Mutter Gottes. In der linken Hand hält das Jesuskind einen Vogel. Mit dem ausgestreckten Finger zeigt das Kind auf einen Stieglitz. Da ich ein großer Vogelliebhaber bin, war ich neugierig, was dieses Symbol wohl bedeuten würde. Ich las in einem kleinen Büchlein über das Gnadenbild. Im Zusammenhang mit dem Jesuskind fand ich hier einen Hinweis auf die Bibelstelle: „Sie säen nicht, sie ernten nicht und sammeln nicht in Scheunen. Und doch ernährt sie euer himmlischer Vater. Wie viel mehr seid ihr wert als alle Vögel zusammen?"

In ihrer Linken hält die kosmische Mutter einen Ermächtigungsstab, der sich wie eine Blüte öffnet. Eingebettet in diese nahezu unwirkliche und kraftvolle Gegend spürte ich die Mächtigkeit dieser Mutter Gottes. Schwere Unwetter, Lawinenabgänge stellen diesen Wallfahrtsort oft in das Zentrum der Naturgewalten. Dies war der erste Hinweis für mich, dass sich die Abuela KAWOQ an diesem Ort in der Kraft der Mutter Gottes äußerte. Als wir wieder aus der Kirche traten, stand vor mir eine Mayapyramide in der Riege der mächtig über uns stehenden Loferer Steinberge. UXBALAM, der Jaguartempel in Tikál, kam mir dabei unmittelbar in Erinnerung. Wir suchten auf einem frisch gemähten Feld hinter der Kirche einen Ort, an dem ich ein Dankbarkeitsritual halten wollte. Eine Steingruppe, bewachsen mit Sträuchern, sollte der rechte Ort für dieses Ritual sein. Wir zündeten die Kerzen der vier Himmelsrichtungen des Mayakreuzes an und besprühten die Steingruppe mit Duftessenzen der Maya. Die Klänge der

Klangschalen, Gesänge und Gebete trugen uns in eine Welt voller Leben. Die Naturkräfte umringten uns spürbar. Die im Sonnenlicht über uns leuchtende Pyramide verband mich mit dem göttlichen Geist des Nordens, dem Espiritu XAMAN. Es wurde mir die geistige Erlaubnis erteilt, Silvia aus der Mächtigkeit KAWOQs an diesem Ort die Einweihung in diese große Mayakraft zu geben. Silvia sagte: „Ich nehme sie als eine sehr machtvolle, edle, leise und auch weiche Kraft wahr. Sie stammt aus dem hohen Norden und ist verbunden mit der Klarheit und der Unendlichkeit, der Stille und der Weisheit. Sie ist eine Vermittlerin zwischen der Kühle des nördlichen Geistes und dem weichen Schimmer des Mondes. Darum spüre ich dieses Geheimnisvolle, das Leise, Weiche und auch Verschwommene. Sie bleibt mit einem leichten Vorhang verhüllt. Ich nehme sie über meiner Wirbelsäule wahr und fühle mich wohl mit ihr."

Ich rief die großen weisen Frauen und bat die Abuela KAWOQ um die Öffnung ihres Geheimnisses. Auch wenn es ungewöhnlich schien, an einem christlichen Ort die Einweihung in die Ermächtigung mit dem Geist XAMAN zu geben, hatten wir dort alles für diese Einweihung vorbereitet. Ich trug meinen grünen Kristallschädel mit mir. Wir besuchten zuerst den Herz-Jesu-Altar in der Kirche. Dort erbat ich für Silvia das Feuer des Herzens Jesu. Ich lud ihre Ahnen ein, diese Zeremonien mitzutragen. Vor allem ihre Großmutter, die Silvia bereits als Kind mit diesem Wallfahrtsort verbunden hatte, war spürbar anwesend. Die Mächte der Naturgewalten rief ich mit dem Namen der keltischen Hüterin der Weltenfreuden. Ich lud die Princesa unserer Heimat dazu ein, den Lebensweg der Priesterin und Magierin mit den Freuden, der Schönheit und Fülle eines aus dem Geist Gottes bewegten Lebens zu segnen. Anschließend gingen wir erneut in die Kirche und erbaten den Segen der Mutter Maria in Verbindung mit der Göttin des Ortes, der mächtigen Madonna im Kraftfeld KAWOQ. Auf diese Weise verband sich das Feuer des Herzens Jesu mit dem Wasser des Lebens aus dem Quell der Göttin KAWOQ. Als ich mich nach dem Ritual in die Stille einer Kirchenbank zurückzog, sprach die Madonna von Maria Kirchental aus meinem Herzen:

„Ich danke dir, geliebter Sohn, für dein und euer Kommen. Von vielen Menschen, die zu mir kommen, werde ich nur als Heilerin und Mittlerin wahrgenommen. Sie bringen ihre Bedürftigkeit, ihr Leid und ihre Schmerzen und erbitten an diesem wie an vielen anderen Wallfahrtsplätzen meine Hilfe. An den mir anvertrauten Orten wirke ich aus den Kräften der Natur, die mich umgibt. Immer mehr Frauen empfinden es als großes Geschenk, in diesem Kulturkreis ihre Kraft und ihr Sein authentisch ausdrücken zu können. Sie finden zu ihren Wurzeln zurück, indem sie das Göttliche in sich wahrnehmen und sich zu ihrer Kraft und Weisheit bekennen. In den Bergen repräsentiere ich nicht nur die christliche Mutter. Die großen, weisen Frauen der alten, hier lebendigen Kultur stehen mit mir in Verbindung. An diesem Ort hier wirkten bereits eure Ahnen aus der verbindenden Kraft der Feuerzeremonie und der Urkraft des Wassers. Hier schufen sie die Verbindung zu den Elementen und wirkten zum Wohle der Menschen. Das ist es, was du erkannt hattest, als du dich für das Initiationsritual an diesem Ort entschlossen hast. So wurde Silvia bereits als Kind hierher geführt, weil ihr inneres Wesen diesem Ort entspricht. Das hatte ihre Großmutter erkannt, ohne die tieferen Hintergründe ihres Handelns zu hinterfragen. Viele Menschen suchen mich an den Wallfahrtsorten als Gottesmutter Maria und vergessen dabei, dass es mich in unterschiedlichsten Seinsformen gibt. Meine Altäre sind in gleicher Weise, wie du es in Maya erfahren hast, die Natur und die damit verbundenen Elemente. Ich führe an diesen Orten die Menschen zurück in die Einheit, in das Verbundensein mit der Mutter Erde. Sie beten ihre Gebete und ich gebe ihnen die Heilung, indem ich ihnen die verschlossenen Naturreiche wieder öffne. Unser göttlicher Vater zeigt sich auf dem Planeten Erde in seiner ganzen Vielfalt und Schönheit. Mein Anliegen ist es, diesen Lebensquell für alle Lebewesen und Kinder dieses Planeten zu hüten und reinzuhalten. Aus dieser Aufgabe wirke und bin ich, die göttliche, auf Erden wirkende Mutter. Die großen Heilungsplätze der Natur möchten in eurer Heimat wieder erkannt werden. Immer noch lehnen viele Menschen ihre eigenen Wurzeln und die damit verbundene Weisheit der alten Völker ab. Sie glauben daran, mich als Mutter Maria und meinen Sohn Jesus von der Kraft der alten Völker trennen zu müssen. Mein Sohn liebte die Natur und erkannte sie als Tempel seines Vaters, wie sie von vielen Weisheitslehrern vor ihm bereits verehrt und erkannt wurde. Die Abwendung vom Weiblichen in den Glaubensrichtungen schuf auch eine Trennung des Menschen von den Heilungsstätten der Mutter Natur. Gebete zu mir können ihre Heilkraft verstärken, wenn ich als die wahrgenommen werde, die ich bin. Und dennoch bin ich zugleich auch als Mutter für alle jene da, die sich auf ihre eigenen Wurzeln nicht mehr besinnen.

In unseren Seinsebenen wirken wir als Meisterinnen aus den geistigen und natürlichen Quellen für das Wohl des Menschen und allen Lebens auf Erden zusammen. Ich könnte nicht als Gottesmutter bezeichnet werden, wenn ich zugleich die Basis allen menschlichen Lebens, die Urkraft der vier Elemente, in ihrem Wirken und Sein ablehnte. Aus der Beschränkung vieler Gläubiger verschließen sich diese großen Lebens- und Kraftquellen. Das ist der wahre Grund vieler Krankheiten, die zugleich Ausdruck der Entfernung des Menschen von der Einheit mit den Grundsäulen der Natur sind. So wirke ich an Wallfahrtsorten aus meiner Qualität als Heilerin des Wassers. An anderen Orten wirke ich aus meiner Ermächtigung als dunkle Göttin der Barmherzigkeit und Gnade. An harmonischen Naturorten wirke ich als Friedensstifterin und an Orten wie diesem hier aktiviere ich die Urkräfte des Feuers und des Wassers in den Menschen. So wurden die Gläubigen früherer Zeiten aufmerksam gemacht, hier einen Ort des Gebets und der Heilung zu schaffen.

Durch eure Rituale habt ihr vieles wieder lebendig gemacht und zusammen gefügt, was die Menschen hier getrennt hielten. Aus eurem gemeinsamen Handeln und Erkennen fließt ein Strom des göttlichen Segens über euch. Als Beschützerin segne ich euch auf der gemeinsamen Wanderschaft im Kreis der Gemeinschaft TO-OM-RA, aus dem Geist der Erkenntnis und aus der Liebe und Fürsorge meines Herzens. So wie die Sonne über euch steht und zugleich die Kraft der Wasserfälle zwischen den Felswänden dröhnt, so erhebt sich die Urkraft Gottes aus den Menschen, die bereit sind, als Krieger und Magier des Herzens die Welt zu gestalten."

Kapitel 10

AJPUU (Achpuu)

DER KRIEGER DES HERZENS
Die Neun Siege aus dem Herzen Jesu

Ahau

„Aus dieser kraftvollen Verbindung zwischen Naturkräften und dem aus den Menschen leuchtenden Geist Gottes spiegelt sich die Farbenpracht der sieben Schöpferstrahlen wider. In diesem Licht sind aus dem Schoß der Göttinnen die Heldinnen und Helden des Herzens geboren. Der große Schöpfergeist hat als Herr dieses über der Menschheit leuchtenden Regenbogens über die Kriegerinnen und Krieger des Herzens die neue Zeit eingeleitet. Ihr Leben und ihr Sein spiegeln die Farbenpracht des Himmels wider. Gesegnet vom goldenen Strahl des Vaters, erhebt der Bote Gottes, AJPUU, sein Haupt und richtet sein Schwert der Klarheit in das Herz der Sonne. Aus dem Schoß der Urmutter CAJALOM geboren, trägt AJPUU aus der Segnung KAWOQs die Schöpferkräfte Gottes im Zeichen des Kriegers in seinem Herzen. So beginnen viele Frauen und Männer mit ihm die Wanderschaft auf Erden. Zusammen ziehen sie durch Länder und Kulturen und werden von all jenen erkannt, die sie bereits sehnlich erwarten. Angekündigt von den Engeln des Friedens, klärt AJPUU die schwer auf den Landschaften lastenden, dunklen Wolkentürme der zwischenmenschlichen Konflikte. Sein Schwert durchtrennt die zusammengeballten Mächte der Zerstörung, in die sich die Menschen verstrickt halten. Dann steckt AJPUU das Schwert in die Scheide und berührt auf seiner Wanderschaft durch die Menschheit all jene mit seiner Kraft, die in sich den Ruf des Rates der Meisterinnen und Meister als Hüter unseres Planeten Erde erkennen. Niemand ist mehr imstande, die Schönheit seiner selbst durch die Abkehr vom Licht zu verdecken. Auch wird niemand mehr ein Abbild seiner selbst in die Welt setzen, ohne in sich das reine, göttliche Abbild des Schöpfers anzuerkennen. So ist die neue Zeit geboren, aus dem Feuer des Geistes und dem Wasser des Lebens, das aus den Quellen der Berge sprudelt. An den Ufern der Bäche, Flüsse, Seen und Meere laben sie sich, die Kinder des Feuers und des Lichts. Sie richten ihre Wanderschaft nach den Vögeln des Himmels aus, die wie sie selbst dem Licht entgegen ziehen. Sie lassen sich alle dort nieder, wo der Krieger des Herzens ihnen bereits den Boden bereitet hat." Diesen prophetischen Text erhielt ich, während ich meinem Computer saß und meine eigenen Lebensumstände nicht mehr zu fassen wusste. Ich erwartete tröstende Worte meiner geistigen Begleiter und wurde von AJPUU in seiner sehr direkten Art darauf hingewiesen, die größeren Lebenszusammenhänge wahrzunehmen.

Der Nahual des brennenden Herzens, AJPUU, ist ein Wegbereiter für unsere Wanderschaft durch Licht und Dunkel. Auf unserer planetarischen Wanderschaft können wir die Pyramide der Erkenntnis, den Baum des Lebens aus der Weisheit und Kraft AJPUUs betreten. Jeder Entwicklungsschritt des Menschen hebt ihn Stufe für Stufe die geistigen Ebenen empor. Gott erwartet uns auf der Spitze der Pyramide. Er ruft uns aus der Kraft seines Herzens, Corazon del Cielo, das die Einheit allen Seins und zugleich die Spitze der Pyramide symbolisiert. Sein Ruf erklingt aus unserem menschlichen Herzen und dringt von dort weiter in die Ebenen des Dunkels. Kein Mensch kann in die Einheit mit dem Herzen Gottes kommen, ohne die Ebenen des Dunkels vorher durchwandert zu haben. Das Lichttor öffnet sich aus der energetischen Dichte des Dunkels. Aus diesem Grund steht der Krieger des Herzens, AJPUU, mit seinem Herzen zwischen dem Herzen des Himmels und dem Herzen der Unterwelten XIBALBA. Er ist Mittler zwischen der Essenz Gottes und dem verdichteten Licht, dem von uns wahrgenommenen Dunkel der Materie.

Meine Frau Christine saß kürzlich in der Metro von Mexico City. Ein großer, beleibter Mann betrat das Zugabteil und bot seine Waren an. Zu ihrer Überraschung sah sie ihn umringt von einer Fülle von Schattenwesen. Sie musste einige Male hinsehen, um schließlich zu erkennen, dass diese Wahrnehmung auch stimmte. Ihr Körper wurde innerhalb weniger Minuten müde. Sie kämpfte darum, nicht einzuschlafen, und sah, wie rund um sie die Menschen wie sie selbst von einer schweren Müdigkeit erfasst wurden. Die schwarzen Schatten lösten sich von diesem Mann und drangen in die müden Körper mancher Fahrgäste ein. Fasziniert beobachtete sie das Geschehen. Als der Mann bei der nächsten Station wieder ausstieg, lösten sich diese Wesen wieder von den Menschen und verließen energetisch genährt die Bahn. Diese Offenbarung unserer zwischenmenschlichen Begegnungen beunruhigte meine Frau in einem erheblichen Maße. Sie hatte den Metroplan in ihren Händen und sah die unterschiedlichen Namen der Bahnstationen. Diese sind nach Aztekenhelden und Pyramidenorten benannt. Zusammenhängend mit dem Geschehen wurde ihr bewusst, dass die Bahnstrecken wohl auch durch die Unterwelten sakraler Orte führen mussten, die durch die Stadterweiterung vereinnahmt worden waren. Es zeigt sich das Bild einer sehr reellen Unterweltenreise durch die Schichten XIBALBAs, auf denen die meisten sakralen Bauten der alten Völker aufgebaut sind. Man könnte auch von einer Geisterbahn sprechen, in der unzählige Menschen täglich zum Arbeitsplatz und Wohnort fahren und dabei entsprechenden Energien ausgesetzt sind.

Auch bei meinen Veranstaltungen erzählen Menschen immer häufiger von Begegnungen mit Wesen der Dunkelheit. Diese Erlebnisse werden meist in der Form interpretiert, dass ihnen völlig unerwartet Dämonen begegnen. Menschen träumen von Schattenwesen, die ihnen nahe sind. Manche sprechen von Satan, der sich ihnen im Traum gezeigt hat. All diese Phänomene lassen uns erahnen, was geschehen wird, wenn sich die Nebel zwischen den unterschiedlichen Seinsebenen zu lichten beginnen. Wir Menschen werden in diesen Zuständen nicht nur Einblicke in andere Realitäten erhalten. Wir werden vor allem an uns selbst erkennen, auf welchen Seinsebenen wir uns verstrickt halten. Lichten sich diese in vielen Prophezeiungen angesprochenen Nebel zwischen den Dimensionen, so liegen diese Nebelschichten nicht nur um unseren Planeten, sondern vor allem um unseren inneren Kern. Es wird aus dieser Öffnung alles offenbar, was wir uns selbst in unseren früheren und bisherigen Leben geschaffen haben. Es zeigt sich ein Bild, das keiner äußeren Naturkatastrophen bedarf. Das Erkennen unserer selbst zählt damit zu den größten Herausforderungen, denen wir im Zeitenwandel gegenüberstehen werden. Es ist leichter, eine Bedrohung von außen zu verspüren, als sie aus uns selbst heraus wahrzunehmen. Menschen in Kriegsgebieten erleben diese Bedrohung oft hautnah und lernen nach und nach, auch mit Extremsituationen umzugehen. Wenn die Kräfte der Zerstörung allerdings in uns offenbar werden, stehen wir uns selbst als Aggressoren gegenüber. Wir werden aus unserem Inneren bedroht und zerstört und ziehen zusätzlich von außen gleichartige Kräfte an.

Diese dunkle Seite des Kriegers AJPUU zeigt mit aller Deutlichkeit, dass wir in unserer inneren Wandlung nahezu gezwungen werden, die Wanderschaft durch unsere eigenen Unterwelten anzugehen. Wie in der alten Mayalegende der Wanderschaft AJPUUs und IX-BALAMQUEs durch die Unterwelten bedarf es größten Mutes, sich diesen Ebenen in uns selbst zu stellen. Vor allem werden wir in solchen Lebenssituationen die Wirksamkeit der kosmischen Gerechtigkeit ohne Verurteilung durch menschliche Einrichtungen erkennen können. Der Mensch stellt sich selbst einem feinstofflichen Tribunal und wird allein an seinem inneren Zustand der Ordnung oder Unordnung gemessen. Maya bezeichnet dieses innere Gericht als „Tribunal de Justicia Mundo“, verbunden mit dem Presidente, Alcalde und Secretario Mundo. Diese drei Maya-Altäre stehen in der Region der Hochlandstadt Quetzaltenango und werden in den Heilungszeremonien von Don Julián und anderen Mayaschamanen eingeladen.

Es war schwierig für mich, dieses Geschehen in der schamanischen Arbeit zu verstehen. So bat ich den Anciano, mir die Wirkensweise dieses in anderen Seinsebenen existierenden Gerichts der Maya zu erklären. Er antwortete mir: „Es gibt in unserer Kosmovision für die menschliche Seele weder einen strafenden Gott noch eine strafende Institution. Die menschliche Seele erkennt selbst ihr individuelles Gefängnis, in das sie durch die Handlungen des Menschen gesperrt wurde. Sie leidet in dieser Enge wie ein Gefangener in einem Gefängnis, dessen Tore von den zerstörenden und einengenden Wesen gehütet werden, die sich dieser Mensch selbst in sein Leben einlud. AJPUU, der innere Krieger, könnte somit auch als die Urkraft in uns bezeichnet werden, mit der sich die Seele die Freiheit aus dieser Dichte und Enge erkämpft. Dieser Mensch geht ungeachtet aller Hindernisse, die sich in den Weg stellen, zielgerichtet auf das Licht zu. Ihm stehen allerdings die Tore zum Licht nur dann offen, wenn er sich für den Weg der Erkenntnis und der inneren Freiheit entscheidet. AJPUU kennt das Geheimnis der sich in uns Menschen entfaltenden Liebe. Wer nicht fähig ist, die Liebe und Gnade in den Ebenen des Dunkels anzuerkennen, auf dessen Herzen liegt die Angst vor dem eigenen Schatten."

Ich stand in einem kleinen Laden in der Ortschaft Chichicastenango. Eine alte Indianerfrau, die ich seit vielen Jahren kenne, machte mich darauf aufmerksam, dass sie eine alte Priestervara zum Verkauf hätte. Familienangehörige eines vor Jahrzehnten bereits verstorbenen Schamanen wollten mit den Requisiten des Mayaschamanen nichts mehr zu tun haben. Dies geschieht häufig, wenn sich Familienangehörige von ihrer eigenen Tradition Maya abwenden und sich meist amerikanischen Religionsgemeinschaften anschließen. Es war für mich unvorstellbar, die Priestervara eines bereits verstorbenen Schamanen zu kaufen. Trotzdem bat ich die Anciana, mir die Vara zu zeigen. Als sie das an den vier Ecken verknotete rote Tuch öffnete, lagen vor mir unscheinbare Gegenstände. 260 rote Tzite, Samenkörner eines Baumes als Symbole für den Mayakalender, zwei Münzen aus dem Jahre 1902, kleine Kristalle, Obsidianspitzen und einige kleine und unscheinbare Steine. Wir wollten gerade das Tuch wieder zusammenknoten, als sich in mir eine starke Kraft meldete. Ich spürte über meinem Kopf die kraftvolle Präsenz eines Wesens. Auch meine Frau machte mich aufmerksam, dass dieser Anciano nun präsent sei. Er gab mir ein klares Zeichen, seine Vara zu kaufen. Offenbar abgelehnt von der eigenen Familie, suchte der verstorbene Schamane auf diese Weise einen Weg, seine Begleitung und Kraft weiterzugeben, und bettete sich auf diese Weise in mein Leben ein.

Noch am Abend stellte ich seine Vara auf meine Mesa und entzündete die Kerzen des Mayakreuzes in den vier Farben. Ich bedankte mich für das Geschenk und setzte mich anschließend an meinen Laptop, um weiter an meinem Buch zu schreiben. Es meldete sich aber alsbald der Mayaweise, den ich vorerst nicht erkannte und der mir einen Brief zu diktieren begann:

„Ich habe dir heute mit der Erlaubnis AJPUUs ein Geschenk gegeben, das weitere Bewegung in dein Leben bringen wird. Ich begleite dich als Feuerschamane meines Volksstammes der Quichés seit geraumer Zeit. Meine Priestervara möge dir ein Zeichen dafür sein, dass du in den besonderen Momenten deines Lebens Hilfe und Unterstützung aus unterschiedlichen Seinsebenen erhältst. Ich bin stolz und glücklich, dass alles so in Erfüllung gegangen ist, wie wir uns das im Consejo Invisible, im „Unsichtbaren Maya-Rat", gewünscht haben. Ich habe, wie alle anderen unseres Maya-Rates auch, mit dem heiligen Kalender gearbeitet und die Nahuales durch meine Lebensführung ausgedrückt. Ich brauche mich selbst nicht vorzustellen und habe vor, dich im Namen des kosmischen Begleiters AJPUU und weniger als Anciano und Schamane zu begleiten. Als Mensch war ich wie viele andere in diesem Kulturkreis lebende Menschen in äußerer Armut. Ich lebte in meiner Tradition und diente mit meiner Arbeit den Menschen. Dabei hatte ich mir für dieses Leben zur Aufgabe gesetzt, die Mächtigkeit des Schöpfers in aller Einfachheit und im Dienen zu leben. In Demut und Hingabe schöpfte ich aus dem Weisheitsschatz meines Volkes und lebte das, was du als Krieger des Herzens bezeichnen würdest. Viele meiner Schwestern und Brüder im Kraftfeld Maya sind aus demselben Grund in dieser Zeit und in diesem Umfeld inkarniert. Nimm meine Vara im Namen AJPUUs und lass dich von uns in der heutigen Nacht zu den Herren der Unterwelten der Maya führen."

Ich saß in der nächtlichen Stille auf dem Balkon in unserem Zentrum. Die gegenüberliegenden Vulkane waren eingehüllt in dunkle Wolken. Von Zeit zu Zeit zogen hörbar leichte Windböen durch die umliegenden Wälder heran. Bereits von weitem hörte man das Rascheln der Eichenblätter, bis ich schließlich den sanften Wirbelwind spürte. Ich hörte über den Kopfhörer

Musik, die ich eigens für diese Reise in die Welten XIBALBAs vorbereitet hatte. Die Klänge trugen mich nach und nach in die Tiefe des Dunkels. Die Musik wurde zunehmend archaischer, kraftvoller und ich spürte, wie sich mein Geist hinabsenkte zum Hüter der Maya-Unterwelten. Mein Körper erzitterte leicht, ich spürte die machtvolle Präsenz der Senores XIBALBA und begrüßte sie. Die Natur um mich herum schien immer lebendiger zu werden. Ich spürte die dunklen Kräfte, die aus den Tiefen des Lago Atitlán emporstiegen. Alle mir nahe stehenden Wesen unseres Zentrums versammelten sich um mich herum und gaben mir Schutz. Tief in mir empfand ich den Respekt und die Liebe, die mir von AJPUU, dem verstorbenen Anciano und den Hütern der Unterwelten entgegengebracht wurden.

Am folgenden Tag meldete sich der Anciano erneut und gab mir weitere Hinweise darüber, in welcher Weise ich seine Vara als Lebensbegleiter verwenden sollte: „Im gestrigen Nachtritual führten wir dich tief in das Herz der Unterwelten. Deine mentale Verbindung mit dem Meisterrat der Maya hat das Feuer des Geistes AJPUUs in den unterschiedlichen Ebenen des Dunkels entfacht und viele Wesen angezogen. Der kühle Wind, der dich im Ritual berührt hat, ist auch auf diesen Ebenen als reinigend und heilend empfunden worden. Die Wärme des Feuers und zugleich die Klarheit des Geistes haben die Herren der Unterwelten mit Wohlwollen aufgenommen. Aus diesem Ritual hast du die Erlaubnis des Maya-Rates erhalten, Menschen in ein weiteres Geheimnis der Maya einzuweihen. Es war notwendig, auch seitens der Schwestern und Brüder des Rates XIBALBA das Einverständnis für diesen sich in dir öffnenden Weg der Maya einzuholen. Verbinde die Menschen, die wir dir zuführen, aus dem Feuer AJPUUs mit dem Einweihungsweg in den Geist des Nordens, den Espiritu XAMAN. Der klare und reine Geist des weißen Nordens und die Kraft des Feuers des roten Ostens verbinden AJPUU mit deinem Geburtsnahual NO'J. Diese Öffnung beider Quellen wird viele Veränderungen in den Menschen bewirken. Aus der Wärme der Herzen wird sich ein klarer Geist entfalten. Aus diesen Qualitäten finden die Krieger des Herzens den rechten Nährboden für ihre Entfaltung. Ohne die Verbindungen zu den

Höhen und Tiefen der Seinsebenen können sie ihren Auftrag nicht erfüllen. Dies ist einer der Gründe, warum es auch für dich notwendig war, die Dunkelheit als Teil der menschlichen Bewusstseinsentwicklung anzunehmen. Du hast den Segen und die Ermächtigung aus dem Rate erhalten, dich gemeinsam im Kreis Wahrheitssuchender über die Grenzen von Seinsebenen zu bewegen, die vielen Menschen verschlossen sind. Diese Zugänge waren in unserem Volke allein den Meistern des Rates vorbehalten. Somit komme ich in ihrem Namen zu dir und möchte dir in dem Erkennen und der Annahme deiner Meisterschaft behilflich sein. Wann immer du in Zweifel bist, wenn es um wichtige Entscheidungen geht, dann rufe mich, nimm meine Vara in die Hand und lass dich aus deinem Herzen bewegen. Du wirst Klarheit bekommen und aus den Impulsen deines Herzens handeln und entscheiden. Deine Aufgabe ist groß, deine Bereitschaft, dem Göttlichen zu dienen, ist auf allen Seinsebenen mit Freude aufgenommen worden. Auch in der physischen Ebene wurdest du im Kreis der Vier auf dem Tempel des KU-KUUL-KAAN in die Meisterschaft eingeweiht. Tikál ist in diesem Zusammenhang nicht nur ein heiliger Platz der Maya. Es ist eines der großen Kraft- und Lichtzentren auf dem Planeten Erde. Der Rat der Meisterinnen und Meister Tikáls hat sich über die Korrektheit, mit der dieses Initiationsritual für dich gehalten wurde, sehr gefreut. Wie du, so sollten auch die beiden Priesterinnen die Segnung des Meisterrates erhalten. Seit deiner Einweihung hat sich, wie du weißt, in deinem und eurem Leben vieles verändert. Einiges sollte in eurem Kreis noch geklärt werden, damit ihr in Klarheit und Ausgewogenheit den Rat vertreten könnt. So nehmt die Tränen, eure inneren und äußeren Hilferufe als Zeichen eurer gemeinsamen Hingabe an das Werk, das ihr aus dem Herzen AJPUUs im Namen des Rates verwirklichen dürft.

Damit ist auch eine deiner Lebensaufgaben in Erfüllung gegangen, wofür du dich viele Jahre deines Lebens unbewusst vorbereitet hast. Deine Ahnen haben dir bereits als Kind über deinen Vater den Schlüssel zum Meisterrat in dein Herz gelegt. Erinnere dich an seine Segnungen, an das Initiationsritual mit dem Herzen Jesu. Du konntest freilich den tieferen

Hintergrund dieser Vorbereitungen nicht erkennen. Durch diese Verbindung mit dem Herzen Jesu wurde dir auch der Zugang zum Rat der Mayameister geschaffen. AJPUU ist die Kraft, die aus dem Herzen des Meisters Jesus Christus in deiner christlichen Tradition lebendig geworden ist. Dein Vater hat diese Kraft in ihrer Wirksamkeit erkannt. In eurer Computersprache kennt ihr die 'Firewall', die bewusst in die Welt gesetzte Computerviren ausschaltet. Es verhält sich bei diesen von Menschenhand geschaffenen und zerstörenden Viren wie bei den vielen Menschen, die durch bewusst geformte Wesenheiten der Zerstörung angegriffen und ausgeschaltet werden sollten. Auch da habt ihr aus Konflikten erfahren, was es bedeutet, diesen zerstörenden Kräften ausgesetzt zu sein und an die Grenze des Todes zu kommen. Als Krieger ist es notwendig, sich diesen unsichtbaren Kampfgegnern zu stellen und darauf zu vertrauen, dass in eurem Innersten diese Feuermauer des Herzens Jesu besteht, die euch den Schutz vor der Zerstörung gibt. Dein Vater hat einst ein Büchlein über die ‚Neun Siege' geschrieben und zeichnete damit den Initiationsweg zur Schutzkraft des Herzens Jesu.

Erst kürzlich wurde dir bewusst, dass diese Siege mit der Wanderschaft AJPUUs und IX-BALAMQUEs durch die neun Unterwelten zu tun haben. Du siehst, wie nahe sich die Traditionen stehen und wie kostbar es für die Menschheit ist, die Botschaften aus den Traditionen zu erkennen und so in die heutige Zeit umzusetzen, dass sie wieder integriert werden können. Es ist die Absicht und der Wille des großen Hüters des kosmischen Feuers, AJPUUs, in seiner wahren Qualität und in der Botschaft seiner Lebensgeschichte erkannt zu werden. Dafür möchte er dir aus dem Herzen danken und dich weiter begleiten. Der Segen der Nahuales der Maya fließt über dich, der du im Namen der Meisterinnen und Meister die Tore in die Mysterien der Seinsebenen geöffnet bekommst. Sie werden dich und euch aus der Magie des Herzens in eurer Aufgabe als Brückenbauer und Initiationspriester des Rates mit ihrer Kraft, Liebe und Weisheit füllen. Seid gesegnet für das, was ihr aus eurem Herzen ausdrückt. Auf allen Ebenen werden die Kinder des Lichts, die Krieger des Herzens AJPUU, aus der schöpferischen Liebe der Herzensmagier geboren. Freut euch auf jeden einzelnen Tag eures Lebens, denn es füllen sich die Tage wie kostbare Gefäße, aus denen unzählige Menschen Stärke, Erkenntnis und Reinheit schöpfen werden."

IX-BALAMQUE bewegte sich einst durch die niedrigen, unsichtbaren Welten der Emotionen und Gedanken, in denen all das existiert und gehütet wird, was wir Menschen durch unser Wirken in die Welt gesetzt haben. Dabei erkannte er, dass diese Wesen durch List und Geschicklichkeit, durch Wachheit, Respekt und Liebe in Erfahrung gebracht werden konnten. Es waren die eigenen menschlichen Haltungen, denen er in diesen Reichen begegnete und denen er sich stellen musste. Durch seine Tapferkeit öffnete er als Held eines uralten Maya-Mythos das Geheimnis des Dunkels, das in ihm selbst verborgen lag. Er durchwanderte auf seiner Reise nach innen das Reich des Todes, begegnete den Herren der Unterwelten und kam dabei selbst ums Leben. Aber es war ein Tod, der ihm zugleich eine neue Basis schuf für die Wanderschaft in noch tiefere Ebenen. In ihm starben auf der weiteren Suche nach der Essenz und dem Herzen des Schattenreiches alte Vorstellungen und Glaubenssätze.

AJPUU erkundete als sein Seelenbruder die Bewusstseinsstufen auf dem Weg in die Einheit (Hun) des Lichts. Während HUN-AJPUU eine Stufe der Erkenntnis der Pyramide des Lebens erklomm, stieg IX-BALAMQUE eine Stufe der nach unten gerichteten Pyramide. Beide wussten sich miteinander verbunden. So entfernten sich die beiden immer weiter voneinander. Je höher HUN-AJPUU in das Licht der Erkenntnis drängte, um so tiefer und dichter wurden die Erfahrungen seines Zwillingsbruders. Mit ihnen bewegten sich die beiden Jaguare. Der Schwarze Jaguar zog mit IX-BALAMQUE in seiner Mächtigkeit und Beweglichkeit durch die Reiche des Dunkels. Der Weiße Jaguar erhob sich mit HUN-AJPUU in die Reiche des Lichts. Beide Brüder wussten von dem einen Ort, an dem sie zusammenfinden würden. Dieser Ort lag über den beiden Polen im Licht des Christus und hinter der größten Dichte des Dunkels. Dort wurden beide im Feuer des Herzen Gottes eins miteinander.

In gleicher Weise ist ein im Herzen verankerter Mensch mit beiden Welten verbunden. Die Wanderschaft jedes Menschen in das göttliche Licht folgt den Wegen, die einst die Krieger des Herzens für uns erkundeten. Unser Blick richtet sich dabei aus den Mittelwelten, unserem Lebensumfeld, in die Ebenen des Lichts, die Oberwelten, und die Ebenen des Dunkels, die Unterwelten. Wir werden dabei durch unsere eigenen inneren Welten geführt und müssen uns auf dieser Wanderschaft der Lebendigkeit unseres feinenergetischen Zustandes stellen. Nur so ist es uns möglich, uns als Krieger mit Mut, Wachheit und Tapferkeit aus den eigenen Verstrickungen zu lösen und uns von den Erschwernissen und Anhaftungen des Lebens zu befreien. Aus dieser Erkenntnis und mit einem starken Willen wird ein Wahrheitssuchender einen Weg finden, sich durch die Arbeit an sich selbst und durch die Unterstützung anderer aus diesen Verstrickungen zu befreien. Jeder einzelne Befreiungsakt aus Abhängigkeiten gibt uns weitere Wege frei auf der Wahrheitssuche im Labyrinth der Schattenwelten. Wir sind somit auf unserem Lebensweg in einer ständigen Zweiteilung. Ein Seelenanteil unserer selbst ist in Begleitung HUN-AJPUUs auf dem Wege des Lichts und ein anderer Seelenanteil steigt zugleich mit IX-BALAMQUE in die Tiefe unserer selbst. Dennoch vereinigen sich beide Anteile in unserem Herzen zu einem Ganzen. Einen dieser beiden Seelenanteile in sich zu verleugnen würde eine Scheinwelt schaffen, in der wir von Ängsten bedrängt und niedergehalten werden. Die Ablehnung des Dunkels führt zu einer Abspaltung eines Seelenanteils. Aus dieser Abspaltung entsteht auch im täglichen Leben des Menschen Trennung. Diese Trennung bezeichnen die Menschen als das Böse. In uns selbst liegen also in der Erfahrung des Bösen Seelenanteile, die von der Liebe abgespalten existieren. Damit bewegen wir uns in unserem Seinszustand außerhalb des kosmischen Gesetzes.

In den Tagen meiner Einweihung mit der Vara des verstorbenen Mayaweisen hatte ich einen besonderen Traum: Ich saß auf einem Zeremonienhügel in einer wunderschönen Landschaft. Um mich standen alte, vom Ruß der Mayafeuer geschwärzte Steinkreuze. Es waren Maya-Altäre aus uralter Zeit. Von weitem kam eine dunkle Gestalt auf mich zu. Sie trug einen schwarzen Mantel und war mit eigenartigem, fremd wirkendem Schmuck behangen. Je näher mir diese Gestalt kam, um so mehr Vertrauen empfand ich. Ich erinnerte mich an den langsamen, geschmeidigen und würdevollen Gang von Maskenträgern im venezianischen Fasching. Die Gestalt trug eine sehr machtvolle, dunkle, in sich harmonische Maske. Ihre Augen und ihre Statur ließen auf einen in mittlerem Alter stehenden, kraftvollen Mann schließen. Es strömte viel Liebe aus diesen Augen. So kniete ich mich aus Respekt und Dankbarkeit vor ihm nieder. Er gab mir seine Hand und forderte mich auf, mich zu erheben. Er legte seine rechte Hand auf mein Herz und segnete mich mit derselben Vara, die ich in diesen Tagen auf dem Markt erstanden hatte. Dann nahm der Mann seine Maske ab. Vor mir stand eine mächtige Maya-Persönlichkeit, die mir zulächelte, sich verneigte und sich dann zu einem der Maya-Altäre setzte. So kamen insgesamt fünf Gestalten, darunter auch dunkle Priesterinnen, auf mich zu, die in derselben Weise sich vor mir verneigten und mir ihre Unterstützung, ihren Respekt und ihre Begleitung zusagten. Alle legten sie ihre Masken und ihre Verkleidung vor mir ab. Es wurde mir bewusst, dass mein großer Respekt vor den Reichen des Dunkels es möglich gemacht hatte, dass sie sich mir ohne Verkleidungen und Masken zeigen konnten. Zugleich verspürte ich aber auch die Gefahr für die suchenden Menschen, die sich diesen Mächten mit falschen Vorstellungen und Erwartungen, oder gar aus Neugier und Faszination nähern.

Dies war eine bewegende Begegnung mit den Hütern der Maya-Unterwelten XIBALBA, zu denen mich AJPUU in dieser Nacht geführt hatte. Ich rief Tata Julián an und erzählte ihm diese höchst mystischen Vorgänge in meinem Traum. Er sagte nur, dass er sich darüber sehr freue, dass ich aber sehr vorsichtig mit diesen Kräften umgehen sollte. Die wahren Ermächtigungen seien nicht die, die wir aus Menschenhänden erhielten. Wie auch in seinem Leben geschehen, würden die wahren Initiationen auf den unsichtbaren Ebenen gegeben. Dafür müssten im Leben eines Menschen der rechte Zeitpunkt und die entsprechenden Lebensumstände gegeben sein. Der am Tage 11 AJPUU geborene Don Julián erklärte mir seine Verbindung zu den Meistern des Dunklen Rates: „Viele Völker und Kulturen stehen den Erfahrungen unserer jahrtausendealten Kosmologie Maya ablehnend gegenüber. Sie verurteilen die Wesen des Dunkels und sehen in ihnen Mächte, die uns Böses wollen, die uns in Versuchung bringen und vom Licht abhalten. Im Bild des Teufels, im Schrecken Satans, existiert nach ihrem Weltbild in vielen Menschen eine üble Macht auf Erden, die sie für alles Böse verantwortlich machen. In Maya werden die dunklen Mächte durch Rituale, durch Respekt und Erkenntnis in die Heilung des Menschen miteinbezogen. Wir erkennen diese Mächte in unterschiedlichen Qualitäten und Ebenen und pflegen besonders für die Heilung der Menschen Kontakte mit ihnen. Die Meister des Dunkels XIBALBA sind als Prüfstein des Herzens und Geistes des Menschen eingebettet in den göttlichen Plan und in der geistigen Entfaltung eines Menschen von großer Bedeutung. Wenn wir diesen unsagbaren Kräften reinen Herzens begegnen, werden sie vor uns ihre Maske lüften und uns ihr wahres Gesicht zu erkennen geben. Wenn wir sie für unsere persönlichen Absichten und aus unehrlichen Motiven rufen, können sie unseren Untergang bedeuten. Die Vorsteher der Maya-Unterwelten hüten all jene Wesen, die wir Menschen aus unseren eigenen getrennten Seelenanteilen kreiert haben. Wir verurteilen und verteufeln also etwas, was aus uns selbst entstanden ist."

Der große Lehrmeister auf der Reise durch diese inneren Ebenen des Lichts und der Dunkelheit ist AJPUU. Er steht gleichsam als Obelisk im Licht der aufgehenden Sonne. Sein Schatten, IX-BALAMQUE, fällt dabei in den Westen. Je mehr die Sonne dem Zenit entgegen steigt, um so kleiner wird der Schatten, um so mehr verbinden sich die Zwillingsbrüder zu einer Einheit. Wenn sich Schatten und Licht miteinander vereinen, steht der Mensch in der göttlichen Einheit. Er lebt aus seinem Herzen. In dieser Einheit gibt es keine Trennung beider Welten mehr. Diese Einheit erfahren wir aus unserer Liebeskapazität. Wir anerkennen unser Herz als Schaltzentrum für unsere Äußerungen. Der Mensch ist in diesem Zustand unmittelbar verbunden mit dem Herzen des Vaters und der Mutter Erde, die beide in uns zu einer Einheit verschmelzen.

Der Krieger AJPUU macht uns wie der göttliche Meister Jesus den Einweihungsweg in die Einheit der kosmischen Liebe erkennbar. Er ist verbunden mit der Kraft der Sonne, die sich durch Licht und Schatten ausdrückt. Die Barke der Sonne treibt auf dem kosmischen Meer. Die Sonne liegt in der geöffneten Schale des Mondes in heiliger Balance. Sie wird gehalten von den beiden Meistern der Weisheit, aus Licht und Dunkel. Wenn sich am Abend die Sonne im Westen dem Untergang zuneigt, beginnt die Wanderschaft seines Zwillingsbruders IX-BALAMQUE. Er übernimmt die Kraft des Tages und führt uns Menschen nach und nach in die Stille der Nacht. Sobald die Sonne am Horizont verschwindet, erinnert uns IX-BALAMQUE als Mond an das kosmische Licht Gottes, das uns aus der Dunkelheit den Weg weist. Wie AJPUU die Dunkelheit der Nacht auflöst und im Morgengrauen den erwachenden Tag ankündigt, so löst er unsere unbewussten Ängste und Abhängigkeiten im erwachenden Bewusstsein auf. Das Feuer der Sonne lässt uns die Farbenpracht und die Vielfalt des Lebens erkennen. Wir werden durch ihn mit Wärme und Licht versorgt. Mit Bestimmtheit gehen wir unter seinem Schutz unser Lebenswerk an, das aus uns selbst heraus erfüllt werden möchte. In AJPUU begeben wir uns auf die Lebensreise mit der Absicht, das Göttliche in uns zu erfahren. Er ist der Jäger, der zielgerichtet seine Absicht verfolgt und alles, was sich ihm in den Weg stellt, besiegt und überwindet. Er kann mit dem Märchenhelden verglichen werden, der weiß, was er will, und dafür die Weisheit und Kraft seines Herzens einsetzt, um noch schneller ans Ziel zu gelangen. Dabei erhält er die Hilfe all jener, die ihn herausforderten. Die mächtigen Hüter des Dunkels ziehen sich zurück und geben ihm den Weg frei. Die Naturwesen und die geistigen Kräfte des Lichts erkennen ihn als Krieger des Herzens. Sie weisen ihm den Weg und führen ihn durch scheinbar unüberwindbare Hindernisse. Er wird schließlich als würdig befunden, den Schatz zu heben; es ist das Leuchten des inneren Diamanten als Symbol der Leuchtkraft unserer Seele.

In den letzten Monaten zeigte sich in meinen Visionen dieser Schatz im Bild eines grünen Schädels. Die Kristallschädel gleichen in der Kosmovision der Maya einer Bibliothek, in der die großen Geheimnisse des Menschseins verborgen liegen. In der Feststruktur eines Minerals wird dieses Wissen in Verbindung mit KEME, dem Bruder Tod, für zukünftige Generationen bewahrt. Dieses Wissen eröffnet sich nur wenigen Menschen, die reif genug sind, uneigennützig dem göttlichen Plan zu dienen. Diese Kristallschädel stehen in der heiligen Zwölf im Kreis. In ihrer Mitte liegt der grüne Schädel, verbunden mit der Kraft der kosmischen Liebe.

Vor Jahren wurde uns ein grüner Halbedelstein zugeführt. Meine Frau und ich entdeckten ihn zwischen Gartenblumen in einer großen Gärtnerei in Guatemala City. Dort wurde er als Schmuckstein angeboten und als Aktinolita bezeichnet. Ich bat die Verkäuferin, unsere Telefonnummer an den Mann weiterzugeben, der diesen Stein in die Gärtnerei gebracht hatte. Wochen später meldete sich ein Steinliebhaber und wollte uns treffen. Tage später machten wir uns auf den Weg, ihn zu suchen. Abseits einer am Rande der Stadt gelegenen Siedlung klopfte ich an eine Metalltür. Ein Hausmädchen wollte meinen Namen wissen und führte uns schließlich in ein bescheidenes, im ländlichen Stil gebautes Holzhaus. Dort wurden wir höflich von einem Mann meines Alters begrüßt. Er hatte ein wunderschönes, ebenmäßiges Gesicht, war groß und trug sein Haar lang. Hätte ich nicht seinen Namen gewusst, wäre es mir unmöglich gewesen, sein Geschlecht zu erraten. Er erzählte uns aus seinem Leben, dass er Künstler sei und seine Liebe den Steinen gelte. Ohne uns nach dem grünen Stein zu fragen, der uns zusammengeführt hatte, begann er von einem seltsamen Fund zu erzählen. Er wäre in der Region Alta Verapaz (der hohe wahre Frieden) in freier Natur auf diesen Stein gestoßen. Ohne zu wissen, was er gefunden hatte, zerteilte er den rund zwei Meter im Durchmesser messenden Stein und lagerte die Steinbrocken in seiner Garage. Wir sollten mit ihm kommen, er wolle uns sein Lager zeigen. Wir staunten, als wir seine Garage gefüllt mit diesen grünen Steinen sahen. Wir baten ihn, uns einige dieser Steine zu verkaufen, weil wir sie für unser spirituelles Zentrum haben wollten. So begann die Geschichte des Herzsteins unserer Arbeit.

Bei einem unserer nächsten Treffen mit Meister Cirilo baten wir den Mayapropheten um seine Wahrnehmung in Verbindung mit diesem Stein. Don Cirilo spürte unmittelbar die alte Verbindung der Maya mit den Schwestern und Brüdern des Siebengestirns, der Sternengruppe der Plejaden. Er sprach von Wesen der anderen Welten, mit denen die Maya regelmäßig Kontakte gepflogen hatten. Don Chepe, der große Heiler und geistige Chirurg, setzte den Stein in seiner Heilungsarbeit ein und verband ihn mit der Liebe des Herzens Jesu. Don Julián segnete den Stein mit der Kraft und Weisheit, die aus dem Herzen der Mutter Natur ausströmt. Meine Frau ließ sich aus diesem Stein eine Kugel fertigen und war fasziniert von der Kraft, die sie in ihren Meditationen erhielt. Insgesamt ließen wir zwei weitere Kugeln herstellen, die wir uns nahe stehenden Heilern schenkten. Vor einem Jahr brachte ich diesen Stein zu einem Steinschleifer in Guatemala und bat ihn, daraus einen Totenschädel zu fertigen. Noch nie in seinem Leben hätte er einen derartigen Auftrag erhalten, meinte er skeptisch. So ließ ich von meiner Idee ab, daraus einen grünen Schädel machen zu lassen, und wollte den Stein bei nächster Gelegenheit wieder abholen.

Als ich kürzlich nach einem Europaaufenthalt in unser Zentrum in Guatemala zurückkehrte, läutete das Telefon, als ich gerade die Haustüre öffnete. Es war der besagte Steinschleifer. Ich konnte kaum fassen, dass der Schädel nun doch fertig geworden war. Vor mehr als einem Jahr hatte ich ihm diesen Stein für den Schädel übergeben. Am folgenden Tag hielt ich den Schatz, den ich Monate vorher in einer Vision bereits gesehen hatte, in meinen Händen. An einem Tage AJPUU wurde er von Don Julián mit der Kraft des Herzens AJPUUs verbunden. Meine Frau segnete ihn mit der Kraft des Mitgefühls und der göttlichen Barmherzigkeit. Ich behandelte in den folgenden Wochen dieses große kosmische Geschenk wie mein eigenes Kind. Er wollte zu unterschiedlichen Kraftplätzen in Guatemala und stellte sich bei Zeremonien mit den Nahuales des heiligen Kalenders der Maya in das Zentrum des Mandalas. In Tikál wollte er mit dem Tempel KU-KUUL-KAANs in einem Feuerritual verbunden werden. Wie durch ein Wunder war es uns offiziell erlaubt, dort ein Feuerritual am Tag Eins B'AATZ abzuhalten. An einem Vormittag standen wir in kleinem Kreis auf der Pyramide des nördlich gelegenen Tempelkomplexes in Tikál und riefen die Meisterinnen und Meister des Ortes. Sie hatten mich dort erst vor Monaten mit ihrer Kraft verbunden. Über Wochen erhielt dieser Schädel unterschiedlichste Einweihungen, bis er schließlich bei der Übergabe meines Meisternamens an mein Herz gehalten werden wollte. Ich erhielt vor dem Herzen Jesu in einer Wallfahrtskirche den Meisternamen OMRAEL. Dieser Name wurde, wie vorher angekündigt, Silvia in einem Traum übermittelt und aus dem Kraftfeld des grünen Schädels gegeben. Aus dieser Verbindung erhob sich die Stimme des Rates in meinem Herzen:

„ICH BIN – das weder Namen noch Form hat, außer der, die mich durch die menschliche Schöpfungskraft in Erinnerung bringt und erkennbar macht. ICH BIN – das verbindet mit dem Geist des CHRISTUS aus der kosmischen Liebe, die alles im göttlichen Sein durchdringt. ICH BIN – das Werk, das im göttlichen Schöpfungsplan dem Herzen des Magiers entsprießt. ICH BIN – die Weisheit und die in den Herzen der Menschen sich entfaltende Schöpfungskraft. ICH BIN – das Tor und der Übergang zum Feuer des Geistes.

Liebend wirst du, Meister Omrael Norbert, geleitet durch den Garten der Seele. Dieser Garten Eden lichtet sich. Er gibt seine Schönheit frei für die, die sich an der göttlichen Anmut und Kraft erfreuen und sie in sich selbst hüten und pflegen, in Wahrheit und Schönheit und aus der Reinheit des Seins. Geist und allumfassende Liebe strömen aus dem goldenen Strahl des Herzens Gottes in die Ebenen von Licht und Dunkel. Die im Rate wirkenden Meisterinnen und Meister öffnen in dir die Kraft und Lebensweisheit aus dem kosmischen Quell. Sie spenden ihren Segen aus der Erkenntnis der Aufgabe, die Essenz aus dem Herzen Maya im Lichtstrahl des kosmischen Christus zu öffnen.

Er, der sein Werk in den Herzen der Menschen vollendet, zeigt sich in den Kindern des Lichts und den daraus wachsenden Herzenskriegern. Genährt mit dem Wasser des Lebens sprengen die von vielen Menschen gelegten Samenkörner ihre

Hülle und setzen erste Triebe an. In der heiligen Verbindung von Feuer und Wasser sucht sich das Leben, wie ein Strom aus Magma, neue Bahnen und hinterlässt fruchtbare Böden. ALOM, die Empfangende, wird wie einst aus ihrem Schlafe im Dunkel geweckt. In der Feuersbrunst AJPUUs erfasst sie eine Woge der Liebe und Kraft. Sie erinnert sich aus den Priesterinnen des Herzens an ihren Auftrag, den sie einst bereits erfüllt hat. Wie vor unendlichen Zeiten macht sie sich als Urmutter und Hüterin des Lebens in all ihrer Anmut und Schönheit bereit für die Empfängnis, für die Erfüllung des Werkes. Sie schöpft aus dem reinen Wasser des Lebens und nährt damit alle Lebensformen, die im neuen Zeitalter, im fünften Solzyklus, aus der gebärenden Mutter CAJALOM, im Zeichen des Feuers und des Wassers geboren werden. Dort, wo noch die Dunkelheit das Leben verdeckt hält, entsteht eine Formenwelt als Abbild ihrer Schönheit, aus der Liebe des Schöpfers, aus dem Herzen Jesu, aus dem Feuer AJPUUs."

Kapitel 11

IMOX (Imosch)

DER LEBENSFLUSS
Geboren aus dem Wasser des Lebens

Imix

„Im Schein der ersten Sonnenstrahlen erhebt er seinen glanzvollen Schild und zeigt sich in seinem goldenen Schein als Krieger des Herzens. Im fahlen Licht des Morgens spiegeln die von der Kühle der Nacht noch taufrischen Tropfen der Urmutter des Wassers, Madre ALOM, auf den Blättern des Frauenmantels und auf den Gräsern der Felder seine Schönheit. Sie beginnen in allen Farben zu leuchten, die Freudentränen der uns erweckenden Boten Gottes. Über dem Herzen der Gebärenden CAJALOM zeigt sich der Regenbogenkrieger und kündet die Heiligwerdung unseres Planeten Erde. Die Hüterin des Wassers, IMOX, vergießt alsbald als Botin der Urmutter ALOM und der Gebärenden CAJALOM das Feuer des Schöpfers in den Strom des Lebens."

Eine Wasserader bahnt sich den Weg durch die Schichten der Erdreiche ans Licht. Sie entspringt in den Tiefen des Dunkels und hat wie wir Menschen das Ziel, sich im Licht des Tages ihren Weg zu bahnen und sich mit anderen Quellwassern zu vereinen. Nur so kann sie für ihr Ziel Kraft und Fülle schöpfen. Im Ozean wird die fließende Freudenträne Gottes wieder von seiner Wärme und Kraft angezogen und zu ihm zurückkehren. Nichts geht in seinen Welten verloren. Sie verbindet sich im Feuer und der Wärme der Sonne mit dem heiligen Luftelement und zeigt sich uns Menschen in den heiligen Kräften der Santa Neblina, in den heiligen Wolken. In der schwarzen Wolke werden sich aus der vom Menschen selbst geschaffenen Spannung Gewitter entladen und uns daran erinnern, dass wir diese Freudenträne Gottes durch Verunreinigung entheiligen. IMOX wird sich in ihrer Dunkelheit mit dieser Träne verbinden und ihre Lehren dort einbringen, wo wir das Leben missachten und missbrauchen.

In der gelben Wolke beschert uns die aus der Träne des Vaters geborene IMOX Fülle und Heil bringenden Regen, der alles gedeihen lässt. Aus ihr wächst und gedeiht die Natur, die uns mit Nahrung versorgt. Aber auch unsere Visionen und Absichten können sich aus der „Santa Neblina amarilla", der gelben Wolke, in Schönheit und Reichtum entfalten. In der weißen Wolke erweist sich die Träne Gottes als Schatten bringend, denn die Hitze des Sonnenlichtes bedarf des kühlenden Schattens. So ergießt IMOX die göttliche Freudenträne in das reine Gefäß unseres Geistes und nährt ihn. Als weißer Nebel zieht sie sich gemäß unserer Entwicklung immer mehr als Schatten spendende Wolke zurück und setzt uns dem Licht des Kosmos aus.

Die rote Wolke legt uns am erwachenden Morgen Gold in den Mund, wie es ein weiser Spruch ausdrückt. In ihr erwacht unser Bewusstsein, in ihr spiegelt sich das Feuer AJPUUs, der zum Sonnenaufgang den Tag erwärmt und erhellt. Die rote Neblina gibt uns den Weg der Erkenntnis frei und öffnet uns zugleich für die Schau in die Dimensionen. Aus ihr erkennen wir uns als göttliche Wesen. Aus ihr wird er geboren, der frische Tautropfen, der sich in der Kühle der Nacht auf die Blätter der Bäume, Blumen und auf das Gras des Feldes legt. Dort nimmt er den ersten Strahl des Sonnenlichts auf. Die Farben des aus dem Tautropfen schimmernden Regenbogens nähren die Vielfalt und Schönheit des Lebens. Der Mensch, der das Große im Kleinen zu erkennen vermag, erkennt sich im Spiegel des schimmernden Tautropfens in all seiner Würde und Farbenpracht.

Der heilige Mayakalender beginnt mit dem Tag des Urwassers IMOX und verbindet sich im darauf folgenden Nahual IQ mit dem Geist Gottes. Damit beginnt die Schöpfungsgeschichte durch das Wirken des ersten Nahuals IMOX, des Urwassers, das durch den Gedanken Gottes aus dem Nahual IQ lebendig wird. Nur noch wenige Menschen erkennen die Kraft und Weisheit, die aus dem Strom des Lebens, aus den

Händen IMOXs in das Herz eines Menschen gelegt werden. Sie stärkt das Blut in unseren Adern und bewegt uns aus den Hormonen. Abuela IMOX, die Hüterin des Wassers des Lebens, versorgt alles Leben, vor allem unseren Körper aus ihrer Verbindung zu den reinen Geschöpfen der Gewässer, den Sylphen.

Nehmen wir in anderen etwas wahr, was in unseren Augen ein Fehler ist, dann bringt uns die Hüterin des Lebenswassers, IMOX, die wahren Zusammenhänge des emotionalen Geschehens näher. Schauen wir durch den menschlichen Ausdruck, durch die Persönlichkeit eines Menschen auf seinen inneren Kern, wird es uns immer deutlicher möglich, seine Lebensessenz zu erfassen. Wir sind es im Alltag gewohnt, unsere Aufmerksamkeit auf die Persönlichkeit eines Menschen zu richten. Diese Ebene unseres Menschseins ist allerdings nur ein Teilaspekt, den wir auszudrücken vermögen. Auf dem Weg der Wahrheitsfindung öffnen wir weitere Ebenen, die unserer Seelenabsicht näher stehen, als es unserer Persönlichkeit möglich ist. Somit ist IMOX die Wasserader, die uns durch die Schichten der emotional orientierten Persönlichkeit zu unserer Lebensabsicht, zu unserer Seele führt.

So sollte es unser Ziel sein, dem begrenzten Ausdruck des Persönlichen eine zusätzliche Quelle unseres Menschseins zu öffnen. Maya trägt durch den heiligen Kalender und die Nahuales viel Weisheit in sich, uns diese zusätzlichen Quellen unseres Menschseins zu öffnen und bewusst zu machen. Je näher wir uns selbst auf dieser inneren Erfahrungsreise kommen, um so eher ist es uns möglich, unsere Mitmenschen in ihrer Tiefe zu erkennen und wertzuschätzen, um so tiefer empfinden wir auch die wahren Qualitäten unseres Menschseins. Die vorrangige Aufgabe eines Mayaschamanen ist es, seelische Aspekte im suchenden Menschen zu wecken. Damit kommt er auch in Kontakt mit der Seelenaufgabe, der Lebensbestimmung eines Menschen. Ein Großteil unserer körperlichen und seelischen Krankheiten hat seine Wurzeln in den Ebenen unserer Persönlichkeit. Aus der schamanischen Arbeit lässt sich erkennen, wie tiefverletzte Gefühle unser Wohlbefinden und unseren körperlichen Zustand beeinflussen. Konflikte am Arbeitsplatz, in Partnerschaft und Familie beeinträchtigen in hohem Maß unser seelisches und körperliches Wohlbefinden. Die meisten Konflikte werden auf der Ebene des Emotionalen ausgetragen. Dies entspricht der dunklen Seite IMOXs. Die Lehrmeisterin unserer Emotionen lässt uns aus den von uns gelebten niedrigen Emotionen erkennen, in welchen Schichten wir an uns arbeiten sollten.

Wenige Tage nach meiner Ankunft in Guatemala besuchte ich meinem Mayavater Don Julián. Als ich in seinen Hof eintrat, stand mir sein Sohn Hector gegenüber und reichte mir die Hand. Ganz stolz zeigte er mir seinen sechs Monate alten Sohn José Julián. Seine Frau war auf tragische Weise zwei Tage nach der Geburt ihres Sohnes an einem Herzinfarkt verstorben. Dieser Schock lag noch wie eine dunkle Wolke des Unverständnisses über der ganzen Familie.

Die Zusammenhänge des Todes dieser Frau beunruhigten den Anciano. Er hatte seiner Schwiegertochter Wochen vor ihrem Tod angeboten, sie von schweren alten Erfahrungen und Anhaftungen zu reinigen. Sie sei aber nicht dazu bereit gewesen, sich helfen zu lassen. Er habe mit ihr ein Gespräch geführt, in dem er ihr zu verstehen gab, dass auf dieser Basis ein Zusammenleben im Familienverband sehr schwierig sein werde. Als sie starb, spürte der Anciano, dass der Tod dieser Frau mit ihrer inneren Haltung und mit der Familiensituation zu tun hatte. Eine darauf folgende tiefe Depression veränderte auch das Leben seines Sohnes. Sechs Monate später brach Hector bei einer Wahlveranstaltung bewusstlos zusammen. Er sollte in wenigen Wochen zum Bürgermeister der Stadtgemeinde Palín gewählt werden. Einen Tag lag er halbseitig gelähmt in einem staatlichen Hospital in Guatemala City. Als mich der Anciano anrief, weinte er bitterlich am Telefon und meinte nur: „Nun hat es meinen Sohn getroffen. Bitte, Norbert, hilf mir. Ich spüre die Zusammenhänge des Geschehens und kann trotzdem nicht eingreifen. Es ist in den letzten Monaten großes Unglück über meine Familie hereingebrochen."

Ich rief in Tirol an und bat Silvia, die uns nahe stehenden Menschen im Kraftfeld TO-OM-RA zu informieren. Mein Anruf traf um Mitternacht in Europa ein. Mit meiner Frau ging ich in unseren Heilungsraum der Dunkelheit, der heiligen Kiva, und bat dort den Bruder Tod, KEME, um Hilfe. Dabei spürte ich, dass das Leben Hectors bereits an einem seidenen Faden hing. Wir bemühten uns noch am nächsten Morgen, Hector in ein privates Hospital verlegen zu lassen. Bereits zu Mittag rief uns Gloria, die Enkelin Don Juliáns, an und teilte uns mit, dass Hector verstorben sei. Ich spürte die innere Panik Don Juliáns. Er wusste, dass der Tod seines Sohnes mit den Umständen der letzten Monate zu tun hatte. Wie durch eine Flutwelle des Unglücks wurde die Familie binnen weniger Monate auf harte Proben gestellt. Hunderte Menschen nahmen Anteil am Tod Hectors. Er war in der Stadtgemeinde sehr beliebt. Seine Wahl zum Bürgermeister schien bereits sicher. In seinem Wahlbüro fanden seine Mitarbeiter magische Gegenstände und ein totes, mit Nadeln gestochenes Tier. Wie ein Lauffeuer verbreitete sich die Nachricht von der magischen Tötung Hectors in der Stadt. Viele Menschen trafen sich in Versammlungen, um zu beraten. Eine schwarze Flutwelle der Zerstörung schien über die Stadt hereinzubrechen.

Die Begräbnisfeierlichkeiten standen im Zeichen der Anteilnahme hunderter Menschen. Als Don Julián zwei Tage nach dem Begräbnis seines Sohnes in unser Zentrum kam, hielten wir gemeinsam Zeremonien für die Beruhigung des Geschehens. Als wir in der Pyramide über die Geschehnisse in seiner Familie sprachen, sagte der Anciano:

„Die Menschen in unserem Lande sind sehr leicht beeinflussbar. Das ist ein schweres Los für das Volk der Indígenas. In ihrer Not werden sie gekauft und mit Lügen und Versprechungen manipuliert. Die wahren Zusammenhänge all dessen zu erkennen ist mir nur schwer möglich, weil ich selbst aus der Verbindung zu meinem Volk vieles in mir trage, das mir unverständlich ist. Zeitlebens habe ich mich darum bemüht, dass wir als Gemeinschaft zusammenstehen und uns an unseren eigenen Werten orientieren. Aber es ist mir nicht immer gelungen. Selbst meine eigenen Kinder sehen mich als Hüter einer Tradition, die im Leben nur noch wenig Wert hat. Täglich reinige ich Menschen von ihren inneren emotionalen Verschmutzungen, ich befreie sie von dunklen Mächten, weihe sie in die

Priesterschaft ein und befreie sie von oft schweren Krankheiten. Dennoch reicht es nicht aus, manche Menschen davon zu überzeugen, dass wir aus der Kraft unseres göttlichen Vaters alles Lebensnotwendige erhalten. So stehen die Tore der Zerstörung auch in meiner Familie offen. Ist es Schadensmagiern bisher noch nicht gelungen, mich zu töten, dann nur deshalb, weil ich den Schutz meiner vielgeliebten und respektierten Kräfte des Lichts und der Dunkelheit habe. Diesen Schutz kann ich unter diesen Umständen meiner eigenen Familie nicht übertragen. Durch dieses Tor treten die Hechiceros, die Schadensmagier. Sie stehen im Dienst dunkler Kräfte und setzen ihre große Macht dafür ein, Unglück und Tod in eine Gemeinschaft zu bringen. Selbst das hat in unserem Volk eine alte Tradition. Es gab über Jahrhunderte Kämpfe zwischen Weißmagiern und Schadensmagiern. Auf diese Weise hielten sich bei den Pocomames die Kräfte des Lichts und der Dunkelheit in Ausgewogenheit. Menschen, die geistige Schöpferkräfte für Trennung und Zerstörung einsetzen, arbeiten meist für diejenigen, die sich persönlich aus einem Konflikt heraushalten möchten und einen Schadenmagier für sich arbeiten lassen. Auch in den politischen und wirtschaftlichen Einrichtungen ist es hier üblich, sich von Magiern unterstützen zu lassen.

Was in meiner Familie geschehen ist, kann überall geschehen, wo Menschen das Vertrauen in die göttliche Führung verlieren. Die Spuren der Zerstörung ziehen sich zuerst durch unsere inneren Welten, bevor sie für uns spürbar und sichtbar werden. Die Hechiceros brauchen für ihre Arbeit unsere Mitwirkung. Sie erbauen ihr Reich der Zerstörung auf unseren Gefühlen des Hasses, der Missgunst, unserer Habgier und unseren Aggressionen. Die erste Stufe einer magischen Verwünschung und Zerstörung ist es, Trennung in die menschliche Gemeinschaft zu bringen. Die nächste Stufe ist dann, am Schwachpunkt des betreffenden Menschen einzugreifen und diesen zu verstärken. Das Geschick eines Hechiceros ist es, den Menschen dort zu fangen, wo dieser sich selbst in den dunklen Nebeln verstrickt und gefangen hält. Diese Arbeit wird mit den dunklen Mächten verrichtet, die im Energiefeld des Betroffenen bereits existieren. Wie sehr wünschte ich mir, selbst sterben zu können, wenn ich damit meinen eigenen Kindern einen tieferen Sinn des Lebens erkennbar machen könnte. Ich spüre in meinen täglichen Gebeten und Ritualen die Präsenz und Liebe meiner göttlichen Begleiter. Wir sind mit ihnen zusammen auf einem gemeinsamen Weg, der uns miteinander eine Aufgabe gibt. Ich habe auf diesem Weg in meinem Leben viel Leid und Schmerz erfahren. Jedoch ist es ein Weg im Dienste Gottes. In meiner Not habe ich die Hilfe vieler Menschen deiner europäischen Heimat verspürt. Teile ihnen mit, dass ich sie segne und liebe. Ich freue mich, dass sie mich in ihrem Herzen tragen, und werde sie auf geistiger Ebene begleiten. Mein Schicksal ist nicht das ihre. Trotz all dem Leid, das mir in meinem Leben widerfahren ist, habe ich nie an der Präsenz Gottes gezweifelt. Er hat mir den Weg geöffnet und ich gehe meinen Weg unter seiner Führung weiter. Sag den Menschen in deiner Heimat, wie wichtig es ist, in Zeiten des menschlichen Schmerzes und der Not nicht an der Begleitung der geistigen Kräfte zu zweifeln. Was mir geschehen ist, könnte bald ein Bild in der gesamten Menschheit sein. Da braucht es Menschen, die ihren Auftrag nicht vergessen. Ich freue mich, wenn ich euch durch mein Leben und meine Haltung ein Vorbild sein kann. Ich bin in den Tagen höchster Not zu dir gekommen und habe meinen Dienst und meine Arbeit im Kreis deiner Gruppe verrichtet. Zugleich liegt meine eigene Familie in Trümmern. Viele Menschen werden wie meine Familie vor den Trümmern ihres Lebens stehen und sich fragen, warum es sie getroffen hat. Aber Gott hat seine Weise, uns zu sich zurück zu führen."

Don Julián empfand ich selten in seiner Heilungsarbeit so stark wie in den Tagen seiner größten inneren Not. Am folgenden Tag gingen wir gemeinsam mit der Gruppe in den Lago Atitlán schwimmen. Der Anciano schwamm erstmals in seinem Leben im vielgeliebten See. Ich musste ihm meine Badehose leihen, die ihm zu groß war und die sich überdies in den Büschen beim Umziehen mit kleinen Kletten füllte. Wie ein kleines Kind freute er sich. Er planschte als Wasserschamane herum und steckte immer wieder ganz mutig seinen Kopf unter Wasser. Danach waren wir damit beschäftigt, den Anciano von den kleinen Stacheldingern in und an seiner Badehose zu befreien. Wir lachten dabei viel und vergaßen beinahe, was Tage vorher geschehen war. Der Anciano empfand das Seebad als tiefe innere Reinigung. Er kehrte gestärkt und mit großer Klarheit in den Kreis seiner Familie zurück. Er bedankte sich in einem Ritual bei der Abuela IMOX für die große Hilfe und sagte zum Abschied: „Der heilige Mayakalender gibt uns mit der Meisterin IMOX ein sehr kraftvolles Werkzeug in die Hand, unglückselige Zustände des Leids und des Schmerzes in uns zu verändern. Sie geht mit uns in die Tiefen und zeigt uns auf, wo die Wurzeln unserer leidvollen Erfahrungen liegen."

Wir sprechen auch in der zwischenmenschlichen Begegnung von der inneren Tiefe oder auch der Oberflächlichkeit eines Menschen. Diese Tiefe strahlt von denjenigen Menschen aus, die bereit sind, zu ihrer Seelenkraft vorzudringen. Somit bewegen wir uns aus der Kraft IMOX durch die Schichten unserer Unvollkommenheit. Das ist vergleichbar mit einem Tauchgang in die Tiefe eines Gewässers. Je weiter wir uns von der Oberfläche entfernen, um so dunkler wird es um uns herum. Wir sind angehalten, uns in die Tiefe vorzuarbeiten und uns auf diesen Ebenen des Dunkels zu orientieren. Kürzlich las ich dazu einen Text, der mir zugesandt worden war: „Narben auf dem Körper bedeuten, dass man gelebt hat … Narben auf der Seele bedeuten, dass man geliebt hat." Die Lebensnotwendigkeiten lösen in uns Kräfte aus, die uns ständig an die Oberfläche zurück drängen. Dies verbindet in uns die Lebenstiefe mit dem täglichen Leben. Beides will ineinander verflochten sein. Dadurch schafft sich unsere Seele aus dem täglichen Leben ihre Erfahrungen.

In unbewussten Menschen gibt es die Tendenz, sich an der Oberfläche des Lebens zu halten. Sie kümmern sich allein um die Befriedigung ihrer Lebensnotwendigkeiten und schenken den Impulsen ihrer Seele kaum Aufmerksamkeit. Diese Menschen spüren in ihrem Tiefgang, dass sie mit anderen Schichten ihrer selbst in Berührung kommen würden. Dies schafft Unsicherheit, vor allem aber die Notwendigkeit, sich dem Strom des Lebens anzupassen und sich mit ihm zu bewegen. Die Hüterin des Lebenselixiers, IMOX, ist auch eine große Wegbegleiterin zu diesen Erfahrungen. Wir kennen aus Erfahrungen die Mächtigkeit von unterdrückten Emotionen wie Hass, Neid,

Eifersucht, Aggression, Habgier. Wir stehen diesen Gefühlen meist macht- und hilflos gegenüber. Die Reinigung erhalten wir durch die Bereitschaft, mit IMOX in diese unreinen Erfahrungsschichten vorzudringen. Der Schamane dringt im Ritual in diese Sümpfe des Menschen ein und drängt diese Erfahrungen an die Oberfläche. Dafür geht er in die Heilungsräume der Dunkelheit. Dies sind die großen unterirdischen Heilungsstätten der Maya: Ritualhöhlen oder auch unterirdische Räume, wie wir sie besonders von den großen Pyramidenorten kennen. Für jede innere Seinsebene eines Menschen gibt es in der Natur ein Ebenbild. In Verbindung zu IMOX werden auch die Wasserwesen als Helfer miteingebunden. Meist sind Schamanen in solchen Momenten der Verdichtung von alten Lebenserfahrungen selbst Zielscheibe von Aggressionen. Dies erfordert Standfestigkeit und die Zentrierung des Schamanen auf das Herz der jeweiligen Person. Gefühle und Sprache dürfen nicht persönlich genommen werden, weil es die Absicht des Schamanen ist, das an die Oberfläche zu drängen, was als dunkle Schicht über dem Herzen liegt. Werden diese unterschiedlichen Erfahrungsstrukturen in uns Menschen einmal von der Wissenschaft nachgewiesen, kann sich vieles in unserem Verständnis von Glückseligkeit oder auch Krankheit verändern. Jegliche Erfahrung ist mit einem Energiemuster und in einem Kollektiv mit Wesenheiten verbunden, die letztlich nicht nur mit unseren feinstofflichen Antennen erkannt werden können, sondern in Zukunft auch mit entsprechend feinen Geräten nachgewiesen werden. Die Psychologie, die heute ratlos vor vielen seelischen Krankheiten des Menschen steht, wird aus diesem noch sehr stark verschlüsselten Weisheitsschatz der alten Völker eine große Veränderung erfahren.

Durch die Erkenntnis der Qualitäten des Dunkels lichtet IMOX die Nebel der menschlichen Mängel. Sie öffnet das Klare und Strahlende im Menschen und lässt uns durch die gereinigten Emotionsschichten den Geist und die Klarheit der Liebe erkennen. Es gibt nichts auf der Erde, was nicht entweder Wasser zum Leben braucht, im Wasser lebt oder aus diesem Element entstanden ist. So ist auch IMOX mit dem Leben unmittelbar verbunden und ein Symbol des Werdens und

Vergehens. Ständig werden wir von diesem Nahual daran erinnert, uns im Kraftstrom des alltäglichen Lebens dem Neuen und Unbekannten hinzugeben. Sie lässt uns an den Stränden der Ozeane die Weite unseres eigenen Seins erahnen und lädt uns ein, in die Tiefe unserer inneren Dunkelheit vorzudringen. Sie hebt mit Leichtigkeit die Fluten der Meere und lässt sie im Rhythmus der Zeit wieder sinken. In uns Menschen senkt sie in gleicher Weise in Verbindung zu IXCHEL, der Mondgöttin, den Spiegel unserer Hormone und führt uns damit in die Welten der Gefühle und Emotionen. Die große Hüterin der Gewässer lenkt unser Gefühlsleben, bis wir selbst aus der Verbindung mit ihr die Verantwortung für unser Fühlen übernehmen können. So ist sie für die meisten Menschen auch eine sehr ungeliebte Begleiterin, weil sie den Menschen in vielen Lebenssituationen erkennen lässt, wie leicht er zu manipulieren und gefühlsmäßig zu beeinflussen ist. Die Lehrmeisterin des emotionalen Lebens will von uns Menschen erkannt sein. Wenn wir glauben, aus unserer Persönlichkeit, aus unserem egoistischen Gedanken ihre Weisheit zu missachten, werden wir von ihr und ihren Wasserwesen missachtet. Sie zeigt sich von ihrer dunklen Seite in uns Menschen als Verrücktheit. Wir stehen außerhalb unserer selbst und sind damit auch nicht mehr fähig, unsere Gefühlswelten in unser Leben einzuordnen. Damit schaffen Menschen in den zwischenmenschlichen Begegnungen ein Chaos.

Der Irrsinn bestimmt immer stärker die Empfindungen von Menschen. Die Sinne beginnen zu irren, ohne dass sich der Mensch dessen gewahr wird. Selbst in unserem täglichen Sprachgebrauch zeichnen wir mit den Begriffen irrsinnig und wahnsinnig einen bereits stark um sich greifenden Zustand des Menschen. Der Mensch lebt dabei in seiner isolierten inneren Wahrnehmung, die auf keinem äußeren Anlass mehr beruht. Als ich kürzlich in einem kleinen Laden in der Salzburger Innenstadt einkaufen war, wurde ich von einer hübschen Verkäuferin herzlich begrüßt. Ihr Lächeln wechselte innerhalb von Sekunden unbegründet zu einem Gesichtsausdruck von innerem Chaos. Sie wurde plötzlich aggressiv, um wenige Sekunden später wieder ihren Charme auszuspielen. Sie blickte plötzlich starr auf die Handtasche einer jungen Frau, die gerade in den Laden kam. Ich glaubte in dem Moment, dass sie gerade eine Ladendiebin auf frischer Tat ertappt hatte. Im nächsten Moment fragte sie die Kundin, wo sie diese wunderbare Handtasche gekauft hätte. In Minutenabständen wechselte diese junge Frau ohne erkennbaren Grund ihre Gefühle und schuf damit Unklarheit in den zwischenmenschlichen Begegnungen mit ihren Kunden.

Wenige Minuten später stand mir ein Mann in einem anderen Laden gegenüber, der ohne jeglichen Anlass zwischen Aggression und süßem Lächeln, zwischen Hochmut, Stolz und Neugier wechselte. Als er mir gegenüberstand, schien sich vor allem seine Aggression zu verstärken. Ich hatte kein Interesse, sein Spiel mitzuspielen, und verunsicherte ihn damit. Wir waren beide froh, als ich wieder den Laden verließ. Wie es in meinem Leben immer öfter zu sehr innigen und tiefen Begegnungen mit Menschen kommt, so zeigt sich aber auch, dass sich Menschen durch meine Präsenz oft sehr verunsichert fühlen. In Maya spricht man in diesem Zusammenhang von Wesenheiten, deren Spielball verrückte Menschen geworden sind. In deren Gefühlsebenen machen sich diese Wesen dabei über sie lustig. Sie dominieren den Menschen durch ein launenhaftes Spiel und geben ihm ständig neue Gefühlsbilder, mit denen sich der Mensch wie eine Marionette identifiziert. In eben diesem Spiel nährt der Mensch das, was ihn von sich selbst und den anderen entfremdet. Wie kleine Nebengewässer fließen dann Gefühle abseits des Lebensstromes und bahnen sich ihre eigenen Wege. Diese Nebengewässer bauen sich ihre eigenen Bahnen und schließen sich dort mit den Nebengewässern von Mitmenschen zusammen. So zeigt sich IMOX wie eine von vielen Seitenwässern durchzogene Landschaft, ein Flussdelta, das sich zwischen dem Hauptlebensstrom und dem Lebensozean ausbreitet. Wie auch immer unsere eigene Lebenslinie verläuft, das Ziel ist die Vereinigung mit dem Ganzen.

Wenn wir uns als Menschen begegnen, so berühren wir uns wie die Wasserläufe mit den Wesensanteilen, aus denen heraus unsere Persönlichkeit wirkt. So treffen und finden sich Intellektuelle, Fanatiker, Philosophen und Weisheitslehrer, Meister und Gottesboten. Je stärker die Persönlichkeit aus der inneren Instanz der Seele wirkt, um so eher werden uns weise und in sich verankerte und liebevolle Menschen begegnen. Andererseits werden in Begegnungen und Beziehungen unsere eigenen Verstrickungen und Unreinheiten offenbar. Indem IMOX einen Menschen aus ihrer dunklen Seite heraus auf ein Abstellgleis auf dem Bahnhof des Lebens stellt, wird er früher oder später erkennen können, dass das Leben an ihm vorbeizieht. So lösen wir durch unsere Präsenz Gefühle der Zusammengehörigkeit oder auch der Trennung aus, weil wir alle aus demselben Grundstoff Wasser bestehen. Es reagiert auf unsere Gefühle, auf unsere Gedanken, auf unsere Sprache und Handlungen, die entweder verbinden oder Trennung schaffen. Allein die Anwesenheit eines innerlich reinen Menschen genügt, um in unreinen Menschen ihr Zerstörungspotential zu wecken oder auch sich selbst im Wasser des Mitmenschen zu verunreinigen. So wird in den Weisheitslehren der Völker darauf hingewiesen, dass wir vorsichtig sein sollten, mit welchen Menschen wir uns umgeben. Wir kennen die Erfahrung als Eltern von Kindern, die sich in ihrem Wesen durch Freundschaften verändern können. Jesus hat durch das Licht und die Liebe, die aus ihm wirkten, viele Menschen nicht nur geheilt. Er hat aus derselben Quelle sich von Menschen zurückgezogen, Aggressionen geweckt und den Hass auf sich gerichtet. Er wurde von den Menschen geliebt und verachtet, weil er allein durch seine Präsenz, durch die Kraft seiner Sprache und durch den Ausdruck seiner Handlungen ihnen erkennbar machte, aus welchem Lebensfluss heraus sie genährt wurden und sich bewegten.

Die Heilungsarbeit des Maya zentriert sich auf die Aufgabe, einem entrückten Menschen die Weichen zu einem sinnerfüllten Leben zu stellen. Dabei orientiert sich der Schamane an der Lebensaufgabe, die sich die Seele des Betroffenen gestellt hat. „Aus dem himmlischen Meer fließen die Wasser und ergießen sich aus den nie versiegenden Quellen. Wirf dich in die umhüllenden Arme des Wasserengels, und er wird alles aus dir herauswaschen, was unrein und schlecht ist.“ So beschreiben die Schriftrollen vom Toten Meer die Aufgaben des Engels des Wassers IMOX. „Lass meine Liebe zu dir fließen, Himmlischer

Vater, so wie der Fluss zum Meer fließt, und lass deine Liebe zu mir fließen, Himmlischer Vater, so wie der sanfte Regen die Erde küsst. Wie ein Fluss durch den Wald ist das heilige Gesetz. Alle Geschöpfe brauchen es, und keinem Wesen verweigert es sich. Wie die Wasserläufe in einem trockenen Land sind die Kinder des Lichts, die das heilige Gesetz in die Welt der Menschen bringen. Wer sich dem heiligen Engel des Wassers hingibt, dem wird dieser Glanz und Herrlichkeit verleihen, ihn mit Gesundheit und Lebenskraft segnen, und ihm ein langes und dauerhaftes Leben schenken und später das himmlische Meer."

Aus diesen Texten erhalten wir sehr kostbare Hinweise auf die Wirkensweise der unzähligen Heilquellen der Alpenländer. Oft sind die Hüterinnen dieser Quellen verbunden mit der göttlichen Mutter Maria. Die Segnende des Lebenswassers öffnet uns ihre Schönheit, indem sie uns aus ihren Quellen nährt und heiligt. So zeigt auch die christliche Göttin und Hüterin des Elements Wasser ihre Barmherzigkeit durch ihre Hilfe in unseren emotionalen Verstrickungen. Die Tradition der Wallfahrten erinnert an die Weisheit alter Völker, wenn die selbst geschaffenen Quellen versiegen, sich auf den Weg zu machen und wieder in den Strom des Lebensflusses zu steigen. Dieser wird aus dem Quell weiblicher Weisheit und Kraft in Verbindung mit dem Lebenswasser IMOX und den Hüterinnen der Heilungsquellen genährt. So wie in der Mayasprache IMOX als die linke, unterstützende und dienende Hand bezeichnet wird, so gibt sie uns Menschen in unserer umsetzenden, rechten Hand die Hilfe, derer wir bedürfen.

Im Juni 2004 fuhr ich mit meiner Frau für ein paar Tage auf die Insel Ischia, um mich von den Turbulenzen, die das Schreiben dieses Buches in mir und uns beiden ausgelöst hatte, zu erholen. Schon Don Julián hatte mich darauf aufmerksam gemacht, dass ich mich in Verbindung mit der Öffnung der Nahuales einer großen Herausforderung stellen würde. Die Offenbarung der Weisheit dieser großen Lebensmeister würde uns viel Bewusstheit und Heilung geben, aber auch einiges aus tiefen, emotionalen Schichten an die Oberfläche bringen. Als wir in Ischia ankamen, machte uns eine junge deutsche Frau auf eine Bucht aufmerksam, in der sich das heiße, vulkanische Quellwasser mit dem Meerwasser verbinden würde. Tage vorher badeten wir in den Thermalquellen unseres Hotels und empfanden bereits in wenigen Tagen eine tiefgehende Beruhigung und Heilung unserer Lebensumstände. Als wir uns entschlossen, einen Tag vor unserer Abreise in die besagte Bucht zu wandern, ließ uns bereits der erste Blick in die tief liegende Meeresbucht erahnen, dass wir hier in ein Kraftfeld des Dunkels hinabstiegen. Die äußerst bedrückte Stimmung badender Menschen und schließlich eine wutentbrannte Frau, die gerade auf ihren Ehemann losging, bestätigten unsere Annahme. Ich verspürte in einem kleinen See, der zwischen großen Felsbrocken eingelagert war, den inneren Ruf, dort ein Ritual abzuhalten. Ich erhielt dabei das Bild der dunklen Mondseite, die dadurch in Bewegung geraten würde. Aus meinem Urvertrauen, auch hier im Dienste zu handeln, eröffnete ich mit meiner etwas besorgten Frau das Ritual. Ich lud die anwesenden Kräfte dieser Bucht ein und rief die dunklen Kräfte des Meeresgrundes. Dabei bewegte ich meine Hand im Meereswasser. Ich verspürte die Schwere der zähflüssigen Energieschichten, die ich durch diese rituelle Handlung bewegte, und bat dabei um den Schutz und die Hilfe der Abuela IMOX. Einerseits wusste ich, dass ich mit diesem Ritual im Dienst der Meisterinnen und Meister stand, und erkannte zu gleicher Zeit, dass dieses Ritual sehr heftige Auswirkungen haben würde. Bereits wenige Tage nach diesem Kurzurlaub bekamen wir beide wie auch unsere Mitarbeiterin Silvia diese Auswirkungen in großer Heftigkeit zu spüren. In Träumen zeigte sich in uns dreien die starke Bewegung, die wir durch dieses Ritual in den emotionalen Schichten ausgelöst hatten. Ich wusste uns beschützt und erhielt in diesen Tagen eine wohltuende Antwort auf das Geschehen:

„Wir danken euch für die Bereitschaft, die Schwere und das Leid, das auf diesen Ebenen durch das Leben vieler Menschen gebunden ist, in Bewegung zu bringen. Ich habe dich gerufen, Omrael Norbert, und du hast meinen Hilferuf vernommen. Wenigen Menschen ist es erlaubt, in diesen Schichten zu bewegen, und wenige Menschen erklären sich dazu bereit, dafür auch selbst in das Leid hinabzusteigen. Was ihr in diesem vorerst unscheinbaren Ritual bewegt habt, ist von großer Heilkraft gewesen. Eine dickflüssige und fast unbewegliche Energiemasse wurde dadurch in den Schichten der Unterwelten wieder in Bewegung gebracht. Daraus können viele Menschen, ohne es bewusst zu erkennen, aus ihren eigenen, fast unbeweglichen Energiemustern wieder Bewegung in ihr Leben bringen. Es ist vielen Menschen unfassbar, dass ihr eigener Seinszustand mit Welten in Verbindung steht, die die meisten weder anerkennen, noch jemals zu Lebzeiten bewusst in Erfahrung bringen. Das bedeutet aber nicht, dass es diese Zusammenhänge nicht gäbe. Wenige Menschen stellen sich für schwierige Aufgaben zur Verfügung, ohne deren Auswirkungen abschätzen zu können. Das ist eure Kostbarkeit, sich im Dienst an den göttlichen Plan aus der Herzensmagie dem geistigen Geschehen uneigennützig hinzugeben. Ich möchte mich bei dir, Omrael Norbert, bei deiner Frau Christine und bei Silvia bedanken für den großen Dienst, den ihr uns, dem Meisterrat und vielen Menschen, die ihr nicht kennt, durch eure Arbeit erwiesen habt."

Als ich Tage später Silvia traf, erzählte sie mir, sie hätte zu fast gleicher Zeit aus einem inneren Ruf heraus in ihrem Heilungsraum Rituale mit der Dunkelheit des Mondes gestaltet.

Aus dem Quell der Abuela IMOX schöpfen Schamaninnen und Schamanen die inneren Impulse, Träume und Visionen, aus denen sie sich als Helfer den geistigen Ebenen hingeben und zugleich in ihrer Heilungsarbeit Hilfe und Unterstützung erhalten. Auch der göttliche Meister Jesus wirkte in Verbindung mit der großen Hüterin des heiligen Wassers. Er erhielt ihren Segen, ihre Reinheit und sie füllte ihn mit dem reinen Geist des kosmischen Christus. Er erwärmte aus ihr das Leben des Menschen mit dem Kraftstrom der Liebe und zog sich von jenen zurück, die seiner Absicht nicht würdig genug waren. Er brachte jenen Fülle und Reichtum, die diese Fülle aus der Kraft Gottes zu erkennen bereit waren. Er lehrte in seiner Sprache die Regeln, aus denen sich das Wasser des Lebens im Geist des Menschen rein erhalten würde. Er sprach die Sprache der Natur und stieg hinab in die Reiche der Schatten, um aus diesen Reichen das Leben derer zu befreien, die sich vom Leben entrückt hielten und wieder in das Licht sehnten. Wie andere große Boten Gottes ließ er das Leben durch sich selbst fließen und gab sich dadurch all jenen Menschen hin, die im Glauben standen, das Wasser des Lebens nur aus sich selbst rein halten zu können. Werden wir von den Hütern des Wasserelements angenommen, entfalten wir uns zugleich zu Hütern unserer eigenen Gefühlswelten. Wir tragen in uns die Qualität, über das Wasser zu gehen. Dies bedeutet, dass wir immer besser unsere Gefühle kontrollieren und daraus das Gleichgewicht in uns erhalten können. Zugleich öffnen wir durch die Heiligung des Wasserelements in uns den Kanal, durch den die kosmischen Kräfte fließen. Eine reine, kosmische Botschaft geht durch die unterschiedlichen Schichten unseres Menschseins. Je reiner wir unser körperliches Gefäß halten, um so reiner und klarer können auch die Botschaften in unser Bewusstsein eindringen und von dort aus von uns selbst umgesetzt oder auch weitergegeben werden. Ein reiner Emotionalkörper gibt die Basis für das, was wir als Wahrheit empfinden. Daraus ergibt sich auch die Abfolge, über die Heilung und Reinigung unserer Gefühle in unseren Geist vorzudringen.

Wo sich Feuer und Wasser aus den Händen der Urmutter und Formgebenden ALOM miteinander verbinden, geschehen wahre Wunder, denn es verbinden sich Wille und Absicht aus dem Prinzip von Liebe und Weisheit. Somit ist der Nahual IMOX ein Wegbereiter für die Verbindung des menschlichen Wesens mit dem göttlichen Geist. Diese Verbindung erfolgt aus unserer Mentalebene, die wie ein geöffneter innerer Raum ein Gefäß darstellt für unsere Gedanken und Vorstellungen. Diese können nur dann rein und klar sein, wenn sie von reinen und klaren Emotionen und Gefühlen genährt sind.

In ihrer Rechten hält IMOX einen Geier, mit deren Hilfe sie Menschen von morbiden Lebensstrukturen befreit und zum Leben zurückführt. Wir kennen aus der Natur die große Kraft, mit der sich ein Wasserlauf selbst reinigt, und können aus dieser Kraft heraus das Wirken der Lehrmeisterin des Lebenswassers erkennen. Je stärker sich verunreinigtes Gewässer mit Sauerstoff anreichert, um so schneller kann der Selbstreinigungsprozess des Wassers vonstatten gehen. Auch in uns steht die gedankliche Ausrichtung, das Luftelement eines Menschen, wie ein Wanderstab für die Orientierung der Gefühle. Ein frischer Geist und Lebenswille aus der Umschichtung unseres Bewusstseins verändert mit großer Dynamik die Gefühlsdichte, empfunden als Schwere, Unzufriedenheit, Depression und das heute so häufig vorkommende Gefühl der Sinnlosigkeit des Lebens. Wer bewusst auf eines seiner elementaren Bausteine einwirkt, beginnt seine Wahrnehmung und seinen Blickwinkel dem Leben gegenüber zu verändern. Wie in der Natur schafft das im Menschen fließende Wasser die Basis für die Artenvielfalt von Wesenheiten des Lichts und der Liebe. Die Aufgabe eines Herzensmagiers ist es also, das Wasserelement eines Menschen zu reinigen, indem er einzelne Tropfen dieses Lebenselixiers im Sonnenlicht zum Glänzen bringt. So könnte man in Verbindung zu IMOX mit einem in der Sonne gleißenden Wassertropfen ein Reinigungsritual gestalten. Es genügt die Zentrierung auf diesen einen Tropfen mit der Absicht, diesen in die Emotionsebene des Menschen, in seine Bauchhöhle zu legen. Das Bewusstsein des Menschen sollte darauf ausgerichtet sein, das innere Licht aus der Vorstellung des reinen, im Sonnenlicht glänzenden Tropfens zu verstärken. Aus dieser geistigen Segnung in Verbindung mit IMOX verändern sich die inneren Gefühlsbewegungen.

Ich nenne einen paradiesischen Platz im Tiefland Guatemalas „Rio de la vida", den Lebensfluss, und habe mich nie darum gekümmert, wie der Fluss wirklich genannt wird. Im Lauf von Jahrmillionen hat sich dieser Fluss durch einen mächtigen Cañon gegraben. Schroffe Felsformationen ragen vom Flussbett in den Himmel. Dieser Cañon ist eines der Naturdenkmäler, die nur die wenigen Bewohner in den umliegenden Dörfern kennen. Vor Jahren wurde ich auf sehr mystische Weise von diesem sakralen Platz gerufen. Wie kaum einen anderen Ort auf dieser Erde empfinde ich diese Schlucht als rein und unberührt. Für viele Naturkräfte ist dieser Ort ein Rückzugsplatz von den Turbulenzen des lärmenden Lebens. Bereits beim Eintritt in den Cañon spürte ich die Nähe unzähliger Naturwesen. In meinem Herzen regte sich große Ehrfurcht vor der

Mächtigkeit dieser Kräfte. Ich verneigte mich und bat den Bootsmann, für einige Minuten stehen zu bleiben. Links und rechts wurde ich von riesigen Gesichtern beobachtet, die aus den schroffen Felsformationen auf mich herunterschauten. Don Hugo, der Bootsmann, wollte mir einiges von diesem Platz erzählen. Ich musste ihn allerdings darum bitten, still zu sein. Ich hörte eine wie aus einem fernen Märchenreich sich erhebende Stimme, die mich begrüßte und mir Einlass gewährte. Der Hüter dieses Ortes begann über mein Herz aus der segensreichen Stille dieses unberührten Ortes zu sprechen:

„Die Wesenheiten der Naturreiche erkennen deine Autorität an, weil du dich uns mit Respekt und Liebe näherst. Wir sind bereit, deine Wünsche und Absichten in Erfüllung zu bringen, und richten uns nach deinen Vorstellungen. Durch diese gemeinsame Ausrichtung bündeln sich machtvolle Energien. Aus diesen Verbindungen wurdest du bereits im Kindesalter von unseren Hütern erkannt. Eine deiner Aufgaben ist es, aus der zentrierten Kraft des Menschseins und unseren Naturreichen die Brücken in andere Seinsebenen zu schlagen. Die wahren Lebenskünstler sind nicht diejenigen, die das Leben auf der Oberfläche spielen. Ihre Vorstellungen werden in alle Winde zerstreut und können sich nie in den geheimnisvollen Tiefen des Lebens verankern. Die Kunst zu leben drückt sich darin aus, die unterschiedlichen Ebenen des Lebens bewusst in Erfahrung zu bringen und auszudrücken. Dies ist eines der großen Ziele in der Entwicklung des Menschseins. Diese Möglichkeiten sind uns Naturwesen nicht gegeben. Deine Mayabegleiter tragen viel Weisheit in sich, wie du diese in allem Sein angelegten Ebenen bewusst betreten kannst. Wenn du dich in unseren Reichen bewegen lernst, wird es dir ein Leichtes sein, dich durch die unterschiedlichen Ebenen und Seinszustände eines Mitmenschen zu bewegen. Dies ist zugleich auch die große Aufgabe, vor der du als Priester und Schamane der Maya über Jahre gestanden hast. Es ist nun der Zeitpunkt gegeben, dir unsere Hilfe und Unterstützung zukommen zu lassen. Sich in die inneren Räume eines Menschen zu bewegen, bedarf höchster Zentrierung und Verantwortung. Wer sich als Mensch dieser Aufgabe als würdig erweisen möchte, muss dies über

Jahre hinweg durch seine Haltung den Naturkräften gegenüber unter Beweis stellen. Wie auch in unseren Ebenen wurden auf dieser Wanderschaft deine Stärken, aber auch deine menschlichen Schwächen und Abgründe offenbar. Du hast inzwischen in Erfahrung gebracht, dass auf diesem Erfahrungsweg sich in der Natur wie auch im Menschsein Schichten öffnen, die viele unbewusst lebende Menschen nicht für möglich halten würden. Wenn du von Licht und Dunkel sprichst, so liegen diese Ebenen eingebettet in die Natur und in den Seinszustand jedes Menschen. Wenn sich dir die Ebenen der Naturwelten öffnen, dann bekommst du zugleich auch den Zugang in die Tiefen und Abgründe vieler Menschen.

Erst wenn die Menschen fähig sind, aus ihrem Herzen das Vertrauen der Naturwesen zu gewinnen, werden ihnen die Mitmenschen erlauben, in ihr inneres Reich einzutreten. Dies sind die großen Momente in der zwischenmenschlichen Begegnung, in denen wahre Heilung gegeben werden kann. Wenn du hier in unser Reich eintrittst, dann werden wir dir unsere Wahrheitsquellen öffnen und dich weiter vorbereiten auf all das, was der göttliche Vater für dich vorgesehen hat."

Kapitel 12

IQ (IK)

DER BRUDER WIND
Der Klang der Flöte im Tempel der Weisheit

Ik

Don Hugo kämpfte bereits gegen Stromschnellen, die in einer Engstelle des Flusses immer heftiger wurden. Es blieb mir nichts anderes übrig, als mich in solchen Momenten vertrauensvoll dem Geschehen hinzugeben. Schlimmstenfalls würde ich meine Kamera verlieren und schwimmend von der Strömung des Flusses aus dem Cañon getragen werden. Ich begann, das heilige OM zu singen und alles Leben an diesem Ort in die Schwingung der kosmischen Liebe einzubetten. Wie kaum jemals zuvor in meinem Leben hörte ich an diesem Morgen die Stille der Natur. Ich vernahm die Sprache des Wassers und lauschte der Stimme des Windes, Santo IQ. Das Rascheln der mindestens 150 Meter über mir am Rande des Cañons schwingenden Bäume trug die Botschaft des Bruders Wind in die Tiefe der Schlucht. Plötzlich löste sich in einem starken Windstoß ein Ast und donnerte über die Felsformationen auf mich herab; mein Denken schaltete sich aus. Ich empfand keine Angst, obwohl ich das Kollern des Astes auf den über mir liegenden Felsvorsprüngen immer näher kommen hörte. Der herunterfallende Ast rammte sich unmittelbar neben mir in den Boden. Ich konnte den etwa zwei Meter langen Ast, ohne mich von der Stelle zu bewegen, in die Hand nehmen und wusste zugleich, dass ich die Ermächtigung bekommen hatte, mit dem großen Meister der Lüfte, dem Nahual IQ zu arbeiten. Ich setzte mich an einen riesigen Felsstein und stimmte mich erneut auf die Lebendigkeit dieses Ortes ein. Das Gezwitscher der Vögel, das Rauschen des Flusses und die immer stärker von oben in den Cañon einstrahlende Sonne beruhigten meine Gefühle, die durch das Geschehen erheblich aufgewühlt waren. Ich hätte noch vor wenigen Minuten von diesem Stock erschlagen werden können. Es wurde mir mit einem Male bewusst, dass ich als Mensch durch die Naturkräfte zerstört oder auch ermächtigt und beschützt werden konnte.

Später zog ich meine Badehose an und ließ mich mit meinem IQ-Stock in der Hand durch die Strömung des „Rio de la vida" aus dem Cañon tragen. Auf dem Rückend treibend, beobachtete ich den von der noch teils schattigen Schlucht sich abhebenden Morgenhimmel. Der Wind trug die ersten Wolken durch den schmalen, blauen Himmelsstreifen, der sich stark von den grün bewachsenen Rändern des Cañons abhob. Wie von Engelshänden getragen, trieb ich in der sanften Strömung und ließ mich durch die Stromschnellen ziehen. Wasser und Luft verbanden sich in mir mit meinen inneren Gefühlsschichten und der Kostbarkeit der paradiesischen Bilder, die sich aus diesem Blickwinkel für mich ergaben. Das reine Wasser berührte mich in meiner eigenen, inneren Klarheit und weckte das Gefühl des Glücks und der vollkommenen Zufriedenheit. Der über mir sich in den Felsformationen bewegende Luftstrom berührte leicht die Sträucher und die Blätter uralter Bäume, deren grauer Bart sich wie ein Fingerzeig in die Richtung der Flussströmung legte. Santa Majom machte mich aufmerksam auf meine innere, aus der Stille meiner Gedanken sich erhebende Mächtigkeit und Kraft, während ich von den Wogen der Flusswellen getragen wurde. Der Wind bewegte meinen Geist, aus dem sich innere Bilder zu formen begannen. Meine fünf Sinne schienen sich zu weiten für die Kraft und Lebendigkeit der Naturelemente. Es öffneten sich mir innere Zwischenräume, in denen sich Liebe und Geist miteinander zu verbinden begannen. Die Stille des Morgens sprach im Rauschen des Flusses ihre eigene Sprache. Sie berührte mich mit der um mich existierenden Vielfalt und Schönheit der Natur. Gesichter hoben sich aus den Felsabsprüngen. Selbst am schmalen Flussufer liegende Steine schienen in diesem Moment zu sprechen. Ich war wie auf einer Sänfte getragen in einem wunderbaren Zustand inneren Glücks. Aus dieser feinstofflichen Lebendigkeit, aus der Bewegung des Wassers und des Windes öffnete sich in mir der Geist der Klarheit und Erkenntnis im sich bewegenden Fluss des Lebens.

Wenige Tage danach erzählte ich Don Julián von diesem Erlebnis und es berührte ihn sichtlich, dass sein geliebter Santa Majom sich in kraftvoller Weise in mein Leben zu drängen begann.

„Als Bruder Wind hütet IQ die Tiefen, Höhen und Weiten zwischen Himmel und Erde. Er füllt die Räume zwischen Bergen, Tälern und Schluchten. Er verbindet Klimazonen und bestimmt die Thermik, aus der sich das Wettergeschehen entfaltet.

Das Land Guatemala liegt eingebettet zwischen zwei Ozeanen. Vulkane erheben sich aus den Weiten der tropisch heißen Tiefebene. Das Vegetationskleid ändert sich Schicht für Schicht bis in die unterschiedlichen, den europäischen Alpen ähnelnden Landschaftsformen des Hochlandes. Wolkenringe legen sich um die Krater der Vulkane, die sich selbst bei schönem Wetter oft in ein Nebelkleid hüllen. Die mächtigen Feuerwächter gehen weit auslaufend in die sich unter ihnen ausdehnenden Landschaftsformen über. An ihren Abhängen bewegen sich die Luftströme des Nahuals IQ. In meinem Volksstamm der Maya-Pocomames wird er Santa Majom genannt. Die alten Maya erkannten sich in seinem Flüstern, in seinem nächtlichen Heulen oder auch in der lärmenden Zerstörungskraft des Hurrikans. Sie sahen im Vulkan den Baum des Lebens, der in seinem Inneren aus dem Feuer der Unterwelten schöpft und über Santa Majom seinen Feuerhauch in die geistigen Ebenen des göttlichen Seins ausatmet.

Wir sind ein Abbild dieses Geschehens in der Natur. Auch in uns liegt die Urkraft des inneren Feuers, das sich über unsere inneren Landschaften, über sich erhebende Bergformationen und in dunklen Tiefen klaffende Schluchten verströmt. Santa Majom, der in meinen Ritualen als Mittler und Helfer angerufen wird, trägt mich in die inneren Klimazonen eines Menschen. In uns liegen unterschiedliche Wärme- und Kältezonen, in die unsere Organe eingebettet sind. Unser Gefühls- und Gedankenleben ist sehr stark von der Ausgewogenheit dieser Zonen abhängig. Es gibt im Außen für uns Menschen keine luftleeren Räume. Gleichermaßen stehen auch unsere Organe und Körpersysteme durch den Meister der Lüfte miteinander in

Verbindung. Wie beim Besteigen eines Vulkans vom tropischen Tiefland aus trägt der Bruder Wind den Geist des Schamanen in immer höhere Klimazonen, bis hin in die Kühle des über den Wolken liegenden Kraters. Dort schwebt er über den Dingen, über seinen Gefühlen und Gedanken, über seinen eigenen inneren Welten.

Aus diesem Blickwinkel wird sein Geist wie ein Adler vom Bruder Wind getragen und durch seine Wahrnehmung belehrt. Santa Majom beginnt in diesen Momenten aus mir zu sprechen. Diese Sprache dringt wie ein Hurrikan durch die verschmutzten Schichten der Emotionen und durchdringt wie eine Brise die Ebenen der verunreinigten Gedanken. Von seinem Herzen aus schaue ich in die inneren Welten eines Menschen. Aus dieser Wahrnehmung kann ich erkennen, woran ein Mensch erkrankt ist und welche Hilfen ihm gegeben werden können. Santo IQ, der Geist des Windes, ist dabei Überbringer der Botschaft. So stehen manche Schamanen unseres Volkes vor dem heiligen Feuer und bewegen ihre Arme wie die Schwingen des Adlers. Sie lassen sich dabei vom Geist des Windes und vom Geist des Feuers in die Höhen und Tiefen der inneren Welten eines Menschen tragen. Es gibt keine stärkere Kraft in meiner Heilungsarbeit als den Nahual IQ, Santa Majom. Mit ihm ist es möglich, selbst die schwierigsten inneren Konstellationen eines Menschen zu durchschauen. Menschen finden in ihren eigenen, inneren Räumen oft keinen Platz mehr für sich und ihre Lebensaufgabe. Sie wissen meist auch nicht, was es bedeutet, den Körper als Tempel Gottes für seine Absicht freizuhalten. Wenn die Wesen, die mit unseren inneren Welten in Verbindung stehen, nicht bereit sind, den Körper als ihr Besitztum freizugeben, dann rufe ich ihn, den Mächtigen der Lüfte. Es folgt in solchen dramatischen Momenten ein inneres Zanken, manchmal auch ein hörbarer Aufschrei des Menschen. Über das Luftelement, über den Schrei und über den Atem verlassen diese Wesen den Körper. Der Nahual IQ verwehrt in diesen Heilungen diesen Wesen die inneren menschlichen Räume, in denen sie sich breit gemacht haben. Diesen dämonischen Kräften wird von Santa Majom ein neuer Ort zugewiesen. Über den Weiten der Meere ziehen sie und tauchen ein in die tiefe, dunkle

Finsternis des Meeresgrundes. Mit einem Gefühl der Erschöpfung geht der Mensch bereits die ersten Schritte der Befreiung aus einer inneren Gefangenschaft. Diese inneren Gefängniszellen werden mit dem Nahual IQ in den Ritualen gereinigt und als sakrale Räume für die Liebe und das Licht vorbereitet."

Der Mensch empfindet nach solchen Zeremonien eine innere Leere. Dieses Vakuum füllt der Schamane in einer weiteren Zeremonie mit dem Geist des inneren Friedens. Aus dem Herzen des Bruders IQ, der uns Mittler zum Geist des göttlichen Vaters ist, fließen über die weitere Heilungsarbeit Liebe, Segen und Gnade in den körperlichen Tempel des Menschen ein. Aus der Kraft des inneren Feuers erhebt sich der Mensch aus dieser Erfahrung von Freiheit und eigener Willenskraft. Er beginnt zu erkennen, dass er sein neu gewonnenes Leben selbst gestalten und in die Hand nehmen kann.

Als Wetterschamane bewegt und beeinflusst der Anciano nicht nur das Naturgeschehen in der Trocken- und Regenzeit. Er verbindet in seinen Ritualen mit Santa Majom den Menschen mit der göttlichen Familie. Er geht dabei mit IQ in die inneren Hohlräume des Körpers, während er in einer schamanischen Eierzeremonie diese inneren Räume sichtbar macht. Die Bestandsaufnahme des körperlichen und geistigen Zustandes eines Menschen erfolgt aus dem Ei und dessen Verbindung zu den sieben Eingangstoren in unser Sein. Somit kann sowohl der körperliche als auch der geistige Zustand eines Menschen rituell erfasst werden. Dabei gestaltet er ein Negativ des inneren Zustandes, indem er die unterschiedlichen Körperregionen in diese Bestandsaufnahme miteinbezieht.

„Das Ei trägt sieben Mächte in sich", erklärte mir einst der Anciano. Lange habe ich nicht verstanden, was er damit gemeint hat. Heute ist mir bewusst, dass sich aus dem Ei die sieben Kräfte der Schöpfung und deren Qualitäten und Energieschwingungen öffnen. Unser menschlicher Körper verbindet sich aus dem Urprogramm des Eis mit allen lebensnotwendigen Funktionen und gibt den Blick frei für das Erkennen lebenswichtiger Zusammenhänge. So arbeitet er mit der inneren Thermik eines Menschen und kann aus dem im Ritual verwendeten Ei die im Menschen angelegten Qualitäten erkennen.

Er interpretiert die im Menschen eingelagerte Kühle oder Hitze. Heilpflanzen, Tees, Schütt- und Reibebäder, Rituale der feinenergetischen Reinigung gleichen die innere Thermik eines Menschen aus. Ein Zuviel an Kühle drückt sich auch in der Ausdrucksfähigkeit des Menschen aus. Ein Zuviel an Wärme oder gar Hitze kann ein Indiz sein für Entzündungen im Körper, für ein erhitztes Gemüt oder für einen vom Schamanen spürbaren roten Schatten. Dieser rote Schatten spiegelt im Energiefeld eines Menschen die Leidenschaften wider, die ihn in seinen Gefühlsebenen gefangen halten. Auch die Organe des Menschen sind individuell in ihr klimatisches Umfeld eingebettet. Verändert der Mensch seine inneren klimatischen Bedingungen, löst er damit unter Umständen eine Störung des Organs aus. Menschen, die eine liebevolle Verbindung zu ihrem Körper und zu ihrem Umfeld haben, erkennen aus ihrer Intuition auch die körperlichen Notwendigkeiten. In einer altchinesischen Meditation ist dies auch möglich durch bewusste innere Zuwendung, die wir den Organen geben können. Das „Innere Lächeln" ist eine der bedeutendsten Meditationen des chinesischen Tao. Über das durch unsere Vorstellungskraft aktivierte innere Lächeln wird die Kraft der Dankbarkeit für die Arbeit unserer Organe bewusst in unsere inneren Räume gegeben. In dieser Meditation trägt der Bruder Wind die Leichtigkeit und Fülle eines entspannenden Lächelns durch die Vorstellung in Organe und Körpersysteme.

Maya lenkt die Liebe zu Gott in Verbindung mit dem Geist des Bruders Wind in die inneren Räume des Menschen und zugleich in die von Menschenhand geschaffenen Bauwerke der heiligen Pyramiden. Diese sakralen Stätten waren aus Tradition nur wenigen, darin eingeweihten Menschen und den dort lebenden feinstofflichen Wesen vorbehalten. So liegt alles, was je von den Ahnen der Maya in Erfahrung gebracht werden konnte, im Herzen eines auserwählten Menschen und zugleich als schwer zugänglicher Weisheitsschatz im Herzen eines heiligen Ortes. Die lebenden Schamanen und Priester schöpfen ihre Lehren und Lebensweisheiten aus dieser Verbindung und stehen als Mittler zwischen ihren eigenen inneren Räumen und der lebendigen inneren Stille eines sakralen Ortes. Somit ist für die Weisheitslehrer der heute lebenden Maya nichts von ihrer Jahrtausende währenden Kosmovision verloren gegangen. Die Fensteröffnungen der Tempel ließen einst den Luftstrom in das Innere der sakralen Räume eindringen. Der Geist des Göttlichen erklang aus dem Herzen IQs aus Tonflöten, die an den Nordfenstern angebracht waren. Aus der göttlichen Einheit, aus dem Feuer des Gedanken Gottes, strömte IQ als „Espiritu Xaman“ im Klang der Flöte durch die Öffnungen der Ritualräume. Von dort aus bewegte er die Gedanken und den Geist der Priesterinnen und Priester. Aus dem reinen, beweglichen Geist schöpften die Maya kosmische Erkenntnis und Weisheit.

Aus dem Intellekt, verbunden mit der Weisheit des Herzens, formt sich auch ein beweglicher, umsichtiger und verantwortungsbewusster Mensch. Wie beim Wachstum eines Bergkristalls sollte sich auch unser menschlicher Geist aus den vernebelten Schichten der Emotionen erheben und in die göttliche Einheit streben. Ausdruck dieser Klarheit ist in Verbindung mit IQ die Schöpferkraft des Wissenschaftlers. Wissen in Verbindung mit IQ steht im Dienst des Mitmenschen und der menschlichen Gemeinschaft. Dieses Licht der kosmischen Weisheit gab den Maya Klarheit in der medialen Wahrnehmung. Sie ehrten den Bruder Wind als Überbringer von Botschaften aus anderen Welten und erkannten seine Qualität als Mittler und Verbindungsglied zur Weisheit der Ahnen und deren Lebenserfahrungen. Die Maya standen durch ihre sakralen Bauten mit anderen Völkern, Religionen und Kulturen in Kontakt und schufen damit auf anderen Seinsebenen kostbare Energieverbindungen. Ungeachtet der zwischenmenschlichen Unterschiede und Konflikte trug der Hüter des Luftelements, IQ, die Botschaft einer einheitlich orientierten menschlichen Familie in den Kosmos. Heute sind wir so weit, dass wir die engen Grenzen der Religionen und der menschlichen Anschauungen weiten können für einen freien Blick in die Schatztruhen der alten Völker, in denen ihre Kraft und Weisheit verborgen liegen. Das Öffnen dieser Schatztruhen macht es allerdings auch notwendig, dass wir uns dessen bewusst sind, was wir aus dieser Fülle von Kostbarkeiten entnehmen wollen. Auch da gibt es Wahrheiten, die durch den veränderten Bewusstseinszustand des heutigen Menschen keine

Gültigkeit mehr haben. Was immer wir auch als Kostbarkeit aus den alten Kulturen für uns erkennen und annehmen – wir sind angehalten, zuvor unsere eigene Kostbarkeit zu erkennen und mit dem Schatz der Zeiten zu verbinden.

Heute liegen die Tempel der Maya teils vergessen und von dichter Vegetation bewachsen in den tropischen Wäldern Zentralamerikas. Nur wenige dieser seit Jahrhunderten und Jahrtausenden unberührten sakralen Orte sind dem Reisenden zugänglich. Die Stille dieser Orte ist eingebettet in die Geräusche des Urwaldes. In dieser Unberührtheit sprechen diese großen Bauwerke ihre eigene Sprache. Sie geben ihre inneren Welten nur denen frei, die mit ihren eigenen inneren Räumen in Verbindung stehen. Wenn die innere Welt eines Besuchers mit der Essenz und dem Herzen dieser sakralen Stätten in Resonanz treten kann, wird der Geist Maya im Menschen lebendig.

Als ich kürzlich im Kreis einer Gruppe an einem mächtigen Maya-Altar im Hochland Guatemalas stand, arbeitete dort gerade eine Schamanin aus Zunil, einer nahe gelegenen Ortschaft. Ich bat, wie es in Schamanenkreisen dort üblich ist, um ihre Erlaubnis, neben ihr arbeiten zu dürfen. Sie nickte mit einem freundlichen Lächeln. Mit Kerzen und Weihrauch wollten wir durch ein Ritual unsere Dankbarkeit ausdrücken, denn vieles war in den Menschen in den letzten Tagen bewegt worden. Knapp hinter uns öffnete sich eine tiefe Schlucht. Geier, vom Bruder Wind getragen, kreisten über uns. Sie schienen uns zu beobachten. Ich legte die mitgebrachten Kerzen in ein mit Zucker gezeichnetes Symbol und eröffnete das Ritual. Zugleich bat ich den Geist der Geier, sich mit jedem einzelnen von uns zu verbinden und von uns zu nehmen, was in uns bereits abgestorben war. Mit einem Mal fuhr aus dem Nichts ein Windstoß in das Feuer der unmittelbar neben uns arbeitenden Mayaschamanin. Der auf einem Quadratmeter sich aufbauende Wirbelsturm bemächtigte sich der Flammen des heiligen Mayafeuers. Sekundenlang formte sich das Feuer zu einem spiralförmig sich erhebenden Kegel. Das Feuer tanzte in einer hohen Spirale lautstark in der Kraft des Windes. Die Schamanin erschrak und warf mir einen erstaunten Blick zu. Niemand aus unserem Kreis zweifelte daran, dass uns ein Bild unseres eigenen, inneren Wachstums und der damit verbundenen Aufgabe vor Augen geführt worden war.

Die Sprache Tojils, der Feuerkraft der Maya, war für uns alle hörbar. Wir standen wie angewurzelt und verfolgten das kraftvolle Schauspiel. Meister IQ bemächtigte sich als Wirbelsturm JUN RA KAAN des Feuers. Aus seiner Mächtigkeit formte sich der Begriff des Hurrikans. Aus der göttlichen Einheit JUN zeigt sich der blaue Strahl der Klarheit RA. Dieser Strahl steht mit der Macht des Erzengels Michael, aber auch mit dem östlichen Schwertträger und Tänzer Shiva oder mit dem ägyptischen Gottheit RA in Verbindung. In der Bewegung KAAN erhebt sich die Schlange der Lüfte aus den Tiefen der Erde, um sich mit der göttlichen Einheit zu verbinden.

Don Julián kennt die Südstürme in Guatemala als sehr heftige Wirbelwinde, die nicht selten auch Verwüstung anrichten. In seinem Wasserglas nimmt er sie bereits Tage vorher wahr. Sie kündigen sich in einem nebeligen Spiralwirbel in seinem Wasserkelch an. Der Zeitreisende Julián befindet sich währenddessen mit dem heiligen Wind in luftigen Höhen. In den Meditationen vor seiner Mesa zieht er durch andere Seinsebenen, um so das Weltgeschehen, meist aber das regionale Wettergeschehen zu beobachten. Geführt wird er dabei von seinem vielgeliebten Erzengel Michael. Dieser hütet in der kosmischen Schau des Ancianos nicht nur den Ausgleich von Licht und Schatten. Er zeigt sich in seiner Größe als „principe celestial" als Hauptverantwortlicher für den Ablauf eines Wetterrituals, in dem unterschiedliche geistige Kräfte für den Aufbau der Thermik eingesetzt werden.

Mit der Kraft IQs wird der Geist des Ancianos über den Ozean getragen, wenn ich ihn rufe und brauche. So stehen wir über große Distanzen miteinander in Verbindung. Ich erzählte meinem Mayavater oft vom Bruder Föhn, der in unseren Breiten einen starken Einfluss auf das Wettergeschehen, aber auch auf die Stimmungslage vieler Menschen hat. In meiner Heimat Tirol liebe ich den Bruder der Lüfte in seiner Qualität als warmer Südwind. Ich kenne diesen Nahual IQ von den vielen Mußestunden in der Natur als Fensteröffner. Gleich Toren in das Universum reißt er Wolkenformationen auf, baut Wolkenmauern, wie ich sie sonst nur in Guatemala gesehen habe. Er lässt die Sonne scheinen, während sonst überall im Land Schlechtwetterfronten drücken. In meiner Jugendzeit liebte ich als Aquarellmaler den Föhn. Feine Wolkensträhnen ziehen bei Südströmungen über das Firmament. Selbst die Kondensstreifen der über die Alpen fliegenden Flugzeuge gleichen in wenigen Minuten Pinselstrichen, die auf einem feuchten Papier auseinanderlaufen. Zugleich erstrahlen die Berge und Landschaften in Klarheit und Reinheit. Die Konturen der schroffen Gebirge zeichnen sich an Föhntagen scharf von den nebelverhangenen Bergformationen ab. Als Jahreszeitendirigent kann er mitten im Winter den Frühling erahnen lassen. Bruder Föhn räumt in wenigen Tagen radikal mit der Vorstellung weißer Weihnachten auf und lässt die ersten Knospen zu Zeiten sprießen, wo die Natur sonst weit und breit in weißer Todesstarre ruht. Mit ihm in Ritualen zu arbeiten wäre für den Alpenbewohner ein wahrer Segen. Wie Tata Julián seinen Santa Majom für die gröbsten Arbeiten, wie es in Maya ausgedrückt wird, verwendet, so rufe ich als den großen Saubermacher des Südens für die innere und äußere feinstoffliche Reinigung von Menschen den Bruder Föhn.

Der Wetterschamane der Maya-Pocomames zündet bei drohenden Stürmen acht rosafarbene Kerzen für den Meister der Lüfte an. Er kennt die Vorliebe IQs und spricht mit ihm. Gleich einem langjährigen Freund und Helfer bittet er ihn um Verbindung, um Unterstützung und besänftigt ihn in seiner Mächtigkeit. Er führt ihn zurück an seinen Ursprung als steife Brise, die man als Mensch noch vertragen kann. Niemand und nichts sollten durch die Windböen in seinem Volksstamm der Maya-Pocomames zu Schaden kommen. Er öffnet dem Bruder Wind sein Herz und bietet ihm seine Liebe und seinen Respekt an. Er kniet in Demut im weißen Norden des Mayakreuzes, aus dem die Lüfte in so unterschiedlichen Qualitäten unser Menschsein berühren. In solchen Momenten vernehme ich gelegentlich über tausende Kilometer hinweg seinen Ruf und seine Bitte, ihn bei der Erfüllung seiner Aufgaben in anderen Sphären zu begleiten und ihm zu helfen. So verbinden wir uns regelmäßig über die Kontinentbrücke mit dem Geist des Adlers und heben uns in die geistigen Höhen, aus denen wir der

Weisheit Gottes näher stehen. Wir rufen uns in den Tiefen des Dunkels, um uns zu ankern und unser Leben über die Kraft der Mutter Natur und über die Ebenen des Dunkels zu festigen. Abgehoben wären wir beide nicht fähig, die Bewegungen des Alltags in den gemeinsamen, göttlichen Auftrag, der uns gegeben ist, einzuordnen.

Im frühabendlichen Wetterleuchten können wir den Nahual IQ als Licht des Himmels über den Wolken erkennen. In der Regenzeit erleuchten oft unzählige Blitze in Sekundenabständen die von der spannungsgeladenen Thermik zusammengeballten Wolkentürme in den vier Farben des Mayakreuzes. Dieses Lichtspiel skurriler Formen und Farben verändert sich ständig durch die Windbewegung.

Don Julián saß begeistert in der Hängematte, um dieses Schauspiel zu verfolgen. „Auch wir beide kennen aus der inneren Zentrierung heraus die alles um uns erleuchtenden Geistesblitze“, sagte der Anciano. „Wir Maya lesen den inneren Zustand eines Menschen nach dem Vorbild der Veränderungen und Bewegungen des Himmelsfirmaments. Meine Vorfahren haben aus der im Moment gegebenen Konstellation des Wettergeschehens vieles für ihre spirituelle Arbeit abgeleitet. Deshalb ergeben sich für uns aus der Natur vorgezeichnete Lebensbilder. Beobachte die Bewegung des Himmels und du wirst erkennen, wie schnell sich die Wolken durch den Bruder Wind IQ in ihrer Zusammenstellung und Form verändern. Wir Menschen bauen nach diesem Vorbild eine Vielzahl von täglichen Wünschen als Wolkentürme auf. Ein stärkerer Luftzug kann diese Gefühlstürme unserer Wünsche schon in wenigen Minuten verändern, ja sogar auflösen. Wenige Tage später werden sich aus der Spannung des Lebensalltags erneut Wolkenschichten bauen, sich in emotionalen Gewittern entladen oder als heilsamer und fruchtbarer Regen unser Wachstum nähren.

Der Nahual IQ spielt im Wettergeschehen wie in unserem inneren Menschsein eine bedeutende Rolle. Wirkt der menschliche Geist nicht aus IQ als Antrieb, bleiben die Lebenswünsche meist ohne Kraft und Wirkung. Menschen, die mit ihrem Geist in Verbindung stehen, fällt es leicht, ihre Absichten und Visionen in die Manifestation zu bringen. Es wird ihnen dadurch wie im

Wettergeschehen möglich, die Gefühlswolken dahin zu lenken, wo sie als nährender Regen die Vorstellungen und Visionen nähren, oder sie als störend und vernebelnd aufzulösen.

Uns Indígenas wird durch westliche Hilfsprojekte dabei geholfen, den Lebensalltag zu verändern. Finanzielle Hilfen und Dorfprojekte lindern unsere momentane Not. Es entstehen meist Hoffnungen und Vorstellungen, die leider oft wie Kartenhäuser in sich zusammenbrechen. Der Regen kann nur zum Wachsen bringen, was vorher als Same in die Erde gelegt wurde. Es gibt viele Menschen, die zu uns kommen, um uns Saatgut für unsere Entwicklung zu bringen. Aber viele von ihnen können nicht verstehen, dass unsere Erde unseren eigenen Samen braucht, der aus uns selbst heraus gesät werden sollte. So kann den armen Völkern dieser Erde meines Erachtens durch Bildung und Schulung des Geistes am besten dabei geholfen werden, ihre Lebenssituation aus sich selbst heraus zu verändern. Unsere Form der Schulung des Geistes unterscheidet sich erheblich von euren Lehr- und Lernformen. Ich habe meinen Geist durch die vielen Visionen und Vorstellungen eines besseren Lebens für mich und meine Familie geschult. Ich bin nun sechsundsiebzig Jahre alt und arbeite noch immer täglich an der Verwirklichung meiner Träume. Leider konnte ich dennoch unsere Situation nicht so verändern, wie ich es gerne gehabt hätte. Aber meine Gedanken und Absichten sind nicht verloren gegangen. Santo IQ hat meine Bilder zu den Menschen getragen, die zu mir fanden und denen ich im Namen meiner geistigen Begleiter den Weg als Priester öffnen durfte. Hunderte von ihnen geben dadurch meine innere Kraft und Weisheit als Schamanen oder Heiler an andere weiter. Meine Gedanken und Absichten konnten über IQ in dein Herz dringen. Ich spürte und wusste immer, dass die Weisheit und die Kraft meiner Ahnen durch dich in ein neues Kleid eingebettet sein wollen. So hat Santa Majom deinen Geist zu mir getragen und uns wie zwei Luftströme in einem Hurrikan miteinander verbunden.“ Tata Julián lachte aus Leibeskräften. „Ja, ich freue mich immer, wenn die Menschen, die uns zugeführt werden, aus dieser zentrierten Kraft Santa Majoms am ganzen Leib zu zittern beginnen. Sie zittern nicht vor unserer persönlichen Macht. Sie werden bewegt, weil wir in unserer Zusammenarbeit den ALL-EINEN Luftstrom, die Liebe und den Geist unseres göttlichen Vaters durch uns lebendig machen.

So habe ich meine individuelle Form, meinen Geist auch ohne intellektuelle Schulungen aus dem göttlichen Geist entfaltet. Was ich dir aus meinem Leben erzähle, sind Erfahrungen, die aus dem göttlichen Geist über meinen geliebten Bruder IQ aus mir lebendig werden. Dieses Wissen entfaltet sich auch jetzt aus einem momentanen Gespräch. Ich bin es, der spricht, und Gott ist es, der seinen Geist aus mir entfaltet. Du hast mir erzählt, dass es dir in deinen Veranstaltungen gleich ergeht. Wir sprechen über etwas und wundern uns anschließend über das Gesagte. Du hast viele Jahre der Schulungen deines Intellekts hinter dir und ich hatte nie die Möglichkeit, eine Schule zu besuchen. Dennoch gibt es diesen großen, klaren Luftstrom in unser beider Leben. Wir bewegen ihn aus unserem Kraftfeld der Erde aus den vier Himmelsrichtungen. Einmal bläst dieser Wind aus dem warmen Süden und erwärmt die Gedanken. Sie fallen aus dem warmen Regen als Gedankenbilder und Visionen auf die Mutter und nähren alles Wachstum. Ein andermal bläst der kühle und schneidende Nordwind. Er bringt die schillernde und kühle Klarheit, aus der sich klare Farben und Landschaftsformen abheben. Im Westwind bewegt sich der Luftstrom Santo IQs aus der Qualität des Luftstroms einer feuchtkühlen Höhle. Es ist der kühle Abendhauch KEMEs, der uns an unsere menschliche Vergänglichkeit und an die Wanderschaft der Seele durch die Seinsebene erinnert. In diesem Luftstrom IQs werden wir einmal durch andere Seinsebenen wandern und uns wie zu Lebzeiten dem göttlichen Lebensstrom und den damit verbundenen Aufgaben auf anderen Seinsebenen anschließen. Dieser Lebensstrom ist zugleich verbunden mit dem kosmischen Feuer der Sonne, das Santo IQ im Osten nährt. Aus diesem Luftstrom werden wir aus dem Herzen Gottes gewärmt und neu geboren. Der Santa Majom des Ostens trägt so die Seelen der Rückkehrenden und erweckt sie durch den Lebensatem und den ersten Schrei eines Neugeborenen zu einem neuen Erdendasein.“

Wer vom Bruder Wind als Mittler anerkannt wird, dessen Botschaft ist über die Grenzen der Länder und Kulturen vernehmbar, denn Sprache und Gedanken sind eins. Sie sind beide verbunden mit dem Atem Gottes, der zugleich dem gesprochenen Wort des Menschen die Kraft gibt. Wir denken und empfinden und drücken beides zusammen in Worten aus. So schaffen wir mit der Sprache Verbindungen oder Trennung. Gesprochene Worte bewirken die inneren Bewegungen der Gefühle. Wie durch den Bruder Wind eine Bewegung des Wasser ausgelöst wird, so können sanfte Bewegungen und heilsame Berührungen die Seele eines Menschen beruhigen und heilen. Durch orkanartige Stürme ausgelöste Flutwellen haben oft Vernichtung und Tod zur Folge. Das erkennen wir in den Reden der großen Machthaber, aber auch in den Aggressionen der Menschen, die sich über die Kraft der Worte Schaden zufügen. Somit ist der Nahual IQ auch Träger und zugleich Hüter des gesprochenen Wortes. Aus ihm formen sich die Gedanken, die sich mit dem Wort verbinden und in gemeinsamer Kraft nach außen dringen.

Diese Verdichtung geistiger Energie lässt Wünsche als Illusionsbilder vergehen oder schichtet sie um als klar in die mentale Kraft eingebettete Absichten. Je mehr sich allerdings die mentale Ebene von unserem Gefühlsleben abhebt, um so stärker besteht die Gefahr in uns Menschen, uns durch fehlende Liebe, Mitgefühl und Barmherzigkeit von der geistigen Welt zu isolieren.

Don Cirilo sagte einmal: „Ihr schreibt euch elektronische Nachrichten, bedient euch der Informationen aus dem Internet, Millionen Bücher stehen in den Bibliotheken eurer Häuser, Zeitungen, Radio und Fernsehen geben euch täglich Informationen. Die Gefahr dieser Flut von Wissensinhalten ist es, dass der Mensch von der inneren Wärme des Herzens abgeschnitten wird. Auch der Nahual IQ zeigt sich in den Qualitäten, die aus uns selbst heraus wirksam sind. In einem unbewussten und selbstsüchtigen Menschen wirkt er als kalte, egoistische, den Menschen belügende und entrückende Kraft. Er zeigt sich in vielen so genannten Intellektuellen in der Qualität von Neugier, Machtstreben und intellektueller Habgier. Ihr wahres Interesse ist es aber, ihren Hunger nach Wissen zu stillen oder sich mit diesem Wissen Anerkennung zu schaffen. Unsere Bücher entstehen aus unseren Gebeten und Ritualen. Wir schreiben sie durch unsere Art zu leben, zu denken und zu fühlen. Unser Schreibwerkzeug und unsere Bücher sind der Wind, das Feuer, das Wasser und die Erde. Dort sind unsere Leben und alle damit verbundene Weisheit aufgezeichnet, weil wir die heiligen Elemente in uns tragen. Wir verlassen unsere vier Weisheitslehrer, wenn wir sterben. Aber in deren Herzen ist jedes unserer Leben eingraviert. Bei unserer Wiederkehr treten wir wieder in das Kraftfeld der vier Elemente ein. In der Entfaltung unseres Lebens öffnen wir zugleich auch die Weisheit, die uns über die Elemente erhalten geblieben ist. So wachsen wir Maya in die Tiefen der Meere und in die Höhen der Lüfte. Wir erwachen im Feuer des Ostens und ruhen in der Erde des Westens. Darin liegt der Schlüssel unseres Menschseins, das uns in Verbindung hält mit der Kostbarkeit unserer Mutter Erde."

Der Weg zur Weisheit Gottes ist verbunden mit der Hingabe und dem Vertrauen an unsere innere Lebensführung. Er führt durch die Tiefen der Gewässer und über die Höhen der Berge. Es ist ein Weg, der das Wissen aus uns selbst heraus lebendig macht. IQ, der Hüter der Botschaft unseres Geistes und unseres Herzens, öffnet sich in den besonderen Momenten zwischenmenschlicher Begegnungen. Aus den sinnlichen Impulsen entsteht die Liebe zu den Blumen, den Blüten und Düften der Heilkräuter, die über IQ unseren Geruchssinn erfreuen. Er trägt die Gedanken zweier Liebender zueinander und spricht über die liebenden Gedanken der Menschen die reinste Form der Sprache des Herzens. Der Lehrmeister der stillen Botschaften und der Gedankenbilder lässt die Farben seiner Gedankenformen aus der Reinheit der Absicht eines Menschen entstehen. In den Essenerschriften heißt es: „Heilig ist der Engel der Luft, der alles von Unreinheit befreit und allen übel riechenden Dingen einen süßen Duft verleiht. Dein Körper muss die Luft der Mutter Erde atmen, so wie dein Geist das Heilige Gesetz des Himmlischen Vaters. Süßer als der feinste Nektar des honigsüßen Granatapfels ist der Duft des Windes im Zypressenhain. Noch süßer ist der Geruch der Göttlichen, die das heilige Gesetz verehren und lehren."

Santo IQ, der Nahual der Düfte, verbindet die oft so unterschiedlich lebenden und denkenden Menschen und Landschaften auf geheimnisvolle Weise miteinander. Der Duft von zwei sich liebenden Menschen macht durch sein Wirken die Sprache der Erotik lebendig. So verbinden sich unter seiner Obhut Körperliches, Geistiges und die aus dem menschlichen Herzen empfundene Liebe zu einer Einheit. Wie in eine wunderbare Märchenlandschaft eingehüllt, begibt sich aus dieser Verbindung eine den Liebenden nahe stehende Seele in großer Vorfreude auf die Wanderschaft in ein neues Erdenleben.

In mir regt sich über den vom Bruder Wind getragenen Geruch die Liebe zum Land Guatemala und zu den Menschen und zur Farbenvielfalt und Fülle der Landschaftsformen. Müsste man Länder an ihrem Duft erkennen, so würde ich Guatemala am Duft des Rauches aus den Hütten der Indianerfamilien und am Duft der in die Landschaft terrassenförmig eingebetteten Gemüsefelder erkennen. Täglich zu den Mahlzeiten zieht der Rauch aus den Ritzen und Öffnungen der mit Palmenblättern oder Zinnblech gedeckten Dächer einfacher Lehmziegelhütten und liegt wie ein sich verbreitender, Nahrung gebender Nebel über den Bergdörfern und Indianermärkten.

Ich fuhr mit meinem Auto über die Hügelkuppen von Alasca. So wird der in über dreitausend Meter Seehöhe gelegene Pass bezeichnet, der täglich für Stunden in dichte Nebelschichten eingehüllt ist und von dem aus die weit ausgebreitete Hochebene von Quetzaltenango meist nur in den Morgenstunden sichtbar ist. Aus den durch eine Abendbrise des Santo IQ sich lüftenden Nebelschwaden stieg Lätitia aus einem Lied in mein Leben, das ich im Auto hörte. Im Liedtext von den Flügeln des weißen Todes getragen, kündigte sich eine schwarze Schönheit an, die mit dem Geheimnis des Übergangs vom Licht zum Dunkel und vom Dunkel ins Licht vertraut schien. Ich spürte ihre Präsenz, als würde sie aus den von der Abenddämmerung vorbeiziehenden Landschaftsformen heraustreten und mich begrüßen. Santa Majom, der Bruder Wind, trug durch diese Musik Gedankenbilder einer Wesenheit in mein Herz, die mir offensichtlich über meine liebende Verbindung zu KEME, dem Bruder Tod, sehr nahe war.

Kapitel 13

A'KAB'AL (Akabal)

ÜBERGANG IM SCHIMMER DER DÄMMERUNG

Ein Rosenblatt aus dem Herzen der Schwarzen Göttin

Akbal

Lätitia betrat auf sehr mystische Weise aus dem sich bewegenden Abendnebel meine innere Weltenbühne. Sie schien sich aus dem über den Berggipfeln schimmernden und aus dem Nebel sich abhebenden Abendrot herauszulösen und setzte auf diese Weise ihre ersten Schritte aus dem Dunkel meines Unbewussten. Ich vernahm die Existenz einer Schönheit, die mit der Weisheit und Kraft des Dunkels und des Lichts zugleich gesegnet war. Im Namen des Nahuals A'KAB'AL begann sie mich auf ihre Weise zu belehren und erinnerte mich an die heilige Frau der Indianerstämme Nordamerikas, von der eine Legende der Lakotas spricht. Sie erschien den in sich zerstrittenen und Hunger leidenden Indianerstämmen in Zeiten großer Not, um ihnen die wahren Gründe ihrer Armut erkennbar zu machen. Auf den Weiten der Prärie begegnete sie zwei Kriegern, die auf der Suche nach Büffeln waren. Einer von ihnen erkannte nur ihre äußere Schönheit und wollte sie missbrauchen. In diesem Augenblick zerfiel er vor ihrem Angesicht zu Asche. Der andere Krieger erkannte ihre Kraft, Weisheit und Größe und kniete vor ihr nieder. Sie gab ihm den Auftrag, den Rat des Volkes einzuberufen. Sie würde sich in diesem Rat einfinden und den Indianervölkern eine kostbare Botschaft überbringen. So geschah es, dass eine große Göttin und Friedensbotin den Indianerstämmen die Friedenspfeife überreichte und einen Weg aufzeigte, wie Frieden und Wohlstand geschaffen werden konnten. Bevor sie sich zurückzog, kündigte sie ihre Wiederkehr an. Wenn ein weißes Büffelkalb geboren werde, würde sie wiederkehren und die Weltenvölker an ihre Aufgabe erinnern, in sich selbst und zwischen den Völkern der Erde Frieden zu stiften. Als weiße Büffelkalbfrau wird ihre Wiederkehr bei den Stämmen des Nordens in den Jahren des Übergangs in einen neuen Zeitenzyklus erwartet. Das weiße Büffelkalb wurde bereits in den Achtziger Jahren geboren. Diese große Friedensbotin erhellt als Botschafterin der Reinheit, Schönheit und Fülle aus ihrem Wirken die Zusammenhänge von innerer und äußerer Armut in der Menschheit.

Aus dem Dunkel des Vergessens hervorgetreten, spürte ich diese Indianergöttin in Heilungsritualen als Friedensstifterin der Erdenvölker. Ihre Botschaft berührte mein Herz und erinnerte mich an meine Aufgabe, ihr als Brückenbauer zum Weltenfrieden zu dienen. Sie lud mich dazu ein, Frauen, die mir begegnen würden, in ihrer inneren Weisheit, Anmut und Würde zu erkennen und dabei behilflich zu sein, manchen von ihnen die große Gabe des Heilens aus den Quellen des sakralen Dunkels bewusst zu machen. Ich sollte diese Frauen mit den Quellen des Lichtes segnen und ihnen den Weg und die Heimkehr zur Göttin des Mondes, IXCHEL, wieder erkennbar machen. Die Botschaft der Friedensgöttin des Nordens wurde in einem Ritual mit meiner Frau Christine an ihrem Maya-Geburtstag Drei A'KAB'AL in uns erweckt. Ich saß an einen Baumstamm gelehnt und beobachtete das von Don Juan zeremoniell gestaltete Heilungsgeschehen an unserem großen Heilstein QUANIL. Don Juan bewegte mit seinen Händen das heilige Mayafeuer, als die Friedensbotin der Erdenvölker aus den sich drehenden Feuerzungen hervorzutreten schien. Meine Frau zog sich aus dem Ritual zurück und holte Schreibzeug. Im Kraftfeld des Nahuals A'KAB'AL öffnete die Göttin des Nordens die größeren Zusammenhänge eines Weisheitsschatzes, der im Übergang zwischen Licht und Dunkel eingebettet liegt. Sie zeigte sich als geistige Begleiterin des Übergangs von Aggression und Trennung zum Segen des inneren Friedens.

„Liebe Menschenkinder! Fangt an, euch zu verstehen. Ihr verstehst euch selbst zu wenig. Es gibt in vielen von euch keine gemeinsame Sprache zwischen den Aspekten in Licht und Dunkelheit mehr. Wenn ihr in euch das Dunkel ablehnt, dann lehnt ihr auch den Teil in euch ab, der euch Antworten geben könnte auf den Zustand der Verwirrung, in der ihr euch als Menschen befindet. Ich bin die Manifestation eines ungleichen Geschwisterpaares, die sich in Licht und Dunkel miteinander unterhalten. Wenn ihr dazwischen als Lebensgestalter beide Kontraste annehmt, kommt es immer wieder zu einer Vereinigung beider Geschwister. Dabei ergeben zwei Hälften ein Ganzes. In diesem Moment der Vereinigung könnt ihr nicht bewerten, welche der beiden Hälften die kostbarere ist. Auf der Waage sind beide Anteile gleich schwer, gleich groß und gleichwertig in ihrem Ausdruck. So bleibt es euch als Aufgabe, beides in gleichen Teilen zuzulassen. Wenn ihr beide Hälften aus der Mitte heraus leben könnt, wird es keine Aufmerksamkeit in der Bewertung mehr brauchen. Es ist nicht mehr angebracht, das eine oder andere als wichtiger zu erachten.

Der menschliche Mittelpunkt, die Seele, bekommt in diesem Spiel des Lebens ihre Aufmerksamkeit. Sie kann sich in dieser Bewegung nach oben und unten entfalten, ohne aus dem Gleichgewicht zu kommen. Seit Anbeginn der Welt hat es das kosmisch Böse wie auch das kosmisch Gute gegeben. Dieses Mysterium existiert seit den Anfängen der Materie und ist der Preis für die in Form gebrachten Aspekte des Göttlichen.

Es gibt im Kraftfeld der Dualität von Licht und Dunkel keine andere Lösung, als dass die Erfahrung des Göttlichen in seiner Lichtseite über die Qualität der Dunkelheit erfasst wird. Das kosmisch Böse war der eine Funke, das kosmisch Gute der andere. Über unendliche Zeiträume hinweg wurden diese beiden Seiten genährt. So sind wir Menschen nicht die Schöpfer des Bösen, wir sind und waren immer die Benützer und Benutzten dieser Seinsebenen. Die von uns bezeichneten Dämonen stammen aus der Energie des kosmisch Bösen, das von Menschen genommen und benützt wurde und wird. Wenn diese Wesenheiten des Dunkels vom Menschen geformt werden, dann können sie auch als sein individueller Besitz bezeichnet werden. So formen wir täglich von Sekunde zu Sekunde und gebrauchen gemäß unseren Absichten das vorhandene kosmische Material. Damit säen wir ständig kosmisches Saatgut. Durch die Qualität der Schöpferkraft geht der Samen auf und lässt das entstehen, was in unserem Emotionalkörper, in unseren emotionalen Strukturen und Ebenen vorhanden ist. Diese Saat geht bei jedem Menschen auf, genährt aus den Qualitäten des Lichts oder auch des Dunkels, mit guten oder bösen Gedanken, Emotionen und Gefühlen. So nähren wir alles, was wir geschaffen haben, aus einem kosmischen Allgemeingut.

Eine der größten Herausforderungen für den Menschen ist der Umgang mit Spannung, die zugleich Ausdruck der Dunkelheit ist. Wenn sich Menschen zu einseitig in der Dunkelheit bewegen, erzeugt diese Ausrichtung Spannung und Lust. Dieses Empfinden ist auch verbunden mit der Lust an der Materie, die sich darstellt wie eine Geliebte, die ständig verwöhnt werden möchte. Da diese Geliebte in starker Verbindung mit dem Element Erde steht, bekommt sie auch aus den Ebenen der Erdenreiche viel Kraft und Energie. Ein Ausdruck der Verbindung von Lustgefühlen und dem Pflanzenreich ist zum Beispiel die Abhängigkeit von pflanzlichen Drogen. Unser Emotionalkörper wie unser physischer Körper empfinden die Verbindung von Spannung und Lust als höchst stimulierend. Beide fordern ständig Aufmerksamkeit, Hingabe und die Umsetzung der Dunkelheit in die Manifestation. Dafür bekommt der Mensch von der Dunkelheit Materie, das lustvolle Empfinden, alle niedrigen Emotionen wie Angst, Macht, Hass, Aggression, Neid, Missgunst auszuleben. Diese Empfindungen können verglichen werden mit einem Orgasmus der niedrigen Emotionen. Im Kriegszustand ist einem bewussten Menschen nicht fassbar, warum es zu derart niedrigen Ausdrucksformen menschlicher Entwürdigung kommen kann. Das geschieht nur deswegen, weil diese intensive Form von Spannung nach energetischer Ableitung durch eine orgiastische Entspannung drängt. Die Entwürdigung oder sogar Tötung eines Menschen erzeugt in diesem Zusammenhang Lust und Hingabe an die Energie der Zerstörung. Die vollkommene Zerstörung des Lustobjekts leitet die notwendige Entspannung ein. Wenn der Mensch in einem Zustand der Spannung lebt, nimmt der Emotionalkörper gleich einem Schwamm diese Lustgefühle auf. Die Persönlichkeit des Menschen fühlt sich zugleich gut, stark und mächtig. Daraus formt sich auch ein Verhaltensmuster, das aufbaut auf die ständige Provokation von Spannung und die darauf folgende Entspannung.

Wenn nun durch die menschliche Entwicklung die Lichtseite in Erscheinung zu treten beginnt, gerät das Gefüge von Spannung, Lust und Entspannung ins Schwanken. Die Verhaltensmuster, die im Leben eines Menschen Gültigkeit hatten, werden durch die neue Energiequelle des Lichts gestört. Das Licht wird dabei sogar als Verletzung der Persönlichkeit wahrgenommen. Die Dunkelheit bekommt Risse und verliert ihre Kompaktheit. Das ist der Moment, in dem der Nahual A'KAB'AL in Schwingung kommt und den einseitig geformten Emotionalkörper des Menschen umzuformen beginnt. Dies ist ein langwieriger und auch schmerzhafter Prozess, da auf die niedrige Schwingung des Dunkels plötzlich eine höhere Frequenz einwirkt, die Unbehagen auslöst. Licht erzeugt nicht die stimulierende Wirkung, die aus den Ebenen der Materie und der physischen Ebene ausgelöst wird. Somit ist das Licht auch schwer fassbar. Es wird sogar in der Dunkelheit, in der sich viele Menschen befinden, als Störung empfunden. Der Emotionalkörper gibt diese Störung an den physischen Körper weiter. So kann auch durch das Einwirken von Licht eine physische Störung, ja sogar Krankheit entstehen. Licht weicht die Dichte des Emotionalkörpers auf. Das wird in Zusammenhang mit dem Leben eines Menschen als Segen wahrgenommen. Da erkennen Menschen auch die Krankheit als Weg der Erkenntnis. Diese Aufweichung der dichten Materie durch das einströmende Licht ist für den Menschen am intensivsten in der Erfahrung des Todes wahrnehmbar. Der Tod, KEME, ist auch als Nahual die Kraft, die eine zu starke Dichte und Spannung eines Menschen durch einwirkendes Licht aufweicht und ihm daraus Befreiung schafft.

Aus diesem Grund wird er auch als formlösende Kraft bezeichnet. Der Emotionalkörper verliert an Beständigkeit und Festigkeit, wenn zu viel Licht in seine Dichte einströmt. Dieser Zustand wird dann als Bedrängnis empfunden. Der sich in seiner Festigkeit und Stärke sicher fühlende Mensch spürt, dass er plötzlich leichter und durchlässiger wird. Er vermag nicht mehr, die Dichte zu halten, kann die Materie nicht mehr in gewohnter Weise zusammenhalten. Selbst der physische Körper wird dabei anfälliger, wenn die zusammenhaltende Kraft der Spannung und Dichte sich aufzulösen beginnt. Erst nach und nach gewöhnt sich der Mensch an diesen Zustand und wird fähig, diese Leichtigkeit und Durchlässigkeit als Segen zu empfinden. Aus dieser Durchlässigkeit öffnen sich die Seinsebenen der feinstofflichen Welt. Aus diesen Ebenen erhält der Mensch Hilfe, Schutz und die Führung auf dem geistig-spirituellen Weg. Es ist also durchaus verständlich, wenn Menschen, die auf ihrem Weg der spirituellen Suche und Wanderschaft mit höheren Frequenzen in Form von Einweihungen verbunden werden, auch Auswirkungen in ihrem physischen Körper wahrnehmen. Das ist ein ganz normaler, natürlicher Zustand der Umstrukturierung, die im Körper vor sich geht, und könnte auch als Heilungskrise bezeichnet werden.

Von jeher steht der Mensch in sehr starker Verbundenheit mit der Materie. Jetzt befindet er sich in einer Zeit der Formenwandlung. Diese Zeit bringt somit auch sehr viel Unruhe, Unwohlsein und Krankheit mit sich. Ursache dafür ist das verstärkte Einströmen von Licht auf unseren Planeten, auf die Materie insgesamt und auf alles Leben. Dies bringt in allen Seinsebenen eine starke Bewegung, Umwandlung und Unsicherheit. Das Feuerschwert der geistigen Mächte wird in die Spannung der Dunkelheit gehalten, die sich in ihrer zusammengeballten Kraft zu lösen beginnt. Dieses Schwert bringt Bewegung und Schwingung und leitet einen Akt der Verschmelzung zwischen Licht und Dunkelheit ein. Mystisch gesehen ist diese Verschmelzung ein Vorgang, in dem sich Feuer und Wasser miteinander verbinden.

Als Mittler zwischen den Welten steht der Lebensmeister A'KAB'AL auch als Bindeglied zwischen unserer Seele und der Persönlichkeit, die sich nach außen hin ausdrückt. Man könnte den Nahual in diesem Zusammenhang auch als Hüter und zugleich Zerstörer der Schwelle wahrnehmen. Die Gegensätze sind für viele Menschen im Bild von Tag und Nacht präsent. Wenn es nicht mehr ganz Nacht und nicht mehr ganz Tag ist, dann ist das Licht als Schein erkennbar. Am Morgen ist dieser Schein der Beginn dessen, was die Menschen als den Weg der Einweihungen bezeichnen."

Wenn Menschen durch ihre Lebenseinstellung und Lebensführung ihrer Persönlichkeit Schaden zufügen, steht A'KAB'AL als Hüter der Schwelle am Übergang unserer inneren Seinswelten, um dafür zu sorgen, dass die Seele keinen Schaden erleidet. Die Selbstzerstörung einer Persönlichkeit kann auch durch den Rückzug aus den Gefühlen und Emotionen geschehen. Damit verbindet sie oft die Vorstellung, den spirituellen Weg durch Verzicht auf sich selbst am schnellsten beschreiten zu können. Steht dies nicht im Einklang mit der Seele, haben sich diese Menschen dazu entschlossen, das Leben aus einer introvertierten Persönlichkeit heraus zu gestalten, dann leidet die Seele, weil sie sich nicht durch die alltäglichen Geschehnisse erfahren kann. Je mehr ein Mensch sich bereit erklärt, den spirituellen Weg der Wahrheitssuche zu beschreiten, um so mehr zeigt sich seine Seelenkraft auch als sich befreiende Kraft nach außen. Dies sind Momente, in denen sich Menschen in ihrer Kraft und auch in ihren Emotionen ausdrücken. Wenn sich diese beiden Ebenen und Kraftquellen in einer Spirale vereinen, lösen sich diese Gegensätze im Menschen auf. Beide Energiefelder bewegen sich dann in einem ständigen Auf und Ab zwischen Lichtwelten und Dunkelheit, zwischen dem Ausdruck der Seele und der menschlichen Persönlichkeit. Sie heben sich in ihren extremen Unterschieden auf. Menschen in diesem Zustand erkennen sich nicht mehr nur in dem, was sie nach außen hin darstellen. A'KAB'AL gewährt in der zwischenmenschlichen Begegnung den Einblick in die wahren Qualitäten, aus denen ein Mensch im Leben bewegt wird. Aus dieser Erkenntnis wird sich die Macht der Dunkelheit in anderer Form darstellen. Sie braucht nicht mehr allein als Herrscher über die Materie wirksam zu sein. Die Materie wird ihre Macht über den Menschen verlieren und nicht mehr den ersten Stellenwert in unserem Menschsein einnehmen.

Sie wird uns Diener sein und wir werden uns ihrer da bedienen, wo sie gebraucht wird. Die Materie und die damit in Verbindung stehenden Wesenheiten werden in Respekt und Würde ihre Aufgabe erfüllen können und nicht ständig unserem Missbrauch ausgesetzt sein. Die Angst vor den Begleitern und Anhaftungen aus der Dunkelheit wird vom Menschen nicht mehr wahrgenommen werden. So werden all diejenigen, die in sich die innere Verbindung von Dunkelheit und Angst spüren, einmal bereit sein, ihre Zeit und ihre Energie für eine weitere, tiefere Erfahrung einzusetzen. Sie werden angstfrei, ruhig und gelassen durch den Sturm gehen können und sich auf den Sonnenschein, der uns dann erwärmen wird, freuen können.

Eine der großen Begleiterinnen durch die menschlichen Turbulenzen ist die christliche Mutter Maria als „Schwarze Madonna“. Von vielen Pilgern hoch geschätzt, wirkt sie aus den unterirdischen Welten der christlichen Lichtstätten, Dome und Kathedralen. Diese dunkle Göttin hat in unserem Kulturkreis ihre Wurzeln in der kosmischen Schau unserer Ahnen, der Kelten. Die alten Völker wussten von der großen Anziehung, die dunkle Göttinnen auf die Menschen haben. Sie waren und sind die Mittlerinnen zu unseren Unvollkommenheiten, zu unseren Schwächen, Ängsten, Leiden und Nöten. Die Kelten wie die Maya schätzten die Verbindungen mit der weiblichen Dunkelheit aus der Erkenntnis, dass die Heilung eines Menschen im Dunkel befreiend und heilend wirkt. Die meisten heute gepflogenen geistigen Heilformen befassen sich ausschließlich mit den Energie- und Heilformen des Lichts. Befreiung erhalten wir auf unserem Heilungs- und Ganzwerdungsweg aber auch aus den in uns wirkenden Verstrickungen mit den Kräften und Wesenheiten des Dunkels. Die Schwarze Madonna erinnert in unserem Kulturkreis an die Kraft und Weisheit uralter Heilformen, die den Menschen von beengend wirkenden Strukturen des Dunkels befreien konnten. Erst aus der Lösung dieser Verstrickungen wird es dem Menschen möglich, in den Übergängen A'KAB'ALs das Gefühl innerer Freiheit und inneren Friedens auf den Ebenen des Lichts zu erfahren.

Kürzlich hielt ich im Tiroler Wallfahrtsort Maria Stein einen Vortrag. Vor der Veranstaltung bat ich um Einlass in diesen mächtigen Marienwallfahrtsort. Wie ein Kristallphallus erhebt sich ein mächtiger Turm aus dem Mittelalter auf einem Felsfundament, das unübersehbar das Tal und die dort eingebettete Ortschaft Maria Stein dominiert. Das mächtige Felsmassiv des Buchenackers steht diesem Marienturm gegenüber und gibt dem Ort zusätzlich Kraft und Stärke. Hunderte Sterbebilder pflastern den Weg zur Pilgerkapelle.

In unseren Traditionen vergessen wir oft darauf, dass die Beschwernisse der Verstorbenen auch für die geistigen Helfer als Schwere, ja als Belastung empfunden werden. Ungeachtet der ehemaligen Lebenseinstellung der Verstorbenen wünschen sich die Hinterbliebenen eine mütterliche Fürsorge und Hilfe für die Wanderschaft der Seele. Viele Menschen fragen dabei nicht, ob Verstorbene es zu Lebzeiten gewünscht oder angenommen hätten, von einer weiblichen Fürsprecherin geführt zu werden. So entstehen allein durch die Wünsche und Vorstellungen der Angehörigen oft Spannungsfelder, denen die weibliche Fürsprecherin ausgesetzt ist. So könnte man in Zusammenhang mit dieser von uns Menschen nahezu erzwungenen Form der Hilfe von einem auf der Mutter Maria liegenden Leid durch uns Menschen sprechen. Die Leichtigkeit, die wir uns so sehr auf der Wanderschaft Leben wünschen, sollten wir auch unseren großen geistigen Begleitern und Mittlern zugestehen und sie nicht durch unser Wirken in die Enge und Schwere zwingen.

Ich stand mit einer Kerze vor der Madonna, die mich darum bat, den hier anwesenden Verstorbenen den Segen der Lebenden zu spenden.

„Liebe Menschenkinder! Es ist mir ein großes Anliegen, euch auf meine Schwere hinzuweisen, die sich aus eurem Unverständnis für mein Sein und Wirken ergibt. Ihr wisst von der alten Tradition, uns göttliche Mittler einzusetzen, wenn es euch selbst als nicht möglich erscheint, das Göttliche zu erreichen. Ich stelle mich dem göttlichen Vater im Bild unterschiedlicher Kultur- und Religionsformen für diese Arbeit zur Verfügung. Die Menschen geben ihre Verantwortung an mich ab und vergessen darauf, was ihre eigene Aufgabe als Angehörige der Seelengemeinschaft ist. Wie in der menschlichen Familie fühlt sich auch die Seele in eine Gemeinschaft eingebettet und behütet. So steht die Gemeinschaft der Lebenden in ständiger Verbindung zur Seelengemeinschaft der Verstorbenen. Ich bin die Mutter dieser Seelenfamilien. So kenne und hüte ich viele dieser Seelen über lange Zeiträume. Viele von ihnen fühlen sich im Zustand der Blindheit sicherer und haben wie die lebenden Angehörigen Angst vor dem Licht und der Veränderung. Ihr selbst wisst, was es bedeutet, einem uneinsichtigen Menschen einen Weg zu weisen, den zu erkennen er selbst nicht bereit ist. Viele Seelen widersetzen sich meiner Wirkungsweise, wie sie sich zu Lebzeiten jeder Hilfe und Begleitung durch eine Frau widersetzten. Sie haben zu mir kein Vertrauen, weil sie zeitlebens die Mystik und Dunkelheit der Frau als beunruhigend, oft sogar als etwas Abschreckendes empfunden haben. Es ist diesen Seelen lieber, an bekannten Orten zu verweilen, als sich mir als Wegbegleiterin vom Dunkel ins Licht anzuschließen. So halten viele Seelen an Orten wie diesen fest, ohne wahrzunehmen, dass diese Orte als Tempel der kosmischen Göttin in der Form der Madonna gewidmet sind. Wie würde es euch ergehen, wenn ihr in euren Wohnungen und Häusern tausende Seelen wahrnehmen würdet, die darauf bestehen, nur dort zu bleiben, weil sie kein anderes Zuhause anerkennen wollen? Sie würden euer Zusammenleben belasten, euch unfrei machen und Schwere, Leid und Krankheit in eure Behausungen bringen. Wenn ich als Schwarze Madonna in eurem Bewusstsein mit der Gnade und der Barmherzigkeit verbunden stehe, dann solltet ihr erkennen, dass die Gnade nur für Menschen wirken kann, die einsichtig und bereit sind, den göttlichen Segen in sich aufzunehmen. Wenn sich jemand von euch abwendet, dann ist es für viele von euch eine Herausforderung, diese Abwendung und Ablehnung zu respektieren.

Ich kann die göttliche Kraft der Barmherzigkeit nur auf eine Seele wirken lassen, wenn ich mich von dieser Seele angenommen und verstanden fühle. Auch auf den feinstofflichen Ebenen gibt es Gefühle und Gedanken des Hasses, der Ablehnung, des Misstrauens, wie ihr sie im Erdenleben kennt. Ich bin diesen niedrigen Emotionen ebenso ausgeliefert, wie ihr es seid. So bitte ich euch, mich von den Seelen zu befreien, die meines Ortes durch ihre Haltung unwürdig sind. Nehmt euch dieser Seelen als Menschen an und lasst sie durch eure Gebete und Rituale, durch eure Aufmerksamkeit am Tag der Ahnen erkennen, dass es ihnen allein an Liebe und Erkenntnis fehlt. Aus der Kraft der Gebete sind viele von ihnen bereit, auch mich als Mutter anzunehmen. Dann erst kann ich ihnen den Weg dorthin weisen, wo die Liebe Gottes als Ort des ewigen Friedens zu wirken beginnt."

Am Tag Sieben KEME spendeten wir als Gruppe in Vertretung der Angehörigen den auf den Sterbebildern abgebildeten Verstorbenen den Segen KEMEs, der als Bruder Tod diesen Seelen den Frieden geben möge. Wir verbanden uns während dieses Heilungsrituals mit A'KAB'AL, der als Bindeglied zwischen dem Bekannten und Unbekannten, zwischen dem Bewussten und Unbewussten der Seele zu wirken begann. Ich bat meine Frau als A'KAB'AL-Geborene, im schimmernden Übergang zwischen Dunkel und Licht das Herz dieses Mariensteins zu erwärmen.

Ich nahm den mit Wasser gefüllten Kelch, der auf meinem Altar stand, und bat Christine um den Segen für dieses Wasser. In Verbindung mit dem Herzen Jesu, aus der Kraft der Liebesenergie der Herzen der Anwesenden begann sich über das heilige Element Wasser das Herz des Felsens zu erwärmen. Der Pulsschlag dieses heiligen Ortes wurde im Kreis der mitwirkenden Menschen spürbar. Freude und Leichtigkeit füllten mein Herz, den Veranstaltungsraum und das Herz der Anwesenden. Symbolisch für dieses A'KAB'AL-Ritual im Namen der Schwarzen Madonna bat ich die anwesenden Menschen darum, aus der reinen Absicht des Herzens heraus unsere Bergheimat wieder zu dem zu machen, was sie einst war. Die alten Völker hüteten die Landschaftsformen als mächtige, weit über die Landesgrenzen wirkende Altäre für die Absicht der geistigen Welt, uns Menschen und allen Lebensformen Kraft, Heilung und Weisheit zu geben.

Unter den anwesenden Menschen war eine junge Frau und Mutter. Sie bemühte sich um dieses Ritual in ihrem Heimatort und erzählte uns mit Freuden, dass sie schwanger war und für sich und ihr Kind den Segen erbitte. So bat ich meine Frau, ihr in diesem Ritual im Namen der Schwarzen Madonna den Segen zu spenden. Rituelle Handlungen lösen in engeren, weiteren und weitesten Räumen Bewegungen und Veränderungen aus. Die Segnung der jungen Frau übertrug sich auf viele schwangere Mütter, die im Erkennen der größeren Zusammenhänge bemüht sind, ihren Kindern so gut es geht dabei zu helfen, ihre Lebensaufgabe zu erkennen und umzusetzen. Unsere Kinder sind wie nie zuvor damit beauftragt, das Weltengeschehen mitzugestalten und die großen Umschichtungen auf allen Seinsebenen von hier aus mitzutragen. Christine nahm anschließend eine Rose und legte die einzelnen Rosenblätter auf das Zentrum meines Altars, auf dem das Bild der Schwarzen Mutter des Ortes lag. Sie sprach zu den anwesenden Menschen: „Ich habe in diesen Momenten ein klares Bild erhalten. Die Rose, die ich in meiner Hand trug, begann zu mir zu sprechen. Ich sollte ihre Blätter im Namen der Mutter Maria für die Heilung von uns allen segnen. Sie übergab mir das Herz dieser Rose, küsste mich und sagte: Das Herz dieser Blume gebe ich dir, Omrael Norbert. Ich bitte dich, dieses Rosenherz als Zeichen der sich heilenden Verbindungen zwischen Frauen und Männern in deine Vara zu legen."

Das Ritual endete im Dunkel. Allein die Kerzen meiner Mesa erhellten den Raum, durch dessen Fenster der massive Marienturm wie eine Rauchquarzspitze in den Nachthimmel ragte. Die Menschen standen einzeln auf, traten vor und nahmen ein Rosenblatt aus den Händen von Christine. Am nächsten Tag verspürte meine Frau die Präsenz der Friedensbotin und Göttin des Nordens. Sie wurde gebeten, eine Botschaft für das göttliche Wirken im Zeitenwandel zu schreiben. So setzte sie sich an ihre Mesa, stellte das gesegnete Wasser des Vortages in die Mitte und begann im Namen A'KAB'ALs und im Namen der Göttinnen der Liebe und des Mitgefühls zu schreiben:

„Es ist in der jetzigen Zeit kostbar für euch, in voller Klarheit, in Vertrauen und Liebe die Verbindung mit uns zu pflegen. Wenn ihr erst im Chaos seid, ist es dafür zu spät. Ihr werdet daher jetzt angehalten, diese Verbindung zu uns Mittlern und Helfern im Übergang zu pflegen und täglich in eurer individuellen Form diese Verbindung zu halten. Dies kann im Gebet, in der Meditation, in Ritualen geschehen. Die Menschen, die für die Verbindung mit uns ausgesucht sind, werden dies durch einen tiefen inneren Impuls wahrnehmen. Du hast gespürt, wie viel Kraft am gestrigen Abend in die Herzen der Menschen geflossen ist. Sie bekommen auf diese Weise auf geistiger Ebene Schulungen und die nötige Information. Die Wahrheitssuchenden werden sich in weiterer Folge über die Grenzen der Religionen und Kulturen hinaus erkennen und zusammenschließen. Bei manchen Menschen entstehen durch die intensive energetische Verbindung zu uns Blockaden im Astralkörper, was zu Kopfschmerzen oder Leberstauungen bzw. anderen Unpässlichkeiten führen kann. Mit der reinigenden Kraft des Weißen Strahles, symbolisch aus der Verbindung zur weißen Rose, ist dies aber bei einiger Übung leicht in den Griff zu bekommen. Auch werden diese Blockaden immer weniger, da sich die im Menschen selbst liegenden Hemmungen und Behinderungen nach und nach auflösen werden. Es müssen alte Strukturen absterben, damit Neues, noch Unbekanntes sich festmachen kann. Seid also nicht besorgt. Je näher und intensiver dieser Kontakt zu uns ist, um so klarer werdet ihr unsere Botschaften empfangen und diese dann verstehen und umsetzen können. Geht nicht in Angst oder gar Panik in die Zukunft. Es ist entscheidend, wo der Einzelne steht und wie er sich in die Gruppe, der er angehört, einbringt und einfügt.

Diese innere Zusammengehörigkeit und Verbindung in der Liebe wird euch trotz aller Umstände, die das Weltengeschehen prägen werden, erhalten bleiben. Die Energie der Gruppe wird jedem von euch dabei helfen, durch all diese Turbulenzen unbeschadet durchgehen zu können. Es genügt dabei, sich als Einzelperson und zugleich als Teil einer Gemeinschaft zu empfinden und das Kraftfeld der Gemeinschaft in die eigene geistige Verbindung zu uns zu legen. Einzelaktionen sind nicht mehr gefragt. Sie sind in ihrer Art nicht wirksam genug. Verbindet euch in Ritualen und Zeremonien, aber richtet diese Rituale nicht auf das Weltengeschehen aus. Bittet in den Zeremonien vielmehr für eure Reinigung und bekräftigt darin eure Bereitschaft, mit uns zusammenzuarbeiten. Wenn es so weit ist und wir euch brauchen, werdet ihr den Ruf hören. Ihr werdet euch eurer gemeinsamen Aufgabe besinnen und wissen, was zu tun ist. Es ist nicht leicht, euch in der Phase der Reinigung genauere Instruktionen zu geben. Jeder kann sich dennoch individuell und zugleich als ein Teil des Ganzen in seiner Form einbringen. Aber vertraut, vertraut, vertraut! Dies ist euer größtes und bestes Werkzeug, das ihr in der Verwirklichung eurer Aufgabe einsetzen könnt. Hört nicht auf das, was man euch von anderen Seiten einzutrichtern versucht. Vieles von dem, was ihr an Informationen hört, ist von Interessengruppen gezielt manipulierte Wahrheit. Bleibt in eurem Herzen! Liebt die, die euch auch lieben! Schließt euch jenen Gemeinschaften und Gruppen an, die euch das Gefühl von Freiheit und Liebe geben. Öffnet im Namen der Gruppe, der ihr angehört, eure Herzen und berührt damit eure Mitmenschen, die Natur, die euch umgibt, und die Bauwerke, die für die Manifestation der geistigen Welt auf Erden von euren Ahnen errichtet wurden. Es ist eure und eurer Kinder Aufgabe, diese Bauwerke mit dem Bewusstsein der Liebe Gottes zu füllen. Das ist es, was ihr gestern erwirkt habt, und dafür danken wir euch mit all unserer Liebe. Wir können so viele nicht erreichen, da sie keinen Kontakt zu uns suchen und anderes für sie viel wichtiger ist. Ihr seid es, die aus der Verbindung mit uns einen Samen säen können. Aber seid euch auch bewusst, dass nicht alle Menschen mit diesem Samen in Berührung kommen wollen. Verschwendet also nicht unnütz eure Zeit. Auch hier spürt ihr aus der geistigen Verbindung zu uns, wann ihr euch von einem Menschen, von einer Glaubensgemeinschaft oder auch von einer Gruppe zurückziehen solltet. Findet auf der Wanderschaft immer wieder zu der Gruppe zurück, die euch vertrauensvoll erscheint.

Liebe kennt keine Anhaftungen oder gar Regeln. Wenn ihr in Liebe und Freiheit miteinander verbunden seid, braucht ihr auch keinen Führer, der euch sagt, was zu tun ist. Wahre geistige Begleiter geben euch die Freiheit, aus euren eigenen Herzen heraus unseren Ruf und die damit verbundene Aufgabe zu erkennen. Aus dem Kraftfeld einer aus dem Herzen wirkenden Gemeinschaft kann sich die Energie der geistigen Meister in der Natur, in eurer Umgebung, in den Bauwerken und Kraftplätzen der Ahnen festigen und euch erreichen. Ihre Aufmerksamkeit kann nur denen gegeben werden, die mit ihnen in Reinheit und Freiheit verbunden sind. Die Anweisungen des geistigen Meisterrates berühren jeden Menschen da, wo er berührt werden sollte. So werden viele, die sich nach der inneren Stimme des Rates sehnen, spüren, wo sie gebraucht werden. Jeder Mensch wird dadurch den Platz in Partnerschaft, Familie, Beruf und Gemeinschaft wahrnehmen, von dem aus dieser Auftrag erfüllt werden kann. Mit Respekt und Liebe, in Freiheit, eingebettet in die göttliche Absicht, werdet ihr aus dieser Verbindung heraus selbst im größten Chaos bestehen können. Mit uns als Mittler zwischen den Welten werdet ihr in Gelassenheit und Ruhe die Arbeit vollbringen. Wir bitten jeden Einzelnen von euch, sich auf den gesunden Menschenverstand zu besinnen.

Als Kontaktpunkt zwischen den chaotischen Zuständen und uns Meistern werden wir gemeinsam für konstruktive Ziele und Ordnung tätig sein. Dadurch wird Zeit und Kraft gespart. Übertriebener Eifer oder gar Fanatismus sollten vermieden werden, da mit dieser Haltung nur Zeit und Energie verschwendet werden. Was das Problem der weltweiten Unruhen und Umwälzungen betrifft, so kann ich ein Wort der Aufmunterung sagen. Es steht dessen Ende bevor. In der Natur hilft ein elektrischer Sturm die Atmosphäre zu reinigen. Was nachher kommt, ist euch bekannt: Sonnenschein und wohltuende Lebensbedingungen. Es wird geschehen, was geschehen muss, da es im Plan der göttlichen Entwicklung so vorgesehen ist.

Der Kosmos reagiert auf Anziehung und Abstoßung, oder anders ausgedrückt, auf Zusammenziehen und Ausdehnen. Dies birgt eine immerwährende Bewegung und Entwicklung in sich, dem alles unterworfen ist. So wollen wir uns auch in keinen Prophezeiungen verirren. Es liegt in den Händen jeder einzelnen Person, diesen Übergang durch die Öffnung des Bewusstseins und des Herzens mitzugestalten. Die Gedanken der Menschheit sind immer religiös gewesen. Es gab nie eine Zeit, in der die Menschen nicht über Gott, über das Unendliche und über das große Lebenszentrum, das alles ins Dasein gerufen hat, nachdachten. Selbst die unwissenden Menschen haben eine göttliche Macht anerkannt. So sind aus dem Dunkel der Frühzeit die großen Glaubensgemeinschaften entstanden. Die Religionen sind in ihren Theologien und Kultformen verschiedenartig. Sie unterscheiden sich voneinander in der Organisation, im Zeremoniell und in ihren unterschiedlichen Methoden, die Wahrheit praktisch zu verwerten. Doch haben sie drei grundlegende Aspekte gemeinsam: ihre Lehren über das Wesen Gottes und des Menschen, ihre Symbole und bestimmte grundlegende Lehrsätze. Wenn die Menschheit das erkennt und wenn es ihr gelingt, jenes innere, bedeutsame Wahrheitsgefüge herauszuschälen, das in allen Himmelsrichtungen und bei allen Rassen dasselbe ist, dann kann daraus eine Universalkirche entstehen. Lehren über Gott werden dann vergehen in dem WISSEN um Gott. Die Macht der Religionen wird durch die Macht der in den Menschen erwachten Seele verdrängt werden. So kann der Mensch im Verständnis und Erkennen anderer, außerhalb der Materie existierenden Seinsebenen sein göttliches Erbe antreten.

So lasst euch, ihr großen Helfer für die Verwirklichung des göttlichen Planes auf Erden, sagen, es gibt keine Endzeit für die Welt. Aber es gibt Weiterentwicklung und dies bedingt immer eine Veränderung. Es ist eure große Aufgabe, als Brückenbauer diese Veränderungen in der Gemeinschaft der Menschen bewusstzumachen und sie auf ihren teils schweren Wegen aus eurem Herzen und dem Herzen A'KAB'ALs zu begleiten. Dies möchte ich euch auch im Namen KEMEs, des Bruders Tod, sagen. In Verbindung mit eurem Wirken wird er kranke und dem Leben nicht mehr dienende Strukturen aus der Form nehmen, damit das Neue wachsen und entstehen kann. Aus eurem Verständnis und Wirken sollte der in der Menschheit verankerte Begriff von Tod und Zerstörung als Verschmelzung und Neubeginn verstanden werden. Es kommt dabei nicht zu einer Auflösung des Dunkels durch das Licht, sondern zu einer Vereinigung und Verschmelzung von beiden Kräften. Euer gemeinsamer Hüter und Begleiter auf diesem Weg ist der Lehrmeister des Übergangs, A'KAB'AL. Nach dem Prozess der Verschmelzung und der Integration wird die Aufgabe dieses Nahuals abgeschlossen sein. Feuer und Wasser sind dabei eins geworden. Dieser Vorgang sollte als Einweihung für die Menschheit und den Planeten Erde erkannt werden. Die Materie wird vom eingeweihten Menschen nicht mehr als Dichte und Spannung empfunden. In dieser Verschmelzung beider Elemente entsteht der heilige Nebel. Mit dem Element Luft kommt ein zusätzliches Element in das Spiel der Verschmelzung. Wenn dies der Fall ist, können wir uns Menschen in einen anderen Seinszustand erheben und bedürfen nicht mehr der sehr schwerfälligen Masse unseres Körpers. Das ist auch der Moment, in dem der Lehrmeister A'KAB'AL in der Verbindung von Licht und Materie sich zurückziehen wird und eine neue Aufgabe zugeteilt bekommt, weil auf dieser Ebene des Menschseins das Formen und Erbauen des Neuen beginnt. Dieser Prozess der Verschmelzung unter dem großen Baumeister A'KAB'AL ist eine der schmerzlichsten Erfahrungen für uns Menschen, weil sie mit der Erfahrung von Leid und Zerstörung verbunden ist. Bis sich diese Vereinigung vollziehen kann, kommt es immer wieder zu einem wiederkehrenden Pendelausschlag in die Extreme. Unsere Seele steht ständig zwischen diesen beiden Polen und hat die Aufgabe, das Ungleichgewicht immer wieder in Ausgleich und Harmonie zu bringen. Was in unserer Erfahrung Zerstörung ist, bedeutet auf höheren Seinsebenen Bewegung und Umwandlung. Auch wenn wir ein Atom spalten, ist dies keine Zerstörung. Es kann nichts ausgelöscht werden, es ist nur Bewegung, teilen und wieder vereinen. Die Form der Erneuerung kann sanft oder heftig sein."

In allen Religionen und Philosophien wird von diesen Abläufen in der menschlichen Entwicklung gesprochen. Im Christentum spricht man in diesem Zusammenhang von Himmel, Fegefeuer und Hölle. In den östlichen Religionen ist es die Verbindung von Feuer und Wasser und damit verbunden das Eingehen in das Nirwana. Einweihungen, Initiationen, Heiligsprechungen sind Ausdruck dieses Prozesses. Reinheit und Klarheit, die Hingabe an den göttlichen Plan, die Verbindung mit den Wesenheiten und Meistern der geistigen Welten geben dem bewussten Menschen auf seinem Einweihungsweg Orientierung. Wahre Heilmittel für die auf uns Menschen zukommenden Bedrängnisse sind die liebevolle Absicht, reine Gedanken und auf die Gemeinschaft ausgerichtetes Handeln. Je stärker nun ein Mensch sich seiner bewusst auf diesem schweren Weg der Vereinigung ist, um so stärker drängt auch die Seelenkraft in sein tägliches Leben. Es ist vergleichbar mit der Übernahme der Lebensverantwortung durch unsere Seele. Ab diesem Zeitpunkt ist unsere Persönlichkeit, ob sie es will oder nicht, sei sie auch noch so stark, ständig mit der Energie der Seele konfrontiert. Nur eine in sich reife Persönlichkeit kann die in ihm innewohnende Seele erkennen und zum Ausdruck bringen. Der physische Körper ist das Instrument, das Fortbewegungsmittel, mit dem sich die Seele in der Materie ausdrücken kann. Eine umfassende und leuchtende Seele wird sich von der physischen Materie loslösen und ihr Wirken auf geistige Ebene heben. Im Buddhismus spricht man in Verbindung mit dieser Einweihung vom Eingehen in das Nirwana. Im Christentum ist dieser Zustand der Seele verbunden mit dem Einzug in das Himmelreich des göttlichen Vaters. Die höchste und die tiefste Seinsebene und die damit verbundenen Erfahrungen fließen über den großen Meister der Gegensätze, A'KAB'AL, in unser aller Herzen zusammen. Diese Verbindung sollte durch uns erkannt und gestärkt werden. Es ist alles für diesen großen Schöpfungsakt vorbereitet. Christus und Luzifer stehen sich dabei in den gegensätzlichen Polen gegenüber. Der Lichtbote des Dunkels wird sich im Zeitenwandel aus der Kraft der menschlichen Erkenntnis und Liebe zu allem Sein aus seinem Reich erheben und seinen Ursprung, das Herz des göttlichen Vaters, wieder erkennen.

„Die Rosenblätter, die die Menschen mit sich tragen, werden meine Kraft in jedem Einzelnen hier wecken", sagte die dunkle Göttin. „Wenn ich im Herzen der Menschen erwache, werden Schritt für Schritt die Blätter der Rose als Symbol für die Reinigung des Herzens abfallen, bis das Herz der Rose sich mit der Weisheit und Kraft der Liebe Gottes füllen kann. Jedes einzelne Rosenblatt, das für den einen abfällt, ist für den anderen, Hilfe suchenden und leidenden Menschen ein kostbarer Schatz für seine Erkenntnis und Heilung. So geht nichts von dem, was ihr auf der Erde bewegt, verloren. Alles und jeder ist eingebettet in eine Aufgabe, die einen größeren Plan in Erfüllung bringen soll. Die Sprache des Herzens, aus dem vieles in euren Ritualen lebendig wird, breitet sich wie eine Klangwolke des Verständnisses und der Liebe im Kosmos und in den Seinsschichten des Dunkels aus."

Kapitel 14

KAT

DAS NETZWERK DES TRAUMFÄNGERS

Der Mensch in der Symphonie der göttlichen Schöpfung

Kan

Ich ging durch den Garten im Innenhof eines Hotels der Kleinstadt Esquipulas. Antonio, ein in Guatemala und Indien ausgebildeter Arzt, blieb vor einer weißen Rose stehen, segnete sie und öffnete seine Hand wie eine Schale, um die Kraft und den Heilungssegen der Rose aufzunehmen. „So hat mein Vater gearbeitet", sagte Antonio, dem ich bei meiner Ausbildung zum Naturheilpraktiker begegnete. „Wir haben Jahrzehnte in Indien gelebt, weil mein Vater dort Diplomat war. Er sah in jedem Rosenblatt einen Teil seines eigenen Herzens, das sich für die Menschen öffnete und den Segen und die Gnade Gottes für die Heilung erwirkte. Dort verband er die Heilung mit der Reinheit und Kraft der Mutter Tara. Aus seiner Liebe zu dieser Göttin erweckte er aus der Blume die in vielen Menschen noch schlafende Liebe zum Schönen in unserer Welt. Die großen Geheimnisse des menschlichen Lebens öffnen sich nicht durch komplizierte Heiltechniken oder gar durch das Studium von Schriften. Wenn ein Mensch fähig ist, das Reine und Harmonische in der Schöpfung zu lieben, öffnet er dadurch eine Schleuse, durch die der Lebensstrom des Kosmos zu fließen beginnt. So heilte mein Vater viele Menschen und wurde in Indien und an seinem Lebensabend in Guatemala ein weithin bekannter Heiler. Er segnete jede Rose in der Verbindung zu seinem Herzen und öffnete damit in den kranken Menschen den Geist Gottes.

Ich bin Arzt und habe lange Zeit nicht verstanden, warum es meinem Vater gelungen war, durch das Verschenken von Rosenblättern Menschen von den schweren Lasten einer Krankheit zu befreien. Nach seinem Tod veränderte sich vieles in meinem Leben. Als Arzt verspürte ich immer stärker seine Weisheit und Liebe zu der Natur, die er in mir schon als Kind erweckt hatte. So begann ich wie er, die Rosen zu segnen und aus ihrer Kraft die Liebe Gottes zu erwirken. Die Natur macht uns bewusst, was es bedeutet, in der in uns allen angelegten Schönheit und Erhabenheit zu wachsen und aus der dadurch gegebenen Reinheit und Anmut heraus zu wirken."

Die innere Lebendigkeit, Dynamik und Kraft einer Blume, in Resonanz mit der Herzensabsicht eines Menschen, schafft eine Verbindung zu den vielfältigen Ausdrucksformen der Kraft und Weisheit unserer Mutter Natur. Ich hüte jede Blume, die mir geschenkt wird, auf meinem Altar. Dies löst im Verbund mit den auf dem Altar lebendigen geistigen Kräften eine große Bewegung in den anderen Welten aus. Die mir zugedachte Liebe fließt durch die rituelle Einbindung in die kosmischen Räume weiter. Wie ein Webteppich verflechten sich aus dieser einfachen Handlung heraus unterschiedliche Seinsebenen miteinander. Aus der göttlichen Magie des Herzens wird dort durch die Weitergabe der mir zugedachten Liebe große Freude und Dankbarkeit ausgelöst.

Der Lehrmeister dieses Webwerkes ist KAT, der Lebensmeister der Verknüpfung von Energiemustern, die wir aus unserem Menschsein heraus formen. Die Qualität dieser Verknüpfungen bestimmen wir selbst. So wie es wahre Kunstwerke der sakralen Teppichweberei gibt, so bestehen auch auf geistiger Ebene in Verbindung mit einem Menschen und seinem Sein und Wirken Juwelen der feinenergetischen Webkunst. Gute Gedanken, Liebeshandlungen, der Dienst am Größeren flechten seidene Fäden in unser persönliches, energetisches Lebenskunstwerk KATs ein.

So können wir durchaus davon ausgehen, dass wir von der geistigen Welt weniger an unserem Persönlichkeitsmuster erkannt werden als an dem, was wir als Energiemuster auf feinstofflicher Ebene darstellen. Es ist unerheblich, ob wir in einem Erdenleben unsere Erfahrungen als Präsident eines Landes, als Militärgeneral, Großgrundbesitzer, als Heilerin, Hausfrau, Mutter oder als Hilfsarbeiter in einer Baufirma machen. In jedem dieser Aufgabenbereiche liegt die Möglichkeit, Fäden unterschiedlichster Farben und Qualitäten in unser Seelenkleid einzuarbeiten und daraus das Kunstwerk unserer Lebenserfahrungen zu erweitern.

Die Qualität unseres Energiemusters ist eine neutrale Bestandsaufnahme unserer Seelenentwicklung und des Zustands unserer geistig-seelischen Reife. Wenn Menschen täglich, in Anbetungen und Meditationen versunken, in den Gottesdiensten der Religionen ihre Heiligkeit unter Beweis stellen, so hat dennoch unsere persönliche Haltung einen unmittelbaren Bezug zu dem, was aus der wahren Haltung dieser Menschen geflochten wird. Fanatismus, Intoleranz, Hochmut, Leichtgläubigkeit, Angst, Bedürftigkeit nach Anerkennung, Bequemlichkeit und Besserwisserei bilden bei vielen Menschen die Basis ihrer Spiritualität. Durch ihren Glauben haben sie dennoch Anteil am bestehenden Netzwerk von Macht, Gewalt, Trennung und Zerstörung. Das können wir seit Jahrhunderten in den Ausformungen und Fehlbildungen der Religionen erkennen.

Löst sich die Persönlichkeit eines Menschen durch den großen Formenwandler Keme von seiner Seele, tritt in der Anderwelt die Wahrheit der Seelenlandschaft des Verstorbenen zutage. Menschen, die zeitlebens brüchige und klebrige Fäden verwenden, ernten zum Lebensabend und dann auf anderen Seinsebenen Webereien, die in sich verkleben oder sich ineinander verknoten. Mit solchen feinenergetischen Verknotungen gleicht das KAT-Muster des Menschen eher einem Chaos als einem Flechtwerk von Mustern. Die dahinter liegende Seele steht in Unfreiheit, ja sogar Abhängigkeit und fühlt sich behindert und als Lebens- und Lichtträger aus vielen Aspekten der seelisch-geistigen Entfaltung sogar ausgeschlossen. In weiteren Lebensrunden obliegt es dann dem Menschen, sich aus diesen Verknotungen wieder zu lösen und die Seele aus den daraus erwachsenden Erfahrungen zu befreien. In jedem Seinszustand der Einengung leidet der Mensch. Zugleich kann er meist aus der Enge heraus nicht erkennen, in welchen Zusammenhängen, in welchen Verflechtungsmustern er sich befindet. Unsere zwischenmenschlichen Erfahrungen und die Lebenssituationen, in denen sich jeder einzelne Mensch befindet, ergeben sich aus diesen Verflechtungsmustern und sind somit zugleich auch ein Gradmesser der inneren Verstrickungen. Die Heilungsarbeit alter Kulturen wie der der Maya konzentrierte sich in erster Linie darauf, dem Menschen diese Enge bewusst zu machen und ihn durch unterschiedlichste Heiltechniken die Qualität von innerer Befreiung erfahren zu lassen. Jeden einzelnen Schritt in die Freiheit unserer Seele empfinden wir als Neugeburt in einen anderen Seinszustand. Der große Meister der Neugeburt KAT fungiert in diesem Zusammenhang als Geburtshelfer.

Eine derzeit sehr beliebte Therapieform der zwischenmenschlichen Entflechtung ist die Familienaufstellung, deren Qualität sehr stark von der geistig-spirituellen Kapazität des Familientherapeuten abhängt. Erst durch eine spirituelle Verbindung des Therapeuten zu den Ebenen des Lichts, aber auch zur Dunkelheit, kann erkannt werden, ob der Eingriff in zwischenmenschliche Verstrickungen erlaubt ist und auf welcher Ebene eine Lösung für den betroffenen Menschen gegeben werden kann und darf. Hüter der Familienaufstellung ist der Nahual KAT, der für jeden Familientherapeuten eine wahre Kostbarkeit ist. Oft ohne es selbst wahrzunehmen, schöpfen viele Therapeuten und auch Ärzte aus dem Weisheitsschatz früherer Leben, in denen sie sich den Zugang zu anderen Seinsebenen schufen. Jede Entflechtung der Seele aus den Verstrickungen der Persönlichkeit hat eine Rückerstattung von Wesen zur Folge, die unser Leben bisher mitgestaltet haben. Die Befreiung aus einer zwischenmenschlichen Abhängigkeit, aus Verstrickungen mit anderen Menschen erfolgt auf verschiedenen Ebenen gleichzeitig. Der Erfolg welcher Heilmethode auch immer hängt in hohem Maß davon ab, ob auch auf feinstofflicher Ebene Behinderungen und Blockierungen erkannt und aufgelöst werden konnten.

Über KAT als geistigen Hüter der Verstrickungen können sich durch eine Entflechtung tiefgreifende Veränderungen der Persönlichkeit des Menschen und seines Umfeldes ergeben. Diese Schritte in die Freiheit stehen auch mit dem Wirken der göttlichen Gnade in Verbindung, die es ermöglicht, dass sich alte Bindungen durch die Erkenntnis des Menschen zu gegebenem Zeitpunkt in das Nichts auflösen. In Maya steht das Wirken der göttlichen Gnade auch mit KEME, dem Bruder Tod, in Verbindung. Er erlaubt es, unselige Verstrickungen zwischen Lebenden und Verstorbenen zu lösen, wenn die entsprechenden Vorzeichen für eine Befreiung beider miteinander verquickten Teile gegeben sind. AJMAQ, der Nahual der Ahnen, steht aus diesem Grunde mit dem Hüter der Gemeinschaft KAT in besonders tiefem Zusammenhang. Die Qualität des Zusammenlebens im Kreis der Lebenden wird stark mitgestaltet vom Wirken der Verstorbenen. Verweilen unsere Ahnen in einem Zustand der Befreiung, ist es ihnen möglich, die Lebenden aus ihrer Kraft und Weisheit heraus zu begleiten. Aus diesem Auftrag ergibt sich die Notwendigkeit, die Ahnen durch unsere Gebete und Segnungen zu ehren und ihnen ein heilsames Zusammenwirken mit der menschlichen Gemeinschaft zu ermöglichen.

KAT dient als Hüter einer feinenergetischen Webwerkstatt nicht nur für harmonisch abgestimmte Webkunstwerke. Der Nahual wird in Maya auch für das Einbinden zerstörerischer Absichten und Energiemuster seitens der Menschen verwendet. Ich spreche hier von Zerstörungsmagie, von einem in zwischenmenschlichen Begegnungen bereits üblich gewordenen Flechtwerk zerstörender Machtausübung, von Abhängigkeit, Konkurrenzdenken, Manipulation, welchen wir nahezu täglich auch in unserer westlichen Gesellschaft ausgesetzt sind. Der Baumeister des Zusammenlebens, KAT, steht damit auch eng verbunden mit den Mustern einer Kultur und der dort eingebetteten Gesellschaftsform. Die Webmuster der individuellen Persönlichkeiten prägen das Gesamtmuster der Gesellschaft und des Kulturkreises, in dem wir leben. Aus den Formen unserer Freizeitgestaltung, unserer Reisefreude, dem immer stärker werdenden Interesse an anderen Religionen und Kulturen ergibt sich deutlich das Bild einer die Grenzen von Kulturen überschreitenden Lebenshaltung.

Im Zeitenwandel besteht eine große Notwendigkeit für das Wirken von Brückenbauern zwischen Religionen und Kulturen. Wir können die Energiemuster einer Religion nicht durch völlig andere Energiemuster einer anderen Religion ergänzen. Es reiben sich dabei die Energiefelder in gleichem Maße, wie Menschen unterschiedlicher Kulturen und Religionen einander aus ihrer Haltung und Tradition heraus oft ablehnen.

In Verbindung mit dem Baumeister KAT trägt jeder Mensch eine Qualität in sich, die einen gemeinsamen Nenner in diesen energetischen Spannungsfeldern schaffen kann. Diese in allen menschlichen Zusammenlebensformen wirkende Urseele ist die Kraft des Herzens. Wer sich aus dieser Instanz heraus in das Kraftfeld einer fremden Kultur bewegt, wird zuerst auf seine Herzensqualität und seine wahre Absicht geprüft, bevor die geistigen Hüter der Kulturen sich bereit erklären, die Tore in ihre von alters her mitgestalteten Energiemuster zu öffnen. Die Aufnahmeprüfung in die Kraftfelder einer fremden Kultur ist vergleichbar mit der Arbeitsweise eines Scanners, der unser KAT-Muster prüft. Archäologen, Wissenschaftler, Professoren, Sachverständige, Priester, sie alle stehen in gleichem Maß auf dem Prüfstand ihres Seelenmusters wie einfache Menschen. Befindet sich der Mensch noch zu einseitig in der Enge seiner Kultur, in Abhängigkeit zur Tradition und Lebensanschauung seiner Ahnen und zu seinem gewohnten Umfeld, ist es ihm unmöglich, ein anderes Kraftfeld zu öffnen und aufzunehmen. So setzt der energetische Baumeister KAT klare Vorzeichen für all jene, die mit ihm zusammenwirken möchten. Wer den Zutritt zum Geheimnis eines Ortes erhält, wird im jetzigen Zeitenwandel in den kosmischen Bauplänen als Brückenbauer, ja sogar Baumeister des Neuen wahrgenommen und anerkannt. In den geheimen Schatztruhen der alten Kulturen wird jeder Gedanke, jede rituelle Handlung dieser Menschen durch das Wirken KATs mit dem Bestehenden verflochten und verstärkt.

Die Zeittore beginnen sich dadurch zu öffnen. In alter Zeit lebende und wirkende geistige Meisterinnen und Meister stimmen ihr Wirken und ihre Unterstützung auf Heil bringende Menschen und Helfer im Übergang ab. Sie stehen durch das Wirken der Brückenbauer in einem neuen Kleid auf und beginnen von neuem ihre Arbeit. Diese Auferstehung erfolgt zuerst im Bewusstsein des Brückenbauers, der zum Geheimnis des Ortes vordringen darf. Dort steht ihm das Wissen der Kultur oder der an einem Kraftplatz sich geformten Kraft und Weisheit offen. Menschen, die sich als Brücke zu anderen Seinsebenen zur Verfügung stellen, erfahren oft Zusammenhänge alter Völker und Kulturen in Träumen, Visionen, medialen Verbindungen und aus der Intuition ihres Herzens. In diesem Kraftfeld des Miteinanders, der Verknüpfung von Religionen und Kulturen, greifen Menschen sehr stark in bestehende Webmuster ein. Die in Vorleben angelegten Grenzen zwischen Religionsgemeinschaften, Rassen und Kulturen werden zuerst in den Brückenbauern aufgelöst. Durch ihr Wirken bereiten sie den Boden für Seelen, die sich zur Aufgabe setzen, auf ihrem Lebensweg die Gesellschaftsstrukturen und Kulturgrenzen zu sprengen. Viele Hinweise der Weisen der Indianervölker deuten auf diese, offensichtlich von der geistigen Welt geplante, weltweite Umschichtung hin.

Aus der Erweiterung des Wirkungsraumes eines Menschen als Brückenbauer zwischen den Kulturen ergibt sich auch auf feinstofflichen Ebenen eine Ausweitung seines Aufgabenbereiches. Wir kennen aus den Indianertraditionen den Traumfänger, der in der energetischen Offenheit des nächtlichen Schlafes die Bewusstseinsanteile des Menschen zusammenhalten soll. Daraus erhalten Menschen mit einem erweiterten Wirkungsrahmen Schutz und Begleitung auf ihren Traumreisen. Wenn des Nachts der Körper eines Menschen ruht, heißt das nicht, dass nicht andere Anteile seines Bewusstseins in Aufgaben anderer Seinsebenen eingebunden sind. Der in seinen Ursprüngen als kosmischer Mensch bezeichnete Maya weist auf die Kapazität in uns Menschen hin, uns in unterschiedlichen Ebenen des Seins bewusst wahrnehmen zu können. Aus diesen offenen Zeittoren bietet sich abseits der physischen Aufgaben eine Fülle von außerphysischen Diensten an, die in den so genannten Traumreisen meist des Nachts erfüllt werden möchten. Der Traumfänger steht somit in Verbindung mit KAT und seiner Aufgabe als Hüter und Wächter der wandernden und arbeitenden Seelenanteile, die in den kosmischen Räumen und unterschiedlichen Seinsebenen zusammen wirken.

Es besteht nicht nur auf der physischen Ebene die Notwendigkeit einer Neuschaffung kultureller und religiöser Verbindungen. Auch auf geistigen Seinsebenen hat der Mensch über die Zeitenzyklen hinweg religiöse und kulturelle Grenzen geschaffen, die durch das Wirken von „Seres Puentes“ – Brückenbauern – geöffnet werden möchten. Jede Kultur hat auch auf der geistigen Ebene ihr Ebenbild und die damit verbundenen Kräfte und Hüter dieser Welten. Im Christentum ist es das Wirken Jesu Christi, der Propheten, der Meister und Boten Gottes und der Heiligen aus Altem und Neuem Testament, die das erdgebundene, aber auch das feinstoffliche Erscheinungsbild der katholischen Kirche prägen. Im Buddhismus zeigen sich die Lehrmeister auch auf anderen Seinsebenen als Mittler des kosmisch wirkenden Geistes Buddha. In Maya prägen die Bindeglieder zu den göttlichen Seinsebenen, die Nahuales und Schöpferkräfte, das grobstoffliche und feinstoffliche Muster der so genannten Kosmovision. Die Kelten, Ägypter, Germanen, Griechen und Römer – sie alle formten unterschiedliche Weltbilder und trugen dazu bei, dass es auch in den Anderwelten Ebenbilder ihres Glaubens gibt.

Es ist nur zu verständlich, dass den lebenden Generationen die Aufgabe obliegt, diese oft sehr unterschiedlichen Religions- und Glaubensmuster hier und dort in ihrer Essenz und Grundaussage miteinander zu verbinden. Gibt es im christlichen Glauben und der Kirche auch den Anspruch auf die alleinige Wahrheit, so ändert sich dieses Bild in dem Moment, wo wir Erfahrungen außerhalb der Grenzen des christlichen Glaubens machen. Dies bedeutet in keiner Weise, dass es notwendig ist, aus diesen Erfahrungen heraus eine Glaubensgemeinschaft zu verlassen. Die Essenz eines Glaubens wird im Herzen KATs über alle Fehlvorstellungen der Generationen hinweg als Weisheitsschatz gehütet und ist jenen vorbehalten, die bereit sind, die vielen Gesichter Gottes anzunehmen. Je mehr Menschen aus den größeren Zusammenhängen heraus erkennen können, wer sie selbst sind und was ihre Lebensaufgabe ist, um so tiefgreifender erfahren sie die Befreiung aus der traditionellen Enge der von den Religionen und Glaubensrichtungen über Jahrhunderte geprägten Vorstellungen. Diese hielten den Menschen durch seine eigene Unreife in Angst und Abhängigkeit. Das Wesen und Wirken der geistigen Hierarchie und das damit verbundene Wesen der Liebe Gottes zu erfassen war immer ein Privileg derer, die sich durch ihre geistig-spirituelle Arbeit auf dieses große Mysterium einließen.

Zwischen dem Bauherrn der Religionen und den Gesellschaftsformen und unseren Ahnenvölkern besteht eine alte Verbindung. Sie sind es, die in früheren Existenzen die Webarbeiten der Kultur- und Gesellschaftsformen geschaffen haben. Es liegt nahe, dass es uns Menschen nicht so leicht möglich ist, ohne Berücksichtigung der Seelenanteile jener, die vor uns gearbeitet und gewirkt haben, ein völlig neues Webmuster zu erzeugen. Wie nie zuvor in der menschlichen Entwicklung besteht für jeden Wahrheitssuchenden die Möglichkeit, das Bestehende aus den Traditionen zu nehmen und aus seinem Bewusstsein heraus mitzugestalten und in eine neue Form zu bringen. Dadurch liegt in der kosmischen Werkstatt KATs aus den Generationsketten heraus ein ständig neu überarbeitetes Gesellschaftsmuster auf. Jede Gemeinde, jede Nation, jeder Kontinent und Kulturkreis wird über dieses Muster identifiziert.

Das Eingebundensein eines einzelnen Menschen in dieses Netzwerk löst nach unseren persönlichen Erfahrungen unterschiedliche Gefühle und Reaktionen aus. Die traditionellen Vorschriften der Dorfstrukturen, religiöse Vorschriften, Gesetze der Völker spiegeln das tief in unsere zwischenmenschliche Gemeinschaft eingebettete Bedürfnis nach Geborgenheit, Anerkennung und Schutz wider. Was für den einen das Gefühl des Eingebundenseins auslöst, kann für einen anderen Menschen als lästige Verpflichtung, als Abhängigkeit oder gar als Zwang empfunden werden. Die Loslösung aus diesem Netz ist vergleichbar mit dem Herauslösen der persönlichen Verbindungsfäden der uns umgebenden Traditionen. Die zwischenmenschlichen Einflüsse unserer Mitwelt und die vielfältigen Bindungen zu unserer Umwelt prägen nicht nur unser Verhalten und Wohlbefinden, sondern auch unseren feinenergetischen Code.

Als Jugendlicher sprengte ich diese Bindung, indem ich mich an der Folkmusic des englischen Sprachraums orientierte. Lieder wie „Streets of London“ trugen meinen Geist in ein anderes Land. Auf einer schottischen Party saß ein Musiker mir gegenüber im Schlafzimmer unserer Gastfamilie. Es war dort üblich, bei Partys die Räume des Hauses zu öffnen. Während bei schummrigem Licht im Wohnzimmer getanzt wurde, zog sich ein kleiner Kreis von Gästen in das Elternschlafzimmer im ersten Stock des Hauses zurück. Dieses Schlafzimmer ist mir noch heute in lebhafter Erinnerung. Noch nie zuvor hatte ich so viel Kitsch konzentriert auf so kleinem Raum gesehen. Die

Nachttischlampen verbreiteten in diesem Ambiente einen schwulstigen Schimmer, der sich im Gesicht des Gitarristen widerspiegelte. Schwere Vorhänge schienen die verschnörkelte Decke tonnenschwer auf den Boden zu ziehen. Ein alter, bereits riechender Teppichboden bot sich als einzige Sitzgelegenheit an. Der bereits schleißig gewordene Bettüberwurf hing über dem weißen, ebenfalls mit Schnörkeln verzierten Bettgestell. Ein in dieser spätbarocken Umgebung völlig unpassend dekorierter Tiger stand auf einer kleinen Kommode. Er war der einzige Hinweis auf das, was sich vielleicht vor Jahren noch in diesem Zimmer abgespielt haben mochte.

Scott öffnete den Gitarrenkoffer und steckte sich metallene Fingerkrallen an. Ich ließ ihn keine Sekunde aus den Augen und wartete auf die ersten Klänge der Gitarre. Dieser Mann bewegte mit seiner Musik nahezu jede Zelle meines Körpers. Sie trug mich als Jugendlicher in eine Welt, die ich immer gesucht hatte. Scott zeigte mir an jenem Abend einige Basisregeln im Umgang mit Metallkrallen. Ich fasste den Entschluss, alles dafür zu geben, um aus mir selbst heraus das Geheimnis dieser Musik zu öffnen. Die folgenden Jahre wurde ich von dieser Kraft getragen. Ich hatte dadurch das erhebende Gefühl, anders zu sein als viele Menschen, die mich umgaben, und verspürte damit verbunden auch die Genugtuung, mich von der Enge der Traditionen befreit zu haben. Später revoltierte ich gegen das vorgefertigte Bild des Tirolers durch Kulturarbeit, durch Reisen und zu guter Letzt durch den Wohnortwechsel in einen anderen Kulturraum.

Erst heute kann ich als Außenstehender die Möglichkeiten und Alternativen im Umgang mit Tradition und Heimat erkennen und wertschätzen. Aus meiner inneren Freiheit heraus wird es mir erst möglich zu erkennen, wie stark mein feinenergetisches Netzwerk mit der in mir angelegten Kraft meiner Tiroler Ahnen verbunden ist und wie sehr ich mich in dieser meiner alten und neuen Heimat wohl fühle. Auf der Wanderschaft durch Maya ist mir bewusst geworden, dass ich aus der rituellen Verbindung, die mein Vater zum Herzen Jesu geschaffen hat, einen kostbaren Schatz in der Begegnung mit anderen Kulturen erhalten hatte. Konnte ich diese Familienweihung vorerst nur als traditionelle Einbindung in meine Tiroler Bergheimat empfinden, so wurde mir spätestens in den Pyramidenanlagen der Maya bewusst, welchen Schatz ich von meinen Ahnen anvertraut erhalten hatte. Mit der Kraft und dem Feuer des Herzens Jesu erhielt ich die Erlaubnis, im Namen KATs und aller anderen Nahuales auf den Schöpfungsplan Gottes als Brückenbauer in Feuer und Wasser einzuwirken.

Die große Mayagottheit Gran KU-KUUL-HA ist der Herr und Hüter der drei Schöpferkräfte. Er schöpft und wirkt aus dem heiligen Geist, aus dem kosmischen Feuer und dem Urwasser, und gibt in dieser Trinität allem Sein und Leben die Verbindung zum Quell der göttlichen Einheit. „Los tres rayos del tiempo tienen su gran mysterio", sagte mir vor Jahren Tata Julián. Es werde auch für mich die Zeit kommen, in der ich in dieses Mysterium eintreten könne. Davor sei es allerdings nötig, die Wirkungsweise der Schöpferkraft aus mir heraus zu erfahren. Es bedürfe der menschlichen Reife, diese kosmische Urkraft in sich integrieren zu können. Maya trage dieses Urwissen der Verbindung zwischen Feuer und Wasser in sich wie keine andere Kultur. Die Ahnen hätten dieses Wissen wie einen Schatz gehütet, der zugleich von starken, dunklen Wächtern beschützt wurde.

„Du konntest aus deinen eigenen Erfahrungen diese Schutzmächte des heutigen Zentrums TO-OM-RA spüren, als du dich als Fremder und zugleich Gerufener dem uralten Initiationsplatz unserer Ahnen genähert hast. Einerseits wurdest du von diesen dunklen Schutzmächten als alte Mayaseele erkannt. Zugleich aber spürten diese Mächte deine Absicht, eine heilige Regel zu brechen. Das Geheimnis der Maya wurde bei Todesstrafe für alle Verräter gehütet. Niemand hatte jemals die Erlaubnis, den heiligen Umgang mit den Nahuales in andere Kulturen zu bringen. Wer es dennoch versuchte, wurde nicht nur von den lebenden Hütern der Tradition verfolgt. Er wurde auch von den geistigen Schutzmächten vernichtet, die als Hüter dieser Weisheit im Namen der Ahnen und der Erhaltung ihrer Tradition auf die Menschen einwirkten. Der große Weisheitsschatz unseres Volkes wurde über Jahrtausende hinweg von starken Schutzmächten der Dunkelheit gehütet. Ihr seid aus reinem Herzen an diesen Platz gekommen und hattet ein

Zeichen gesetzt, euch diesen Mächten zu stellen. Heute steht auf diesem heiligen Platz der Mayapriesterschaft ein Heilungs- und Initiationszentrum, wie es einst bereits bestanden hat. Aus eurer Herzensabsicht heraus wurde euch die Erlaubnis gegeben, diesen Weisheitsschatz zu heben, sonst hättet ihr wie viele andere auch, davon abgelassen, euch auf diese Konfrontation einzulassen. KAT ist einer der großen Meister und Hüter unserer Mayatradition. Er überzog das Mayakreuz mit einem Netzwerk, durch das Menschen anderer Herkunft und Kultur nicht dringen konnten. Erkennt ihr nun, was ihr mit der Kraft des Herzens zustande gebracht habt? Durch eure Liebe und Wertschätzung habt ihr ein Beispiel gesetzt, dass über Jahrtausende geltende Normen einer Kultur sich zu lichten beginnen.

Wie viele Mächte der großen Weltkulturen hatten sich auch Kräfte der Maya durch das Wirken der Menschen vom Herzen des ALL-EINEN Schöpfers entfernt. Wenn die Menschheit für die Liebe nicht reif und bereit genug war, dann fehlte das kostbarste Bindeglied zwischen den Ebenen des Lichts und der Dunkelheit. Durch diese Unreife im Menschen ging auch das in der Urseele des Menschen gespeicherte Wissen verloren, aus der Liebe die Macht Gottes zu verwirklichen. Das könnte auch als die Erbsünde bezeichnet werden. Das ist die größte Botschaft und Erkenntnis dieses Zeitenwandels.

Ihr habt in Erfahrung gebracht, was es bedeutet, die Liebe Gottes aus dem Herzen wirksam werden zu lassen. Die großen Meister der Maya erinnerten sich aus eurem Herzen an diese Urkraft, die im Kosmos alles Sein miteinander verbindet. Sie erinnerten sich an den Ursprung des heiligen Feuers, das sie über Jahrtausende hindurch im Namen des Schöpfers und seiner Diener entzündeten. So ist es auch durch euch möglich geworden, dass diese großen Lehrmeister des Lebens, die Nahuales, den Weg in die Öffnung mit euch gehen.

Über Nahuales zu schreiben oder sie selbst in sich zu tragen ist ein großer Unterschied. Die Wahrheit und die Essenz Maya kann nur aus der Lebenserfahrung in die Welt getragen werden. Von vielen Menschen wird diese lebendige Weisheit dadurch auch als Wahrheit erkannt werden können. Das Wirken der Schöpferkräfte der Maya in Verbindung mit der Liebe des Herzens wird durch eure gelebte Erfahrung und euer Werk vieles in Veränderung bringen. Das kostbarste Gut, das im Namen Gottes von seinen Mittlern gegeben werden kann, ist die Bewusstwerdung der Schöpfung."

Der Mayavater lag, während er mit mir sprach, in einer Hängematte vor unserem Haus und erholte sich von den Strapazen der Rituale, die er im Kreis unserer Gruppe gehalten hatte. Ich brachte ihm ein Glas Wasser, er rauchte genüsslich eine Zigarette und bat, als Diabetiker, um ein Glas Coca-Cola. Ich gab ihm widerwillig seine Lebensmedizin, von der ich zugleich wusste, dass sie ihm schaden würde. Wenn es um die bescheidenen Freuden des Lebens ging, war der Anciano stets bereit, dafür einiges an Unwohlsein in Kauf zu nehmen. Don Julián öffnete uns seinen Weisheitsschatz, weil er uns, wie er oft sagte, in der Qualität unseres Herzens erkannte. Aus dieser Kraft sei es uns möglich, die traditionellen Formen schamanischer Arbeit in ein neues Kleid und damit auch in unser Bewusstsein einzubetten.

Ich wurde am zwanzigsten Todestag meines Vaters durch eine Vision völlig überraschend an sein Grab gerufen. Auf dem Friedhof begann er zu mir zu sprechen und wies mich darauf hin, wie sehr ich all die Liebe und Unterstützung meiner Ahnen für meine weitere Lebensaufgabe hätte. Ich solle auf dieser Gratwanderung zwischen den Kulturen auf meinen Schutz des Erzengels Michael vertrauen und die von ihm zu seinen Lebzeiten gegebene Segnung aus dem Herzen Jesu in einem Ritual erneuern.

So stellte ich am Abend ein Bild des Herzens Jesu auf meinen Altar und erbat den Segen für meine Wanderschaft zwischen Traditionen und meiner inneren Wahrheit. Ich erhielt an meiner Mesa die Botschaft, aus dem Stubaier Ruetzbach Wasser für das Ritual zu holen. In friedlicher Stimmung entzündete ich anschließend neun gelbe Kerzen für QUANIL, den Mayaheilstein unseres Zentrums in Guatemala. Meine Frau stellte einen alten Maya-Ritualstein des Nahuals TIJAX auf ihren Altar. Als ich das Ritual beendet hatte, war mein Altar lebendig wie nie zuvor. Auch körperlich spürte ich die starke Präsenz von Wesen. Ich fiel in eine große Müdigkeit, bald darauf wurde ich wieder in meine volle Kraft gestellt, hatte aber Schweißausbrüche und Sehstörungen. Ich verließ den Heilungsraum und entschloss mich, aus der Dichte des Geschehens einen Text in Verbindung zu meinen Ahnen zu schreiben. In diesem Text bat ich meine geistigen Mayabegleiter, den Rat der Meister Tikáls, und die großen Meister der Religionen und Kulturen, das Ritual der Verbindung mit dem Herzen Jesu anzunehmen. Nach einiger Zeit stand ich auf und ging in den Altarraum zurück. Der gesamte Raum war voller Rauch, und mein Altar brannte. Meine größten Kostbarkeiten standen in lodernden Flammen. Darunter waren meine Priestervara, ein aus einem Mayagrab stammender Jade-Imperial-Anhänger, den ich in Verbindung zu Merlin trug, eine wunderbare, weiße Buddha-Statue wie auch eine alte, buddhistische Mala, die ich als Geschenk erhalten hatte. Ohne jede Besorgnis löschte ich mit einem nassen Handtuch das Feuer. Ein am Vortag geschriebenes Gebet lag unversehrt inmitten meines Altars. Das Blatt Papier war aber durchtränkt mit dem Wachs der durch den Altarbrand geschmolzenen Kerzen. Ich empfand weder Furcht noch Trauer. Gelassen spürte ich, dass in diesen Momenten etwas Großes geschehen war. Dennoch waren mir die Zusammenhänge des Geschehens unverständlich.

Meine Frau setzte sich im verrauchten Raum zu ihrem Altar und schrieb aus der Verbindung mit dem Herzen Jesu den Text: „Wenn du mit mir aus dem Herzen der kosmischen Liebe im Christusbewusstsein verbunden bist, bist du im Herzen meines Vaters. Da bedarf es keiner geistigen Mittler und Verbindungsglieder mehr. In Liebe, Meister Jesus."

Es war der gegebene Moment, in dem Jesus, am Tag 9 QUANIL, den Samen aus seinem Herzen für meine Wanderschaft über die Grenzen der Kulturen und Religionen in mein Herz legte. Ich bat den Rat der Meisterinnen und Meister um Hilfe und Aufklärung der Geschehnisse und erhielt Tage nach diesem Ereignis einen Traum. Im Entstehen eines neu gewobenen Kleidungsstückes integrierten sich Fäden unterschiedlichster Farbe und Qualität aus unterschiedlichen Webvorlagen in ein gemeinsames, im Bild des Herzens Jesu geformtes Muster und Mandala. Vor meinem geistigen Auge stand ein grüner Smaragdkelch, der gefüllt war mit der Essenz des Lebenswassers, das überquoll.

In einem Text, den ich in der Stille der Nacht von Jesus in mein Herz gelegt bekam, schrieb ich: „Wichtig auf deinem Weg, Omrael Norbert ist, dass du selbst weißt, wer du bist und was du mit deinem Namen ausdrücken möchtest. Von dieser Position aus solltest du eigenständige Entscheidungen aus deinem Herzen treffen und umsetzen. Die Sprache des Herzens verbindet alles Sein miteinander.

Es gibt für das Wachstum in den Naturreichen und damit verbunden auch im Menschenreich keine stärkere Kraft als die, die uns mit der Urabsicht und der Urseele im ICH BIN miteinander verbindet. Mein großer, geistiger Begleiter und Helfer in meinem Erdenleben war der Meister der Verbindungen, KAT. Ich gab ihm in den Erzählungen das Bild des Fischernetzes und fühlte mich in meiner eigenen Aufgabe als Menschenfischer. Zwei Jahrtausende der menschlichen Entwicklung machen es im kommenden Zeiten- und Formenwandel nötig, diese meine Aufgabe neu zu definieren. Menschen kommen als Interessengemeinschaft zusammen und suchen wie nie zuvor ihresgleichen auf dem geistigen Weg. Im Fischezeitalter war die Missionierung die adäquate Form der Verbreitung spiritueller Weisheit. Im jetzigen Wassermannzeitalter erkennen die Menschen, dass die einengende Form des zwanghaften Überzeugens seine Gültigkeit verloren hat. Die Zeit der Verbreitung spiritueller Wahrheiten über Missionen, durch Überzeugungskunst, ja oft auch durch Gewalt und Verfolgung ist vorbei. Viele Menschen glauben aus alten Vorstellungen heraus, dass es notwendig sei, mich in Darstellungen des Leids und Schmerzes in Erfahrung bringen zu können. Das sich neu formierende Christentum hat die Aufgabe, das durch mein Kreuz dargestellte Leid durch eine andere Lebenshaltung der Menschen aufzulösen. Es ist an der Zeit, meinen Leidensweg in den Bildern der gläubigen Menschen und in den Hallen der christlichen Glaubensstätten zu beenden.

Meine Erfahrungen des Leids dienten nur dem einen Zweck, das ICH BIN in seinen vielfältigen Ausdrucksformen des Lichts und des Dunkels zu offenbaren. Eine Auferstehung ohne die Erfahrung des Leids und des Schmerzes wäre für die Menschen nicht fassbar gewesen. Jedes Wegkreuz eurer Heimat sollte ersetzt werden durch ein Abbild meiner Wanderschaft. Nehmt mich vom Kreuz und erlaubt damit euch selbst, die ersten Schritte aus eurer inneren Unfreiheit zu setzen.

Der große Lebensmeister KAT zeigt sich im Bewusstsein der Menschen bereits im Kleide der sich in Freiheit formenden Glaubensgemeinschaft. Jeder kann sich aus unterschiedlichsten Glaubensquellen darin frei entfalten und zugleich als Individuum ein kostbares Glied der spirituellen Gemeinschaft darstellen. So seid gesegnet mit der Kraft und Reinheit meines Herzens und freut euch darüber, dass sich durch meine Wiederkehr in den Herzen der Menschen vieles in ihrem Umfeld in Klärung und Reinigung bringen kann."

Gleich dem Stimmen eines Instrumentes bedarf es einer Feinabstimmung unseres Herzens, bevor wir den Klang des kosmischen Geschehens mit unseren eigenen Tönen mitgestalten können. Wenn wir bereit sind, die Qualität des Jaguars in uns zu erkennen, so haben wir die Erlaubnis, das ICH BIN des Geistes dieses Tieres in unser Sein und Wesen einzubetten. Es steht uns offen, das Herz einer Blume als unser eigenes Herz zu empfinden und uns daraus zu öffnen. Vor einem Kristall sitzend kann ich die Kraft und Schönheit dieses Wunderwerkes der Natur bewundern. Der nächste Schritt wäre, in das Wesen des Kristalls vorzudringen und sich mit der göttlichen Kraft des ICH BIN auf der Ebene des Mineralienreiches zu verbinden. Auf diese Weise haben die alten Völker erkannt, dass es uns Menschen möglich ist, uns mit der Essenz von Geistwesen der Naturreiche zu verbinden. Wir schaffen dabei eine ursprünglich in allen Lebensformen eingebettete Einheit. Diese Einheit kann allerdings nur entstehen, wenn unsere eigene Essenz, unser Herz, auf die kosmische Kraft des ICH BIN abgestimmt ist. So zeigt sich diese göttliche Kraft auf den unterschiedlichen Seinsebenen und schafft einen gemeinsamen Nenner zwischen allen Seins- und Lebensformen. Viele Menschen stehen durch ihren persönlichen Willen und durch ihre daraus entstehenden Absichten in großer Dissonanz zur Symphonie der göttlichen Schöpfung. Somit werden sie von den schöpferischen Bauherren auch als Störfaktoren empfunden. Dies ist ein menschlicher Zustand, den wir als Leidensgeschichte im Menschsein ausdrücken können. Wenn wir uns von der in allem wirksamen

Kraft des ICH BIN abtrennen, gehen Seelenanteile unserer selbst im großen Schöpfungsgeschehen als Bruchstücke in unterschiedlichen Seinsebenen verloren.

Darauf beruhen auch schamanische Heilmethoden, die darauf bedacht sind, verlorene Seelenanteile wieder zurückzuholen und den Menschen dadurch wieder zu sich selbst zurück zu führen. Es gibt für diesen Vorgang des sich Ausschließens, des selbst Verlorengehens, des Verlustes der eigenen Seelenanteile unterschiedliche Vorstellungen und Bilder. Eines dieser Bilder ist die Vorstellung, sich selbst aufzugeben und zu vergessen. Dieser Zustand könnte der Vorstellung des Höllenzustandes im Christentum gleichkommen. Seelenanteile, die nicht mehr wissen, wer sie sind, befinden sich in einem Zustand der Erstarrung. Sie können sich nicht mehr bewegen und harren darauf, gleich einem Vermissten irgendwann erkannt und gefunden zu werden. Sie sind im Zustand der Erstarrung von sich selbst vergessen und verlassen. Damit werden sie auch nicht mehr von Lebenden wahrgenommen. Wie in einem Spinnennetz werden einzelne Anteile dieser Seelen im Fadenwerk zusammengehalten von einer Kraft, die sie nicht kennen. Sie sind in dieses Netzwerk verstrickt und können sich durch ihren Zustand der Bewusstlosigkeit auch nicht selbst befreien. KAT hütet diese Seelenanteile für den Fall, dass es in der göttlichen Vorsehung einen Moment in der Existenz dieser Seelen gibt, in denen sie erweckt und zu sich selbst zurückgeführt werden können. In diesen großen Lichtblicken des Lebens obliegt es dem Menschen, diese Seelen aus ihrem Netzwerk zu befreien. In den Traditionen der Maya erfolgt die Befreiung von einem KAT-Muster in Verbindung mit dem Nahual TIJAX, der mit dem dunklen Schwert der Befreiung diese klebrigen Fäden und Verbindungen durchtrennt. KAT hütet die Bruchstücke der Erinnerung an das Göttliche in uns Menschen. So geleitet dieser große Begleiter die Seele nach und nach wieder in die Bewegung, in die Befreiung, in die Herzenswärme und in das Licht. Heilung bedeutet in diesem Zusammenhang den aufflackernden Schimmer der Erinnerung an die in jeder Seele eingebettete Kraft der Liebe Gottes.

Kapitel 15

KAAN

DIE GEFIEDERTE SCHLANGE

Die sich aus den Urwassern in den Geist erhebende Schlange

Chiccan

Über das Seelenbewusstsein kehrt auch ein Urwissen in die Persönlichkeit des Menschen zurück. Wie durch einen Magneten angezogen, werden die in Bruchstücken auseinander liegenden Seelenanteile des Menschen wieder in ein geordnetes Bild eingefügt. Wie Puzzleteile fügen sich diese Einzelstücke zu einem Ganzen zusammen. Dieser Vorgang wird wiederum vom Nahual TZ'I, dem Hüter dieser kosmischen Gesetzmäßigkeiten und der kosmischen Hierarchie und Ordnung, eingeleitet. Das Zusammenwirken der Nahuales in ihren unterschiedlichen Wirkungsformen hat damit das eine Ziel, den Menschen dabei zu unterstützen, sich selbst zu finden und das individuelle Kunstwerk der Lebenserfahrungen in das größere Ganze, in die menschliche Gemeinschaft und in den Plan Gottes einzubetten. Wenn sich die Einzelteile der menschlichen Seele in ein harmonisches Bild zusammenfügen, so werden die Einzelmuster jedes Menschen in das Muster der Gemeinschaft gelegt, die diesen Menschen umgibt. Auf diese Weise heilen sich Partnerschaft, Familie, Gemeinschaft, Dorf und Stadtgeschehen, das Zusammenwirken der Menschen in den Nationen, auf den Kontinenten und in den Kulturkreisen. Schließlich bewegt jeder Mensch durch diesen, in sich selbst angeregten Heilungsvorgang. Der Plan Gottes setzt sich gleich einem Gesamtkunstwerk aus der kosmischen Ordnung und aus der Reinheit und Ausstrahlungskraft jedes einzelnen Menschen zusammen.

So haben die Nahuales und kosmischen Baumeister des Lebens die Aufgabe, uns die Verantwortung in diesem Gesamtkunstwerk bewusst zu machen und uns damit wieder in das kosmische Geschehen zu integrieren. Diese Integration ist vergleichbar mit der Geburt des Menschen aus dem Rachen der Schlange, dem Ursymbol des Schöpfungsaktes aus KU-KUUL-KAAN. In vielen Mayadarstellungen wird der göttliche Mensch aus dem Rachen der Schlange geboren. Durch dieses Symbol werden wir an einen Seinszustand erinnert, aus dem unser menschliches Lebensprogramm entstanden ist. Der Mensch wirkt aus seiner Ursubstanz, dem genetischen Programm der DNS. Das sind zwei parallel verlaufende Stränge von Makromolekülen, die wie zwei sich bewegende Schlangen schraubförmig ineinander geschlungen sind. So sehr wir auch glauben, erstmals auf unserem Planeten das Geheimnis des Menschseins durch das Erkennen und Erforschen der DNS entschlüsselt zu haben, so wenig wissen wir vom wahren Wirken dieser Moleküle in unserem Seinszustand. Aus der Kosmovision Maya ist die Doppelhelix seit Jahrtausenden bekannt. Zwei in sich drehende Spiralen stehen in Verbindung mit den großen Schöpfermächten, JUN-RA-KAAN. Aus der göttlichen Einheit JUN wirkt der blaue Strahl RA im Sonnenlicht als Abbild des Geistes. Über die heilige Bewegung der Schlange KAAN hebt sich der Schöpfergeist in einer spiraligen Bewegung aus dem Urwasser und hält in der sich ständig bewegenden Doppelhelix die Verbindung zum Feuer des Geistes Gottes. Eine dieser Spiralen bewegt sich rechtsdrehend von der Erde in den Himmel, bezeichnet als JUN-RA-KAAN DE LA TIERRA. Diese Kraft verbindet die Materie und den sich erhebenden Menschen mit dem göttlichen Geist. Die linksdrehende Spirale vom Himmel zur Erde ist verbunden mit der kosmischen Kraft JUN-RA-KAAN DEL CIELO, dem sich auf die Menschheit herabsenkenden Geist Gottes. Dieses Zusammenwirken von Geist und Materie schafft aus KAAN die in uns Menschen angelegten Voraussetzungen für ein heilsames und glückliches Leben.

Beide in sich verschlungenen Kräfte halten uns damit ständig mit dem Geist und der Absicht des göttlichen Schöpfers verbunden. Die sich nach oben und unten bewegenden Schlangen geben uns den Hinweis auf rechts oder links drehende Energiefelder, die ihre Entsprechung in den Tugenden und Untugenden des Menschen haben. Im derzeitigen Zeitenwandel werden die noch in unserem Erfahrungsschatz verschlüsselten göttlichen Qualitäten neu aktiviert. Aus dem Zusammenwirken beider Energiespiralen beginnt die alles zusammenhaltende, kosmische Kraft der Liebe stärker als jemals zuvor wirksam zu werden. Somit ist das Herz der DNS die aus unserem Urprogramm einwirkende Liebe Gottes. Diese Kraft hält uns mit allem Sein verbunden. Es wird dem Menschen im kommenden Zeitenwandel dadurch wieder möglich, Einblicke in das kosmische Geschehen zu erhalten. Der Schleier des Vergessens lichtet sich und macht vieles offenbar, das wir aus unserer derzeitig noch beschränkten Weltenschau nicht für möglich halten.

Aus der Essenz KAANs heraus kann dem Menschen für seine Entfaltung all das wiedergegeben werden, was ihm einst, aus welchen Zusammenhängen auch immer, genommen wurde. Ein DNS-Molekül besteht aus zwanzig essentiellen Aminosäuren. Somit ergibt sich im Schöpfungsplan des Menschen auch ein Zusammenhang zwischen unserer genetischen Struktur und dem Einwirken der 20 Lehrmeister des Lebens, der heiligen Nahuales. Sie stehen in Resonanz mit der chemischen Zusammensetzung unserer Gene und fließen gleichsam im Tagesrhythmus durch unser Empfinden, durch unsere Denk- und Handlungsmuster.

Die Bewegung der 20 auf uns einwirkenden kosmischen Kräfte steht im Kraftfeld KAANs, des Hüters des menschlichen Lebensprogramms. Unser Leben ist der ständigen Dynamik von Spannung und Entspannung, Verdichtung und Entfaltung unterworfen. Die beiden Spiralen unserer DNS wirken dabei in ihren vertikalen Bewegungen wie Bindeglieder zwischen den Ebenen des Lichts und des Dunkels und geben uns das Gefühl eines ständig im Wandel sich befindenden Lebens. Der grüne Strahl verbindet aus der kosmischen Liebe alles Sein und Leben horizontal miteinander und lässt uns damit auch die Lebenszusammenhänge erkennen. Dies bedeutet, dass ein aus der Liebe wirkender Mensch durch seine Verbindung zu Gott die notwendige Ausgewogenheit seiner genetischen Struktur und in seinem Lebensumfeld der Materie schaffen kann. Aus dieser Balance steht er als kosmisches Wesen in den unterschiedlichen kosmischen und planetarischen Seinsebenen. Das Leben Jesu gibt genügend Beispiele des Menschseins, wie aus der bewusst umgesetzten Liebeskraft Ausgewogenheit in Höhen und Tiefen unseres Alltagsempfindens eintreten kann. Somit ist die Liebe das größte Mysterium, das es aus dem individuellen Lebensprogramm jedes Menschen zu entfalten gilt. Es gibt keine größere Herausforderung im menschlichen Leben, als dieser Kraft gerecht zu werden und sich an ihrer Qualität zu orientieren. So war es die Aufgabe Jesu, uns die Essenz unseres Lebensplanes in Erfahrung zu bringen.

Bei einem Großteil der Menschen ist die an sich ausgewogene Bewegung KAANs durch die über Generationen und Jahrtausende sich auswirkende Entwicklung gestört. Sie schwingen in einer zu starken Verdichtung und empfinden sich dabei in einem Zustand der Trennung vom Licht. Es ist unmöglich, aus einem unbewusst gelebten Alltag heraus den Herausforderungen der Liebe zu begegnen. Jesus konnte das Licht des Christus in sich integrieren, weil er selbst den Weg der Weisheitsschulung und der Zentrierung des Geistes und der Materie gegangen war. Damit war auch er dem Spannungsfeld von Licht und Dunkel ausgesetzt.

Rituale, Gebete, ja selbst Dienste im Zeichen der Liebe schöpfen ihre Kraft und Intensität aus einem bewussten, reinen und sich selbst annehmenden und liebenden Menschen. Wir stehen tagtäglich vor der Herausforderung, uns innerhalb oder außerhalb der kosmischen Regeln des Respekts und der Liebe zu bewegen. Diese Regeln spiegeln nicht unsere religiösen oder gesellschaftlichen Vorstellungen und Gesetze. Das Herausfallen des Menschen aus einer kosmisch wirkenden Ordnung ist ein Bild, das uns in Form der in der Bibel angesprochenen Erbsünde erstmals begegnet. Dabei spielt die Schlange als Verführerin eine Rolle. Ist die sich hebende und senkende Spirale KAAN in ihrer Bewegung gestört, schafft diese Blockierung ein Gefühl des Verlorenseins und des Ausschlusses aus der kosmischen Ordnung. Das Gelobte Land, das Moses für sein Volk suchte und für das die Menschen nicht reif genug waren, konnte durch die Haltung der Menschen weder erkannt noch betreten werden. Es scheint in unserem Lebensprogramm eine Zeit des Menschseins gegeben zu haben, in der es möglich war, die Gesamtzusammenhänge unserer Existenz zu erkennen. Der Garten Eden, das Paradies, erlebten Menschen aus einem Urzustand heraus, den Maya als Zustand des kosmischen Menschen bezeichnet. Aus der gestörten Verbindung von Geist und Materie, aus der nicht mehr wahrgenommenen kosmischen Liebeskraft verstrickten sich Menschen mit der Dunkelheit, die uns aus dieser Verirrung heraus beherrscht und vom Licht getrennt hält. Ein daraus resultierender innerer Hilferuf der Menschheit äußert sich in all unseren Lebensbereichen.

Meister Cirilo spricht in seinen Feuerritualen oft von diesem vergessenen Seinszustand des Menschen. Er erinnert durch die Einladung der 20 Nahuales in das Ritual an die große Möglichkeit des Menschen, sich selbst wieder an den Zustand der Einheit mit dem Göttlichen zu erinnern. Die Hand zum Himmel gehoben sprach er während einer Zeremonie zu einer Gruppe von Mayapriestern, die sich für den Jahreswechsel der Maya in San Francisco el Alto zusammengefunden hatten:

„Die Abuelas und Abuelos von da draußen waren es, die schon vor unendlich vielen Jahren an den Urzustand unserer Seele und unseres Menschseins erinnerten. Sie kamen als Sternengeschwister vom Siebengestirn, den Plejaden. Diese Boten Gottes kamen, um uns von den schweren Lasten, die wir uns durch unsere fehlende Schau geschaffen hatten, zu befreien. Sie hinterließen in unserem Lebensprogramm Spuren, die uns an die vielfältigen Möglichkeiten unserer Lebensausrichtung erinnern sollten, und gaben uns durch den heiligen Kalender den Weg, wie wir unser Bewusstsein wieder in die unterschiedlichen Seinsebenen ausrichten können. Unser Lebensprogramm kann sich nur aus unserem geistigen Bemühen heraus wieder zu dem entfalten, als das es angelegt ist.

QUETZALCOATL oder KU-KUUL-KAAN öffnen das Tor zum großen Geheimnis des kosmisch wirkenden Geistes im fließenden Feuer der Kraft der Kundalini. Die Rückkehr des Menschen in die göttlichen Sphären und Initiationsstätten gleicht dem Gang über den brennenden, roten Teppich zu den Räumen der großen, kosmischen Lebensschau. Dort empfangen uns die Baumeister, die im Dienste Gottes das Wunder Leben offenbaren und uns Menschen übertragen. Vieles von dem, was sie der Menschheit gebracht hatten, hinterließen sie verschlüsselt in den Pyramiden, Tempeln, in den heiligen Kraftorten und in den Kristallschädeln. Über Generationen hinweg legten die Priester der Maya in ihrem Namen die kosmische Kraft und Weisheit in das Herz derer, die bereit waren, den Weg zu gehen. Dieser Weg der Erkenntnis erinnert uns Maya daran, wie diese großen Helfer der Menschheit einst ihre Kraft und Weisheit hinterlassen haben. Über KAAN sprechen mit uns die Boten des Lichts. Der Klang dieser Sprache verbreitet sich wie eine sich bewegende Schlange in die Seinswelten, in denen diese großen Lichtwesen auch auf unsere Zeichen warten. Wir Menschen senden Weltraumfahrzeuge in den Kosmos, in denen Musik, Bilder und Texte von unseren Errungenschaften zeugen sollten. Wir bräuchten diese Transportmittel nicht, wenn wir erkennen könnten, dass es eine gemeinsame Frequenz im Kosmos gibt, die alle kosmischen Wesen verstehen können. Wenn wir uns als Menschen auch in großer physischer Distanz glauben, so können wir aus der Kraft und Frequenz unseres heiligen Kalenders diese Distanzen überbrücken.

Wir können aus dieser Frequenz heraus erwachen und uns an einen Zustand erinnern, der uns mit allem Sein in Verbindung hält. Nicht nur wir Maya, die Völker dieser Erde sind eingeladen, sich mit den kosmischen Wesen zu verbinden. Die Weissagungen der Völker sprechen wie wir Maya von einer Veränderung unseres Menschseins. Qualitäten, die uns über lange Zeiträume nicht zugänglich waren, werden sich erneut öffnen und unser Leben drastisch verändern. Dieser Vorgang der Neuanpassung an das kosmische Geschehen wird von den Nahuales gehütet und zu gegebener Zeit in jedem Menschen geöffnet. Was damit ausgelöst werden wird, gleicht einer völligen Umschichtung unseres Seinszustandes. Aus einem größeren Blickwinkel heraus erkennen wir die Begrenzungen, die wir uns auf allen Lebensgebieten geschaffen haben. Das Einwirken kosmischer Kraft- und Energiefelder wird in Maya mit der Rückkehr KU-KUUL-KAANs bezeichnet.

Die symbolische Wiedergeburt des Menschen aus dem Rachen der Schlange hat den stufenweise erfolgenden Zusammenbruch vieler bisher im menschlichen Zusammenleben gegebenen Gesetzmäßigkeiten, Organisationen und Strukturen zur Folge. Immer mehr Menschen erkennen, was uns vom Göttlichen getrennt hält. All das, was wir uns aus einer begrenzten Sichtweise geschaffen haben, wird als das erkannt, was es ist, und für unsere Absichten nicht mehr als tragfähig genug erachtet. Viele Menschen deuten diesen in vielen Prophezeiungen beschriebenen Vorgang der Umschichtung als Katastrophengeschehen, im Extrem als Untergang des Planeten Erde. Aus Maya beziehen sich diese Umschichtungen besonders auf unser inneres Empfinden, auf unsere Haltungen, Vorstellungen und die daraus folgende Umsetzung im täglichen Leben. Die so notwendigen Umschichtungen in Wissenschaft, Archäologie, Medizin werden dann erfolgen, wenn genügend Menschen Zugang zu ihrer eigenen Wahrheitsquelle erlangen. Bereits jetzt spüren und erfahren immer mehr Menschen aus Büchern, Kunstwerken, Musikstücken, Kinofilmen die innere Beschränkung der Schaffenden. Werke, die allein aus der reduzierten Sichtweise von Menschen stammen, werden dann stärker als einengend und behindernd für den Lebensfluss erkannt und von der Allgemeinheit beiseite gelegt. Was nicht dem eigenen Herzen, dem eigenen Wohlbefinden und damit auch dem Gemeinwohl der Menschen dient, wird in diesem großen, inneren Wandel immer klarer als unnotwendig erachtet. Der Wahrheitsanspruch der Religionen, die Wirkungsweise des Geldes und der Materie, die Systeme der Wirtschaftstreibenden, die Berufswelt, unsere Heils- und Lehrsysteme stehen auf dem selben Prüfstand der erweiterten Sichtweise von immer mehr Menschen. Daraus entstehende Umschichtungen in unserem näheren und weiteren Wirkungsfeld werden sich allein aus unserem rapide sich verändernden Bewusstseinszustand ergeben.“

In den heiligen Büchern der Maya beschlossen die Schöpferkräfte im Namen Gottes, den Menschen als Abbild des göttlichen Vaters zu schaffen. Der ALL-EINE und NAMENLOSE, GOTT, das kosmische Feuer JUN-AB-KU, übersetzt: die Einheit, aus der die Vielfalt in der göttlichen Harmonie entsteht, rief ihn bei seinem Namen, NIM KUKUUL-HA, CHIPI KUKUUL-HA und RAX KUKUUL-HA. Der Hüter der kosmischen Hierarchie und Herr der drei Strahlen Gottes trat vor JUN-AB-KU und übernahm als Erstes den Gedankenfunken Gottes, die Erde und den Menschen zu erschaffen. Aus der Spitze der kosmischen Pyramide flossen drei Kraftströme gleich einem Flammenmeer des göttlichen Willens auf die Erde und berührten die Urwasser der Ozeane. Strahlen der kosmischen Liebe öffneten die göttliche Absicht in der Tiefe des Dunkels, in denen die kosmischen Energien als Materie sichtbar geworden waren. Gleich einer Flutwelle erhob sich aus dem kosmischen Meer eine Woge von Kraft und Dynamik, als das Wasser von der Kraft des Geistes belebt wurde. Der Feuerdrache KAAN erhob sich aus dem Urmeer und verband sich mit den Flügeln des göttlichen Geistes. Das war die Geburt der gefiederten Schlange KAAN, die jedem Lebewesen auf der Erde als Ursymbol der Schöpfung aus dem Herzen Gottes eingepflanzt wurde. Alsbald erkannten die großen Mittler und Helfer im Schöpfungsplan, dass der Mensch ihnen gleichgestellt war. Es war ihm möglich, durch die Verdichtungskraft unseres Planeten selbständig zu kreieren und in die Form zu bringen. Dem Missbrauch dieser unbändigen Macht des Menschen musste den Beschreibungen nach Einhalt geboten werden. So beschlossen die Schöpferwesen Gottes, die im Menschen angelegten Eigenschaften dadurch zu reduzieren, dass ihm der größere Zusammenhang allen Geschehens genommen werden sollte. Sie blockierten das in uns angelegte Urprogramm, damit sich unsere geistige Entfaltung in Grenzen halte, und verhüllten dem Menschen damit den freien Einblick in die menschlichen und kosmischen Zusammenhänge.

Die schwerwiegenden Folgen dieses Einschnitts in unser Menschsein äußerten sich durch eine reduzierte Einsicht in die Absicht und Wirkensweise des göttlichen Schöpfungsplanes. Die geistige Wahrnehmung des Menschen wurde aus der Blockierung der DNS auf die fünf, der Materie unterliegenden Sinne reduziert. Damit wurden auch das menschliche Denken, Fühlen und das daraus entstehende Handeln stärker auf die Materie beschränkt. Der Mensch verlor aus diesem reduzierten Seinszustand immer stärker den Kontakt zu den für ihn bereits unsichtbaren Welten und richtete seine Aufmerksamkeit allein auf das, was er begreifen und als seine Realität wahrnehmen konnte. In dieser engen Weltenschau missachtete er die Wesen, die ihm auf feinstofflicher Ebene zur Seite gestellt waren. Er verlor immer stärker den Kontakt zu den Baumeistern der Naturreiche und war angewiesen, an geistige Kräfte und Wesen zu glauben, die er mit seinen Sinnen nicht erkennen konnte. Allein wenigen Suchenden und Eingeweihten sollte es vorbehalten sein, in die feinstofflichen Seinsebenen vorzudringen und aus dieser Sicht heraus sich selbst zu erkennen und das kosmische Geschehen mitzugestalten. Diesen Eingeweihten blieb es vorbehalten, über Jahrtausende hinweg etwas für uns Menschen in Erinnerung und in unserem Bewusstsein zu halten.)

Die in den Kulturen unseres Planeten eingebettete Weisheit öffnet sich aus Kraftfeldern, aus Qualitäten unseres Menschseins, verbunden mit den Hütern und Meistern geistiger Ebenen. Sie übermitteln das für den Zeitenwandel in der Menschheit gebrauchte Wissen. Diese Meister stehen ihrerseits wieder in den Qualitäten der sieben Schöpferstrahlen, aus denen heraus sie wirken. Der Mensch wird in dem Moment als Gefäß dieser Informationen auserwählt, wenn seitens der kosmisch wirkenden Baumeister die Gewähr gegeben ist, dass dieses Wissen von der menschlichen Persönlichkeit möglichst unverzerrt in die Welt gebracht werden kann. Nach den bisherigen Erfahrungen zerstörten sich die Menschen und die um sie geformten Kulturen durch den Missbrauch der Schöpferkräfte. Auch in unserer Zeit werden wir daran gemessen, ob wir fähig sind, als Teil dieser göttlichen Baupläne zu wirken und diese Mächte nicht für unsere persönlichen Belange einzusetzen. Die Pyramiden können als Zeittore bezeichnet werden, die uns Menschen die Möglichkeit geben, uns in andere Ebenen zu heben, in denen sich die für uns geltenden Maßstäbe von Raum und Zeit aufheben. Der Transformator der aus der kosmischen Weisheit sich ergebenden menschlichen Weisheit ist KAAN, die heilige Schlange. Je stärker wir in unserem Herzen verankert sind, um so unmittelbarer können wir diese kosmischen Frequenzen der Schöpferstrahlen in unserer Zellstruktur aufnehmen und speichern. Diese Informationen wirken dann aus dem gesamten Menschen und sind nicht nur beschränkt auf seine Sprache und auf die Schrift. Wenn KAAN aus uns Menschen lebendig wirkt, berühren wir uns durch unsere Präsenz, durch unsere Gedanken und Gefühle, durch Begegnungen, durch den Klang unserer Stimme und den Duft unseres Körpers. In all dem äußert sich das kosmische Wissen über unser Menschsein. Es reicht bereits die liebevolle Berührung eines Menschen, um ihn in Bewegung zu bringen und mit der in uns selbst bereits wirkenden Zellinformation zu verbinden.

So wie wir durch einen Tastendruck auf unserem Computer, auf Mobiltelefone Information speichern und weitergeben können, so werden auch kosmische Daten durch die Wirkensweise und den Code KAANs von einem Menschen auf den anderen übertragen. Das Herunterladen von kosmischen Daten auf unsere innere Festplatte entspricht dem Vorgang, der uns aus der Kenntnis des einzugebenden Codes ermöglicht wird. Die übliche Datenspeicherung des Internets ist reduziert auf ein Wissen, das noch sehr stark gebunden ist an den Erfahrungsschatz des Menschseins. Die eingerichtete Festplatte ist in ihrem Aufnahmevermögen danach ausgerichtet, was technisch möglich ist. Die kosmische Datenbank speichert hingegen Weisheit und Wissen, das mit anderen Seinzuständen verbunden ist. Diese Daten in uns aufzunehmen stellt besondere Anforderungen an die menschlichen Speichermöglichkeiten. So werden bewusste Menschen aus ihrer Zellinformation heraus in großer Geschwindigkeit miteinander verbunden, während andere in einem Zustand der Verschlossenheit und Beengtheit verharren. Allein diese Vorstellung schafft in der Menschheit eine immer stärker auseinanderdriftende Bewusstseinskluft, die auch in der Gesellschaft zu erheblichen Spannungen führen kann. Die Sprache, der Lebensablauf, die Entscheidungen derer, die aus einem größeren Gesamtbild heraus wirken, heben sich immer stärker von den Menschen ab, die allein aus ihrem Überlebenstrieb, aus ihren Machtstrukturen heraus arbeiten und bewegen. Der Kontrast im Menschsein ergibt sich somit aus der Aufgabenstellung jedes einzelnen Menschen, das Leben allein für sich zu leben oder in den Dienst des göttlichen Plans zu stellen. Jesus stieg wie andere große Boten Gottes herab, um uns die Essenz des Schöpfungsplanes und die Essenz unseres Lebensplanes in Erinnerung zu bringen. Buddha erweckte die

Menschheit mit dem von ihm vorgezeichneten Weg, Licht in unser Bewusstsein aufzunehmen. Er lehrte, aus dem Geist die Grenzen des zu stark an die Materie gebundenen Menschen zu sprengen. Der Geist wird durch buddhistische Schulungen geklärt und das Herz für die Aufnahme des Göttlichen geöffnet. Aus der ursächlich in uns Menschen bestehenden Verbindung von Geist und Materie entstanden Bauwerke, Schulungsstätten und Initiationsorte in Verbindung mit der Priesterschaft, deren Aufgabe es war, Religion, Politik, Kultur und das Volk mit ihrer Lebensweisheit zu unterstützen. Auch heute gilt noch, dass wir uns den Weg zum Göttlichen nur über die Stufen der Pyramide erklimmen können. Wir setzen den ersten Schritt und gehen die Stufe entlang, bis wir aus uns erkennen, dass die nächste Stufe bestiegen werden kann. Dies gleicht der Bewegung KAANs. Das Fortschreiten, die zu erwartenden Beschwernisse auf diesem Stufenweg sind mit Geduld und der Bereitschaft zur Hingabe von der Kraft des Herzens und des Geistes abhängig und entziehen sich dem zeitlichen Rahmen.

Die Öffnung der DNS hat zur Folge, dass sich die Speicherkapazität unserer Zellstrukturen erheblich über die sinnliche Wahrnehmung hinaus erweitert. Dadurch können viele kosmische Informationen überhaupt erst von uns Menschen dekodiert und in unserer Zellstruktur, in unserem Herzen, im Bewusstsein erfasst und gespeichert werden. Aus der kosmischen Herzensintelligenz schöpft der Mensch Bewusstsein. Dieses Bewusstsein erfordert wiederum die Kenntnis der Zusammenhänge. Auf diese Weise kann die Herzkraft des Menschen mit seiner Gedankenkraft zusammenfließen. Aus dieser Verbindung können wir die Intuition des Herzens hervorbringen, aus der der Mensch mit den geistigen Ebenen in Verbindung steht. Diese Erkenntnisse der alten Völker sind über die Jahrtausende in Vergessenheit geraten. Es ist an der Zeit, dieses Wissen in den Menschen neu zu aktivieren und damit das menschliche Bewusstsein auf diese große Umschichtung vorzubereiten. Der Mensch nimmt im ständigen Kreislauf von Werden und Vergehen planetarische, solare und kosmische Energie auf. Diese Energieströme beeinflussen viele Aspekte des Menschseins. Horoskope bauen auf diesen Einwirkungen und erheben oft den Anspruch, den Ablauf eines Menschenlebens vorbestimmen zu können. Das Schicksal des Menschen ist auf diesen Ebenen deshalb vorbestimmt und besiegelt, weil er selbst seine Lebenszusammenhänge in Verbindung bringt mit einem für ihn vorbestimmten Leben. Aus seinem Unwissen heraus kann er sich selbst als Urheber seines turbulenten Lebensablaufes nicht erkennen. Dies bedeutet den Verlust des inneren Friedens und den Verlust der Freiheit. Wenn sich die mentale Verbindung vom Solarplexus in das Herzzentrum erhebt, kann sich der Mensch zugleich auch von alten mentalen Verbindungen zu den so genannten Göttern befreien. Diese waren und sind Wesen, die aus anderen Seinsebenen über die menschliche Medialität ihre Welt mit der menschlichen Welt verbinden und für sich benützen. Wesenheiten haben sich durch Sagen und Mythen als Bilder in den Geist und Emotionalkörper des Menschen gesetzt und über den Menschen zu wirken begonnen. Schon immer war der Mensch ein Mittel zum Ausdruck von Göttern, die sich durch gezielte Manipulation und den Missbrauch des Menschen in die Welt gebracht hatten. Durch die immer stärkere Wirkensweise des Nahuals KAAN ist dieser oft ungewollte Einfluss von so genannten Göttern nicht mehr möglich. Das menschliche Energiefeld wird in einem Maße angehoben, dass diese ungewünschten Eingriffe in sein Wesen nicht mehr geschehen können.

Am Tag 13 KAAN ritten meine Frau Christine und ich im Frühjahr 2004 auf Kamelen in die vor den ägyptischen Pyramiden von Gizeh liegende Wüste. Ein ägyptischer Weisheitslehrer, den wir in diesen Tagen kennen gelernt hatten, ermöglichte uns dieses Erlebnis durch seine vielfältigen Kontakte zur Wachpolizei. Zu später Nachtstunde errichteten wir auf einem kleinen Felsvorsprung einer Düne unseren Altar. Mein grüner Kristallschädel lag dort eingehüllt in mein Quiché-Maya-Priestertuch. Vor uns leuchteten im fahlen Mondschein die Pyramiden. Unsere beiden Begleiter zogen sich zurück, um uns nicht zu stören. Die Cheopspyramide stand in ihrer Mächtigkeit vor uns. Seit Jahren war es mein Wunsch gewesen, diesen Ort zu besuchen und in sein Geheimnis einzudringen. Ich verband mich mit Don Julián, der mir viel von diesem heiligen Platz der Ägypter erzählt hatte, ohne jemals dort gewesen zu sein. Er bezeichnete die Pyramiden als Orte, an denen die Schöpferkräfte Gottes in ganz besonderer Weise wirksam wären. Er erzählte mir oft von den kosmischen Computern, die auch die Maya für die Verbindungen zu den anderen Seinsebenen verwendet hatten. Die alten Völker hatten das größte Geheimnis, die Wirkensweise der Schöpferkräfte, in den dafür errichteten Pyramiden gehütet. Zugleich wussten sie, dass diese Bauwerke gleichsam als planetarische Antennen kosmische Frequenzen aufnehmen und als Transformatoren in die Schwingungsfrequenz unseres Planeten bringen können. Pyramiden sind somit auch vergleichbar mit einer Fernsehstation, die kosmisch wirkende Programme aufnimmt und für uns Menschen fassbar macht. Durch das Abhalten von Ritualen hob sich die Priesterschaft in eine höhere Aufnahmebereitschaft und konnte schließlich die in den unterschiedlichen kosmischen Seinsebenen eingebetteten Programme aufnehmen. Sowohl die Ägypter als auch die Maya hüteten in besonderer Weise die Weisheit im Umgang mit den Schöpferkräften, den heiligen sieben Strahlen.

Es ist nicht unbedingt nötig, das Innere einer Pyramide zu betreten, um im Wirkungsfeld der Schöpferkräfte zu stehen. Sowohl meine Frau als auch ich verspürten nicht die Notwendigkeit, in das Innere der Cheopspyramide zu gehen. In der umliegenden Wüste war es uns am besten möglich, in die Stille und Aufnahmebereitschaft zu gehen. Ich nahm meinen grünen Schädel in die Hand und begann das Ritual aus dem Herzen KAANs. Ein sanfter Wüstenwind trug die in das Ritual eingebetteten Kräfte und Wesen in die Stille der Nacht. Ich fühlte die Präsenz des großen Lehrmeisters der Schöpfung, KAAN. Die sich erhebende Schlange spürte ich als kribbelnden Energiefluss meine Wirbelsäule emporsteigen. Sie erhob sich über mich hinaus und spannte einen Bogen zu den Pyramiden Tikáls, die in diesem Ritual sehr spürbar waren. Nach einem inneren Bild bewegten sich die großen Schöpferkräfte und Meister der Maya im Kleid der gefiederten Schlange und verbanden sich mit den ägyptischen Magiern und Weisen. Aus den Pyramiden begannen die Strahlen in ihren unterschiedlichen Farben und Qualitäten zu wirken. Außerirdische Wesen wurden fühlbar. Ich ordnete sie den Sternengeschwistern

Orions zu und erbat über eine kosmische Brücke die Verbindung zu den Wesen der Plejaden.

Meine Frau Christine saß auf einem Felsblock und lud die Göttinnen der Ägypter und Maya ein. IXCHEL, die Mondgöttin der Maya, umhüllte in ihrem silbernen Schein die machtvollen Pyramiden. Es zeigte sich ihr eine große, weise Frau namens SEMIRA-IX, eine Göttin aus der Verbindung beider Kulturkreise, die ihr als Heilerin des Herzens ihre Hilfe und Begleitung auf ihrem weiteren Lebensweg anbot. Die Santa Neblina hatte sich während des Rituals bereits zwischen die Monumente ägyptischer Baukunst gelegt. Eingebettet in die Mystik und Kraft der Zeremonie verharrten wir noch lange in der Stille. Dann gaben wir den hinter einer Düne wartenden Begleitern ein Zeichen und ritten auf unseren Kamelen langsamen Schrittes dem Dorf entgegen.

Für den nächsten Tag hatten wir die Besichtigung der alten Pyramiden- und Tempelanlagen von Saqqara geplant. Es wurden uns zwei Pferde bereitgestellt, mit denen wir die etwa 30 Kilometer lange Strecke durch die Wüste zurücklegen würden. Bereits nach den ersten Kilometern verstärkte sich der Wind. Vorbei an Militärstationen und an Müllbergen drangen wir langsam in die endlos scheinende Wüstenlandschaft ein. Der Wind wurde immer stärker und entwickelte sich zu einem Sandsturm. Es hätte keinen Sinn gehabt, wieder umzukehren. Wir waren bereits viele Kilometer weit geritten und machten bei einer kleinen Hütte am Rande eines nahe gelegenen Dorfes Halt. Zwei Männer luden uns ein, in die armselige Hütte zu kommen. Sie hatten die Aufgabe, die in dieser Region noch unversehrten Grabanlagen zu bewachen. Wir setzten uns auf einen alten Teppich, der den Fußboden bedeckte. In einer kleinen, bereits vom Ruß geschwärzten Kanne wurde für uns Tee zubereitet.

Dann bestiegen wir wieder unsere Pferde; schließlich kamen wir völlig erschöpft in einer abseits der üblichen touristischen Routen zwischen den Dünen gelegenen Tempelanlage an. Als wir uns der alten, von der Witterung sehr mitgenommenen Pyramide näherten, hielten wir an einem aus Stein erbauten Symbol. Ich legte meinen grünen Kristallschädel in die Mitte des Steinmandalas, das mich stark an das Mayakreuz erinnerte:

in der Mitte eingebettet ein großer, flacher, etwas abgehobener runder Stein, die Verbindung zu Gott im Symbol der Sonne; etwa 20 cm tiefer liegend ein Viereck, das die vier Himmelsrichtungen markiert, und noch einmal tiefer gelegen die runde Steineinfassung. Das etwa fünf Meter im Durchmesser große Mandala war der gegebene Ort, uns mit Echnaton zu verbinden, der als Pharao den Eingottglauben lebte und verkündete und dadurch die priesterlichen Machtstrukturen des Mehrgötterglaubens veränderte. Um 1350 v. Chr. proklamierte dieser König den Sonnengott in seiner sichtbaren Gestalt als Sonnenscheibe, genannt Aton, zum alleinigen Gott. „Du hast dich am Himmel gezeigt, indem du allein bist“, heißt es in einem Gesang Echnatons. Das bedeutete für die traditionell sehr mächtige Priesterschaft der Ägypter einen radikalen Wandel und Machtwechsel. Bisher hatte sich die Wirklichkeit aus dem Zusammenwirken der verschiedenen Götter geformt. Jetzt aber wurde das Leben mehr und mehr auf das Wirken eines Gottes zurückgeführt. In meiner Tasche trug ich einen Text aus dem Sonnenhymnus dieses ägyptischen Pharao, den ich während des Rituals unter meinen grünen Kristallschädel legte: „Schön erscheinst du im Horizont des Himmels, du lebendige Sonne, die das Leben bestimmt! Du bist aufgegangen im Osthorizont und hast jedes Land mit deiner Schönheit erfüllt. Schön bist du, groß und strahlend, hoch über allem Land …“ Wie ein Kraftstrom aus der ALL-EINEN Quelle ergoss sich das Gefühl von Liebe und Dankbarkeit in die vier Himmelsrichtungen und füllte das in Vergessenheit liegende Wüstenmandala einer Kultur, die bereits vor Jahrtausenden die Geheimnisse des Schöpferplanes in das Menschsein einzubetten verstand.

Es fiel uns schwer, erneut auf unsere Pferde zu steigen. Wir hatten noch einige Kilometer vor uns. Der Wind war inzwischen stärker geworden. Wir waren es auch nicht gewohnt, stundenlang zu reiten. Der Himmel hatte sich im Sandsturm verdunkelt. Die Augen brannten vom beißenden Sand, der uns in das Gesicht wehte. So kamen wir schließlich völlig erschöpft in der Tempelstadt Saqqara an. In diesem Zustand die Tempelanlage zu erforschen hatte keinen Sinn. Wir gingen wenige Minuten in das Innere einer mit Alabaster ausgekleideten Tempelruine, um uns auszurasten, und beschlossen, mit einem Taxi nach Kairo zurück zu fahren. Da sich alle vier Fenster des uralten Fiat nicht mehr schließen ließen, waren wir erneut einem Luftstrom ausgesetzt, der dem Wüstensturm nicht allzu sehr nachstand.

Am nächsten Morgen fuhren wir mit einem besser ausgestatteten Taxi an diesen besonderen Ort zurück. Diesmal mussten wir keine Rücksicht auf einen Führer nehmen, der es uns zwar ermöglicht hatte, die für Besucher sonst unzugänglichen Orte besuchen zu können, uns aber auch unter Zeitdruck setzte. So ließen wir uns allein aus unserer Intuition von den geistigen Kräften dieses heiligen Ortes führen. Aus den Schilderungen eines Berichtes über Saqqara entnahmen wir den Namen des Bauherrn dieser jahrtausendealten Tempelanlage. Tief berührt von der Schlichtheit und Schönheit dieser Weisheitsstätte der Ägypter setzte ich mich und bat den Weisen, Gelehrten und Heiler Imhotep um seine Präsenz.

Wir machten uns mit seiner Begleitung auf den Weg durch die Ruinenanlage. Der Sandsturm hatte sich etwas beruhigt, sodass es uns auch besser möglich war, auf dem Platz vor der großen Stufenpyramide in die meditative Stille zu gehen.

An einer Stelle konnten wir unter einer schweren Steinplatte die Füße der vier Lebensabschnitte eines Menschen berühren. Als ich meine Füße auf die Füße des Ancianos, des Weisen der vierten Lebensphase legte, spürte ich ihn, meinen großen, liebevollen Begleiter und geistigen Vater Moses. Wie ein fließender Feuerstrom zog die Kraft, die von den Steinfüßen ausging, durch meine beiden Beine. Christine wurde währenddessen in einen kleinen Raum geführt, über dessen Eingang Kerzen abgebildet sind und der als Kapelle bezeichnet wird. So unscheinbar das Innere dieses Raumes auch war, es war dort eine Spiralkraft spürbar, die einer Zeitmaschine ähnlich war. Nach oben hin zum Himmel geöffnet, zog ein Kraftstrom von unten nach oben. In mir verspürte ich die Kraft der Maya, HUN RA KAAN, die regelrecht Schwindelanfälle in uns beiden auslöste. Über die Kraft der Schlange erhob sich mein Geist in andere Seinsebenen. In der Nähe fanden wir kleine, gleich angeordnete Labyrinthe, die alle in Scheintoren endeten. Es war uns beiden bewusst, dass diese Anlage, wie andere ägyptische Tempelanlagen auch, ein uralter Initiationsplatz für Weise unterschiedlicher Kulturen gewesen sein musste. Ungeachtet aller Beschreibungen und Darstellungen erinnerten viele Bauteile an die Absicht, geistig suchende Menschen durch unterschiedliche weltliche und außerirdische Erfahrungen zu leiten. Ich verspürte die Präsenz von Moses, Jesus, Zarathustra, den großen geistigen Revolutionären des Nahen Ostens. Ich wurde daran erinnert, dass Moses in Ägypten die Mysterienschulungen durchgegangen war und als Pharao eingesetzt werden sollte. Er war hier in seiner Kraft und Mächtigkeit spürbar.

So haben sich viele der alten Meister entschlossen, sich an großen heiligen Plätzen der Erde wieder in Erinnerung zu bringen. Ihr wisst, dass es allein Erinnerungen sind, die in euch an sakralen Orten lebendig werden.

KU-KUUL-KAAN kehrt im Bewusstsein Maya im jetzigen Zeitenwandel zurück. Auch wir reagieren auf dieses große Ereignis. Kräfte, die die Verbindung der menschlichen Seele mit der Persönlichkeit ermöglichen, beginnen in den Menschen als kosmisch einwirkende Strahlenkombination zu wirken. Dadurch wird auch in allen Lebensformen eine neue Bewusstseinsentwicklung ausgelöst. Auch die Reiche der Natur erfahren eine tiefgreifende Veränderung. Deshalb ist es so kostbar, die größeren Zusammenhänge des Geschehens auf der Erde zu verstehen. Ihr könnt euch die Frequenz unserer Pyramiden und Tempelanlagen nicht vorstellen. Ihr würdet in eurer physischen Manifestation sofort verbrennen. Damit dies nicht geschehen kann, ist ein Filter für euch Menschen vorhanden, der euch wie ein Schutzmantel umgibt. Ohne diesen Schutz kann ein Mensch, wenn er sich mental mit einem starken Kraftplatz verbindet, sich auch Schaden zufügen. Dies wird nach einem Besuch oft als Verwirrung erlebt.

So werdet ihr in Zukunft vielerorts mit Energien in Berührung kommen, die wie in einem Mikrowellenherd als große innere Hitze ohne äußerliche Empfindung wahrgenommen werden. In diesen inneren Umschichtungen ist es um so wichtiger für die Menschen, sich zu erden und sich mit den Kräften des sakralen Dunkels verbunden zu wissen, die eine verstärkte Lichteinwirkung durch eine dichtere materielle Kraft ausgleichen können."

Kapitel 16

KEME

DER WEISHEITSLEHRER TOD
Hinabgestiegen in das Reich des Todes

Cimi

Am Tage Zwei KAAN verspürte ich am frühen Abend den Ruf meines Mayavaters Don Julián. Erst vor wenigen Tagen noch hielt ich am Krankenbett seine Hand und spürte den nahenden Abschied. KEME hatte mir die Erlaubnis gegeben, an jenem Abend erstmals mit dem Anciano in geistigen Kontakt zu treten, obwohl Don Julián noch nicht gestorben war. Ich setzte mich an meinen Schreibtisch, legte sein Bild neben mich, zündete eine Kerze an und schrieb den Abschiedsbrief, den mir mein geliebter Mayavater aus den geistigen Ebenen diktierte.

„Geliebter Sohn Norbert: Ich bin es, dein dich so sehr liebender Mayavater Julián. Es ist mir erstmals erlaubt, mit dir auf geistiger Ebene aus der Verbindung zu Abuelo KEME zu sprechen, obwohl ich noch auf dieser Erde weile. Es ist die Zeit für mich gekommen, zu gehen. Durch deine Wanderschaft mit mir ist meine Lebensaufgabe in Erfüllung gegangen. So ist für mich der rechte Moment gekommen, mich mit diesem Brief von dir zu verabschieden. Es ist mir eine große Freude, dass ich dich noch hier in meiner Heimat habe, wenn ich mich darauf vorbereite zu gehen. So bitte ich dich, auf dein Herz zu hören, wenn es Zeit ist, meine Botschaft zur Erfüllung zu bringen. Du solltest von mir die beiden noch zu ergänzenden Kräfte der Santa Neblina im Namen des Rates der Maya nach meinem Tod übertragen bekommen. Wir werden sehen, in welcher Form du diese Initiation bekommen wirst. Ich werde dich rufen, wenn es so weit ist. Es spielt keine große Rolle, wie wir voneinander gehen werden. Mein Abschied im Zentrum TO-OM-RA ist mit viel Liebe von Christine und dir mitgetragen worden. Durch die vielen Menschen, die dir zugeführt wurden, durfte ich in meinen späten Lebenstagen noch erkennen, was unsere gemeinsame Lebensaufgabe war und weiterhin sein wird. Die Brücken, die wir auf dieser Welt im Dienste der geistigen Begleiter gemeinsam errichten, werden wir als Erste selbst betreten. Ich werde dir vorangehen und vor dir und euch erkennen können, was wir als Gemeinschaft von Liebenden auf Erden geschaffen haben. Ich bin glücklich, dass ich dieses Werk auf diese wunderbare Weise für meinen göttlichen Vater erfüllen konnte.

Da du den Flug für mich in deine Heimat bereits reserviert hast, werde ich dir keine Unannehmlichkeiten und Kosten mehr verursachen. Ich sage das mit Humor, weil du mich so kennst und weil wir weiterhin aus der Kraft unseres Humors die ‚trabajos duros' machen werden. Von den anderen Ebenen aus kann ich dir und deinem Kreis von Menschen noch mehr helfen, als ich es bisher konnte. Ihr werdet alle viel Freude auf diesem Weg erfahren, wenn ihr aus reinem Herzen dem Vater dient, so wie ich es zeitlebens getan habe. Die Lebensfreude ist mir und meinem Volk in großem Maße versagt geblieben, und nur Gott weiß, warum das so sein sollte. Du kennst wie kaum jemand anderer meine Lebensgeschichte und kannst verstehen, warum ich mich in so tiefer Liebe mit dir verbinden konnte. Du warst derjenige, der mich erkannte, der mich verstehen konnte und der mich so angenommen hat, wie ich bin. Diese wunderbare Form der Liebe von einem Ausländer zu bekommen, war für mich sehr ungewöhnlich. Ich bin an meinem nahenden Lebensende darüber sehr glücklich und spüre dich wie meinen eigenen Sohn. Meine Lieben auf geistiger Ebene haben meinen Hilferuf verstanden und uns im Urwald des Amazonas zusammengeführt. Ich hätte niemanden in meinem engeren und weiten Umkreis finden können, der meine Arbeit mit so viel Bewusstsein und Liebe weitertragen kann wie du, deine Frau Christine, deine Begleiterin Silvia und viele mehr, die dich umgeben. Ich werde dich und euch gemeinsam weiterhin wie ein Vater begleiten und euch die noch im Verborgenen liegenden Geheimnisse der Pocomames in euer Herz legen. Da gibt es noch vieles zu erkennen und zu tun. Durch unsere Herzensverbindung wird es mir leicht fallen, euch mit der Weisheit meiner Vorfahren zu segnen. Mein Leben ist in wunderbarer Weise abgeschlossen. Die Vorfreude auf das, was auf mich nun zukommen mag, ist sehr groß. Ich freue mich, all jene zu treffen, die ich schon seit langer Zeit aus meinen Zeremonien kenne und die mir so viel Hilfe und Liebe für meine Arbeit gegeben haben. Vorerst freue ich mich darauf, nach den großen Lebensturbulenzen der letzten Jahre zu ruhen. Ich habe San Miguel Arcangel darum gebeten, drei Monate nach meinem Übergang in die anderen Seinsebenen ruhen zu dürfen. Ich bin sehr müde und kann nun endlich auch meinen kranken und verbrauchten Körper zurücklassen. Die göttliche Mutter ist mir in den letzten Tagen schon sehr nahe gekommen. Als Waisenkind hat mir diese Liebe und Geborgenheit einer Erdenmutter zeitlebens gefehlt. Die göttliche Mutter hat mich in die Priesterschaft eingeweiht und sie ist es, zu der ich als Erstes zurückkehren möchte. Ich habe durch die Umstände meines Volkes viel Schweres in meinem Leben ertragen müssen. Oft stand ich dem Abuelo KEME nahe, und nie war es mir erlaubt, mit ihm zu gehen. Meine geistigen Begleiter sprachen immer davon, dass ich meine Lebensaufgabe noch nicht abgeschlossen hätte. Jetzt weiß ich, dass dieser Zeitpunkt gekommen ist und dass ich die Erlaubnis habe zu gehen. Ich werde wie Jesus in das Reich des Todes hinabsteigen und mein Leben dort so in Klärung bringen, dass ich in die heiligen Lichthallen des Vaters aufsteigen kann. Von dort aus werden wir gemeinsam unsere weitere Aufgabe wahrnehmen. Ich segne dich und deine Familie und freue mich, wenn du und Christine, Silvia und die vielen treuen Begleiter der Familie TO-OM-RA mich weiterhin als Teil ihres Herzens wahrnehmen können."

Als ich mich von Don Julián im Hospital der Kleinstadt Amatitlán verabschiedete, setzte er sich noch einmal mit all seiner Kraft in seinem Bett auf, drückte mich an sich und sagte: „Ich habe noch einige Wochen zur Erholung, bis wir uns in deiner Heimat wiedersehen werden." Dann ging ich zusammen mit meiner Frau aus dem Krankenzimmer des Sanatoriums. Am folgenden Tag stiegen wir beide in das Flugzeug, um nach

Europa zurückzukehren. Don Julián konnte wenige Tage danach wieder das Sanatorium verlassen. Er beschwerte sich heftig darüber, dass er dort wenig zu essen bekommen hatte. Dies wurde in der Familie und von uns allen als sehr gutes Zeichen gewertet, dass er sich doch entschlossen hatte, in das Leben zurückzukehren. Über die Brücke, die wir zueinander errichtet hatten, rief er mich am 23. Mai 2004 um 19.30 Uhr abends. Ich spürte dieses Mal seine Anwesenheit in anderer Form als sonst in den Zeremonien. So wählte ich die Telefonnummer seiner Familie. In Tränen aufgelöst teilte mir Gloria mit, dass er vor wenigen Minuten in Frieden verstorben sei. Es war in dieser Sekunde still in meinem Herzen. Ich spürte als Erstes das Gefühl von Zufriedenheit und Dankbarkeit, dass dieser große Meister des Dienens nun endlich die Erlaubnis erhalten hatte, zu gehen. Zugleich schmerzte mein Herz bei der Vorstellung, dass ich sein befreiendes Lachen nicht mehr hören sollte und seine liebenden Worte und Gesten, seine Urkraft als Krieger nach unseren schamanischen Kraftakten nicht mehr verspüren würde. Ich ging zu meinem Altar und dankte dem Bruder des heiligen Totenreiches, KEME, für den großen Segen, den er Don Julián und auch mir zukommen hatte lassen. Dass er unseren weltlichen Abschied in einer so wunderbaren Weise vorbereitet hatte, empfand ich als großes Geschenk. In mir wurden ein Bild und die Worte lebendig, die Don Julián zu mir gesagt hatte.

Unsere gemeinsame Fahrt über den Lago Atitlán war ruhig. Es war der Wunsch Santiagos, dass Don Julián noch einmal wenige Wochen vor seinem Tod zu ihm in die Kirche von Santiago Atitlán kommen sollte. Dies und zugleich sein nahendes Ende wurde uns über Gloria in einer Konzentration mitgeteilt. Die umliegenden Dörfer mit den Namen der zwölf Apostel Jesu waren gerade aus den Morgennebeln erwacht. In den Morgenstunden trug uns ein Motorboot über die glatte Oberfläche des Wassers. Der Rauch aus den Indianerhütten legte sich wie ein dünner, nebeliger Schleier über die Gemeinden.

„Dieser Schleier erzählt von unserem Leben", erzählte mir Don Julián auf der gemeinsamen Fahrt über den See. „Wir Indígenas sind eingebettet in das täglich in der Küche lodernde

Feuer, das uns an unsere Wurzeln Maya erinnert. Aus diesem Feuer erhalten wir unsere tägliche Nahrung, aber auch die Wärme und Geborgenheit, die wir brauchen. In unserem Leben wird uns sehr viel Kälte entgegen gebracht, weil wir anders fühlen und denken als viele Menschen, die Machtträger dieses Landes sind. Unsere Mahlzeiten bereiten unsere Frauen in der Mystik der Dunkelheit der Küche vor. Damit liegt das Geheimnis des Dunkels in unserer Nahrung, in unserem Leben, in unserem Wohlbefinden. Die Dunkelheit ist uns Schutz vor dem grellen Licht und der Hitze des Tages und gibt uns zugleich das Gefühl, unseren Ahnen näher zu sein. Wir betten sie vor allem durch unsere Gebete und Zeremonien mit in unser Leben ein. Sie sitzen mit uns am offenen Feuer und wärmen dort ihre vom Leben durch Ablehnung und Armut verletzten Herzen. Du kannst all das schwer verstehen, weil du in deinem Leben nie empfunden hast, was es bedeutet, von den Mitbewohnern deines eigenen Landes abgelehnt und isoliert leben zu müssen. Wir ehren das von unseren Vorfahren gelebte Leben, indem wir sie in unser eigenes, tägliches Leben mitnehmen. Das heilt ihre Verletzungen und gibt sie frei für ihren Weg. Von ihnen werden wir versorgt mit der Kraft und Lebensweisheit, die wir für die Bewältigung unseres Lebens brauchen. Aus dieser Kraft erheben wir uns, um in den Tag zu treten und unsere meist schweren Aufgaben zu verrichten. In diese Kraft betten wir uns ein, wenn wir des Tages müde sind und uns der Ruhe und Geborgenheit der Nacht übergeben. So wie wir aus dem Rhythmus zwischen Tag und Nacht Leben und Stille erfahren, so sind auch unsere Verstorbenen eingebettet in ein Leben zwischen dem Licht Gottes und der Dunkelheit und Stille des Totenreiches.“

Dieser Ausflug mit meinem Mayavater wird mir immer in Erinnerung bleiben. Er ahnte in diesen Momenten, dass sich sein Leben bald dem Ende zuneigen würde. Ein letztes Mal kniete der Anciano vor dem Jakobusaltar der Kirche und weinte. „Weißt du, Norbert, mein Schwiegervater, der auch Indianer war, hat mir vor meiner Hochzeit mitgeteilt, dass ich nie sein Haus betreten darf. Er hasste es, noch ärmere Menschen in seiner Nähe zu wissen, als er selbst es war. An dieses Verbot musste ich mich selbst nach seinem Tode halten. Bereits als Kind wurde ich verlacht, weil ich keine Schuhe, ja oft nicht einmal ganze Kleider hatte. Erst als sich mir die göttliche Mutter zeigte, wusste ich, dass es auch für mich einen Platz in diesem Leben gab. Sie öffnete mir die ersten Tore in eine Welt, die ich nicht zu kennen glaubte. Ihr verdanke ich alles, was mir von Menschen nicht gegeben wurde. Deshalb ist es für mich sehr leicht zu verstehen, was es bedeutet, vergessen zu sein. Meine Lebensaufgabe sah ich in erster Linie darin, aus meiner eigenen Erfahrung die Menschen daran zu erinnern, dass sie nicht allein sind in ihrem Schicksal. So wie ich von der göttlichen Mutter gefunden wurde, so wirst auch du in deinem Leben von vielen Menschen und geistigen Helfern erkannt und unterstützt. Sie lieben dich und vertrauen dir, weil du bereit bist, sie so anzunehmen, wie sie sind.

Es gibt Momente in meinem Leben, in denen ich in den Augen der Menschen diejenigen erkenne, zu denen ich täglich bete. Es wäre unvernünftig, sie zu fragen, wer sie sind und warum wir uns kennen. Sie selbst wissen oft nicht, dass aus ihren Augen die Liebe eines großen Meisters oder einer Meisterin lebendig wird. Das ist eines der größten Geheimnisse unseres Menschseins. Als ich dich zum ersten Mal sah, warst du dabei, bei unserem gemeinsamen Flug nach Kolumbien meinen Indianerbrüdern und Schwestern Formulare im Flugzeug auszufüllen, die sie teilweise nicht verstehen konnten. Als ich dich beobachtete, erkannte ich in dir jemanden anderen. Ich sah, dass du von einem großen Wesen geführt wurdest, und durfte dich auf diese wunderbare Weise erkennen. Alles, was nachher auf dich und mich zukam, stand bereits im Zeichen und der Führung dieses Liebenden. So ist es in unserem Menschsein. Wir erkennen uns oft nur in wenigen Momenten des Lebens, weil in diesen Augenblicken die großen göttlichen Lichtboten aus uns wirken. Das ist nur möglich, wenn das Herz eines Menschen offen und rein ist. Dann kommen die Zeiten, in denen wir aus unserer Unvollkommenheit heraus so manches auch wieder zerstören und aus dieser Erfahrung in die Trennung gehen. In diesen Lebensmomenten schaffen wir Situationen, unter denen wir selbst und unsere Mitmenschen leiden.

Auch ich habe mich auf meiner Lebenswanderschaft verstrickt, weil ich glaubte, vieles aus meinem eigenen Willen gestalten zu müssen. Es ist oft sehr schwer zu unterscheiden, was von den geistigen Begleitern erwünscht ist und was allein unserer eigenen Persönlichkeit entstammt. So habe ich vieles in meinem Leben auch falsch gemacht. Das ist wohl auch der Grund, warum ich selbst oft in Leid und Schmerz erkennen musste, dass sich Kräfte auch gegen mich richteten. Ich hoffe und wünsche mir, dass mir vieles verziehen wird, was ich als Krieger und Magier aus meinem kleinen Verstand heraus bewegt habe.

Nach dem Tod stehen wir in einer Welt, die alle Lebendigkeit in Licht und Schatten unseres Erdendaseins in Erinnerung bringt. Selbst Jesus ist hinabgestiegen in die Unterwelten, um dort alles rückzuerstatten, was er in seinem Erdendasein als Mensch an Belastungen in sich getragen hatte. Am dritten Tage konnte er, befreit von diesen Erfahrungen, in das Licht seines Vaters auferstehen. Diese Auferstehung ist für jene Menschen möglich, die bereits zu Lebzeiten die Erfahrung des Lichts und der Liebe machen konnten. Seelen, die nach dem Tod in die Reiche des Dunkels hinabsteigen, werden auch dort als die erkannt, die sie sind. So erleben wir zu Lebzeiten Menschen als geistiges Gefäß der göttlichen Wesen. Sie verbreiten die Kraft der Gemeinsamkeit und schaffen allein durch ihre Anwesenheit Frieden und Vertrauen. Andere Menschen waren zu Lebzeiten ein Gefäß für die Energien und Wesenheiten von Hass, Neid, Macht und Gier. Sie stehen auch nach ihrem Tod aus ihrem Seelenzustand heraus in derselben Seinsebene. Diese Seelen können wie zu Lebzeiten auch nach dem Tod keinen Weg erkennen. Sie irren als Suchende umher und finden aus der Energie der Trennung ständig nur ihresgleichen. Das wird in den Religionen als das Letzte Gericht dargestellt. Der für sich selbst verantwortlich zeichnende Mensch ist Richter seiner selbst, dafür braucht es keinen strafenden oder richtenden Gott. Wer sich zu Lebzeiten allein als Persönlichkeit in einem Körper in Erfahrung bringen konnte, wird sich auch nach seinem Tode als reduziertes Wesen erfahren.

Daher gibt es in allen Religionen Gebete und Rituale für die Verstorbenen. Jeder einzelne Hinterbliebene kann einen großen Beitrag dafür leisten, dass sich eine Seele nach einem Leben der Angst und Trennung durch eine menschliche Mittlerkraft auch als Teil der göttlichen Liebe empfinden kann. So ist es nicht ein strafender Gott, der das Leben nach gut und böse beurteilt, sondern eine in Enge oder in Freiheit sich bewegende Seele. Diesen Maßstab setzt der Mensch aus sich selbst heraus und daraus ergibt sich auch der Zustand seines Weiterlebens. So wie Menschen zu Lebzeiten die Anwesenheit eines liebenden Menschen nicht ertragen können, so gibt es auch Seinszustände, in denen Seelenanteile nach dem Tode die Energie der göttlichen und menschlichen Liebe nicht ertragen können. Umgekehrt ist es einer im menschlichen Leben in Liebe lebendig gewordenen Seele unmöglich, den Zustand einer Seele nachzuempfinden, die sich selbst vergessen hat."

Die geistigen Helfer in den Licht- und Unterwelten stehen allen Seelen helfend zu Diensten, wenn die Hilfe angenommen werden kann. Dies wird einer mit Licht und Liebe erfüllten Seele leichter fallen, weil sie sich bereits zu Lebzeiten in ständiger geistiger Begleitung wusste. Eine vergessene Seele leidet und fühlt sich verlassen, wie sich der dazugehörende Mensch bereits zu Lebzeiten verlassen und einsam gefühlt hat. Es gibt in vielen Gläubigen die Auffassung, dass sie aus einer Haltung des Leids und des Schmerzes wie Jesus selbst das Himmelreich erlangen würden. Dafür müssten die Gläubigen auch bereit sein zu erkennen, dass es abseits des leidenden und sterbenden Jesus auch einen Jesus gab, der im Geist beweglich war, der die Grenzen der engen Haltung der jüdischen Traditionen sprengte und ungeachtet der herrschenden Meinung ein Leben der Freiheit und Liebe lebte. Er diente in vollkommener Hingabe als Lehrmeister und Heiler und lernte auf seinen Wanderschaften durch die Kulturen die Wirkensweise der Unterwelten und der Ebenen des Lichts kennen. So hat er sich in Liebe zu sich selbst seiner Seelenaufgabe vollkommen hingegeben.

Die den leidenden Seelen gewidmeten Heilungszeremonien und Gebete sind kostbare Quellen des Erkennens und Erwachens. Wir haben als Menschen die Fähigkeit, auf unterschiedliche Seinsebenen einzuwirken und sie dadurch zu verändern. Diese Kraftquellen wirken wie eine sich öffnende Lebensquelle, die sich individuell ihren Weg an die Oberfläche bahnt und dann dem Ziel entgegenströmt. In diesen Kraftstrom der rituellen Befeiung können sich unzählige Seelen einbetten und ihren Weg erkennen. In der Natur geschieht dies aus der Schwerkraft, die aus dem Herzen unseres Planeten wirkt und alles ihren Weg gehen lässt. In uns Menschen wirkt das Herz des Himmels, Gott, der unsere Lebensabsicht ständig nach dem Magnetismus der kosmischen Liebe ausrichtet. So fügen sich nach dem Tod eines Menschen wie in einer Mayazeremonie zwei Kräfte ineinander. Die erdmagnetische Kraft zieht alles an sich, was zu ihr gehört und mit der Materie in Verbindung steht. Das sind unsere materiellen Lebenserfahrungen, die menschlichen Höhen und Tiefen, das Glück und die Freude, das Leid und die Schwere, bis hin zu den Erfahrungen eines schönen und dynamischen oder kranken und verbrauchten Körpers. All das übergeben wir in die Seinsebenen der Materie, in die in Maya dargestellten Unterwelten.

Somit ist die Seelenreise nach dem Tod ein Teil unseres Lebens und steht auch in Verbindung mit all dem, was im Leben vorrangig und wichtig war. Dazu gehört die Verbindung zu den Angehörigen und zu all jenen Menschen, mit denen wir in Verbindung standen. Aber auch unsere Verbindung zur Natur, zu unserer Arbeit und Lebenseinstellung ist Teil der physischen Welt, die wir in den Unterwelten abrunden. Verstorbene stehen in diesem Zustand noch mit ihren feinstofflichen Sinnen in Verbindung, die eben diese erdennahen Erfahrungen der Seele ermöglichen. Diese Reise durch die Unterwelten wird in den alten Kulturen von Helfern begleitet und beschützt. Dafür wurden auch die Grabbeigaben gegeben. Sie sollten die Verstorbenen an ein schönes, segensreiches, erfülltes und beschütztes Leben erinnern. Den Schutz vor den eigenen Tiefen und Abgründen sollte die verstorbene Seele sich in gleicher Weise wie ein lebender Mensch erhalten, um sich dann besser am Licht des Göttlichen orientieren zu können.

Der in einem Leben zusammengefasste Erlebens- und Erfahrungsanteil bleibt in den Ebenen des Dunkels und ruht, wie wir es auch im Christentum ausdrücken, im ewigen Frieden. Wenn wir für Verstorbene die ewige Ruhe erbitten, so ist dies nur ein

Teilaspekt dessen, was wir für eine Seele erwirken können. Nach dem Vorgang der Rückerstattung der Lebenserfahrungen ist es der Seele möglich, sich aus einem anderen Seelenanteil in das Licht zu erheben. In diesem Auferstehungsprozess fließt die Seele Schritt für Schritt in die göttliche Liebe und den göttlichen Geist ein. Je nach Seelenabsicht wird die Seele in diesen Ebenen zugleich eingebettet in eine kosmische Aufgabe, mit der sie wiederum auf das Erdendasein oder auch auf andere Welten einwirkt oder sich entschließt, auf dem Planeten Erde erneut zu inkarnieren, um dort den Dienst im göttlichen Plan weiter zu erfüllen. Für Seelen, die nicht in das Licht auferstehen können, besteht durch die gegebenen Verstrickungen aus den Erdenleben eine sehr geringe Wahlmöglichkeit. Sie werden zum einen Teil, der das gelebte Leben beinhaltet, im Reiche KEMEs verweilen und zu einem anderen Seelenanteil wieder in das Erdenleben eintreten. Dieser Neueintritt in das Erdenleben wird durch die Enge der seelischen Wahrnehmung nur da möglich, wo es Aufgaben zu klären und zu lösen gibt. Somit spricht man in Maya davon, dass der wahre, im Christentum ausgedrückte Höllenzustand eine unfreiwillige, in ein unheilvolles Umfeld erfolgende Rückkehr auf Erden ist. Dies ist der Ort des Leids, der Verstrickung, der Aggression und des Missbrauchs. Den Zustand ewiger Verdammnis gibt es nicht; es würde auch nicht dem Bild eines liebenden Gottes entsprechen. Diesem Bild nach gibt es viele Seelen, die sich zum größeren inneren Anteil aus den Unterwelten inkarnieren. Deren Aufgabe ist es in erster Linie, sich aus alten Mustern und Verstrickungen zu befreien und zu Lebzeiten das Licht und die Liebe zu erfahren.

Wir entheiligen letztlich durch unsere unheilvolle Wiederkehr aus den Unterwelten unseren Planeten. So unschuldig und liebevoll die Geburt eines Kindes für die Eltern sich darstellen mag, für die Mutter Erde ist nicht jedes auf die Welt kommende Kind ein Segen. Dies steht in der Seelenaufgabe des Kindes bereits geschrieben und es kann nur als Liebesdienst der Mutter Erde angesehen werden, jedem ihrer Kinder wie eine leibliche Mutter ihre Kraft, Weisheit und Schönheit für ein heilsames und friedliches Wachstum zur Verfügung zu stellen.

Wie es sich darstellt, wird diese Möglichkeit von vielen Menschen zu wenig genützt. Sie verstricken sich stattdessen von Leben zu Leben mehr in die Fänge ihres eigenen Dunkels und entheiligen und entehren damit sich selbst, ihr Lebensumfeld und ihre Lebensgrundlage. Aus diesen inneren Zuständen können wir uns erklären, warum Menschen in ihrem Leben mit den Erfahrungen von Entwürdigung, Respektlosigkeit und Machtmissbrauch konfrontiert werden.

Dieser Kreislauf von Entehrung und Missbrauch der göttlichen Schöpferkräfte durch den Menschen wird im Zeitenwandel durchbrochen. In dem Moment, wo die menschliche Seele die in sich gespeicherten Erfahrungen der Verunreinigung freigibt, steht der Mensch sich selbst gegenüber und kann aus einer tieferen Schau heraus die Entscheidung treffen für einen Wandel. Diese Befreiung aus der seelischen Unfreiheit ist die zentrale Aufgabe der Lebenden und damit verbunden des Nahuals KEME, der mit der Kraft der Barmherzigkeit und Gnade Gottes in Verbindung steht. Jedes Gebet oder Ritual wird von diesem großen Lehrmeister des Lebens und Sterbens aufgenommen und an die Seelen weitergegeben, die dieser Hilfe bedürfen. Die großen Heiler KEMEs sind die Menschen, die ohne jegliche persönliche Absicht und oft auch ohne persönliche Verbindung zu einem Verstorbenen für Heilung und für den Frieden der Seelen in den Reichen KEMEs beten. Es sind dies meist Personen, die in großer Einfachheit und ohne den Anspruch auf Dankbarkeit und Anerkennung durch diese Form der Heilgebete eine liebende Verbindung zu KEME schaffen. Auch hier ist es kostbar, sich als geistiger Heiler zu Verfügung zu stellen, ohne daraus persönliche Vorteile zu erwarten. Don Julián war und ist einer der ganz großen Meister dieses Planeten, weil er seine Arbeit jahrzehntelang im Dienst der geistigen Welt verrichtet hat. Dennoch hätte er sich nichts sehnlicher gewünscht, als aus seiner spirituellen Arbeit ein leichteres Leben führen zu können.

„Ich arbeite für meinen göttlichen Vater", hat er immer wieder zu mir gesagt. „Ich bin allein ein Kanal für seine Kraft und Weisheit, und es ist für mich eine große Ehre, in seinem Dienst stehen zu dürfen und das zu tun, was er mir über seine geistigen Helfer vermittelt. Ich fragte nie danach, ob es gut oder schlecht, richtig oder falsch ist, was ich in seinem Auftrag mache. Das ist das Wesen des Dienens, oft erst im Nachhinein erkennen zu können, wofür man sich zur Verfügung gestellt hat." Aus dieser Haltung heraus hat sich der Anciano auch als großer Magier betätigt und das Weltengeschehen mitgestaltet. Auf seinen Zeitreisen stand er in unterschiedlichen Seinsebenen, aus denen er aus dem Rate der Meisterinnen und Meister handelte und gestaltete. Ich hatte bereits zu seinen Lebzeiten einen großen Helfer in meiner Arbeit im Kraftfeld TO-OM-RA. Bewegten sich Menschen aus unreiner Absicht im Kreis der „Seres Puentes", trat der Anciano als Krieger auf und verwies sie auf andere, ihrem Inneren entsprechende Lebenswege. In Gesprächen meinte er dazu nur, dass jeder Mensch die Freiheit habe, den Lebensweg einzuschlagen, der ihm entspreche. Es stünde aber keinem zu, aus Neid und Missgunst den Weg und die Aufgabe eines anderen zu behindern. In solchen Momenten sprach er weniger von den betroffenen Menschen, als vielmehr von Kräften, die die Menschen leiten würden. Wenn Tata Julián friedlich in seinem Lehnstuhl neben seinem Altar saß und die Augen geschlossen hielt, konnte man sicher sein, dass er wieder dabei war, auf anderen Ebenen aus seinen vielseitigen Verbindungen zu geistigen Mächten das weltliche und kosmische Geschehen zu bewegen und mitzugestalten. Nach seinem Tod erhielt ich von einem Brückenbauer TO-OM-RAs eine sehr kurze Mitteilung, die alles in sich birgt, was in Verbindung zu diesem großen Liebenden der Menschheit und der Natur ausgedrückt werden kann: „Mein tiefes Mitgefühl für dich, der du ihn geliebt hast, und für ihn, dessen Blick der gütigste und tiefste war, den ich jemals sehen durfte."

Über eine nahe gelegene, kleine Hotelanlage suchte ich den Eingang zur Höhle Candelaria in Alta Verapaz. Ich verpasste die Abzweigung und schlug, aus welchen Gründen auch immer, einen falschen Weg ein. Meine innere Stimme sagte mir dennoch, weiterzugehen. Nach einer nahezu einstündigen Wanderung kam ich mit meiner Gruppe schließlich zu einem abgelegenen kleinen Ort. Die Stimmung in der Gruppe war zwischen humorvoll und ruhig angespannt. Wir wurden von den Hunden, die uns als unbekannte Eindringlinge in die Dorfgemeinschaft ankündigten, nicht gerade freundlich begrüßt. Aus den Holzhütten wurden uns neugierige Blicke zugeworfen. Die Kinder spielten in dem kleinen Schulhof Fußball, während ich den Lehrer fragte, ob es auch von diesem Ort aus einen Eingang in die Höhle gab. Wir sollten auf einen Mann warten, der bald zurückkehren würde, sagte er. Er könnte uns vielleicht dabei helfen, in die Höhle zu kommen. Es dauerte nicht lange, und wir wateten durch das schwer begehbare und von Regengüssen aufgeweichte Gelände zum Höhleneingang. Keiner von uns hatte damit gerechnet, in unwegsames Gelände zu kommen. So waren wir auch nicht ausgerüstet für das, was uns hier erwartete. Meine weiße Hose verklebte sich mit jedem Schritt mit meinen Sandalen, die bereits nicht mehr als Schuhwerk erkennbar waren. Gebückt stiegen wir durch einen engen Höhleneingang.

Wir stellten uns in einem Kreis auf, um den geistigen Hüter dieses Ortes um Schutz und Aufnahme zu bitten. Wir sollten achtsam durch sein Reich wandern, erwiderte ein mächtiges, klares und aufgeschlossenes Wesen. Seine Höhle würde nach unserer Vorstellung den Orten der Unterwelten gleichen. So sprach ich in seinem Namen zur Gruppe und bat um Respekt und Achtsamkeit auf unserer Wanderschaft durch die Reiche der Unterwelten. Von den Wänden beobachteten uns erstarrte Gesichter, weiblich-runde Formen erinnerten an geheimnisvolle Märchenwelten. Gebückt traten wir ein in einen dunklen Gang, der sich weitete. Wir hörten das Rauschen des Wassers und standen plötzlich am sandigen Ufer eines Baches, der nach wenigen Metern wieder in einer sich öffnenden Höhle verschwand. Wir bestiegen unterirdische Felsformationen und kamen schließlich in eine sich über uns schließende Kuppel. Ein Stalagmit auf der Anhöhe dieses unterirdischen Domes wurde vom Sonnenlicht beschienen, das durch eine kleine Öffnung eindrang. Wasser tropfte, von einem Sonnenstrahl beleuchtet, von der Decke. Jeder Tropfen glich einem fallenden, im Licht strahlenden Diamanten. Wir standen staunend vor einem Wunder der Natur. Zugleich spürte ich in meinem Herzen den Hüter dieses Naturwunders. Während sich die Anwesenden niedersetzten, um den Ort zu bewundern, setzte ich mich etwas abseits auf einen flachen Stein. KEME, der große weise Meister und Mittler in die Unterwelten, senkte sich auf meine Schultern und berührte mein Herz: „Ich habe dich hierher gerufen, weil es dir vom Rat der Meisterinnen und Meister des Dunkels erlaubt wurde, Geheimnisse der Unterwelten aus dir zu öffnen. Dies ist meine Form, dich zu belehren. Die schönsten Momente des menschlichen Lebens sind die Augenblicke des Glücks, das sich in euren Herzen spiegelt. Viele Menschen beten um dieses Glück, sie suchen es in Spielen, in Gewinnen oder auch bei einem Lebenspartner. Mein Geheimnis ist es, den Suchenden die Schönheit der heiligen Unterwelten als Wiege der Fülle und des Glücks in Erinnerung zu bringen. Wer mich erkennt, den trage ich durch die Welten, durch die ihr heute wandert. Jeder einzelne Ort der Wanderschaft durch diese Höhle macht etwas in dir lebendig. Du erkanntest die weibliche Dunkelheit am Strande des Flusses, der sich bald wieder durch eine Höhle dem Sichtbaren entzieht. Du wurdest durch im Kreis angeordnet stehende Stalaktiten hingewiesen auf den Rat der Meister dieser Seinsebenen. An diesem Ort hier stehst du im Übergang zur Mittelwelt, in der ihr Menschen lebt. Es ist eine Welt von außen eindringenden Farben, voller Schönheiten, Naturwundern und den großen Denkmälern, die euch eure Vorfahren als Zeichen hinterlassen haben. Die bunten Farben eurer Mittelwelt strahlen an diesem Ort in unser Reich. Es ist der Ort, von dem aus ich mich in den Kosmos erhebe. Ich erwärme von diesem Ort aus mein Herz aus dem Herzen der Sonne. Wenn du es hier durch einen Lichteinlass in die Höhle wahrnimmst, so spüre ich diesen Lichteinlass über Menschen, die wie du im Licht wie im Schatten Zugang finden. Lass dich also auch auf deiner Lebenswanderschaft wie heute durch mein Reich führen.

Ich bitte dich heute darum, die Wärme des heiligen Zeremonienfeuers in mein Reich zu bringen. Im Wandel der Zeit werden die Schriften erfüllt. Tod und Auferstehung rücken wie zwei Meere zusammen, um den in der Einheit verbundenen

Ozean Gottes für euch in Erfahrung zu bringen. Im göttlichen Kosmos erhält der Mensch seine Lehren über die dreizehn Seinsebenen. Hier, in den Tiefen der Dunkelheit, bewegt und verändert ihr vieles, wenn ihr mit dem göttlichen Licht im Herzen eintretet. Dies ist auch der Grund, warum ich mich immer wieder mit jedem einzelnen Lichtträger in das Licht erhebe. Damit halte ich das Gleichgewicht, wie ihr Menschen ständig darum bemüht sein solltet, dieses Gleichgewicht durch eure Aufmerksamkeit beiden Welten gegenüber zu erhalten. Ich lade dich ein, weiter mein Reich aus dem Licht der Erkenntnis heraus zu erforschen."

Minuten später standen wir bereits vor einem uralten Altar der Maya und entzündeten das heilige Feuer. KEME lächelte mich aus einem natürlich in der Höhle geformten Gesicht aus einer steil über mir sich erhebenden Felswand an und sagte: „Dieses Feuer hat dein und unser Herz erwärmt und geöffnet. Aus dieser Wärme spürst du die Brise des kühlen Windes, der deine Gedanken bewegt. Auch unsere Gedanken werden in gleicher Form angeregt. Die Herzenswärme eines Menschen verbindet sich in seinem Kopf mit der Kühle des Windes, der dir jetzt gerade so wohl tut. Wenn du aus diesen zwei Qualitäten die Wasser und Winde in dieser Höhle bewegst, so solltest zu erkennen, dass auch die Seelen in diesen Ebenen in dieselbe Erfahrung gehen. Mit einem Windhauch werden selbst die vergessenen Seelen zu neuem Leben erweckt. Wie die Urwasser durch den Geist lebendig werden, so wird auch die Urseele aus dem Wasser durch den Geist und das gesprochene Wort erweckt und an seine ureigenste Instanz der Göttlichkeit erinnert. Diese Heilung haben tausende Seelen aus eurem heutigen Ritual empfangen. Was in einem Ritual bewegt wird, bleibt wie Lichtschimmer in der Erinnerung jeder einzelnen Seele erhalten. Dieses Licht zu verstärken ist ein Leichtes, weil das Sehnen jeder Seele nach dem Licht und der Liebe Gottes erweckt ist. Wer dieses Licht in sich erlöschen hat lassen, ist angewiesen auf diejenigen, die wie du das Licht der Welt in die Dunkelheit bringen. Was du in so einem großen Moment der zeremoniellen Heilung denkst und fühlst, bleibt in jeder Seele erhalten. So erinnern sich viele Seelen durch die Gebete ihrer

Angehörigen an die Liebe, die sie vielleicht zeitlebens nie kennen lernen konnten.

All die Lebensweisheit, die ich dir nun öffne, ist nicht nur in deiner eigenen Seele, sondern auch in deinem Körper, in jedem deiner Knochen gespeichert. Aus diesem Grund ehren die Maya den Schädel und die Knochen eines Verstorbenen. Sie kennen mich als Weisheitslehrer für die großen Lehren, die die Menschen über Äonen auf diesem Planeten lebten. Es gibt in Verbindung mit dem menschlichen Leben keine stärkere Wesenheit als mich. Ich kenne jede Regung der menschlichen Seele, weil ich sie seit Anbeginn in ihrem Formenwandel begleite. Mit dem Entstehen des Lebens wurde ich vom göttlichen Vater als Wandler der Seinsformen und geistiger Begleiter der menschlichen Seele erschaffen. Es ist mir gegeben, Leben aus der Form zu nehmen, wenn der Ruf der menschlichen Seele an mich ergeht. Ich stehe seit Menschengedenken im Dienst der Seele und damit auch im Dienst des göttlichen Vaters und reagiere somit nicht, wie viele Menschen es glauben, aus den Wünschen und Absichten der Persönlichkeit eines Menschen.

Als weißer Tod KEME baue ich die dem menschlichen Bewusstsein und Seelenprogramm entsprechende Form auf. Sobald sich die männliche Samenzelle mit einer weiblichen Eizelle verbunden hat, bin ich gerufen, aus dem individuellen Bauplan der Seele das menschliche Leben zu schaffen. Auch hier habe ich keinen Einfluss darauf, wie der neue Körper beschaffen sein soll. Das ergibt sich aus den sich entfaltenden Lebensprogrammen früherer Leben und der damit verbundenen neuen Lebensaufgabe. Dies geschieht nicht nur zum Zeitpunkt der Befruchtung. Bevor eine Frau ihr Kind zur Welt bringt, wird es aus meiner weiblichen Kraft und Weisheit behütet und auf die Lebensaufgabe vorbereitet. Das ist meine weibliche Seite, Leben zu formen und dem Seelenbewusstsein anzupassen. Durch die menschliche Aufgabe und Schöpfergabe wird auch der Körper zu Lebzeiten ständig dem sich wandelnden Bewusstsein angeglichen. Es ist unmöglich, Neues zu gestalten, ohne vorher das Alte aufzulösen. Jeder Mensch lebt im Spannungsfeld eines ständigen Sterbens und Auferstehens. So bin ich als Schwester und Bruder KEME eine auf die männlichen und weiblichen Lebensaspekte einwirkende Kraft. Dadurch gibt es auch eine ständige Verbindung von innerer und äußerer Veränderung und Angleichung. Wenn du dich hier umsiehst, so scheint es, als würden all die Naturformen unbeweglich sein. So nimmst du es in deinem Zeitbegriff wahr. Würde eine Sekunde eures Lebens einem Jahr unserer Zeitrechnung entsprechen, dann könntest du erkennen, wie viel Bewegung und Veränderung es auch in unseren Ebenen, ja selbst in dieser Höhle gibt. Du siehst, es ist alles eine Frage der Wahrnehmung und der Abstimmung des Bewusstseins auf das wahre Geschehen. Ich wurde von Anfang an in meiner Aufgabe erkannt und von den alten Völkern geehrt. Sie wussten, dass es für jeden Menschen kostbar ist, sich in seiner Essenz zu erkennen und daraus für sich selbst einen heilvollen Zustand zu schaffen. Wer mich annehmen kann, der nimmt sein eigenes Leben in seinen vielfältigsten Ausdrucksformen an. Wer mich ablehnt, der lehnt ein kosmisches Prinzip des Formenwandels ab.

Die Maya erkannten, dass das gesamte Lebenswerk eines Menschen noch nach Jahrhunderten seines Todes aus der gegeben Festform abgerufen werden kann. Aus diesem Grunde haben sie das gesamte Lebensprogramm in die Kristallschädel eingebettet. Sie erkannten mich als den Hüter der Lebenserfahrungen und zugleich als den, der ständig das Alte mit dem Neuen verknüpft. Sie brauchten dafür keine technischen Geräte und kannten auch keine Viren, die diese Programme zerstören könnten. Als Maya erstmals über die großen Weisheitslehrer und Lichtboten der Sternengruppe der Plejaden auf den Planeten Erde einwirkte, brachten diese Wesen der Menschheit ein seit Urzeiten verloren gegangenes Wissen zurück. Sie öffneten im menschlichen Bewusstsein das Geheimnis des Wirkens der Schöpferstrahlen auf Erden. Diese Schöpferkräfte können nur zum Wirken gebracht werden, wenn es zugleich auch Kräfte gibt, die das bereits Erschaffene auflösen.

Das Erkennen der Zusammenhänge dieses Wissens hat zur Folge, dass sich der Mensch wieder seiner ursprünglich in ihm angelegten Kapazität als Abbild des Schöpfers erinnert und erkennt. Im derzeitigen Zeitenwandel wird euch dieses Wissen erneut offenbar. In dieser tiefgehenden Umschichtung lichten sich die Nebel, was euch den Blick in die Tiefen und Höhen anderer Seinsebenen ermöglicht. Ihr werdet euch wieder als kosmische Wesen, als Mitgestalter allen Seins und besonders auch als Gestalter eurer eigenen Realität erkennen. Zugleich steht ihr dadurch wie nie zuvor in der Gefahr, durch dieses aktive Wissen eure eigene Zerstörung auszulösen. So ist in der Kosmovision der Maya dieses in den Schädeln eingebettete Urprogramm notwendig für die Errettung und Heilung des Planeten. Mit dem Geheimnis des Schöpfungsplanes im Herzen bewegt und verändert ihr im Großen wie im Kleinen. Vieles von diesem Wissen kann der Mensch mit dem Kopf nicht in Erfahrung bringen, wenn er zugleich vom Herzen getrennt lebt. So wie ich als Bruder Tod Keme nicht fassbar bin für Menschen, die allein an die Materie glauben, so verwehrt sich der einseitig orientierte Mensch auch den Zugang zu meiner Weisheitsquelle. Der von den Menschen entheiligte Planet Erde erfährt durch diesen großen Seinswandel eine tiefe Transformation. Ihr geht dadurch einer Zeitepoche entgegen, die verglichen werden kann mit dem Garten Eden, mit dem Erkennen des Gelobten Landes, das Moses einst wegen der Enge der Menschen, die ihn umgaben, nicht erreichen konnte."

Die Lichtboten der Maya erinnerten einst die Menschen daran, dass sie wiederkehren würden, um uns an dieses Urwissen zu erinnern. Sie hinterließen das Geheimnis um die Wirkungsweise der Schöpferkräfte in den heiligen Nahuales und die kosmisch dazu sich öffnenden Frequenzen in den Kristallschädeln. Unabhängig davon, ob die wahren Kristallschädel gefunden wurden oder werden, wird das in ihnen wirksame, kosmische Programm im jetzigen Zeitenwandel aktiviert. Damit kommt es in uns Menschen zu einer Aktivierung unserer DNS, unserer Zellstruktur, aus der heraus sich unser Seinszustand definiert. Es ist eine große Befreiung und ein großes Freiwerden in allen Ebenen des Seins vorgesehen. Durch dieses Geschehen sind auch die Ebenen der Dunkelheit in einer sehr starken Vorbereitung auf die Öffnung in die Lichtwelten. Viele Wesen werden dadurch Befreiung erlangen. Das Alte wird wie in einer großen geistigen Amnestie ausgelöscht werden. Wenn die tiefen Schichten der Dunkelheit nicht mehr im Kraftfeld der Verdammnis stehen, wird vieles im menschlichen Leben wie in den dunklen Seinsebenen leichter und gesünder werden. So werden die Menschen sehr stark von diesem neuen Kraftfeld berührt. Viele spüren es bereits, viele wissen es und andere wollen damit nichts zu tun haben. So sind die in Büchern bezeichneten Tränen der Götter wahre Freudentränen der Schöpferkräfte über die Rückkehr des Menschen in das Herz Gottes, aus dem heraus wir Glück und Frieden finden werden. Aus diesen Freudentränen wirkte mein geliebter und geschätzter Mayavater, der, während ich an diesem Kapitel schrieb, in das Herz Gottes zurückkehren durfte. Er lebte das Geheimnis der Kristallschädel und fühlte nie die Notwendigkeit, diesen Schädel zu finden oder zu besitzen. Er sagte dazu einmal: „Orientiere dich mehr an der Sprache und Weisheit deines Herzens und weniger an einem Wissen, das von unseren Ahnen in einen Schädel eingebettet ist. Wenn du einen Schädel zugeführt bekommst, dann wird sich die darin gespeicherte Weisheit aus deinem eigenen Herzen öffnen und verbreiten.“

Don Julián hatte vor seinem Tod einige Wünsche geäußert, die man ihm erfüllen sollte. So wollte er im kleinen Innenhof seines Anwesens aufgebahrt werden. Er erbat die Sones der Marimba und das Mantra „OM Namah Shivaya“, das ich ihm einmal auf Kassette überspielt hatte. Gloria sagte, es sei für sie sehr schwierig, im Kreis der Trauergemeinde diese Musik zu spielen. Viele Menschen würden sicher nicht verstehen, warum ausgerechnet östliche Musik den Verstorbenen begleiten sollte. So übernahm ich im Abschiedsritual in Tirol diese Aufgabe. Seine Priestervara sollte auf seinem Herzen liegen. Gloria, seine Enkelin, möge ihre Hände auf seinen Kopf und auf sein Herz legen und mich geistig einladen, seine Füße zu halten.

Am nächsten Tag wurde, wie in Guatemala üblich, das Begräbnis angesetzt. Don Julián schien auch das geplant zu haben, denn es war der Tag 3 KEME im heiligen Mayakalender. Welch größeren Tag hätte man sich für die Trauerfeierlichkeiten aussuchen können! Es regnete am frühen Nachmittag in Strömen, wie ich es beim Tod des Regenschamamen erwartet hatte. Die Familie wartete, bis sich der Regen beruhigt hatte. Dann legte man den Anciano und Regenmacher von Palín in seinen Patio. Als ich aus Österreich anrief, dröhnte die Musik in voller Lautstärke. Ich konnte mir vorstellen, wie sich Don Julián gerade über die Geschehnisse amüsierte, und gestaltete für das Abschiedsritual in unserem Altarraum ein Mandala. Wie mit der Gemeinschaft TO-OM-RA vereinbart, schlossen wir uns für dieses Ritual zusammen. Ich saß in meinem Altarraum und spielte Schuberts Quartett „Der Tod und das Mädchen“, das mir die Ensemblemitglieder des Hagenquartetts geschickt hatten. Im Kreis einer großen spirituellen Gemeinschaft gaben wir dem Anciano die Möglichkeit, Dankbarkeit, Respekt und Liebe auf zwei Kontinenten zu genießen. Ich sah ihn regelrecht vor mir, wie er stolz auf das Geschehen hier und dort herunterblickte und sich dann entschloss, in den Frieden der Unterwelten hinabzusteigen.

Nach dem dritten Tag veränderte ich das Mandala und zelebrierte seine Auferstehung in das Licht. Ich spürte ihn gelassen, frei und über alle Maßen glücklich und wusste, dass er aus dieser Freiheit die Erlaubnis der geistigen Welt erhalten würde, das Erdengeschehen weiter mitzugestalten. Die drei Monate seiner Ruhezeit, die er selbst erbeten hatte, würden schneller vorbei sein, als ihm vielleicht selbst recht wäre. Wie es in der Tradition Maya üblich ist, wurden nach zwanzig Tagen erneut Rituale für den Anciano gehalten und nach vierzig Tagen die Trauerfeierlichkeiten in Guatemala abgeschlossen.

Kapitel 17

KIEJ (Kiéch)

DER WEISSE HIRSCH
Der Tanz des Schamanen im Dickicht des Lebens

Manik

Kurz nach dem Begräbnis von Don Julián erfuhr ich, dass seine Enkelin Gloria von einem Anciano der Kequchis, einem Maya-Volksstamm aus der Region Baja Verapaz, bei sich zuhause Besuch erhielt. Er kam Stunden mit dem Bus angereist, um ihr anzubieten, sie auf ihrem weiteren Lebensweg als Anciano zu begleiten. Freudestrahlend erzählte mir die Pocomam-Priesterin am Telefon von dieser wunderbaren Fügung. Sie hätte diesen Schamanen vor Jahren einmal bei einem Zusammentreffen gesehen und wundere sich über den Besuch dieses Mannes am Tag nach dem Begräbnis ihres Großvaters. Allein daran konnte ich erkennen, dass Tata Julián schon wenige Tage nach seinem Ableben als Helfer und Diener aus der Anderwelt zu wirken begann. Er hatte ihr seine „Vara de Justicia", einen „Kraftstab der Gerechtigkeit" hinterlassen, der, so lange ich den Anciano kannte, auf seinem Altar gestanden hatte. Es ist in der Tradition der Maya üblich, diese Vara mit in das Grab eines Schamanen zu legen. Dieses Kraftsymbol sollte die Orientierung der Seele auf ihrer Wanderschaft durch die unterschiedlichen Seinsebenen des Dunkels erleichtern. Die Mayaweisen bewegen sich aus der Verbindung zu den Nahuales bereits zu Lebzeiten sehr bewusst durch unterschiedliche Seinsschichten. Somit erkennen sie auch nach ihrem Tod den Weg durch die unterschiedlichen Welten. Aus der göttlichen Ermächtigung heraus wird die Seele eines Verstorbenen als die erkannt und respektiert, die sie ist und als die sie sich in einem körperlichen Gefäß als Mensch zum Ausdruck gebracht hat. Vieles, das sie in Erfahrung bringen konnte, kann dabei zu einem runden Ganzen abgeschlossen werden. Dabei fügen sich die unterschiedlichen Lebenserfahrungen aus den vier Elementen, aus den vier Himmelsrichtungen in der Mitte des Mayakreuzes zu einem Ganzen zusammen. So wie die menschlichen Sinne sich Schritt für Schritt im Todesprozess zurückziehen, so ziehen sich auch die Wesensanteile eines Menschen in diesem Übergang in einen anderen Seinszustand zu einer Essenz, der menschlichen Seele, zusammen. Dabei erhält die geklärte Seele die ersehnte Befreiung aus dem Kraftfeld des Planeten und der damit verbundenen Erfahrungen. Sie kann damit auf anderen Seinsebenen ihre Aufgabe erkennen und übernehmen.

Die Entscheidung zur Rückkehr dieser Seelen auf den Planeten Erde wird mit der Absicht getroffen, dem göttlichen Plan durch die Inkarnation als Mensch dienstbar zu sein. Menschen, die sich in ihrem Erdendasein durch die Abtrennung von Seelenanteilen verstrickt halten, können diesen Abrundungsprozess der Seele nach ihrem Tode nicht abschließen. Ihre Seelenanteile sind als verlorene, abgetrennte Anteile des Menschen in den vier Elementen und vier Kraftfeldern des Planeten gefangen. Diese Seelenanteile ziehen die unvollkommene Seele alsbald in den Erdmagnetismus, in ein neues Erdenleben zurück. Dabei ist der Seele wenig Freiheit in der Wahl gegeben, unter welchen Umständen sie sich wieder inkarnieren kann. Es ziehen in erster Linie die abgetrennten Seelenanteile und die damit verbundene Lebensaufgabe den Menschen in eine Familie, in ein soziales Lebensumfeld, wo etwas in Ausgleich gebracht werden möchte. Ein heilvolles und friedliches Erdenleben ist somit für viele Menschen erst dann möglich, wenn sie bereit sind, durch die Arbeit an sich selbst zu ihrer Seelenganzheit zurückzufinden. Dabei erhält der Mensch die geistige Begleitung KIEJs, der ihn aus der inneren Seeleninstanz in das Kraftfeld und in die Lebensumstände hineinführt, in denen sich die Seele klären und vervollkommnen möchte.

Im Symbol des weißen Hirsches trägt KIEJ die Reinheit seiner Absicht in sich, seinen Weg zur Vervollkommnung zu erkennen und im Dienst des göttlichen Planes auf Erden zu beschreiten. Don Julián, der den Weg durch die Unter- und Oberwelten in seiner täglichen Arbeit als Priester und Schamane gegangen war, wurde auch nach seinem Tod als Helfer und Mitarbeiter der Licht- und Schattenwelten erkannt und aufgenommen.

Einen Tag vor Beendigung seines drei Monate währenden Arbeitsurlaubs rief mich Gloria an. Ich war gerade in Guatemala und sollte nach Palín kommen. Mein Mayavater erhielt vom Erzengel Michael erstmals die Erlaubnis, mit mir zu sprechen. Ich weinte, als ich über Gloria seine liebevollen Worte der Liebe und des Dankes vernahm. Er bat mich, eine Arbeit abzuschließen, die er wenige Tage vor seinem Tod begonnen hatte. Ein junger Mann war in einem Zustand schwerer Besessenheit zu ihm geführt worden. Ich sollte sein Schwert, seine Vara, seine Vara de Justicia nehmen und er würde mit all seiner Kraft mit mir sein. So ließ ich diesen jungen Mann in seinem schrecklichen Zustand am Altar Don Juliáns Platz nehmen und bewegte aus der Stille die inneren Welten dieses Menschen. „Deinen Kampf mit diesen Welten wirst du nun in der Stille führen können", sagte lächelnd der Anciano. „Schade, die Zeit unseres gemeinsamen Kriegertums in der Schamanenarbeit ist wohl endgültig vorbei."

Die Seele des Ancianos bewegte sich aus der geistigen Flexibilität heraus im Symbol des weißen Hirsches durch das Dickicht des Dunkels in die Freiheit des göttlichen Lichts. So erzählte mir der Anciano an seinem Altar aus der Anderwelt von den Vorbereitungen, die wir als Menschen für das Leben nach dem Tode treffen können:

„Vieles gibt es, was ich dir in Zusammenhang mit deinem und meinem Weg mitteilen möchte. Stell dir vor, du gehst in eine Höhle, deren Plan du nicht kennst. Du weißt, dass es keinen anderen Weg in die göttlichen Sphären des Lichts gibt als diesen Weg durch das in Dunkelheit eingehüllte, unwegsame und dir unbekannte Gelände. In den verschiedenen Glaubensrichtungen beten die Menschen um Begleitung durch diese Welten. Sie kennen den Engel des Todes oder wissen sich im Schutzmantel der Mutter Maria, die um eine gute Sterbestunde gebeten wird. In den Schriften und dem Totenbuch alter Kulturen sind viele dieser Geheimnisse eingebettet. Geht ein Mensch von dieser Welt, löst ihn Abuelo KIEJ Schritt für Schritt aus dem Spannungsfeld der vier Himmelsrichtungen und der vier Elemente. Die Seele zieht sich nach und nach von den Energiefeldern des Planeten zurück und gewöhnt sich wieder an den ihrem Wesen entsprechenden Zustand der Schwerelosigkeit und der freien Bewegung durch die Seinsebenen. Aber vielen Seelen bleibt diese Erfahrung nach dem Tod verwehrt. Ich sah meine Aufgabe zu Lebzeiten darin, durch die Nahuales unseres heiligen Kalenders den Hilfe suchenden Menschen ihre eigene, innere Kraft, das Licht und ihre geistigen Verbindungen erfahrbar zu machen. Ich selbst lebte Jahre meiner Kindheit und Jugend in einem Zustand des inneren Schlafes. Lange erkannte niemand, was in mir lebendig werden wollte. Mein Körper reagierte auf meine Seele, die in eine dunkle, innere Kammer gesperrt war. Von diesem Ort aus konnte sie das Licht des Tages nicht wahrnehmen.

Aus der Dynamik einer schweren, unheilbaren Krankheit in meiner Jugend erkannte der große Schamane und Heiler Don Katarino, dass ich für meine Lebensaufgabe erweckt werden sollte. Er rief mich zu sich und führte mich Schritt für Schritt aus dieser dunklen Höhle. Ich fühlte mich wie aus einem Tiefschlaf erwacht. Meine Augen nahmen von Tag zu Tag eine andere Welt wahr. Vieles erwachte in meinem Inneren, das ich davor nicht hatte sehen können. So lernte ich die Welt, in der ich lebte, aus verschiedenen Blickwinkeln zu betrachten. Mein Lehrmeister ging mit mir in die Dunkelheit meiner Armut, meiner Krankheit und erweckte in mir das Licht der Weltenfreuden. Die vielen schweren und leidvollen Tage meines Lebens zogen nun nach meinem Tod wie Theaterszenen an mir vorüber. Ich spürte in kurzen Momenten die Trauer, die Hoffnungslosigkeit, das Leid aber auch die Schwere unzähliger Lebenserfahrungen und durfte vieles durch die Gnade Gottes hinter mir lassen. Wie durch ein Lichttor ging ich und ich stand mit einem Mal an einer Schwelle, wo ich all jenen begegnen durfte, mit denen ich viele Jahre zusammengearbeitet hatte. ‚El Prinzipe Celestial', mein geliebter Erzengel Michael, führte mich in das Reich, nach dem ich mich zu Lebzeiten so sehr gesehnt hatte. Ich war sehr verwundert, nach dem Leben in einem schwachen und verbrauchten Körper aus einer so großen, inneren Kraft und Dynamik in diese Welten aufgenommen zu werden. Wie der weiße Hirsch KIEJ, stehen mir die

Tore in die heiligen vier Kraftquellen auch von der anderen Seite her offen. Das ermöglicht es mir, auf das Weltengeschehen und vor allem auf deine Lebensaufgabe mit einzuwirken. Was ich zu Lebzeiten aus einer inneren Begleitung und Führung heraus gestaltete, lag nun wie ein klarer Plan vor mir. Puzzleteile meines Lebens, die ich mir über Jahre durch meinen Dienst an dem göttlichen Vater geformt hatte, schienen mit einem Mal in einen Rahmen und in ein Muster zu passen. Wie sehr habe ich mich immer danach gesehnt, diese Vorlage schon zu Lebzeiten zu erkennen. Vieles wäre mir leichter gefallen und ich hätte mir viele Hilferufe aus tiefer, menschlicher Not ersparen können. Nun kann ich ein fertiges Bild all dessen erkennen, was ich im Namen meiner geistigen Begleiter geschaffen habe. Es ist das Bild eines lebendigen Lebenswerkes aus einem lebendigen Herzen für einen lebendigen, göttlichen Kosmos.

So lade ich euch aus dem Kraftquell KIEJ ein, aus der Tiefe und Schwere eurer Besorgnisse herauszugehen. Ihr habt wie ich zu Lebzeiten alle Hilfe und Unterstützung, auch wenn ihr es oftmals nicht erkennen könnt. Alles, was ihr geschaffen habt(en), steht im Fluss des Lebens, der einem großen Ziel entgegen fließt. Du bist als Meister Omrael Norbert getragen und dieses Werk wird wie das meine vollendet werden. Was du derzeit nur aus einem beschränkten Blickwinkel wahrnehmen kannst, wird sich zu einem späteren Zeitpunkt einer klaren Sichtweise öffnen. Dann wirst du erkennen können, dass dieses Werk vollendet ist. So baut in eurer Arbeit an den einzelnen Teilen, die von der göttlichen Vorsehung zu einem Bild zusammengefügt werden. Es ist für euch jetzt noch sehr schwer möglich, dieses Gesamtbild zu sehen. Aber es kommt die Zeit, in der ihr erkennen werdet, wofür alles so geschehen musste. Auch ich habe zeitlebens an einem Werk gearbeitet und konnte erst in Verbindung mit dir und nach meinem Tod nun erkennen, wie sich die vielen Einzelteile meines Lebens zu einem abgeschlossenen Lebenswerk zusammenfügten.

Es stehen euch dabei die drei Wege des Lichts und der eine Weg des Dunkels offen. Ich wanderte auf meiner Lebenswanderung mit Abuelo KIEJ vor und nach meinem Tod auf dem Kreis des Mayakreuzes. Ich habe dir schon beschrieben, dass der Weg der Seele nach dem Tod im Westen, durch die Ebenen der Dunkelheit beginnt. Ich wandere durch das Licht der Erkenntnis KIEJ in den Norden und kann in einem wunderbaren Bild erkennen, welch ungeahnte Kraft und welch großes Licht der Geist des Nordens, el espiritu XAMAN, aus sich entfaltet. Der Weg in dieses Kraftfeld wurde euch auf eurem Weg bereits geöffnet. Meine Reise geht weiter in den Osten, in das Feuer der alles erwärmenden und erhellenden Sonne, den Geist Gottes, und er wird dort enden, wo ich als Pocomam mein Leben begonnen habe, in der Kraft und Dynamik des Elementes Wasser, im Süden.

Aus diesen Erfahrungen konnte ich als Mensch und Seele in die Mitte des heiligen Mayakreuzes ziehen und mein eigenes Herz in seiner Weite und Kraft in Erfahrung bringen. Es ist der Ort, an dem Gott aus mir bereits zu Lebzeiten wirkte und lebendig wurde. Aus meinem Herzen kann ich auch hier meine weiteren Aufgaben erkennen. So darf ich aus seinem Willen und mit eurer Erlaubnis die Menschen des Kraftquells TO-OM-RA begleiten und euch den Weg in die vier Kraftquellen KIEJs öffnen. Es sind euch Menschen zugeführt, die aus dem Geist des Nordens kommen und eure Begleitung in das Geheimnis des Dunkels des Westens erbitten. Aus dem Süden begleitet ihr Menschen, um sie aus ihren emotionalen Verstrickungen auf den Weg des Ausgleichs zu führen. Es begegnen euch große Krieger des Feuers, die euch darum bitten, ihnen das Herz und die Liebe zu öffnen. Viele Menschen richten aus dem Dunkel ihre Hilferufe zu euch empor und bitten um die Befreiung in das Licht. Das sind die ersten Schritte ihres Suchens nach dem, was sie in sich nicht finden können. Aus dieser Begleitung öffnen sich aus KIEJ die Wege in die vier Wahrheitsquellen. In den Momenten, in denen der Mensch erkennt, dass er sein bisheriges Leben aus dem beschränkten Blickfeld seines Seinszustandes gelebt hat, drängt es ihn danach, seinen Horizont zu weiten.

So führt euch KIEJ in die unterschiedlichen Erfahrungen des Menschseins. Eingebettet in den Kreis des alles einschließenden Schutzmantels unseres Planeten Erde lernt ihr, eure Hände in die unterschiedlichen Seinsebenen auszustrecken und dabei den göttlichen Segen zu spenden. So erhaltet ihr die Hilfe und Begleitung aus den Ebenen der Gesegneten. Eure gesprochenen Worte formen sich immer stärker aus der Sprache des Herzens und rufen heilsame Wesen, die aus der kosmischen Kraft der Liebe in eurem Umfeld lebendig werden. Eure Gefühle lassen euch in der Begegnung mit Menschen die Tiefe und Weite des Ozeans erkennen, der von den Meisterinnen des Mondes getragen und bewegt wird. Sie führen euch ein in das Geheimnis des Fühlens und in die Kraft der weiblichen Weisheit. Eure Gedanken betten sich ein in die kühle Strömung des Nordwinds und lassen euch vieles erkennen, nach dem ihr aus einem unbändigen Wissensdurst suchtet. So trägt euch KIEJ durch Licht und Schatten der Himmelsrichtungen und lässt in euch nach Jahren großer Spannungen das Sehnen nach der Stille und Ausgewogenheit der Mitte spüren.

Du fragtest mich einmal, warum es mir nie in den Sinn gekommen war, mein Lebenswerk aus der Stille zu vollenden. Ich habe selbst in meinem Alter als Anciano nicht die Erlaubnis dazu erhalten, in diese Stille zu gehen. Im derzeitigen Zeitenwandel hallen die Hilferufe der Menschen aus allen Richtungen. Sie suchen alle nach der Mitte, nach ihrem inneren Frieden und zeigen dabei wenig Bereitschaft, sich auf die Wanderschaft mit KIEJ zu begeben. Auch ich war lange einer dieser Suchenden. Ich musste vieles in meinem Leben in Erfahrung bringen und ging dabei durch die Höhen und Tiefen des Lebens. Eines war mir auf dieser schweren Lebenswanderschaft verwehrt geblieben. Ich trug zeitlebens den Wunsch in mir, meinen Intellekt besser zu schulen. Ich sehnte mich als Kind danach, eine Schule zu besuchen, und musste mich mit dem zufrieden geben, was mir als armer Indígena möglich war. Als du in mein Leben kamst, erkannte ich in einer noch viel heftigeren Weise, wie kostbar es für mein Leben gewesen wäre, meinen Intellekt zu schulen und meinen großen Wissensdrang zu stillen. In den vielen gemeinsamen Gesprächen führtest du mich in die Welt, die ich mir so sehr gewünscht hatte. Dafür bin ich dir sehr dankbar. Ohne diese Verbindung hätte ich nicht mein Lebensziel abschließen können. KIEJ hatte meinen Wunsch erhört und mich als Maya in deine Heimat geführt. So konnte ich durch diese Verbindung mein Lebenswerk beenden und auf meine Weise in die

Mitte des Mayakreuzes gehen. Es war der Moment, in dem ich von dieser Erde gehen durfte. KIEJ wird dich zu gegebenem Zeitpunkt noch hier auf dieser Erde frei geben für deinen Weg in die Mitte. Dort liegt die Kraft der Auferstehung, der Erkenntnis und der Erleuchtung des Herzens. An diesem Ort ist die Aufgabe der heiligen Nahuales erfüllt und die Freiheit deiner Wanderschaft als Meister durch die unterschiedlichen Seinsebenen gegeben. Aus der Mitte heraus bedarf es keiner Form mehr. Du kannst allein aus deinem Sein und Wesen wirken, ohne daran denken zu müssen, wie alles in deinem Leben weitergehen soll, was alles zu verwirklichen ist oder unter welchen Umständen du deinen weiteren Lebensweg beschreiten wirst.

Derzeit steht ihr in den Turbulenzen des Lebens im Süden. Eure Emotionen und Gefühle werden in Licht und Schatten im Innen und Außen lebendig. Alles hebt sich dabei an die Oberfläche und geht in Klärung. Du fragst dich, warum ihr in diese Tiefen der Meere hinabsteigen musstet. Ich gebe dir meine Antwort. Ihr solltet auf diesen Ebenen des Seins Erfahrungen und Bindungen klären, die nicht allein die euren sind und waren. Alles geschah aufgrund eurer eigenen Bereitschaft, in den kosmischen wie in den weltlichen Ebenen zu bewegen und zu verändern. Du solltest wissen, dass sich für dich seit einiger Zeit, bedingt durch dein Handeln, ein weiterer Aufgabenbereich öffnete. Du wurdest im Rat der weißen und dunklen Schwesternschaft als Helfer und Diener mit der Bitte aufgenommen, zusammenzufügen, was über Jahrtausende die Menschen getrennt hielten. Dadurch wurdest du in den letzten Monaten und Wochen auch mit größeren Unannehmlichkeiten konfrontiert. Aus deinem Geist und deiner Weisheit, aus deiner Herzensverbindung und Achtsamkeit heraus wurde dir das männliche und weibliche Prinzip gleichermaßen für diese Aufgabe gegeben. Dadurch ist auch die Aufmerksamkeit aus verschiedenen Ebenen auf dich gerichtet. Aus Respekt, Dankbarkeit und Liebe, aus deiner Demut und deinem endlosen Vertrauen führte dich Abuelo KIEJ durch die Tiefen der weiblichen Wasserwelten. Aus dieser Erfahrung kannst du dich nun mit Umsicht und Klarheit auch im Rate der Meisterinnen bewegen. Es ist eine große Ehre, die dir als Mann seitens der

Meisterinnen zuteil wurde. Aus diesem Wirken verbinden sich auch Meisterinnen und Meister unterschiedlicher Kulturen und Religionen in einem gemeinsamen Rat, der sich über eurem heiligen Platz in Guatemala gebildet hat. Es war für mich eines der großen Geschenke nach meinem Ableben, diese Lichtstätte des Rates über dem heiligen Platz eures Zentrums sehen zu können. Sie alle, die in diesem Rat versammelt sind, verneigten sich vor mir und luden mich in ihren heiligen Kreis zur Mitwirkung ein. So hatte ich vor meinem Tode noch die Erlaubnis, dich, deine Frau Christine und Silvia mit der Weisheit und Kraft dieses Rates für eure individuelle und gemeinsame Aufgabe mit der Vara Xaman zu segnen. Du hast allen Grund, diesen beiden Meisterinnen dankbar zu sein für das, was sie bereit waren, aus ihrer Liebe und Hingabe an dich und das Werk zu geben. So bleibt weiter in eurer Lebendigkeit und Beweglichkeit, aus der sich vieles zusammenfügen kann, was in den alten Kulturen und in den Religionen voneinander getrennt worden ist. Allein aus der inneren Freiheit jedes Einzelnen wird sich das entfalten, was in euren Herzen geschrieben steht.“

KIEJ aktiviert unseren täglichen Lebensablauf aus diesen ständig ineinander greifenden Kraftfeldern. Je beweglicher und umsichtiger unser Körper auf diese Energien eingestellt ist, um so flexibler können wir auch diese Bewegungen in und um uns ausgleichen. So ordnen wir diesem großen und mächtigen Lebens- und Lehrmeister KIEJ die Qualitäten eines Hirsches zu, der zielgerichtet seine Absicht kennt. Er wird geleitet aus seinen Lebensnotwendigkeiten und bewegt sich in unwegsamem Gelände aus seiner Erhabenheit und Würde, die er für uns Menschen darstellt. Jeder Mensch wird wie der Hirsch aus den inneren Impulsen, aus seinen vorgegebenen und sich entfaltenden Lebensabsichten und aus seinem eigenen Willen bewegt. Aus dieser Lebensdynamik heraus gleichen sich Gedanken und Gefühle dem Seelenplan an. Ein in sich verankerter Mensch weiß sich auch der Dunkelheit, die ihn umgibt, zu stellen. Wie der Hirsch durch das Dunkel der Nacht seine Wege beschreitet, so spürt auch der bewusste Mensch seinen auf ein Ziel ausgerichteten Lebenspfad. Gedanken, Gefühle und die daraus entstehenden Handlungen verbinden sich aus seinem Herzen zu einem gebündelten und zentrierten Energie- und Kraftstrahl. Diese Form der aus unserer Mitte gerichteten Handlungen und der daraus entstehenden Macht hat nur das eine Ziel, sich mit der Mächtigkeit Gottes zu einem großen und mächtigen Kraftstrom zu vereinen. Dieser Zustand des Menschen wird in der Kosmovision Maya als die aus dem Menschen wirkende Ermächtigung Gottes bezeichnet. Aus dem Zusammenwirken von Mensch und Nahual erhalten wir Schritt für Schritt die Ermächtigung, das Leben wie alles kosmische Geschehen aus der eigenen, inneren Freiheit und Unabhängigkeit heraus zu gestalten.

Die Nahuales erfüllen die Absicht, dem Menschen im Erkennen seiner selbst dienstbar zu sein. Wenige vermögen es, ihr eigenes Leben aus diesem vereinten Kraftstrom menschlicher und göttlicher Ermächtigung heraus zu gestalten. Meist empfinden sich Menschen dem Leben und ihrem Schicksal ausgeliefert und kämpfen aus ihren persönlichen Wünschen und Absichten um ihr tägliches Überleben. Es ist unerheblich, ob dieser Überlebenskampf in Guatemala stattfindet oder sonstwo in der Welt. Selbst reiche Menschen empfinden ihr Leben als Kampf und leben oft in der Angst, das, was sie sich erworben haben, wieder verlieren zu können. So ist es auch mit der Materie, die in sich den Magnetismus trägt, der auf unserer Erde wirksam ist. Menschen, die sich dessen bewusst sind, dass die Materie anzieht, ja sogar verschlingen kann, wissen zugleich, wie gefährlich es ist, sich diesen Kräften zu sehr hinzugeben. Je stärker ein Mensch das Geld, seine Habseligkeiten, sein Besitztum festzuhalten versucht, um so unmittelbarer besteht die Gefahr, sich dem Magnetismus des Erdelements auszuliefern. Diese nach unten ziehende magnetische Kraft reduziert mit zunehmender Dichte die Beweglichkeit und endet schließlich in der Erstarrung der Menschen. Diese Menschen kennen keinen anderen Zustand als den, der sie aus der Materie heraus in Bewegung hält. Es gibt Krankheitsbilder, die Ausdruck dieser erdmagnetischen Erstarrung sind und die darauf hinweisen, dass die in uns angelegten Qualitäten als geistige Wesen von der Schwere und Dichte der materiellen Welt überlagert wurden.

So sprechen die Maya in Verbindung mit der dunklen Seite des Nahuals KIEJ vom Verlust der Lebensorientierung, wenn ein Mensch zu einseitig von einem der vier Elemente in seinem Verhalten dominiert wird. Wir kennen diese Elemente in Verbindung mit unserem Willen, unserer Gedanken- und unserer Gefühlswelt und in der Körperlichkeit. Die Loslösung vom Erdelement befreit uns von der Enge und Schwere des körperlichen Daseins. Durch die Lösung aus dem Luftelement lernen wir als geistige Wesen aus dem Atem Gottes zu existieren. Die Loslösung aus dem Wasserelement trennt uns schrittweise von den emotionalen Erfahrungen des Erdenlebens und öffnet uns den Kraftstrom der kosmischen Liebe. Die Loslösung aus dem Feuerelement gibt unsere Seele frei für das kosmische Feuer und den im Kosmos wirkenden Willen Gottes. In seinem individuell angelegten Kraftpotential schafft der Mensch aus der Integration der Kraftfelder der vier Elemente und Himmelsrichtungen die Basis für die Resonanz der geistigen Ebenbilder der zwanzig Nahuales. Er überwindet dabei das in uns allen angelegte Spannungsfeld der Erde mit dem Ziel, eine unmittelbarere Verbindung zu den unsichtbaren Ebenen des Seins zu erreichen. So wie unser Planet Erde auf den vier Säulen der Elemente ruht, so ist auch der Mensch von Natur aus angelegt, sich aus diesen seit Anbeginn der Menschheit wirkenden vier Mächten zu bewegen und zu orientieren. Der große Wegbereiter, mein lieber Freund Emil Stejnar beschreibt diese Vorgänge in seinen Meisterbüchern der Hermetik.

Der Nahual KIEJ entspricht den dynamisch zwischen den vier Himmelsrichtungen wirkenden Spannungsfeldern. Je nach Ausrichtung seiner Absichten und seiner Lebensaufgabe wird der Mensch auf seiner inneren und äußeren Wanderschaft in die eine oder andere Richtung geführt. Er steht dann auch im Spannungsfeld dieses einen Elements. Die auf diese einseitige Lebensposition einströmenden Energiefelder der restlichen drei Elemente schaffen erheblichen Druck in unserer emotionalen, gedanklichen und physischen Wahrnehmung und reduzieren die Wahrnehmung. Aus dieser Reibung entstehen psychische und physische Krankheiten, resultierend aus der aussichtslosen Lage der Seele, sich ihrem freien Wesen entsprechend im Kraftfeld des Planeten Erde in Erfahrung bringen zu können. Kommt es durch die Lebensführung dazu, dass die

Seele in ihrer Absicht immer stärker verdrängt wird, setzt sie aus ihrer Verbindung zum planetarischen Lebensmeister KIEJ ihre Zeichen. Sie bringt sich häufig als Vergessene durch einen Schicksalsschlag, durch Unfall, Krankheit, Schmerz und körperliches Leid in Erinnerung. Der Verlust der Lebensabsicht eines Menschen schafft für die Seele Verstrickungen, die mitzutragen sie oft nicht bereit ist. So steht KIEJ auch als Retter in einer ausweglosen Situation. Er richtet den Menschen wieder nach seinem inneren Auftrag aus und lässt ihn den inneren Hilferuf unserer göttlichen Instanz nach Freiheit wahrnehmen.

Diese freie, kraftvolle, intuitive Bewegung der Seele durch das planetarische Leben verbindet uns mit dem Kraftreservoir, das sich besonders durch unseren physischen Körper, unser Wohlbefinden im Alltagsleben ausdrückt. Dieser reagiert auf die inneren Impulse der Seele und begibt sich freudvoll auf die äußere Wanderschaft. KIEJ führt auf dieser Wanderschaft den Pilger auf dem Weg der Erkenntnis. Die alten Pilgerwege erhalten immer stärkere Aufmerksamkeit von Menschen, die auf diesen Erfahrungs- und Besinnungswegen ihrem inneren Ruf folgen. In Begegnungen mit Menschen, der Natur, aus den Erfahrungen der körperlichen Anstrengung suchen viele Pilger nicht nur das vor ihnen liegende Ziel, sondern die auf dem Weg gemachten Erfahrungen. In Maya wandert der Wahrheitssuchende zu den in der Natur eingebetteten Altären, um dort mit seinem eigenen, inneren Wesen und Sein in Verbindung zu treten. Körperliche Gebrechen, die Suche nach der inneren Wahrheit, der innere Ruf nach Veränderung drängen sie danach, Weisheitslehrer, Schamanen oder Priester darum zu bitten, mit ihnen diesen Weg zu beschreiten und am gewählten Altar eine Zeremonie zu gestalten. So beginnt der Weg des Priesters im Volksstamme der Maya-Quichés mit der Einbettung KIEJs als Begleiter auf dem Weg der Einweihung, die am Tage Acht B'AATZ, am Tage des Jahresbeginns der Maya oder auch an einem Tag der Kraft KIEJ übergeben wird. Auf diesem Einweihungsweg begleitet der Schamane den Anwärter zu unterschiedlichen Altären. In Ritualen werden die Qualitäten der Nahuales an den vorbestimmten Tagen im Aspiranten geöffnet. Diese Form der Pilgerschaft ist meist abgestimmt auf das jeweilige Horoskop und die damit verbundene Lebensaufgabe eines Menschen. Auf der Wanderschaft zu den oft weit abgelegenen Altären weiht der Priester den Anwärter in die Kosmovision Maya ein. Er öffnet ihm dabei die unterschiedlichen Erfahrungen und Geheimnisse im Umgang mit den geistigen Kräften. In manchen Traditionen der Mayastämme ist es üblich, zu Beginn des Einweihungsweges eines Priesters den Nahual KIEJ in einer Zeremonie um seine Hilfe und Unterstützung zu bitten. Aus dieser rituellen Einbettung der Wanderschaft finden sich dann auch die entsprechenden Altäre im Lande, die sich für die Reinigung und Klärung des Priesteranwärters zur Verfügung stellen.

Im Volk der Kelten wurde KIEJ im archetypischen Bild des weißen Hirsches dargestellt. Er galt wie KIEJ als Symbol des freien, dynamisch im Leben stehenden Menschen, der sich aus der Intuition des Herzens im Dickicht des Lebens orientiert. In den Sagen und Märchen bezahlt der Jäger, der einen Albino-Hirschen erlegt, diese Tat mit seinem Leben. Er vergeht sich an einem Symbol der in der Natur manifestierten Reinheit Gottes. Im Lichtwesen des Hirsches befindet sich in vielen Sagen inmitten des Geweihs ein Kreuz, das uns an die Aufgabe KIEJs als Bote der göttlichen Weisheit und Kraft erinnert. Die Wanderschaft mit diesem Krafttier zählte zu den großen Herausforderungen der Menschen, die sich für den geistig-spirituellen Lebensweg entschieden. Viele kamen auf dieser Wanderschaft in der Dichte und dem Dickicht des Dunkels vom Weg ab und mussten in den Gefahren der Nacht ihr Leben lassen. Andere verzweifelten in den Tiefen der Meere an ihren eigenen emotionellen Abgründen. Im Hochmut des Nordens fielen wieder andere in ihrer eigenen Maßlosigkeit und Selbstüberschätzung als selbsternannte Götter wie abstürzende Adler vom Himmel. Das Feuer des Ostens zerstörte über Generationen und Kulturen hinweg die Kraft und das Durchsetzungsvermögen der Menschen, die aus ihrer begrenzten Persönlichkeit heraus die Macht und den Willen Gottes missbrauchten.

Don Julián bedurfte nach seinem Tod keines physischen Symbols einer Vara mehr. Die Ermächtigung aus seinem Herzen war den Mächtigen der Unterwelten bereits vertraut. So hatte Gloria darauf vergessen, seinen Kraftstab mit in sein Grab zu geben. Sie rief mich eigens aus diesem Grunde aus Guatemala an und wurde von einem schlechten Gewissen geplagt, etwas versäumt zu haben. Aber schon während unseres Telefonats verspürte ich die Stimme ihres Großvaters. Er flüsterte mir ins Ohr, ich solle auf den Tag des heiligen Kalenders schauen. Der Tag nach seinem Begräbnis war Vier KIEJ. Er hatte bewusst diesen Ermächtigungsstab im Kraftfeld der heiligen Vier für Gloria hinterlassen. Aus dem Spannungsfeld der vier Himmelsrichtungen, der vier Pfeiler der Welt, wie er sie immer bezeichnete, wolle er ihr dabei helfen, ihre noch zu engen Lebens- und Wirkensgrenzen zu erweitern. Er legte ihr durch seine Vara die kosmische Gerechtigkeit aus der Kraft und Dynamik des Nahuals KIEJ in die Hand.

In Dialogen erzählte mir der Anciano aus der Anderwelt bereits wenige Wochen nach seinem Tod von seinen Erfahrungen. Damit hielt er das Versprechen, mir noch viel unmittelbarer dabei helfen zu können, große Geheimnisse der Maya in das Bewusstsein der Menschen zu bringen.

„Täglich sind zu meinen Lebzeiten Menschen zu mir gekommen, weil sie ihre Lebensorientierung verloren glaubten. Sie wurden durch die Lebensumstände, durch ihr eigenes Schicksal aus ihrer Mitte gerissen und erkrankten an Leib und Seele. Aus der Kraft des Nahuals KIEJ versuchte ich durch meine Form der Heilungsarbeit, die Unausgewogenheit ihrer inneren Elemente in Ausgleich zu bringen. Kommt die Macht eines Menschen allein aus seiner Persönlichkeit, so teilen sich zwei Kraftströme und fließen voneinander unabhängig auseinander. Die persönlich ausgerichtete, menschliche Kraft und Macht endet meist, getrennt vom Kraftstrom Gottes, in einer Sackgasse. Der Mensch kann nur den gleichen Weg wieder zurückgehen, den er gekommen ist. Diesen Rückzug aus einer Fehlhaltung heraus empfindet er als Gefühl der Ohnmacht und Orientierungslosigkeit. Sich aus einer derartigen Lebenssituation zu befreien erfordert viel Geduld, Vertrauen und Hingabe und das sind ja nicht gerade die Stärken der Mächtigen.

Eine unserer Aufgaben als Schamanen ist es, die Menschen aus den Mustern ihrer persönlichen Machtausübung zu befreien. Menschen können Jahre ihres Lebens in Zuständen verbringen, ohne jemals zu erkennen, dass sie die Ausgewogenheit, die sie so sehr ersehnen, durch ihre innere und äußere Beweglichkeit erhalten. Wenn wir einen Stein in die Luft werfen, ergibt sich die Fallrichtung aus unserer Kraftaufwendung und aus dem Magnetismus der Erde. Viele Menschen sind dieser magnetischen Kraft der Erde völlig ausgeliefert und vergessen auf das Wunder der eigenen Kraftaufwendung. Sie erkennen das menschliche Leben allein aus den täglichen Notwendigkeiten und werden durch diese Einseitigkeit ihrer Ausrichtung regelrecht im Erdmagnetismus gefangen gehalten. Aber es ist ihre Entscheidung, sich an dieser Kraft festzuhalten und sich allein als Erdenbewohner zu definieren.

Ich habe schon in meiner Kindheit erfahren, dass es meine Entscheidung war, als Mensch und Wesen, Bewohner dieser Erde und auch anderer Welten und Seinsebenen zu sein. Ich habe mich bereits als Kind mit den Nahuales des Luftelements in die göttlichen Seinsebenen erhoben und dabei erkannt, wie leicht ich mich aus der Schwere des Erdmagnetismus befreien konnte. Ich lernte, mich vom heiligen Element Wasser tragen zu lassen, und gab mich dem Strom des Lebens hin. Ich lernte, dem Lauf der Sonne zu folgen und mich der Wärme des göttlichen Lichts anzuvertrauen. Allein aus diesen Erfahrungen konnte ich mit dem Lehrmeister KIEJ die Schwere des Indianerlebens überwinden und die geistigen Welten in mir öffnen. Ich kämpfte mich als Mensch durch die große Schwere des Alltags und erkannte nach meinem Tod die große, freie Bewegung, die meiner Seele im göttlichen Kosmos aus den Erfahrungen meines Erdenlebens zuteil wurde. Diese Freiheit öffnete sich in einem Feuerwerk der Freude nach meinem Tod. Ein Gedanke genügt mir, und jede Vorstellung wird lebendig und sichtbar. Die Absicht einer Reise bringt mich bereits an den gewünschten Ort. Aus dem Gefühl der Liebe empfinde ich mich unmittelbar in den Strom der kosmischen Liebe eingehüllt. Der Ruf eines Menschen hier und dort, und du kannst im selben Augenblick deinen Segen spenden und Hilfe geben. Durch meine Erfahrungen mit den Seinsebenen des Dunkels sind mir die Tore in die physische Materie geöffnet. So kann ich aus diesen Verbindungen in das physische Geschehen eingreifen und aus der Verbindung zu KIEJ die Materie bewegen. Diese Form der geistigen und zugleich in der physischen Ebene spürbaren Arbeit hätte ich mir zu Lebzeiten nie vorstellen können. Dennoch gibt es viele Seelen, die aus ihren Erdenleben sich auch nach dem Tod eine Welt der Schwere, der Dichte und der Ablehnung schaffen. So wie ich mich durch meine Erfahrungen im Kraftfeld der vier Elemente frei bewegen darf, umgeben sich andere Seelen mit den aus ihren Gefühlen und Gedanken der Ablehnung und des Hasses geformten Strukturen und Formen ihres Erdenlebens. Dieser Zustand der Trennung von der kosmischen Liebe macht offenbar, was Menschen zu Lebzeiten in sich trugen. Allein aus dieser Erfahrung kannst du erkennen, wie unmittelbar das Erdenleben mit all dem in Verbindung steht, was nachher auf jeden einzelnen Menschen zukommt.

Warum warten so viele Menschen darauf, erst nach dem Tod ihre Ermächtigung zu erhalten? Viele Versprechungen der Religionen können nach dem Tod nicht in Erfüllung gehen, weil die Menschen bereits zu Lebzeiten die Verantwortung für ihr Leben bereitwillig an andere abgegeben haben. So lehrt gemeinsam die Menschen, sich bereits zu Lebzeiten durch die Seinsebenen zu bewegen. Verbindet sie in den Ritualen mit den Schwingen des heiligen Adlers und vermittelt ihnen die Sicherheit und das Vertrauen, sich vom Lebensstrom tragen zu lassen. Entfacht das Feuer der Liebe in ihren Herzen, denn diese Feuersbrunst wird auch nach dem Tod im kosmischen Feuer brennen und Wärme, Sicherheit und Geborgenheit geben. Ruft in den verfahrenen Situationen des Lebens den weißen, aus der göttlichen Liebe und dem Licht des Kosmos gesegneten Hirschen KIEJ. Allein seine Präsenz öffnet verschlossene Wege und Tore. Ich ging mit KIEJ bereits zu Lebzeiten den Weg als Gesegneter und Ermächtigter des göttlichen Herrn. Der weiße Hirsch zieht durch das Dickicht des Waldes und strebt in seiner Wanderschaft dem Berggipfel zu. In unseren Zeremonien riefen wir KIEJ auch als den Hüter der Berggipfel. An seinem Tag stehen uns die Tore zu diesen mächtigen Wesenheiten offen. Wir können sie einbetten in die Rituale und um ihre Zusammenarbeit bitten."

Sobald es gelingt, einen Menschen den Kraftstrom göttlicher Ermächtigung spüren zu lassen, kommt es anfangs zu einem harten Ringen um die aus dem Herzen wirkende Wahrheit. Es ist für viele Menschen sehr schwer, aus sich selbst heraus zu handeln und zugleich einem aus dem Kosmos fließenden Strom der Ermächtigung zu folgen. Er steht, wie eine Pyramide, auf den vier Säulen des Menschseins und erhebt seinen Geist aus der Spitze der Pyramide, aus der innewohnenden Seelenkraft in den göttlichen Kosmos. Diese Kraft spüren manche Menschen, wenn sie vor den großen Bauwerken der alten Völker stehen. Wie sich über die vier Seiten der Pyramide der kosmische Kraftstrom der Schöpferkräfte auf die Erde herabsenkt, so heben sich die Kraftströme der vier Himmelsrichtungen über den ermächtigten Menschen in den Himmel. Es gibt kein Ziehen mehr in die eine oder andere Richtung. Das vorgezeichnete, menschliche Schicksal beginnt sich zu lösen und der innere Kern des Menschen strahlt wie ein Diamant in die Weite und Tiefe des Kosmos.

Es war ein wunderschöner, sonniger Morgen. Ich fuhr mit meinem Wagen durch die bereits hoch stehenden Zuckerrohrfelder der Finca El Baul. Im Hintergrund rauchte der Vulkan Fuego. Nach Jahrzehnten setzte sich dieser Vulkan durch einen heftigen Ausbruch wieder in das Blickfeld der Guatemalteken. Selbst am helllichten Tage sieht man in kurzen Zeitabständen feurige, von schwarzem Rauch begleitete Eruptionen. Eine schwarze Wolkenschicht formt sich gleich einem Pilz über dem Krater. Nach und nach wird dieser Rauchpilz vom Wind über die Landschaften getragen, bis ein neuerlicher Ausbruch dieses Naturspektakel wiederholt. Die Morgennebel lichteten sich über den Abhängen des weit auslaufenden Vulkankegels des Agua. In einem Traum hatte ich Tage vorher den Ruf eines Maya-Altars im Tiefland Guatemalas vernommen. Ich habe diesen Altar bereits in meinen Büchern als „Lachenden Gott“ beschrieben. Er steht nach den Aussagen der Maya-Weisen mit der Kraft der Telepathie in Verbindung. In diesem Traum wurde ich angehalten, zwei bestimmte Samenkörner namens „ojo de venado“ zu suchen. Tata Julián würde sie mir beschaffen, hieß es. Ich erzählte damals Julián von meinem Traum. Er griff sich an sein Kinn, lächelte freudig und gab mir ein kurzes „Acha“ zur Antwort. Er wusste gleich Bescheid und besorgte mir einige

Tage danach zwei kastanienähnliche Samen. Die Wesenheit des Altars María Tecún lud mich ein, zu kommen und in einem Ritual die Verbindung meines Weges aus der Kraft KIEJ zu erbitten. Die zwei Samenkörner sollte ich mit den Augen des Altars verbinden und dann über meine eigenen Augen streichen. Das „Auge des Hirsches", wie der Same genannt wird, würde in mir den Blick, die Intuition und den Instinkt des wandernden Hirsches öffnen. Dies war die Absicht meines Kommens. Wie es in der Tradition Maya üblich ist, kommen alle besonderen Reliquien, also auch die beiden Samen in die Priestervara. Für meine Wanderschaft schien es nötig, auch meinen inneren Blick und meine innere Wahrnehmung zu schärfen.

Als ich zu diesem Maya-Altar kam, rauchte bereits ein Ritualfeuer. Ein etwa achtzig Jahre alter Schamane bewegte seine Hände in tiefer Trance über dem Ritualfeuer. Er schaute kurz zu mir auf und nickte mir freundlich zu. Daran konnte ich bereits erkennen, dass er mich auch als Ausländer annehmen würde. Mit den Worten „con permiso" (mit Ihrer Erlaubnis) verneigte ich mich. Es ist im Maya-Schamanismus üblich, dass man um die Erlaubnis der Anwesenden bittet, bevor man an einem Maya-Altar ein Ritual beginnt. Wenn die Hüter der Traditionen nicht gerade anwesend sind, dann ist es angebracht, um die Erlaubnis der Verstorbenen im Reich der Ahnen zu bitten, die über Jahrhunderte oder sogar Jahrtausende diese Kraftplätze zu einem Teil ihrer selbst gemacht haben. Ich war dennoch etwas verlegen, weil der Anciano immer wieder seinen Blick auf mich richtete. Ich hatte nicht vor, ein Mayaritual zu gestalten. Dafür hätte ich eine Fülle von Materialien gebraucht, die mir in meinem Traum auch nicht genannt worden waren. So legte ich einen Sack voller weißer Kerzen in einen Kreis, wie es mir mitgeteilt worden war. Als ich das Feuer entzündete, erbat ich die Präsenz der geistigen Hüter des Maya-Altars. Ich bat um die Verbindung und in Zusammenhang mit den zwei kastanienförmigen Samenkörnern um den Weg und die geistige Sicht. Dann entzündete ich das Feuer, kniete mich auf den Boden und nahm die zwei Samenkörner in meine Hand. Dazu sang ich leise das heilige OM als Klang der kosmischen Liebe.

Der Anciano neben mir war in seine Arbeit vertieft. Eine große Vielfalt und Fülle von Kerzen und Räucherwerk, Zimt, Zucker, Zigarren, Zitronen, Knoblauch, Blumen, Eier und vieles mehr lagen über einem mit Zucker vorgezeichneten Mayasymbol. Das Feuer brannte bereits und er rief nach alter Tradition die ihn begleitenden Kräfte an. Dazu bewegte er seine Hände in einer wunderbaren, harmonisch wirkenden Chi-Gong-Bewegung. Noch nie zuvor hatte ich gesehen, wie Mayaschamanen auf diese Weise der geistigen Welt Ausdruck verleihen. Die Hände des alten Mannes tanzten über das Feuer. Sein ganzer Körper bewegte sich wie ein in sanftem Wind schwankender Baum. Meine Aufmerksamkeit ruhte auf diesem Mann, dessen Präsenz mich tief berührte. Ich konzentrierte mich wieder auf meine eigene Aufgabe und sang das OM vor mich hin. Plötzlich begann der Anciano wie ich zu singen. Zu meinem Erstaunen übernahm er von mir in wenigen Sekunden den gesungenen Klang der kosmischen Liebe, OM. Nach dem Ritual ging er zu einem nahe gelegenen Strauch, hackte einige Zweige ab und verwendete die Zweige als Besen. Er kehrte die Asche hinter den Maya-Altar und zeichnete mit Zucker das Symbol KIEJ auf den vom Feuer schwarz verbrannten Boden. Vier Stunden dauerten die verschiedenen Rituale dieses alten Pocomam-Maya. Zu seinen Anrufungen der Mayakräfte erklang in Abständen das OM.

Ich saß bereits an einen Baum gelehnt und ruhte mich aus. Durch die frühe Abreise aus dem Zentrum im Hochland hatte ich bereits einen langen Weg hinter mir. Während ich an den Baum gelehnt die mitgebrachten Früchte aufschnitt und aß, tanzte der Maya nun schon bereits seit vier Stunden den Tanz des Maya-Schamanen. Ich stand auf und reichte ihm eine Coca-Cola. Er lächelte mich dankbar an, schüttete mindestens die Hälfte der Flasche in das Feuer und trank den Rest. Der Anciano kam zu mir und sagte „Me llamo Lolo – ich heiße Lolo. Wenn du mich finden möchtest, dann komme zu mir auf den Vulkan Pacaya. Dies ist der Ort, an dem ich arbeite und wohne." Das war alles, was wir miteinander sprachlich austauschten. Ich küsste seine Hand, bedankte mich und packte meinen Rucksack.

Kapitel 18

Q'ANIL (Kaníl)

SEGEN UND KRAFT DER FRUCHTBARKEIT

Abschied der Venus

Lamat

Als ich Don Julián von dem Ritual mit KIEJ am Altar María Tecún erzählte, bat er mich an seine Mesa und lud mich ein, in seinen Wasserkelch zu schauen. Schon seit langem hatte ich mir gewünscht, in gleicher Weise wie er es tat, über das Wasserelement Einblick in feinstoffliche Geschehnisse zu erhalten. Er segnete mich mit der Kraft der weißen Rose, reinigte mein Haupt mit Rosenessenz und rief einen Engel, der sich erst wenige Wochen vorher mit dem Namen „Angel Rosario" bei ihm gemeldet hatte. Eine alte Indianerfrau war zu ihm gekommen, die er heilen sollte. Mitten in einem Reinigungsritual fiel diese Frau in eine tiefe Trance und begann im Namen dieses Engels zu sprechen. Der Anciano war davon so überrascht, dass er mich wenige Tage nach diesem Erlebnis anrief, um die Freude über diese neue Bekanntschaft mit mir zu teilen. „Ich werde diesen Engel auch zu dir bringen", sagte er und lachte aus ganzem Herzen. Dieses geistige Wesen hatte sich angeboten, als Helfer bei der Öffnung der Medialität von Menschen zu Diensten zu stehen. Wir hatten uns darüber unterhalten, wie schwierig es sei, Menschen als geistiges Gefäß zu öffnen und ihnen zugleich bewusst zu machen, diesen Kanal rein zu halten. Oft genug kommt es vor, dass Menschen sich in solchen Momenten der geistigen Verbindung als Auserwählte fühlen und in die große Falle des Hochmuts geraten. Mit diesem geistigen Hüter der Medialität sollte es leichter fallen, die auch aus persönlichen Schichten kommenden Eingaben von den Impulsen der höheren geistigen Seinsebenen zu unterscheiden.

In dem Ritual bei Tata Julián sah ich in seinem Wasserkelch das Gesicht eines Weisen, den ich nicht erkennen konnte. Als ich ein paar Tage später nach Tikál kam, erzählte mir dort Don Salomón von der Erscheinung eines Meisters. Er wäre im Meditationssitz an seinem Lieblingsplatz, dem Tempel der sieben Fenster, gesessen. Ich spürte in diesem Augenblick die Präsenz dieses Meisters, der sich mit dem Namen Melkizedek vorstellte.

In der Stille einer klaren Jännernacht saß ich auf dem Balkon unseres Hauses über dem Lago Atitlán, als ich die Präsenz dieses Meisters erneut vernahm. Ich grüßte ihn aus meinem Herzen und bat ihn um seine Botschaft. Wie oft in solchen Momenten nahm ich einen Schreibblock, bat den Angel Rosario um den reinen Kanal für die Präsenz dieses großen Meisters und begann seine Botschaft an mich niederzuschreiben:

„Ich habe mich vor einigen Monaten bei dir gemeldet und auf mich aufmerksam gemacht. Ich danke dir aus dem Herzen im Namen des Rates der Meisterinnen und Meister und bringe dir an diesem heiligen Ort etwas in Erinnerung, das du schon immer gespürt hast. Die Wesen des Planeten Venus standen an diesem Ort mit den Hohepriestern der Maya in Verbindung. Von hier aus pflegten die Menschen regen Austausch mit geistigen Kräften anderer Seinsebenen. Einer der Altäre aus dieser Zeit liegt als große Kostbarkeit auf eurem Grundstück. Es ist der Altar Q'ANIL, der mit der Liebe und der Fruchtbarkeit in Verbindung steht. Ihr ehrt diesen Altar seit vielen Jahren und nützt ihn für eure Heilungsarbeit. Nun ist es an der Zeit, diesen Nahual von einer Seite kennen zu lernen, die euch noch nicht bewusst ist. Die Maya ehrten die Wesen der Venus und lernten von ihrer großen Weisheit. Sie hüteten dieses Wissen in der Priesterschaft und gaben den Wesen Altäre, in denen sie sich in der Dichte der Materie halten konnten. In Zeremonien konnte sich so das menschliche Bewusstsein mit dem hohen Bewusstsein dieser Wesen verbinden. Aus dieser Verbindung entstand ein reger Austausch zwischen den Erfahrungen der Menschheit und dem, was diese außerirdischen Wesen an Erkenntnissen und Erfahrungen geben konnten. Aus dem hohen Wissen der Maya im Umgang mit den kosmischen Schöpferkräften war es ihnen möglich, die Weisheit der Wesen der Venus zu verstehen und im Kraftfeld der Erde umzusetzen. Als Mittler dieser Verbindung zeigte sich im heiligen Kalender der Maya der Nahual Q'ANIL.

Da das kosmische Wissen und die Zugänge in diese Ebenen nur wenigen Priestern der Maya zugänglich waren, hütete ich diese Verbindungen auf geistiger Ebene. Die Mayapriester fühlten sich zum einen Teil der Menschheit zugeordnet und hüteten zum anderen Teil die Erinnerung ihrer Herkunft aus den außerirdischen Welten als ihr Geheimnis. In den Naturaltären, verbunden mit den Nahuales des heiligen Kalenders, hielten sie diese über Tausende von Jahren währende Verbindung zu den Sternengeschwistern in ständiger Erinnerung. Über die Öffnung des Einweihungsweges in die Priesterschaft erhielten Priester und Schamanen die Verbindung zu den Mittlern und Lehrmeistern der Nahuales. Es gab damit verbunden aber auch den Missbrauch dieser Kräfte für die Erhaltung der Macht und für die Zerstörung menschlichen Lebens. Entsprechend den Lebensumständen des Volkes wurden diese Kräfte für die Gestaltung des eigenen Lebensumfeldes, oder auch von den großen Weisen der Maya für die Mitgestaltung des göttlichen Plans auf Erden eingesetzt. Im Umgang mit diesen Kräften entfaltete sich ein großer Weisheitsschatz, der in vielen anderen Völkern weder bekannt war, noch aus den Traditionen erhalten blieb. So steht Q'ANIL, als Nahual des Planeten Venus, in Verbindung mit der Weisheit der Hohepriesterschaft und in Verbindung mit der Kraft und Weisheit der alten Völker. Ehrt diesen großen Lehrmeister des zeremoniellen Lebens in seiner Größe und Reinheit und er wird euch das Leben in all seiner Vielfalt und Lebendigkeit offenbaren."

Als bei der Einweihung unseres Zentrums durch Meister Cirilo dieser Ritualstein in seiner Kraft erweckt wurde, war keinem von uns bewusst, welch großes Geschenk wir damit von den Maya erhalten hatten. Sprach damals der Quiché-Maya in Verbindung mit diesem Ritualstein von einem großen Geheimnis, so öffnete uns Q'ANIL nach Jahren der liebevollen und respektvollen Verbindung zum Werk TO-OM-RA, Schicht für Schicht sein wahres Sein und Wirken. Aus seiner Kraft und Mächtigkeit erinnerte er mich oft an Märchenwesen, deren Aufgabe es ist, Menschen aus der Reinheit ihrer Absicht in das Mysterium unsichtbarer Welten zu führen, die sich im Übergang vom Traum zur Wirklichkeit zu materialisieren beginnen.

Gleich einem Samenkorn ist die kosmische Schöpferkraft Q'ANILs in unser Leben eingebettet. Diese heilsame Kraft kann sich offenbaren, wenn der Same vom Wasser des Lebens genährt und in die gesunde Kraft der Mutter Erde eingebettet wird. Sein heilsames Wirken hängt also von der Reinheit unserer Gefühle und Absichten ab, die, vom Wasser des Lebens genährt, heilsame Formen entstehen lassen. Ein in die göttliche und menschliche Liebe eingebetteter Mensch nähert sich Q'ANIL aus der Kraft seines Herzens. Aus seinem klaren Ja zum Erdendasein und aus seiner Lebensfreude übernimmt dieser Nahual die menschlichen Gedanken und Visionen und bringt sie gleich einem Geschenk in die materielle Welt. Es kreieren sich Menschen in Verbindung zu Q'ANIL aber oft auch Lebensumstände, die sie in ein wahres Lebenschaos bringen. Unbewusste Menschen stehen auch während des Tagesgeschehens feinenergetisch im Zustand des nächtlichen Schlafes. Damit liefert sich der Mensch der dunklen Seite des Nahuals aus, bis er in sich das Sehnen verspürt, zu erwachen und bewusst sein Lebensschicksal in die Hand zu nehmen. So richtet sich der heilige Mayakalender, wie die gesamte Kosmovision Maya, an jene Menschen, die bereit sind, sich selbst in Einklang mit den kosmisch auf uns einwirkenden Energien und Kraftfeldern zu erkennen und zu bewegen.

Der für den jeweiligen Tag sich aufbauende Nahual beginnt sich beim Sonnenuntergang des Vortags zu öffnen. Durch die Nacht hindurch bewegt er unser Unbewusstes und beginnt seine Lichtseite aus dem Sonnenaufgang bis zum Höchststand der Sonne zu entfalten. So kündigt sich der Nahual aus dem sich beruhigenden Tag, in der Abenddämmerung an und erweckt uns mit dem Sonnenaufgang in seiner Tageskraft. Es ist der Moment in unserem Menschenleben, wo wir unsere Augen öffnen und in das möglichst bewusst aus uns selbst heraus gestaltete Tagesgeschehen eintreten sollten.

Selten übernehmen Menschen die eigene Verantwortung für das, was sie sich aus momentanen Vorstellungen und Absichten selbst geschaffen hatten. Sie sind dabei oft selber überrascht und betroffen vom Ergebnis ihres eigenen Schöpferdranges, das im Volksmund dann dem Glück, Unglück oder auch dem

Schicksal eines Menschen zugeschrieben wird. Ich musste mich seit meiner Einweihung in die Priesterschaft der Maya immer stärker davor hüten, Vorstellungen in mir zu tragen und daraus etwas zu schaffen, das mich auf längere Sicht gesehen in meiner Entwicklung behindern würde. In wenigen Monaten wurden meine Visionen und Wünsche in Verbindung mit meiner Arbeit Wirklichkeit. Nahezu monatlich drängte es mich danach, meine Arbeitsform zu verändern und die Organisationsstruktur den ständigen inneren und äußeren Veränderungen anzupassen. Wir können nicht einerseits um Veränderung, kosmische Hilfe und Begleitung bitten und andererseits in einer festen, unflexiblen Struktur verhaftet bleiben. Dem Neuen, Heilsamen muss entsprechender Raum gegeben werden, ansonsten werden die alten, starren Strukturen in und um uns gewaltsam zerbrochen.

Der menschliche Körper ist ständig gefordert, sich an neue Technologien, an Strahlungen, an neue Lebensumstände und an klimatische und atmosphärische Bedingungen anzupassen. Allein die fortschreitende Ausdehnung des Ozonlochs drängt den Menschen dazu, sich stärkeren kosmischen Frequenzen anzupassen. Es ist die einzige Möglichkeit, in der Zukunft zu überleben. Diese ständige Anpassung unseres Energiesystems an die kosmischen Veränderungen wird aus der Wirkenskraft Q'ANILs mitgesteuert. Es ist uns nicht bewusst, wie unmittelbar der Mensch von der Beweglichkeit seines Geistes abhängt. Wie keine andere Kraft vermag er die verschmutzten atmosphärischen Filter zwischen Erde und dem kosmischen Geschehen zu durchdringen. Je weniger im Menschen diese Kraft wirksam ist, um so mehr bedarf er der Unterstützung von geistigen Kräften, die ihn durch ihr Einwirken auf das Geschehen schützend am Leben erhalten. Durch die feinstofflichen, dunklen Nebel sind auch die geistigen Mittlerkräfte nicht mehr imstande, zu uns durchzukommen und uns vor der zerstörenden Auswirkung kosmischer Kräfte zu beschützen.

In der kosmischen Schau der Maya hat alles von Gott Erschaffene, aber auch das von Menschen Geschaffene seinen grobstofflichen und feinstofflichen Ort. Somit haben auch alle in uns Menschen angelegten Qualitäten ihr Spiegelbild in den

Ätherschichten der Erde bis hin zu den Kraftfeldern von Planeten und Sternen.

Aus der Kosmovision Maya sind diese Kräfte Wesen, die mit uns kommunizieren können, die sich für uns und aus uns öffnen und von denen wir Hilfe auf unserem Erkenntnisweg erhalten. Die Nahuales des Mayakalenders formen somit einen Menschen als Helfer und Mittler aus seinen kosmischen Wurzeln heraus. Sie erinnern ihn ständig an seine Aufgabe, wie sie selbst als Mittler für die geistigen Kräfte als Brücke für die göttlichen Absichten zu wirken. Sie prägen ihn auf seinem Weg durch das Familienleben, geben Hilfe in der Berufslaufbahn und bereiten ihn aus den engeren menschlichen Zusammenhängen heraus auf das Erkennen des größeren Planes vor, in den alles Existierende eingebettet ist.

Da ich am Beginn meines Weges in Maya durchaus besorgt darum war, meine christlichen Wurzeln auszuhungern, erklärte mir Don Julián in seiner unbeschwerten Art die Verbindungen des Menschseins zum kosmischen Geschehen:

„Auf unserem Planeten Erde zeigen sich die göttlichen Kräfte an den Altären der heiligen Natur. Eine reine, göttliche Kraft sucht sich einen reinen, offenen und heilsamen Ort seiner Niederkunft. Das gilt ganz im Besonderen auch für den menschlichen Körper. Sein Duft, sein inneres Gleichgewicht, seine innere und äußere Schönheit machen ihn zu einem Altar Gottes. Wenn du um deine Wurzeln als Christ besorgt bist, dann lerne kennen, wie nahe dir die großen göttlichen Lichtboten der Kulturen aus den Segnungen der Nahuales kommen. Du solltest weniger über die Geschehnisse deines Menschseins nachdenken, als vielmehr deinem Herzen vertrauen. Die von Menschenhand errichteten sakralen Bauwerke sind Ausdruck von Schöpferstrahlen und damit auch auf die Erde gebrachte kosmische Strukturen. So ist anzunehmen, dass Tempel der Dunkelheit in anderen Formen errichtet wurden als Stätten des Lichts. Menschen, die sich, ihre Herkunft und ihren Auftrag als göttliche Boten erkannten, schufen aus ihren Verbindungen zu diesen großen Kräften Orte der Verbindung, des Gebets und des Austauschs von Wahrheiten. In den Religionen und Glaubensrichtungen tragen diese Kräfte unterschiedliche Namen. In ihren Grundqualitäten allerdings können sie alle zurückgeführt werden auf die unterschiedlichen Schwingungsfrequenzen der göttlichen Schöpferkräfte. So ist es unerheblich, Heilige, Gottheiten, Runen oder Nahuales durch unser eingeengtes Blickfeld in ihrer Wirkensweise zu unterscheiden. Jedem Nahual der Maya könnten die Qualitäten von Meistern und Heiligen des Christentums oder die Runen der Kelten zugeordnet werden. Alles steht in Verbindung mit den kosmischen Strahlen, aus denen sich unsere Tugenden und Untugenden formten und auch weiter formen werden. So ist es auch unerheblich, ob jemand durch die Verbindung zu Maya in seiner Glaubensrichtung verbleibt oder seine Bilder, die ihm aus der religiösen Erziehung von Gott gezeichnet wurden, aus seiner eigenen Erfahrung heraus verändern möchte. Es ist vieles von dem, was uns begegnet, bereits aus unserem inneren Lebensplan vorgezeichnet. Wenn wir dann in der konkreten Lage sind, dass sich das innere Seelenbild auch im Außen erfüllt, haben wir allen Grund, vor unseren liebenden Begleitern niederzuknien und für das Geschenk Leben Dank zu sagen."

So wartet Q'ANIL auf den Moment, wo wir uns in unseren vielfältigsten Möglichkeiten als Lebensgestalter und Lebensveränderer wiedererkennen. Er möchte allein in Verbindung mit der inneren Bereitschaft zu Veränderung wahrgenommen sein und bittet darum, Zeremonien in Verbindung zu ihm auf den inneren Seelenplan jedes einzelnen Menschen abzustimmen. Als meine Frau Christine kürzlich einen wunderbaren, kleinen, keilförmigen Stein bei einem Händler auf dem Indígenamarkt fand, war uns unmittelbar klar, dass Q'ANIL uns wie schon so oft einen Hinweis geben wollte, mit ihm Kontakt aufzunehmen. Ich legte diesen alten Stein, aus dem ein wunderschönes, liebevolles Gesicht gearbeitet ist, neben meinen Laptop, zündete für den Nahual eine gelbe Kerze an und verband mich mit dem Ritualstein unseres Zentrums in Guatemala:

„In der Verbindung zur Mutter Erde, zu IX, liege ich als Ritualstein bereits seit vielen Jahrtausenden an diesem geheiligten Ort der Maya. Viele Menschen gingen über lange Zeiträume hinweg an mir vorüber, ohne mich wahrzunehmen oder gar zu erkennen. Ich hielt mich in meiner Kraft verdeckt und wartete auf den Moment, in dem ich wieder von euch erkannt und von Menschen aufgenommen würde. Es vergingen für euch Menschen Zeiträume, die außerhalb eurer Vorstellung liegen, bis in diesen Jahren etwas wieder aus mir erkannt werden sollte, was einst in mein und euer eigenes Herz als Menschen eingebettet worden war. Du hast erkannt, dass es notwendig war, mich in meiner inneren Kraft und nicht aus meinen äußeren, energetischen Schichten zu definieren. Geduldig seid ihr über Jahre daran gegangen, mich nach und nach von den Altlasten vieler Generationen von Menschen zu befreien. So konnte ich die Kleider ablegen, die Generationen von Priestern, Heilern und Schamanen aus ihren Vorstellungen um mich gelegt hatten. Ich war als Nahual in Traditionen eingebettet, die immer auch aus den Lebensnotwendigkeiten der Menschen stammten. Vieles wurde dabei missverstanden, einiges von dem, was ich in mir trage, konnte durch die kosmischen Gegebenheiten vom Menschen nicht aufgenommen werden. Erst jetzt, im Zeitenwandel, gehen diese Tore auf, die einen tieferen Einblick in das kosmische Geschehen erlauben. Meist wurde ich darum gebeten, Heilung für Menschen und für die kranke Erde zu geben. Ich wurde als der erkannt, der dem Maiskorn seine Kraft gab, aus dem viele Generationen von Menschen in diesem Land eine heilsame und gesunde Nahrung erhalten. Sie riefen mich in den Zeremonien als den, der sie mit gesunden Kindern beschenken sollte. Ich wurde in unzähligen Gebeten dafür eingesetzt, die Sexualität zwischen Frau und Mann neu zu beleben und zu heilen. So wurde ich immer nur in Teilaspekten meiner selbst erkannt.

Ihr könnt euch kaum vorstellen, was es bedeutet, Jahrtausende der Existenz darauf zu warten, im innersten Wesen erkannt zu werden. Jeder Mensch trägt in sich den gleichen Wunsch, von den Mitmenschen in seinem eigenen Seelenplan erkannt und angenommen zu werden. Viele Menschen erkranken allein daran, dass sie sich verkannt und übergangen fühlen in dem, was sie in ihrem inneren Kern an Kostbarkeit in sich tragen. So sind immer auch große Weisen der Maya zu mir gekommen, um diesen inneren Kern eines Menschen zu öffnen und dessen Wahrheit zu entfalten. Sie zogen mir, wie ihr es jetzt getan habt, durch ihre Liebe und ihre Einsichten die alten, traditionellen Kleider aus und ließen mich für die Zeit ihres Wirkens auf Erden im Licht meines inneren Kerns erstrahlen. Diese

Menschen waren es, die mir die Gewissheit gaben, dass ich als Wesen, wie sie selbst auch, in meiner wahren Aufgabe erkannt und geöffnet werde.

Ich habe euch damals gerufen, dieses Grundstück zu betreten. Ihr hattet noch keine Ahnung davon, was hier verborgen liegt, und dennoch gab es aus eurem Inneren heraus den Ruf und die Erkenntnis, euch diesem uralten Platz der Mayameister zu stellen. So begann vor vielen Jahren eine Erfahrungsreise für uns alle. Es gab Mächte, die gegen alles standen, was hier durch euch geschehen sollte, und es zeigten sich die großen, alten Weisen, die einst hier gelebt und gewirkt hatten und die alle Hoffnung, ja das Wissen in sich trugen, durch euch erkannt zu werden. Du wusstest aus deiner Erinnerung, dass man einen heiligen Ort wie diesen nicht besitzen, sondern nur verwalten und in Verantwortung nehmen kann. Der Anciano Don Sebastian legte damals, als ihr ihn um Erlaubnis fragtet, hier zu bauen, die TZITE, das Maya-Orakel. Ich, Q'ANIL, war es, der die Erlaubnis der Ahnen hatte, zu ihm durch dieses Orakel zu sprechen. So legte ich ihm in sein Herz, dass dieser Ort wie vor langer, langer Zeit wieder aus seinem Herzen heraus lebendig werden wollte. Es standen Meisterinnen und Meister unterschiedlicher Kulturen im Raum, die sich an diesem heiligen Ort zusammenfinden wollten. Sie erkannten euch als Brückenbauer des Herzens. Ich durfte diese Botschaft in den Mund des alten Mannes legen. Erinnert euch, es war die Botschaft, dass von diesem Ort aus das Weltengeschehen mitgestaltet würde. Noch heute staunen wir darüber, dass ihr beide all eure Kraft und Einsatz gegeben habt, etwas zu verwirklichen, das keiner äußeren Vorstellung und keiner Vision entsprach. Es wäre euch auch unmöglich gewesen, in diese sich formenden, inneren Räume vordringen zu können. Aus dieser Haltung konnte das verwirklicht werden, was aus mir, dem Lehrmeister Q'ANIL, gegeben werden wollte. Ich öffnete die Kraft des Samenkorns, das in erster Linie vom Rate der Mayameisterinnen und Meister in seiner Kraft und Wirksamkeit für eure Aufgabe programmiert worden war.

Über die Urmutter I'X wurde dieses Samenkorn in einem Ritual des Ancianos in die Mutter Erde eingebettet und mit der Kraft des Herzens AJPUUs genährt. Aus dieser Verbindung sollte dieser alte, heilige Ort der Verbindung zu den Wesen der Sternengeschwister wieder in seine alte Aufgabe geführt werden. Der Bruder Wind IQ trug diesen Auftrag als Gedanke in eure Vorstellung. Aus dieser Verbindung legtet ihr den Grundstein für eine aus euer beider Herzen stammenden Idee, die Weisheit des Herzens der Maya aus eurem Sein und Wirken zum Leben zu erwecken. Du, Omrael Norbert, wurdest gerufen, diese Aufgabe zu erfüllen und aus der Zentriertheit deiner Umsetzungskraft in die Manifestation zu bringen. Deine Frau Christine erkannte in wichtigen Phasen der Umsetzung die Sprache der Meisterinnen und Meister, diesen Platz aus der Verbindung zu alten Weisheitsschulen mitzuformen. Ihre Aufgabe war es, die Aspekte des Weiblichen, der Mutter Erde im Wachstum des Zentrums zu repräsentieren. Die kosmischen Mächte der Nahuales manifestierten sich durch die vielen Zeremonien der Magier und Priester, die euch zugeführt wurden.

So aktivierte und hütete ich die Vision des Meisterrates als Lebensmeisterin der Fruchtbarkeit, Q'ANIL. Aus dem Herzen AJPUUs, im Licht der Sonne, begann dieser Platz zu scheinen. Dies konnte allein durch eure Liebe zu diesem Ort und eure vorbehaltslose Hingabe an die innere Aufgabe geschehen. Wir geistigen Kräfte brauchen die innere Haltung der Menschen, um uns auf dem Planeten Erde in unserer Qualität öffnen zu können. So begann AJPUU sein Licht aus euren Herzen heraus zu entfalten. Es öffnete sich zu gleicher Zeit mein innerstes Wesen. Ich erkannte, dass es an der Zeit war, mich wie eine Liebende nackt und schutzlos in meinem innersten Kern zu zeigen. Ich gab mich dir hin, weil ich in dir spürte, dass du mich nicht für persönliche Ziele missbrauchen würdest. Aus deinen Ritualen wurde ich im Bilde des inneren Kindes vieler Menschen lebendig gemacht. Ich zeigte mich aus meiner inneren Kraft und Lebendigkeit im Spiel des Lebens als Schelm. Ich ließ mich in der Hingabe zweier Liebender erkennen, die aus der Intimität ihres Beisammenseins Glück, Freude und daraus entstehendes Leben als Geschenk des Himmels erhalten. Wie wenig Menschen gibt es, die bereit oder fähig dazu sind, die kosmische Lebendigkeit, das Abbild der geistigen Kräfte des Lichts und der Liebe auf die Erde zu bringen.

Aus den schweren Verstrickungen früherer Leben missbrauchen viele Menschen das Kostbarste, das sie in sich tragen, allein für die Befriedigung ihrer Triebe. Diese Entwürdigung der Schöpferkraft in der Sexualität hat viel Chaos auf den Planeten gebracht. Entwürdigte Seelen werden dadurch auf einen von unbewussten und egoistischen Menschen entwürdigten Planeten Erde gezogen, die eigentlich in anderen Seinsebenen ihre Entwicklung machen sollten. Vielleicht kannst du dadurch erkennen, wie schwer es mir fällt, den Menschen das von mir gehütete Geheimnis der Fruchtbarkeit anzuvertrauen. Ich habe mich nach vielen Erfahrungen des Missbrauchs verschlossen und zurückgezogen.

Das Volk der Kelten, wie andere Völker auch, wurde von der Kraft der Venus begleitet. Sie ist die Hüterin der aus den Seelen der Menschen sich lichtenden Kraft der Liebe und Schönheit. Die vier Farben des Maiskorns verbanden die Maya mit der Schönheit und Vielfalt der menschlichen Rassen. Es war den alten Völkern ein großes Anliegen, die in den verschiedenen Rassen eingebettete Weisheit auszutauschen und miteinander zu einer menschlichen Wahrheit zu verbinden. Die großen Weisheitslehrer, Frauen und Männer, zogen aus, um ihren Auftrag als Brückenbauer zu erfüllen. So zeigte sich meine Fruchtbarkeit im Austausch der Weisheit und des Wissens unterschiedlicher Kulturen. Die großen Wanderer folgten dem Weg der Venus, sie ließen sich von den Wesen dahin führen, wo sie gebraucht und zugleich gesegnet wurden mit neuen Erkenntnissen. Erinnere dich an die drei Weisen, die von einem hell leuchtenden Stern nach Bethlehem geführt wurden. Auch hier bin ich im Bild des Samenkorns, das durch große Magier und Weisheitslehrer unterschiedlicher Kulturen zum Wachstum gebracht werden sollte. Ich berührte als Q'ANIL im Auftrag der Lichtboten Gottes das Herz Jesu und legte damit den Grundstein für seine innere und äußere Anmut und Schönheit. Es ist für alle Menschen möglich, den kosmischen Strahl der Liebe und Weisheit aus ihrer Reinheit lebendig zu machen. Meine Helfer wurden über die Sternengeschwister gerufen und schufen die für das Werk notwendige, menschliche Brücke. Die Aufgabe von Meister Cirilo, Don Chepe, Don Sebastian, Don Julián und vielen anderen Weisen der Maya war es, auch dir und euch diese Brücke zu schaffen, auf dass sich auch eure innere Schönheit in Form von kosmischer Weisheit zum Ausdruck bringen kann. Die spirituellen Wanderer und Wegbereiter wurden schon immer aus dem Quell der Venus dorthin geführt, wo sie gebraucht wurden. Allein Geduld und Vertrauen sind nötig, bis die Menschen bereit und fähig sind, meine innere Stimme zu vernehmen.

Die Befruchtung durch die Verbindung zu anderen Kulturen ist auch heute noch eine meiner großen Aufgaben. Als Nahual der Wesen der Mutter Venus erfüllte ich meinen Auftrag als Hüterin der menschlichen Liebe, die sich in vielfältigsten Ausdrucksformen in der Menschheit manifestiert. Du erkennst diese Kraft in der Schönheit und Vielfalt der Natur, in der Liebe, die allen Wesenheiten eigen ist und aus der heraus sie ihre Aufgabe im Wachstum und in der Unterstützung der Fruchtbarkeit im göttlichen Plan erfüllen. Du erkennst sie in den Schwingungen der Künste, in der Musik, die dich an die göttliche Magie des Herzens erinnert. Man könnte die großen Komponisten der Erde als Magier des Herzens aus dem Herzen der Venus definieren. Ob sie es wissen oder nicht, sie schöpfen in ihrem Schaffen aus einem Quell, den ich als Nahual hüte. Aus dem Wirken von B'AATZ schaffen die Künstler die Verbindung in unsere geistigen Ebenen. Aus mir transformiert sich ihre Sexualkraft, ihr Schöpfungspotential zu einem Werk, das in seiner feinenergetischen Konsistenz ein Abbild von kosmischen Mandalas darstellt. So entspricht jedes Musikstück einem kosmischen Muster, das beim Spielen auf der Erde lebendig wird und Heilung oder auch Beschwernis schaffen kann. Wir Nahuales stehen somit im ständigen Zusammenwirken menschlicher und kosmischer Intelligenz. Wenn ich dir auf diese Weise die Zusammenhänge meines Wirkens erkläre, so erkennst du zugleich auch die Armut, in die sich viele Menschen durch ihre reduzierte Wahrnehmung begeben haben. Manche Künstler erkennen sich durch ihre Form, sich auszudrücken, als Juwel der Menschheit, während sie in ihrem Werk zugleich Brücken darstellen für Energieformen der Zerstörung. In gleicher Weise wenden sich Menschen bewusst von der Schönheit ihrer selbst ab, um den Kräften der Zerstörung auf dem Planeten Erde Ausdruck zu verleihen. Alles hat seine Berechtigung, alles ist Teil des großen Schöpfungsplanes, der dem Menschen alle Freiheit gibt, sich zu äußern und sein Lebenswerk als Teil des göttlichen Kosmos in das Ganze einzubringen. Zugleich ist es aber auch notwendig zu erkennen, dass unzählige Energieformen, die aus dem Schöpfungsdrang des Menschen entstehen, zu seinem eigenen Schaden, ja sogar zu seinem eigenen Untergang geschaffen werden. Auch das ist Teil der Freiheit allen kosmischen Geschehens, die uns der göttliche Vater in die Hände gelegt hat.

So ist es auch meine Aufgabe, die aus der Unkenntnis des Menschen geschaffenen energetischen Formen aus meinem Wirken als Mittler zur Schöpferkraft zu transformieren. Das ist auch der Grund, warum ihr mich immer wieder als Altar für die Befreiung von Menschen aus ihren selbst erschaffenen Krankheiten und Abartigkeiten sucht. Ich stelle mich aus meinem Sein zur Verfügung, euch in eurem innersten Kern, eurer inneren Lebendigkeit, eurem inneren Drang nach heilsamen Formen zu unterstützen.

Wenige Tage vor dem Ableben des großen Maya-Ancianos Don Julián wurdest du von mir gerufen. Du erkanntest die aus dem Herzen des Ancianos kommende Bitte, ihn durch ein Reinigungsritual von seinen Altlasten zu befreien. Du wolltest nie Einblick bekommen in diese Seite seines Lebens. Auch er lebte aus seiner Unvollkommenheit, er trug Lasten in sich, die er sich selbst als Mensch geschaffen hatte. Zugleich wirkte er Jahrzehnte seines Lebens für das Heil der Mutter Natur, der Menschen und ganz besonders als Mitarbeiter im Plan des Meisterrates der Maya. Diese Seite kanntest du, und aus diesem Wissen um sein Lebenswerk warst du bereit, dich Jahre deines Lebens seinem Wirken hinzugeben. Dennoch spürtest du, dass es notwendig sein würde, zu seinem Lebensabschluss einiges in Klärung zu bringen. Als du in dieser Zeremonie die Altäre, die Meisterinnen und Meister des Rates, die Ahnen der Maya und die Naturkräfte und Naturgewalten riefst, standen sie alle um mich versammelt. Zu seinem Lebensabschied standen viele von ihnen traurig da, wissend, dass ein Liebender dieser Erde sich verabschieden würde. Andere lächelten aus der Vorfreude, ihn als Meister des Rates mit dem Gesamtbild seines eigenen Werkes schon bald beschenken zu dürfen. Wieder andere standen in Respekt und Ehrerbietung für einen Krieger da, der zeitlebens ihre Kreise gestört hatte. So war ich als Ritualstein Q'ANIL und zugleich als Abgesandter der Venus umgeben von einer Vielzahl von Wesen, die sich zusammenfanden, diesen großen, lebenden Meister der Mutter Erde zu verabschieden. Du hattest sie eingeladen, für ein gemeinsames Geschenk zusammenzuwirken. Diesem Ruf konnte und wollte sich niemand entziehen. Selbst die dunkelsten Mächte erkannten in diesem Moment, dass es an der Zeit war, ihren Respekt für sein Leben zu zeigen.

So zentrierte sich während des heiligen Mayafeuers eine Macht, die für das menschliche Dasein unvorstellbar ist. In wenigen Sekunden transformierten sich Kräfte und Wesenheiten, sie fügten sich ein in das Gesamtwerk des Ancianos oder verabschiedeten sich aus seinem Sein. Ich nahm den Tata in mein Innerstes, in mein Herz und verband ihn mit dem liebenden Herzen der Mutter Venus. Das war der Moment, in dem er zu weinen begann. Es waren Tränen der Freude und zugleich der Trauer, dich und euch, seine Familie und seine geliebten Wesenheiten der Erde nun verlassen zu müssen. Ihr alle, die ihr dabei wart, spürtet diese Urkraft der Liebe, die in diesem Moment lebendig wurde. Ich heilte einen großen Meister des Planeten Erde und zugleich wurde ich aus seiner Urkraft des Herzens so stark berührt, dass auch ich zu weinen begann. Dieses Weinen zeigte sich im aufsteigenden Nebel, der euch alle feinstofflich umgab. Don Juan, der Feuerschamane, hat diesen Nebel erkannt und bedankte sich für die Präsenz der ‚Santa Neblina'. Wie wundervoll zeigte sich dieses Geschehen auf unseren Seinsebenen. Es ist immer ein kostbarer Augenblick für alle Beteiligten, wenn ein großer Meister sich darauf vorbereitet, die physische Ebene der Mutter Erde zu verlassen. Das Herz der Mutter I'X beginnt in ihrer Trauer zu pulsieren und zugleich könnt ihr in diesen kostbaren Momenten erkennen, wie sehr jeder einzelne von euch für ihre Heilung gebraucht wird. Die Erde weinte, weil sie eines ihrer Kinder verloren hatte, das sie zeitlebens liebte und ehrte. Die Venus weinte, weil sie einen Menschen verlieren würde, dessen wichtigstes Anliegen es war, der inneren Schönheit und Würde der Menschen zu dienen, indem er ihnen Heilung gab und den Wahrheitsweg öffnete. Menschen vergessen vielfach, dass es Trauer auch auf geistigen Ebenen gibt. Wir weinen aber meist dann, wenn wir erkennen müssen, dass große Seelen durch die Verstrickungen im Menschsein in ihrer Kostbarkeit verdeckt werden.

Als Nahual der geballten Energie eines Samenkorns bedarf es der Mutter Erde und des heiligen Wassers, diese Kraft freizusetzen. Auch in diesem Bild kannst du die tiefe Verbindung eines Samenkorns mit dem menschlichen Seinszustand erkennen. Jeder Mensch braucht für sein eigenes Wachstum die Kraft und Verbindung zu seinem Seelenplan und das Wasser des Lebens, das seine innere Kraft und Weisheit zum Ausdruck bringt. Aus diesem Geheimnis schöpfte der Anciano Julián. Sein Lebenswerk konnte abgeschlossen werden wie die Reife einer Frucht, die ihren Samen im Herbst des Lebens weitergibt. Die Samenkörner seines Lebenswerkes gehen in vielen Menschen auf, die er aus seinem Auftrag und in seiner Kraft und Weisheit berührt hat. Sein Enkelkind José Julián wurde in meinem Zeichen als Dreizehn Q'ANIL geboren und wird, wenn er es selbst möchte, einmal für das Volk der Maya-Pocomames die Erfahrungen seines Großvaters in Erinnerung bringen. Es wird die Zeit kommen, wo ich mich in diesem noch kleinen Jungen als Q'ANIL bemerkbar machen werde. Leichtgläubigkeit, Unverlässlichkeit und Labilität führen viele Menschen an den Punkt, an dem sie erkennen können, ob sie ihre Verantwortung in die Hände anderer legen wollen oder ihr Leben selbst in die Hand nehmen können. Das Volk der Indígenas lebt derzeit sehr stark in meinem dunklen Wirkensbereich. Vieles möchte erkannt und verändert werden, vor allem aber die Haltung, dass irgend jemand zuständig wäre für die äußere Armut und den Verlust der kulturellen und geistig-spirituellen Kostbarkeiten. Es kann keinem Volk auf Erden etwas genommen werden, das als Schatz im Innersten der Menschen gehütet wird. Durch äußere Einflüsse werden sich Wahrheiten verändern, aber auch das liegt im Wesen jeglichen Weisheitsschatzes, der an die Veränderungen der menschlichen und kosmischen Bedingungen angepasst sein sollte. Es geht allerdings vieles im Menschen verloren, wenn er sich des Wertes und der Kostbarkeit eines Weisheitsschatzes nicht mehr bewusst ist.

Jetzt spürst du zugleich auch Unverständnis über das, was du kürzlich auf dem Friedhof seines Heimatortes Palín erlebtest. Ja, wir wollten dir dort zeigen, was wahre Armut in einem Volk bedeutet. Du liebst das Indianervolk auf deine Weise, du erkennst die Nöte, die Hilferufe, du erkanntest den Anciano in seinem Schmerz, der ein Teil des Schmerzes dieses Volkes ist. 'Wer den Tod nicht ehrt, der kann zu keinem neuen Leben auferstehen.' Das war die Botschaft, die dir auf dem Friedhof in dein Herz gelegt wurde."

Ich war mit meiner Frau Christine wenige Wochen nach dem Tod Don Juliáns zum Friedhof gefahren, um sein Grab zu suchen. Wir stiegen durch Unkraut, an aufgerissenen Gräbern vorbei, begegneten einer Schlange und wurden von wuchernden Brennnesseln genesselt. Der Geruch verfaulender Blumen, süßlicher Verwesungsgeruch schwelgte über dem vernachlässigten Friedhof. Ich bat einen Wärter, uns zum Grab des Ancianos zu führen. Namenlose Gräber, zusammengesteckte Eisenstangen als Grabkreuze schockierten uns und ließen mich erkennen, dass sich Menschen in ihrer Not zugleich auch von den Grundregeln des Respekts gegenüber dem Leben und dem Tod zurückziehen. Als wir schließlich vor dem Grab meines Mayavaters standen, hatte ich Tränen in den Augen. Auch wenn sich sein Grab am Rande des Friedhofs in der Nähe eines alten Baumes befand, bedrückte es mich sehr, ihn in dieser Stätte des Unrats und des energetischen Chaos zu wissen. Ich versprach ihm einen würdigen Platz in unserem Zentrum und fand diesen am nächsten Tag in unserem Heilungsraum des sakralen Dunkels, der heiligen Kiva KEMEs. So belehrte mich Q'ANIL auf seine Weise, indem er mir zu erkennen gab, dass die Schöpferkraft in uns Menschen nur dann als heilbringende Kraft lebendig werden kann, wenn wir bereit und fähig sind, den Ursprung dieser Kraft in KEME, dem Bruder und der Schwester Tod zu erkennen.

„Dieser Friedhof, geliebter Omrael Norbert, ist ein Abbild dessen, was die Menschen aus dem ursprünglich geheiligten Planeten Erde gemacht haben. Der Geruch der Verwesung liegt über diesem Ort menschlicher Entfaltung. Die großen Meister, die ihre Lehren für die Heilung dieses Planeten gebracht hatten, gerieten im Bewusstsein vieler Menschen in Vergessenheit. Du hattest das Bild in dir, diesen Friedhof allein dadurch als Stätte des Friedens wiederherstellen zu können, indem alles dem Erdboden gleichgemacht würde. Das wäre das Horrorszenario, das auch in Verbindung mit dem Planeten Erde lange Zeit im Raum stand. Allein die mühevolle Arbeit und Hingabe vieler bewusster Menschen lassen ein anderes Bild der Heilung der Mutter Erde entstehen. Aus der Gnade des göttlichen Kosmos beginnt mein Heimatplanet, die Mutter Venus, ihre Heilkraft für ihre Schwester Erde vor ihrem Abschied zu öffnen. Sie geht in den Prophezeiungen der Maya symbolisch unter und übergibt ihr Wirken der Weisheit und Kraft der Sternengruppe der Plejaden. Dies bedeutet zugleich die Lebendigwerdung des Prinzips der Liebe und der Weisheit aus dem Kraftquell des Siebengestirns, wie es von den Maya bezeichnet wird. Dieser Abschiedskuss der Venus gleicht dem liebevollen Abschied, den dein Mayavater im Ritual bei mir erhalten hat. Er rief meine Geschwister der Venus in jedem seiner Rituale und arbeitete zeitlebens daran, die in ihm eingebettete Botschaft, Menschen mit der geistigen Welt zu verbinden, zu erfüllen. Don Julián wechselte die Ebene seines Wirkens, so wie auch meine Urmutter, die Venus, sich in ihrem Einflussbereich auf die Erde zurückzuziehen beginnt. Die näheren Zusammenhänge dieses Geschehens können jetzt nicht erörtert werden. Über die Plejaden beginnt ein neuer Abschnitt für euren Planeten, der auch in meinem Sein und Wirken als Nahual Q'ANIL vieles verändern wird. Ich gehe als Hüter der kosmischen Schöpferkraft in das Kraftfeld eines Strahls, den Meister Jesus vor zwei Jahrtausenden auf diesem Planeten gepflanzt hat. Ich habe ihn damals durch den Besuch der drei Magier willkommen geheißen und wusste, dass ich durch ihn meine größte Veränderung erfahren würde. Durch sein Wirken kann nun der Kraftquell des kosmischen Christus in allem Leben auf Erden lebendig werden. Das ist und war der Grund, warum du und ihr beide auf diesen heiligen Platz der Maya gerufen wurdet.

Du stehst in starker Verbindung mit diesem Meister der Liebe und wurdest von den Maya als der erkannt, der in der Verbindung dieser sehr unterschiedlichen, kosmischen Kraftfelder behilflich sein kann. So wurde euch dieses Zentrum als ein Ort der Liebe und der Weisheit anvertraut, den er im Herzen der Maya einst darstellte. In dieser Kraft sollte Maya aus der Geburt der Plejaden im Osten auferstehen. Wie die aufgehende Sonne am Morgen wird sich AJPUU aus dem Herzen der Plejaden zeigen. Die vier Balames und Lichtträger der Plejaden werden symbolisch wieder herabsteigen und das zurückbringen, was viele Menschen verloren glauben. Es ist das Wissen um das Geheimnis der in der kosmischen Lebendigkeit wirkenden Kraft der göttlichen Magie. Aus dieser Kraft wird sich alles in und um die Menschen zu verändern beginnen. Diejenigen, die diese Kraft aus der Verbindung zum Dunkel der Erde missbrauchen, werden unmittelbar die Ergebnisse ihres Wirkens erkennen und den Kräften ausgesetzt sein, die sie in ihr Sein riefen. Zugleich werden die heilsamen Formen aus der Magie des Herzens derjenigen Menschen auferstehen, die als Kinder des Lichts auf diese Erde gekommen sind, um die göttliche Weisheit und Kraft aus dem Wirkenskreis der Plejaden lebendig zu machen.

Auch ich erhalte in dieser großen Umschichtung die Aufgabe, als Hüter dieser Urkraft des Kosmos zu wirken. In meiner bisherigen Aufgabe stand ich als Nahual für die aus der Venus einwirkende Kraft der Fruchtbarkeit und Schönheit. Der Mensch wird nun viel unmittelbarer mit einer Energiequelle aus dem Kosmos verbunden, die seinen Zustand in kurzer Zeit verändert. Auf den Ebenen der Meisterinnen und Meister bedarf es keiner Rituale, um die aus dem göttlichen Herzen fließende Kraftquelle der heiligen Magie zu lenken. Ein Gedanke, die Absicht des Meisters reichen aus, um diesen Strom kosmischer Schöpferkraft zielgerichtet auf ein Geschehen zu lenken. So darf ich im Zeitenwandel als Q'ANIL die Aufgabe übernehmen, Mittler zu diesem Schöpfungsquell der heiligen Magie für die Menschheit zu werden. Das ist es, was du spürst, wenn du dich mit meinem Herzen verbindest und zugleich darum bittest, Menschen und ihre Lebensumstände in heilsame Formen einzubetten. Es genügt den Menschen die Verbindung zu mir als Hüter der göttlichen Schöpferenergie, und sie können die auf ihre Absicht ausgerichteten Gedanken alsbald als ihre eigene Realität erkennen. So werde ich auch in meinem veränderten Seinszustand als Hüter der göttlichen Magie wie alle anderen Nahuales aus dunklen und hellen Seinsebenen schaffen. Menschen werden sich noch schneller als je zuvor mit der Materie, mit der Dunkelheit verstricken und alsbald Opfer ihrer eigenen Kreationen werden, während andere die innere Schönheit ihrer selbst auch im Außen erkennen können. Das ist es, was du bereits in Erfahrung bringen kannst. Durch deinen Zugang zu meinem Herzen gehen selbst deine geheimsten Wünsche in Erfüllung, ohne dass du dabei noch die wahren Zusammenhänge des Geschehens zu erkennen brauchst. So ist es dir erlaubt, etwas in Erfahrung zu bringen, das nach und nach all jenen gegeben werden kann, die bereit sind, sich dieser Quelle der Magie zu öffnen. Du kannst dir aus diesen Zusammenhängen vorstellen, wie schnell es aus dieser Kraft heraus möglich sein wird, vieles in kürzester Zeit in Ordnung zu bringen, was bisher durch den Missbrauch vieler Menschen in ein planetarisches Chaos gebracht wurde. Überall auf diesem Planeten Erde stehen Menschen bereit, die Magie aus dem Herzen des göttlichen Vaters als Heilungsquelle einzusetzen. Sie stehen durch ihre Gebete, Meditationen und Rituale in ständiger Verbindung mit den Meisterinnen und Meistern, die diese tiefgreifende Umschichtung allen Seins auf dem Planeten Erde in ihre Verantwortung gelegt bekommen. So ist es von großer Wichtigkeit, die Zusammenhänge des Wirkens dieser kosmischen Kraft in das Bewusstsein der Menschen zu bringen.

Erst kürzlich begegnetest du einer Anciana, die dir von ihren Träumen erzählte, in denen sie unsere Erde wieder als reinen, strahlenden Planeten auferstehen sah. Wie anders könnte das geschehen als durch die unmittelbare Verbindung des Menschen zu einem Schöpferstrahl, der alles in kurzer Zeit in Veränderung bringt. So erkenne deinen Auftrag als Magier des Herzens, den Menschen, die dir zugeführt werden, erfahrbar zu machen, wie schnell sie ihren Seinszustand verändern können, wenn sie bereit sind, ihr Herz zu öffnen. Mache ihnen erfahrbar, dass stete Gedanken in Verbindung mit dem Herzen genügen, sie aus den Turbulenzen ihrer Lebensumstände zu befreien. Schenke ihnen einen liebevollen Blick und sie werden dahinter den Kraftstrom der Herzensmagie verspüren, der sie wieder lebendig macht. So einfach das nun klingen mag, so unmittelbar hast du selbst in Erfahrung gebracht, wie schwer es für dich war, dich diesem Kraftstrom der heiligen Magie zu nähern.

Was immer auch im Außen zu Krisen im menschlichen Leben führen mag, der wahre Grund ist die Annäherung an diesen aus der Quelle Gottes wirkenden Kraftstrom, der alles an die Oberfläche drückt, was der kosmischen Liebe im Wege steht. So ist der Weg der menschlichen Befreiung zugleich auch eine große Mutprobe, in den kosmischen Strom einer Kraft zu steigen, die in kürzester Zeit vieles in Veränderung bringt. Ihr Menschen habt all unsere Hilfe und könnt in den schweren Lebensumschichtungen erkennen, was es bedeutet, im Dienst eines Plans zu stehen, der in sich die Absicht trägt, die Welt und alle Lebensformen aus ihrem eingeengten Seinszustand zu befreien. Es braucht Menschen, die bereit sind, diesen Weg voran zu gehen. Wir danken euch dafür, dass ihr bereit wart, etwas in Erfahrung zu bringen, was vielen Menschen bevorsteht. So zeichne ich als Lehrmeister der Schöpferkraft kein Horrorszenario, sondern die große Möglichkeit jedes einzelnen Menschen, sich aus der Magie des Herzens aus der Enge gewohnter Lebensumstände zu erheben und in den Fluss des Lebens zusteigen. Wer bereit ist, Lebensveränderungen im Vertrauen auf die geistige Führung als Teil der kosmischen Entwicklung anzuerkennen, der wird auch seitens der geistigen Helfer alle Hilfe und Unterstützung erhalten, diesen Weg unbeschadet überstehen zu können."

Wie auf einem Thron sitzend beobachtete ich den Sonnenuntergang vom großen Heilungsstein der Venus. Der Abendstern stand in Klarheit neben dem in Guatemala auf dem Rücken liegenden zunehmenden Mond. Warum sollte sich die Venus mit einem Abschiedskuss von unserem Planeten verabschieden, fragte ich mich. Q'ANIL gab mir die Antwort, indem er mich aufstehen ließ: „Auch sie wird sich wie du selbst erheben." Ich stieg vom Ritualstein und ging den Hang unseres Grundstücks empor. Dort liegt in die Natur eingebettet das Zeremonienrad der Sternengeschwister, das nach Osten ausgerichtet ist.

Kapitel 19

TOOJ (Toch)

ENGEL DES AUSGLEICHS
Der Kuss des Erwachens

Muluc

Ich vernahm den inneren Ruf, in eine Meditation und Verbindung zu den außerirdischen Welten zu gehen. Dafür sollte ich auf den aufgehenden Mond warten. Die Mondgöttin IXCHEL würde die Brücke in diese Ebenen bauen. Die Nacht hatte sich bereits über das Zentrum gelegt. Tiefer Friede lag über mir und dem, was sich bereits aus dem Tagesgeschehen in Verbindung mit Q'ANIL angebahnt hatte. Ein kräftiger Höhenwind schob schwere Wolkenformationen über die Vulkane.

Ich setzte mich außerhalb des Zeremonienrades auf einen Stein und verband mich mit dem Abendstern, der wie ein treuer Begleiter den Mond zu beobachten schien. Mit einer alten taoistischen Praktik verband ich mich mit dem Frieden meines Geistes und meiner Seele. Ich erbat die Verbindung zur Tiefe und Weite meines Seelenauftrags. Diesen Frieden ließ ich in meinen Körper einziehen und legte ihn aus der weichen Abendbrise über meine Organe und Sinne. Aus dieser zentrierten Kraft erhob ich meinen Geist und ließ diese Kraft in meine Umgebung fließen. Auf diese Weise bereitete ich mich auf die Begegnung mit Seinsebenen vor, die ich zwar immer stärker in mir wahrzunehmen begann, von denen ich aber aus eigener Erfahrung noch zu wenig zu wissen glaubte. Q'ANIL war mit mir gekommen und ließ mein Herz aus meinem inneren Kind heraus höher schlagen. Dabei empfand ich Freude über etwas, das ich noch nicht zuordnen konnte und das dennoch präsent war. Ich spürte die Essener, meine geistigen Brüder aus alter Zeit. Sie erinnerten mich in diesen Augenblicken des inneren Friedens an geheimnisvolle Erfahrungen mit Welten, die sich in mir weiter zu öffnen begannen. „Im himmlischen Reich gibt es seltsame und wundersame Werke, denn durch sein Wort bestehen alle Dinge. Und noch größere Dinge sind uns verborgen als diese, denn wir haben nur wenige seiner Werke gesehen.“

Nun stellte ich mich in die Mitte des Steinkreises, schloss die Augen und verband mich mit den in den Prophezeiungen der Maya erwähnten Wesen der Plejaden. Sie würden bereit sein, der Menschheit im tiefgreifenden Wandel aus ihrer Weisheit und Erkenntnis Hilfe zu geben, und für die Lebendigwerdung der Weisheit Gottes auf Erden mitwirken. Ich lud Meister Cirilo ein, mir als Mittler in diese Welten zu helfen. Er ist der Mayaweise, der aus dem Quell der Wesen der Plejaden schöpft und als Prophet der Maya wirkt. Schon Monate hatten wir uns nicht mehr gesehen und dennoch spürte ich seine liebevolle Präsenz und Bereitschaft, mir diesen Kontakt zu schaffen. Wie ein sanfter Schauer legte sich eine Kraft gleich einer Lichtglocke über mich und hüllte mich ein. Ich spürte sie in mir und zugleich merkte ich, wie sich der ganze Raum um mich herum zu füllen begann. Ich spürte, wie sie zu mir sprachen und mich darum baten, auszusprechen, was sie mir sagen wollten.

„Sei gegrüßt, Omrael Norbert! Das Weltengeschehen steht derzeit in einem Kraftfeld, das viele Menschen in große Bedrängnis bringt. Es scheint so, dass die Kräfte des Dunkels für die Zeit des großen Wandels die Oberhand über das planetarische Geschehen haben. Du spürst es in deiner Arbeit, in deinem Umfeld, in der Natur, ja selbst auf den feinstofflichen Ebenen. Vieles baut sich um, möchte neu geformt werden. Die Kräfte der Zerstörung erkämpfen mit den unterschwelligsten Methoden, in ihrer großen Gier nach immer mehr Macht, die Kontrolle über das weltliche Geschehen. Sie fühlen sich als die Beherrscher der großen menschlichen Organisationen, der Medien, der Politik, der Wirtschaft und des Konsumgeschehens, der Wissenschaft und Technik. Die Menschen selbst sind es, die diesen Mächten aus ihrer eigenen Machtgier den Raum schaffen und dabei zugleich aus ihrer eigenen Ermächtigung zurücktreten. In diesem Kraftfeld der Macht und Unterdrückung stehen die planetarischen Völker und Kontinente. Je mehr innere Ermächtigung der Mensch an diese Seinsebenen abgibt, um so stärker begibt er sich dabei auch selbst in Abhängigkeit.

Die Menschheit könnte derzeit kaum deutlicher vor Augen geführt bekommen, was es bedeutet, sich in der Macht zu glauben und im wahren täglichen Geschehen einer immer stärker werdenden Ohnmacht und Abhängigkeit gegenüberzustehen. Diese Abgabe von Verantwortung ist wie alles Geschehen im derzeitigen planetarischen und kosmischen Plan vorgesehen. Dieser Plan trägt die eine Absicht in sich, den Menschen bewusst zu machen, in welch großer Macht und zugleich Ohnmacht sie dem unsichtbaren und auch sichtbaren Geschehen gegenüberstehen. Aus dem heiligen Kalender der Maya ist es TOOJ, der diesen großen Übergang in eine neue Seinsform des Menschen mitgestaltet. Er zeigt sich vorerst in seinen dunkelsten Schichten als die Kraft, die den Menschen in seine Unvollkommenheit zwingt. Die schweren Lasten der bisherigen Lebensformen der Menschen aus unterschiedlichsten Kulturen haben den Zustand herbeigeführt, unter dem jeder einzelne Mensch, aber auch der Planet Erde leidet. Wird TOOJ im individuellen Leben eines Menschen lebendig, so sind es die Lebensphasen, in denen Erkenntnis und Erwachen durch Schmerz und Leid, durch Schicksalsschläge, Kriege und Tod eingefordert werden. Es ist nicht Gott, der diese Opfer verlangt, wie es in den Schriften alter Kulturen und Religionen oft dargestellt wird. Der Mensch selbst erfährt in seinen Lebenszusammenhängen, was es bedeutet, in die größeren Zusammenhänge eines Volkes, einer Kultur und Religion eingebunden zu sein. So wie Don Julián als großer Heiler und Schamane nicht umhin konnte, das schwere Los seines Volkes in sich zu verarbeiten, so stehen große Völker in der Schwere ihrer eigenen, selbst geschaffenen Unvollkommenheit und Bindung an das Dunkel.

Die wohl einzige Möglichkeit, den TOOJ eines Volkes zu verändern, ist das Erkennen der größeren Zusammenhänge, in dem ein Volk, eine Kultur sich verstrickt hält. Jeder einzelne Mensch kann einen kostbaren Beitrag dazu leisten, den zukünftigen Generationen durch die Auflösung einer Verstrickung in sich selbst einen zukünftigen Nährboden für den Frieden zu schaffen. Auch hier kannst du erkennen, wie kostbar es ist, über

KEME die in den Ebenen des Verstorbenenreiches verlorenen Seelenanteile der Menschen zu heilen und wieder zusammenzufügen. Die tiefste und wirksamste Form der Friedensarbeit ist es, über die unsichtbaren Seinsebenen den Frieden für diejenigen zu schaffen, die hinter den Geschehnissen der Konfliktherde der Völker stehen. Hinter jedem einzelnen Menschen, der in blindem Fanatismus einen anderen tötet, steht eine Seele oder ein ganzes Kollektiv von zerrissenen Seelen und Kräften, die diesen Menschen zur Handlung drängen. Wie viel Wert hat in diesem Zusammenhang die Entscheidung eines Politikers oder einer Partei, der Ruf nach Friedensprojekten? Sie alle sind denselben Kräften als unsichtbare Drahtzieher dieser Konflikte ausgeliefert, wenn sie nicht bereit sind, die wahren Hintergründe zu erkennen. Es ist kostbar, im Mitgefühl den Menschen in ihren schwersten Nöten behilflich zu sein. Das gilt für einen einzelnen in Not stehenden Menschen, und das hat auch in Verbindung mit den großen Konfliktherden der Erde seine große Bedeutung.

Die Menschen sollten aber aus dem sich verändernden Bewusstsein erkennen, dass es an der Zeit ist, auf den Urgrund der zwischenmenschlichen Geschehnisse zu schauen und auf feinstofflichen Ebenen die Basis für die grobstoffliche Ebene zu schaffen. Das Wesen des Nahuals TOOJ ist es, aus der Unvollkommenheit in einem individuellen oder gemeinschaftlichen Zusammenhang die Vollkommenheit anzustreben. Du trägst viel Weisheit im Umgang mit diesen Schichten der Unvollkommenheit in dir. Viele Menschen verfallen in der Konfrontation mit der Dunkelheit in Angst und lehnen jegliche Form der Arbeit mit diesen Seinsebenen ab. Diese Angst liegt darin begründet, dass jeder Mensch unzählige Erfahrungen in sich trägt, diesen zerstörenden Seinsebenen zum Opfer fallen zu können. Sie spüren TOOJ als denjenigen, der Blut und Opfer, Tod und Schmerz einfordert, um dem Menschen wieder Frieden zu geben. Dieses Bild stand über lange Zeiträume in Verbindung mit einem strafenden Gott, der seinen Blutzoll von all jenen fordert, die sich gegen ihn vergangen haben. Dieses Bild trugen alte Kulturen in sich, die ständig angehalten waren, Göttern zu geben und dafür etwas zu bekommen.

Die Bewusstseinsentwicklung reifer Menschen hat dazu geführt, dass wir erkennen können, dass die Befreiung des Menschen über die Erkenntnis und das in uns immer stärker werdende Licht erfolgt. Dieser Weg steht für diejenigen Menschen offen, die sich entschließen, in ihrer Lebensführung und Aufgabe Ausgleich zwischen Licht und Schatten zu schaffen. Sie bewegen sich damit unmittelbar in die Lichtseite dieses großen Nahuals, der aus einer ausgewogenen, inneren Haltung eines Menschen heraus alles Geschehen um ihn herum als Rad des Lebens in Bewegung bringt und hält. In deiner Arbeit konntest du erfahren, wie notwendig es für dich war, in deine eigenen Schichten des Dunkels vorzudringen und sie zu integrieren. Du bist diesen Weg als Krieger und Kämpfer für die Heilung der Menschen gegangen. Du hast auf diesem Weg keine Risiken gescheut und dich den stärksten Mächten des Dunkels gestellt. Man könnte diese Wanderschaft durch die Reiche des Dunkels auch als die Integration TOOJs bezeichnen. Du warst bereit, dich deinen eigenen Unvollkommenheiten zu stellen und die daraus entstehenden Schmerzen zu ertragen. Aus diesen Erfahrungen und aus diesen Verbindungen heraus ist es dir möglich, die Menschen da abzuholen, wo sie stehen. Viele sind in tiefen Schichten des Dunkels, in den Ebenen der Zerstörung verstrickt. Wir sehen dies an der Anzahl der Freitode, an den vielen Katastrophen und Kriegen, in denen Menschen und Völker leiden. Es dient Menschen und Völkern zu wenig, wenn in der Friedens- und Heilungsarbeit allein mit Licht und Friedensvisionen gearbeitet wird. Jede Lichtarbeit, jedes Projekt, bezogen auf einen Konfliktherd, schafft durch eine verstärkte Einwirkung von Licht eine höher Dichte des Dunkels, wie es im Prinzip von Licht und Schatten gegeben ist. Der Ruf des Leidenden ertönt aus den Tiefen des Dunkels, die für das Licht oft nicht mehr erreichbar sind. Wesen des Lichts können in diese dichte Energieschichten des Dunkels nicht mehr eindringen. Sie stehen vor der Energie tiefster Entwürdigung des Menschen wie vor einer dunklen Mauer. Das ist der Grund, warum wir heute am Altar der Sternengeschwister über das Wirken der Dunkelheit zu dir sprechen. Wir bitten euch, für uns eine Brücke in eure Seinsebenen zu bauen. Über eure Herzen, über euren Geist können wir herabsteigen, mit euch bewegen und aus euch heraus verändern und das Lebensrad TOOJ in Bewegung setzen.

Es ist dir und euch als Gruppe gegeben, aus diesen Zusammenhängen heraus auf Seinsebenen so einzuwirken, dass sich die Spannung im Dunkel vermindern kann. TOOJ steht sehr stark verbunden mit dem violetten Strahl der Transformation, der in der feinstofflichen Heilungsarbeit viel neutraler auf die Konfliktherde einwirken kann als die Konzentration auf das Licht. Dies würde bedeuten, dass die Menschen, die in einem Kriegsgebiet leben, durch ihre eigene zeremonielle und meditative Gruppenarbeit mit dem violetten Strahl in sich selbst Veränderung und Befreiung erfahren können. Mitten im Kriegsgeschehen können damit viele Menschen von Angst und Not befreit werden. Aus ihrer geistigen Verbindung heraus haben diese Friedensboten als Brückenbauer eine zentrale Aufgabe für eine Veränderung innerhalb des Konfliktherdes. Sie dienen aus dieser Haltung heraus als Brücken der großen Friedensstifter aus den geistigen Quellen. So ist es von größter Wichtigkeit, Gruppen bewusster Menschen dort zusammenzurufen, wo zwischenmenschliche Spannungen gegeben sind, und ihnen ihre Brückenfunktion zu den weltweit für den Frieden wirkenden Menschen bewusst zu machen.

Ein in Angst und Schrecken lebender Mensch ist weder für die eine noch für die andere Seite der Brücke eine Stütze. Der Brückenbauer sollte in seiner Aufgabe als Mittler feinstofflicher Energie möglichst aus einer neutralen Haltung heraus handeln. Dies bedeutet, sich weder für die eine noch die andere Seite eines Konfliktgeschehens zu engagieren und dabei zu erkennen, dass es nicht um die Bewertung von Tätern und Opfern geht.

Don Julián hat oft genug mit dir darüber gesprochen, dass du in deiner Heilungsarbeit Menschen aus ihren Verstrickungen befreien solltest. Du kannst aus deinen Verbindungen in diese Ebenen zu ihnen hinabsteigen und ihnen Befreiung geben. Mit welchen Mitteln das geschehen mag, steht jedem einzelnen Menschen offen. Mag sein, dass viele alte Formen der schamanischen Arbeit im heutigen Bewusstsein eines Menschen nicht mehr anwendbar sind. Das bedeutet aber nicht, die Aufmerksamkeit in der Heilungsarbeit allein auf das Licht zu richten. Jeder Heiler, der in sich die Ebenen des Dunkels durchwandert hat, wird auf geistigen Ebenen als große Kostbarkeit gesehen und ohne jegliche schamanische Technik in die Tiefen eines Menschen und auch einer Konfliktregion vordringen können. Der große Meister und Heiler Jesus hat dies für uns Menschen in Erfahrung gebracht und gelebt. Es wurden dir viele Menschen zugeführt, die sich der Heilung und Ganzwerdungen anderer Menschen zuwenden. Auch hier konntest du in Erfahrung bringen, wie schnell die Welt eines Heilers in sich zusammenbrechen kann, wenn er nicht die Gesetze des Kosmos beachtet.

So ist es von größter Wichtigkeit, jenen Hilfe anzubieten, die guten Willens sind und aus der Liebe zu Gott und einer friedlichen Welt ihre Aufgabe übernehmen. Aus ihrer eigenen Unvollkommenheit scheitern viele von ihnen an dieser, oft auch von ihnen selbst gestalteten Aufgabe. Die Haltung des Sich-Opferns und des Geopfert-Werdens kann sich nur dann erlösen, wenn der Mensch sich selbst nicht als Opfer, als Schuldbehafteter und Sünder wahrnimmt. Das Gebet eines Sünders und Schuldigen trägt wenig Kraft für den Wandel einer Situation in sich. Eines der größten Vergehen des Menschen gegen den göttlichen Plan ist es, in seiner Bewusstlosigkeit, Ohnmacht und Schuldbehaftung zu verharren. Damit öffnet er Tür und Tor für die Kräfte, die sich dieser Energie bedienen und diesen Menschen zu ihrem Werkzeug machen. Wer sich in seiner eigenen Kraft zurücknimmt, öffnet seinen inneren Raum der göttlichen Ermächtigung für die Kräfte der Macht und Kontrolle. Aus diesem Verhalten entstehen Missbrauch und Abhängigkeit. Aus dieser Haltung wird die Sünde als Ausdruck TOOJs wahrgenommen. Diese Zusammenhänge werden sich im Zeitenwandel allein dadurch ändern, dass der Mensch von den kosmischen Ebenen alle Hilfen erhält, dieses tief in die Menschheit eingeprägte Verhalten zu verändern und aufzulösen. Aus dieser Veränderung der Lebenshaltung öffnet sich TOOJ als Lehrmeister der Lebensdynamik, der Fülle und Freude aus der göttlichen Ermächtigung. Jede menschlich aufgebaute Macht erstickt im Kraftfeld göttlicher Ermächtigung.

Dies wird der Menschheit im derzeit stattfindenden Zeitenwechsel sehr bewusst werden. Aus dieser Haltung ist es uns aus anderen Welten heraus möglich, an eurer Befreiung mitzuwirken.

Die innere Haltung und Ausrichtung des Menschen als Basis dieser göttlichen Ermächtigung kann sich durch Reinigung und Klärung seiner feinstofflichen Seinsebenen entfalten. Dadurch werden auch Formen, die von der Menschheit in einem anderen kosmischen und menschlichen Bewusstsein geschaffen worden sind, aufgelöst. Sie würden den Aufbau der neuen Lebensformen behindern und unmöglich machen. Damit steht TOOJ in seiner klaren Absicht der Zerstörung einer menschlichen Grundhaltung der Ohnmacht, Schuldbehaftung und Bewusstlosigkeit. Aus denselben Quellen geschieht zugleich auch die Zerstörung des Unbrauchbaren, was immer das in der menschlichen Gesellschaft auch sein mag. Jeder Mensch steht als Brücke zwischen den Seinsebenen der Mutter Erde und den geistigen Bewusstseinsebenen. Über die Erde besteht für die Menschen die große Möglichkeit, sich aus den Erfahrungen des Alltags zu erheben. Die Natur ist dazu ein kostbarer Weisheitsträger. So wie an diesem Altar der Mond die Verbindung zu unseren Seinsebenen aufbaut, so ist derzeit auch im Weltengeschehen das Bewusstsein der Frau eine große Kostbarkeit für das Erkennen und Erfahren der Möglichkeit, sich über das Weibliche in allen Lebensformen in das Göttliche zu erheben. Die auf das neue, kosmische Bewusstsein des Menschen abgestimmten Formen werden sehr stark aus der Kraft des Weiblichen gebaut. Das ist der Grund, warum so viele Frauen in sich den Ruf verspüren, sich als Mitarbeiterinnen in diesem großen Plan einzubringen. Du spürst die Nähe der weisen Frauen und Männer der Kelten, der Maya, der Ägypter und Sumerer und vieler anderer Völker. Sie haben sich dazu bereit erklärt, ihre große Kraft und Weisheit den derzeit lebenden Menschen zur Verfügung zu stellen. Was es bedeutet, sich aus diesen Wahrheitsquellen zu erheben, kannst du aus eigener Erfahrung erkennen. So wie Menschen den kleinen, unscheinbaren Lebens- und Bewusstheitsformen gegenübertreten, so stehen sie letztlich auch im größeren, kosmischen Geschehen.

Es ist aber auch für viele Menschen nahezu unmöglich geworden, die Lebendigkeit der Natur und die damit verbundene Lebensweisheit zu erkennen. Da stehen die Indianervölker in all ihrer Kraft und Weisheit als Brückenbauer und Hüter der planetarischen Weisheit zur Seite. Menschen unterschiedlichster Kulturkreise suchen aus diesem Grund die Verbindung zu Weisen, Schamanen, Priestern und Weisheitslehrern. Für die Wiederkehr dieses alten Wissens ist es von großer Wichtigkeit, dass die indigenen Völker ihre Wunden, die ihnen zugefügt worden waren, heilen können. Man könnte die Zeit des Untergangs ihrer Lebensformen auch als TOOJ für all das bezeichnen, was sich im neuen Kleide und Bewusstsein zeigen möchte. Oft ist es im planetarischen Leben so, dass sich durch ein Opfer eine alte Form löst und Raum gibt für etwas, das in die neue Form drängt. So war es auch in deiner Aufgabe, aus der Verbindung zu den Arbeitsweisen der Maya die Traditionen kennenzulernen und in ein neues Kleid einzubetten. Die Opfer, die du dafür bringen musstest, waren die jahrlange Hingabe an die Vision eures Zentrums, verbunden mit vielen Hürden und Herausforderungen. Hinter den Traditionen stehen die großen verstorbenen Weisheitslehrer und Hüter eines Wissens, die nicht übergangen werden sollten. Sie können ihre Aufgabe im Zeitenwandel nur dann erfüllen, wenn sie selbst aus ihren Verstrickungen und Lebenserfahrungen früherer Existenzen befreit sind. So hast du auch in Erfahrung gebracht, dass in den Feuerzeremonien der Maya die Ahnen gerufen werden für ihre Wiederkehr. Können sie auf anderen Seinsebenen von ihrer Opferhaltung befreit werden, ist ihre Wiederkehr in den Kindern unter anderen Vorzeichen gegeben. Sie tragen in ihren Seelenanteilen nicht mehr die Wunden der Entwürdigung und Zerstörung.

Die Zeremonien der alten Völker stehen im Zeichen TOOJs. Der Mayaschamane bezeichnet all das, was er aus klarer Absicht in das Feuer legt, als Gabe an die geistigen Seinsebenen, um Ausgleich in einer inneren Unausgewogenheit eines Menschen oder einer Lebenssituation zu schaffen.

Auch das zwischenmenschliche Geben und Schenken ist eine sehr schöne und heilsame Form, diesen Ausgleich in zwischenmenschlichen Konflikten zu schaffen. Diese Form des schamanischen Gebens lenkt sich immer stärker dahin, dass der Mensch aus dem offenen Herzen seine Bereitschaft zeigt, sich selbst in seiner Hingabe an die göttliche Vorsehung zu geben. Nichts ist von so großer Kostbarkeit als der TOOJ aus der menschlichen Hingabe an den göttlichen Vater durch Gebet, Besinnung, Rituale oder Meditation. In dieser Hingabe lösen sich, wenn sie aus dem Herzen gegeben sind, die stärksten Verstrickungen und Abhängigkeiten. Aber auch da kommt im Leben eines betenden Menschen der Zeitpunkt, an dem er abseits des gesprochen Wortes und der geistigen Hingabe zur Tat schreiten muss. Wie könnte der TOOJ des Gebets oder einer Zeremonie erhört werden, wenn die aus dieser Kraft ausgelösten Lebenssituationen vom Betenden selbst nicht angenommen oder verstanden werden? So fordern die Lebenszusammenhänge die Menschen auf, sich zu verändern, sich den Lebenssituationen zu stellen, die die Absicht der Gebete in sich tragen.

Gottes Sprache ist die Sprache des Loslassens von Vorstellungen, die wir für die Gestaltung unseres Lebens in uns tragen. Wer aus der Bereitschaft, sich an das Größere hinzugeben, betet, wer aus seiner Wachsamkeit die Impulse der Antworten der geistigen Welt verstehen lernt, der wird in sehr kurzer Zeit durch die eigenen seelischen Unausgewogenheiten geführt werden. Gläubige erkennen meist nicht die Antwort Gottes auf ihre Gebete. Sie sind nicht dazu bereit, die Zeichen der notwendigen Veränderung anzunehmen. Es ist erheblich leichter zu beten, als die Auswirkungen eines Gebets anzunehmen."

Das Erkennen einer von Gott geführten Lebenshaltung würde für die Menschen jeden Schamanen und Heiler, ja selbst jeden geistigen Begleiter ersetzen. Dies sind die Momente auf dem Weg des Schamanen, in denen ein Mensch erkennt, dass die Zeit gekommen ist, allein sich selbst und seiner geistigen Führung zu vertrauen. Es kann nicht oft genug erwähnt werden, dass es in allen Formen des zeremoniellen Gebens in erster Linie darum geht, sich selbst zu geben. Mit jeder Kerze, die ein Mensch an einem heiligen Ort entzündet, manifestiert er für sich selbst die Lebenssituation in Verbindung mit den angerufenen Kräften. Er kreiert damit über das Feuer eine Absicht und gibt diese Absicht in den Kosmos weiter. Die Wirksamkeit der Reaktion auf Erden hängt davon ab, ob die Absicht klar und stark genug zentriert wurde und ob die Antwort vom Menschen selbst verstanden werden kann. In jedem Fall trägt der Betende, Meditierende wie der Schamane die Verantwortung dafür, was er aus einem Ritual und Gebet in sein Leben ruft. Der Mensch muss dann auch mit dem fertig werden, was in seinem Leben steht. Es ist gut, dass viele Menschen nicht zentriert genug sind, das zu kreieren, worum sie bitten. Sie würden sich oft selbst in ihrer Entfaltung behindern, ja sich selbst durch das Schaffen von Fehlformen auch Leid schaffen.

Es wäre sehr kostbar für viele Menschen zu erkennen, dass die neutralste und der Entfaltung dienlichste Form des Gebets der Dank ist. Daraus könnten die Menschen erkennen, dass sie sich selbst auf der Wanderschaft durch das Leben beschenken sollten. Jeder schwere Tag verdient es, als Geschenk Gottes wahrgenommen zu werden. Was immer dieser Tag auch an Schwere in sich trägt, es wäre klug, sich für jegliche Erfahrung zu bedanken. Ich hatte in Don Julián einen großen Lehrmeister gefunden, den Nahual TOOJ in seiner Kraft als Dankbarkeit zu erkennen und in Erfahrung zu bringen. Er dankte täglich Gott für all das Schöne, aber auch das Schwere und Leidvolle in seinem Leben. Lange konnte ich diese Haltung nicht verstehen. Wie kann man sich für eine leidvolle Erfahrung bedanken? Aber hinter jedem Dank liegt das Geheimnis eines kosmischen Lehrmeisters, der seine Gaben für diejenigen ausschüttet, die ihn erkennen. Die Dankbarkeit ist ein Teilaspekt der kosmischen Liebe. Jeder Dank löst, wenn er aus dem Herzen gesprochen wird, viel Freude bei den Menschen, aber auch bei den geistigen Begleitern aus. Zum Abschluss einer Gruppe zentriere ich meist die Dankbarkeit und Liebe der Menschen in einem Ritual und stelle sie der Heilung der Mutter Erde, oder auch der Heilung eines Menschen zur Verfügung. In diesen Momenten geschieht viel Veränderung an den Orten, wo diese unsagbar starke Kraft hingeleitet wird.

„Eure Arbeit, das Zentrum wie das Werk TO-OM-RA und die damit verbundenen Projekte, Helfer und Begleiter leben, wachsen und gedeihen aus eurer Kraft der Dankbarkeit und Freude. Für viele Menschen ist es leichter, Dankbarkeit zu empfinden als die Liebe ihres Herzens, die sie vielleicht zu Lebzeiten nie erfahren konnten. So gibt es die Sprache der Dankbarkeit, die jeder Mensch verstehen kann und von Kindheit an lernen sollte. Die Sprache der Liebe stellt wesentlich höhere Ansprüche an den, der sie lernen und ausdrücken wollte. So möchten im Zeitenwandel viele Bittgebete umgeschrieben werden in Gebete des Dankes und der Lebensfreude, weil diese inneren Qualitäten von uns Menschen die Kraft des Neuen und Heilvollen in sich tragen. Diese Bitte richte ich an Menschen, die aus ihrer inneren Armut, ihrem Verlassensein, aus Schmerz und Leid einen Weg suchen.

Die Gedankenformen aus dem Armutsbewusstsein eines Menschen können sich nicht in die geistigen Quellen der Schöpferkräfte erheben und versiegen bei vielen Menschen bereits in dem Moment, wo sie, ausgesprochen, den Mund verlassen. Möge es den Menschen bewusst werden, um wieviel größer die Kraft des Dankes und der Lebensfreude ist für das, was in ihrem Leben vorhanden ist. Der Mensch setzt damit ein Zeichen, dass er bereit ist, das anzunehmen, was aus der Quelle TOOJs für ihn vorgesehen ist, um ihn zu einem Leben unter veränderten inneren und äußeren Umständen zu erwecken. Die Bitte entstammt der Ebene des Vergessens, während Dank und Freude der Ebene des Erwachens und der damit verbundenen Kraft der Gnade entspringen.

Für das Erwachen ist es unerlässlich, auch das Vergessene in jedem einzelnen Menschen lebendig werden zu lassen. Beim Eintritt in das Erdenleben werden die Menschen gesegnet mit dem Kuss des Vergessens. Würden wir die schweren Lasten unserer früheren Existenzen in Bewusstheit erkennen, würden diese Altlasten wie eine riesige, unüberbrückbare Mauer vor vielen Menschen stehen. Aus der Verzweiflung und Entmutigung hätten viele Menschen auch nicht die Kraft und Ausdauer, mit dem Abbau dieser Altlasten zu beginnen. So ist alles Geschehen um und in den Menschen in eine klare Absicht eingebettet. Der göttliche Vater hat aus dem Wirken der Gnade viele Helfer auf geistiger Ebene mit der Aufgabe betraut, die Menschen gemäß ihrer eigenen Bereitschaft und Hingabe Schritt für Schritt aus den Erfahrungen der Erdenleben zu befreien. Bereits bei der Wahl der leiblichen Eltern steht der Engel und

Lehrmeister des Lebensrades, TOOJ, an der Seite einer Seele. In unmittelbarem Zusammenwirken löst er die Schleier, die im Zeichen des Vergessens über den Menschen liegen, und lässt die Seele den bestmöglichen Ort der Wiederkehr in einer Familiengemeinschaft erkennen. TOOJ steht dabei in Kommunikation mit den Absichten und Wünschen der Seele, die sich das bestmögliche Lernumfeld aussuchen möchte. Dieses Lernumfeld ist freilich nicht immer ein Ort der familiären Harmonie und würdevoller äußerer Umstände. So ist bereits zum Erdeneintritt der Schmerz vieler Kinder aus der Würdelosigkeit ihres Erdeneintritts und Lebensumfeldes gegeben. Ablehnung seitens der Eltern, fehlende Fürsorge, Misshandlungen, äußere und innere Armut der Eltern weisen bereits hin auf die ersten, zu bewältigenden Lebensaufgaben und erinnern an den Ruf der Seele, in Ausgleich zu bringen, was in ihr an Disharmonie vorhanden ist. Die in Vorleben verloren gegangenen und abgetrennten Seelenanteile spiegeln sich so im Leben des Menschen, dass er daraus den inneren Impuls vernehmen kann, sich auf die Suche nach diesen verlorenen Anteilen zu machen.

Bei dieser Suche standen den Menschen in den alten Kulturen Heiler, Schamanen und Weisheitslehrer zur Seite. Ihre erste Aufgabe war es, das Geheimnis TOOJs aus der Aufgabe der Seele zu ergründen und den Hilfe suchenden Menschen in der Bewältigung dieser oft sehr schweren Aufgabe zur Seite zu stehen. Es liegt nahe, dass es einem in seinem eigenen Leid und Schicksal verhafteten Menschen aus eigener Anstrengung fast unmöglich ist, aus dem Tal des Vergessens herauszufinden. Heute steht diesen Menschen wie nie zuvor eine Vielzahl von Möglichkeiten offen, zu sich selbst zu finden und den individuellen Weg der eigenen Seelenaufgabe zu erkennen. Die Menschen werden in der heutigen Gesellschaft immer mehr Möglichkeiten finden, altes Wissen in die heutige Zeit und in das Bewusstsein einzubetten, und daraus Lösungen für ihre Lebenskonflikte und Nöte finden.

So kann sich der Lebensweg eines Menschen aus unzähligen Erfahrungen seines Lebensumfeldes öffnen. Der Schleier des Vergessens lichtet sich bei einem bewussten Menschen von Erfahrung zu Erfahrung und ermöglicht ihm die stufenweise

Erkenntnis der Unvollkommenheiten, die er in sich trägt. Mit dem bewussten Menschen geht TOOJ aus der Tiefe des Schmerzes in das Neuland des Erkennens, in dem Erfahrungen nicht mehr mit dem Leid des Menschen verbunden stehen. Die Seele drängt danach, sich durch die Erkenntnis des Menschen aus diesen Erfahrungen zu befreien. Sie sehnt sich aus ihrer göttlichen Instanz danach, aus ihrem göttlichen Licht heraus wirken und verändern zu können. So ist sie in ihrer Urabsicht angelegt. Dieses Sehnen, der innere Ruf, steht mit TOOJ als Kraft der Konfrontation und Öffnung in ständiger Verbindung. Er reagiert auf die täglichen Impulse und Hilferufe und führt uns in Lebenssituationen, aus denen wir ihre Absicht und unsere innere Wahrheit wahrnehmen können. Im Erwachen eines Menschen scheint das Licht der Wahrheit in das Dunkel des Vergessens. Aus diesen Zusammenhängen erklären sich viele Helfer bereit, in die Ebenen des Dunkels hinabzusteigen. Dieses Hinabsteigen in den Schmerz des Erdenlebens ist Ausdruck der bewussten Hingabe an einen Plan, der einzig darauf ausgerichtet ist, das Große in den Menschen hinter dem Schleier TOOJs zum Leben zu erwecken.

Warum sprechen wir in dieser friedlichen Nachtstimmung über die Erschwernisse des menschlichen Lebens? Du hast dich entschieden, dein Leben in die größeren, kosmischen Zusammenhänge einzubetten. Umso stärker musstest du damit rechnen, dass sich der Schleier des menschlichen Vergessens über dir als Brücke zur Seele lichtet und die damit verbundenen Gefühle auch von dir erfahren werden. Diese Erfahrungen sind für uns außerirdische Wesen von größter Bedeutung. Allein aus diesen Erfahrungen vieler Helfer auf Erden wird es uns möglich, auf den großen inneren und äußeren Wandel in der Menschheit besser Einfluss nehmen zu können. Wir kennen viele eurer zwischenmenschlichen Zustände nicht. Wir wissen zum Beispiel nicht, was es bedeutet, wenn sich ein Mensch in der Liebe glaubt und zugleich diese Liebe einem einzigen Menschen zugänglich macht. Das ist die derzeitige Form, miteinander das Leben und die Aufgaben in der Familie zu teilen. In unseren Ebenen fließt die Liebe zu vielen Wesen, die sich aus dieser kosmischen Kraft ineinander fügen für eine gemeinsame Aufgabe. Es werden aus dieser Kraft gemeinsame Formen zum Wohl der Gemeinschaft geschaffen. So ist es von großer Kostbarkeit, aus den Emotionen der Menschen Erfahrungen zu sammeln. Dadurch können wir auf diese Seinsebenen mit euch herabsteigen und einen Seinswandel mittragen, ohne uns selbst in diesem sehr dichten Kraftfeld zu verstricken.

Es war allein deine Entscheidung, in unserem Dienst diesen oft erbarmungs- und schonungslosen Weg der Erkenntnis zu beschreiten. Du hast dich dazu bereit erklärt, die Menschen, die dir zugeführt werden, mit dem Herzenskuss TOOJs zu berühren. Damit löst du in diesen Menschen ein tiefes Sehnen nach Erkenntnis aus. Es ist das Sehnen ihrer Seele, die sich aus deiner und eurer Aufmerksamkeit erkannt fühlt. Ihr erstes Lebenszeichen ist der Wunsch, sich zu befreien und damit zugleich auch zu vervollkommnen. Was im Leben eines Menschen geschehen kann, ergibt sich aus seiner inneren Haltung, aus der Bereitschaft, zu vertrauen und sich einem oft schwerwiegenden Reinigungsprozess hinzugeben. Jede andere Haltung festigt die über den Seelenebenen liegenden Panzer der Persönlichkeitsstruktur. Dieses mächtige Wesen möchte in seinem Wirken von unserer Gedanken- und Gefühlswelt nicht gestört werden. Über die Wesenheit des Zweifels, des Misstrauens, über die gebauten Gedanken- und Gefühlsbilder werden viele dieser Seelenimpulse wieder in das Vergessen zurückgedrängt. TOOJ zieht den Vorhang des Vergessens so lange vor das Geschehen, bis sich im Lebenszusammenhang eine neue Möglichkeit ergibt. Der Engel des Vergessens hüllt die Seele wieder ein in den Schleier der Geduld und des Wartens. So kommt es in der menschlichen Entfaltung zu einem ständigen Erwachen und Wieder-Vergessen, Drängen und Warten, innerer Freiheit und Enge.

Im Lauf eines Lebens verliert bei einem unbewussten Menschen der bereits eingeschränkte Persönlichkeitsanteil immer mehr an Bewegungsfreiheit. Über diese Seelen legt sich eine immer stärker werdende Schicht des Verdrängens der inneren, göttlichen Stimme. Dieses im Menschsein von der göttlichen Instanz isolierte Wesen hat allein die Absicht, sich selbst zu genügen und den eigenen Trieben und Bedürfnissen nachzukommen. Dies äußert sich in der egoistischen Lebenshaltung eines Menschen, dem Machtmissbrauch gegenüber Mitmenschen, dem energetischen Aufsaugen des Lebensumfeldes und der Natur. Ferienorte und Urlaubsregionen haben die Aufgabe, für den Ausgleich dieser menschlichen Fehlhaltung zu sorgen. Entsprechend ausgelaugt sind die Regionen und Menschen, die in diesem Geschehen ihre Hilfen und Dienste anbieten.

In verschiedenen Glaubensrichtungen spricht man im Zusammenhang TOOJs von Schuld, Sünde, Bestrafung und Sühne. Auf den geistigen Ebenen existiert diese Verurteilung eines Geschehens nicht in dieser Form. Erwachen hat nichts damit zu tun, einen Menschen in einem Zustand der Unwissenheit und der Angst vor Strafe zu halten. Wie sollte ein Mensch den Kuss der Befreiung aus der Enge der eigenen Vorstellungen und Gedankenbilder empfinden können? Die mit engen Wertvorstellungen verbundenen Gedanken und Gefühle lösen starke Energien aus. In Traurigkeit, innerer Schwere, Einsamkeit, Schuldhaftigkeit und Angst verankert sich der Mensch zugleich in den Klammern des Dunkels. Diese Klammern binden die inneren und äußeren Welten aneinander. Was innerlich empfunden wird, was sich ein Mensch aus seinen Gedankenbildern vorstellt, zeigt sich unmittelbar auch in seiner Umgebung. So stehen viele um Hilfe rufende Menschen in einem dunklen Kreislauf des Vergessens und Vergessen-Seins. Dieser sich ständig enger anfühlende Energiekreislauf führt Menschen in Ebenen, in denen sie sich selbst nicht mehr wahrnehmen und erkennen können. Die in unserem Kulturkreis sehr verbreitete psychische Krankheit der Depression ist ein Erscheinungsbild dieses Zustandes. Es ist ein Ausdruck der Schwere und Unbeweglichkeit TOOJs. Es ist unmöglich, eine heilsame Vision, oder sei es auch nur die sich entfaltenden Lebensaufgaben eines Menschen auf den Säulen des Vergessens zu bauen.

Diese Säulen der verlorenen Erinnerung reichen tief in die Schichten des Menschseins und des Planeten Erde. Wie die Menschen, so haben sich auch Wesen in den Naturreichen und auf anderen Seinsebenen von ihrem ursprünglichen Auftrag entfernt. Sie existieren, wie viele Menschen, in einem Zustand des Schlafes und der Trennung von der Wahrheit, in der Ohnmacht. Je stärker wir im Unbewussten leben, um so weniger können wir diese Aufgaben aus uns selbst heraus erkennen.

Damit stehen unserer Seele wenige Möglichkeiten offen, sich in ihrer Absicht zu äußern. TOOJ stimmt gleichsam als Mittler zu dieser Instanz die äußeren Bedingungen unseres Lebens auf diesen inneren Plan ab. Er führt uns als Seele bereits vor dem Erdeneintritt in die Nähe der Erdanziehung und lässt uns bereits in der Wahl der Eltern die Lebensumstände in Erfahrung bringen. Ist sich die Seele ihrer selbst wenig bewusst, wirkt allein der Magnetismus dessen, was wir als Lebenserfahrungen bezeichnen. Somit ziehen unbewusst lebende Menschen auch unbewusste Seelen an. Ein Kind kommt zur Welt und beginnt die Wanderschaft aus einem Umfeld, das allein aus den emotionalen Schichten heraus erwählt worden ist. Streitigkeiten unter den Eltern, Umstände in der Schule, soziale Ungerechtigkeit, Misshandlungen und vieles mehr stehen damit für viele Kinder bereits in den Kindesjahren als erste Lebenserfahrungen auf dem Programm. Bereits ein Kind trägt in seinen emotionalen Schichten Erfahrungen in sich, die wie ein Magnet die äußeren Umstände anziehen. Intuitiv reagieren wir auf diese in uns eingebetteten Erfahrungen mit Angst. Unser Sein erinnert sich an eine frühere Situation, in der Schaden entstanden ist, und möchte dieser Situation aus dem Weg gehen. Angst zeigt sich hier als Schutzkraft, in eine Ebene unseres Seins vorzudringen, in der eine Erfahrung wieder lebendig werden könnte.

Der Lehrmeister des Ausgleichs stimmt sein Wirken auf die in den kosmischen Ebenen eingebettete Wahrheit NO'Js über den Zustand der Seele ab. Diese Wahrheit beinhaltet das Wissen der Seele, sich unter den für sie notwendigen Bedingungen auf Erden zu vervollkommnen. Zwischen diesem konkreten Plan unseres innersten Seins und den äußeren Schichten unseres Persönlichen bestehen allerdings oft große Klüfte. Steht ein Mensch unter dem starken Einfluss seines Unbewussten, besteht die Gefahr, dass die innere Stimme der Seele nicht wahrgenommen werden kann. So liegt unser Bauplan für das Leben oft wie ein zugeklapptes Buch in der Bibliothek des Lebens und kann von vielen Menschen weder gefunden noch erkannt werden. Wir nehmen oft Bücher in die Hand, die den Lebensplan anderer Menschen ausdrücken, identifizieren uns mit diesen Bauplänen, sehnen uns nach einem ähnlich eingebetteten Leben, einer ähnlichen Aufgabe, ohne zu bedenken, was unser eigener seelischer Bauplan für uns vorgesehen hat. Das ist eine der großen Unklarheiten, denen Menschen durch das Lesen von Büchern ausgesetzt sind. Richten sich die persönlichen Wünsche auf ein Ziel, das von unserem inneren Kern nicht vorgesehen ist, so endet diese Suche für viele in der Enttäuschung darüber, dass ihre Wünsche nicht in Erfüllung gegangen sind.

Die Ungeduld der spirituell suchenden Menschen ist in unserer Zeit sehr groß und der innere Ruf nach Vervollkommnung sehr stark aktiviert. Zugleich stimmen aber die Wünsche und Ziele vieler Menschen mit den äußeren Umständen zu wenig überein. Im heiligen Kalender der Maya ist es die Aufgabe TOOJs, diese Umstände nach und nach aufeinander abzustimmen und damit das Lebensrad zu schließen. In dem Moment, wo dieses Rad im Ausgleich geschlossen wird, beginnt es sich zu drehen und Dynamik in ein Menschenleben zu bringen. Wie könnten wir jemals unsere Aufgabe annehmen, wenn nicht durch die Erkenntnis der eigenen Lebenszusammenhänge? Wir sind aus unserem Alltag in Lebenssituationen hineingestellt, die mit der Dynamik unseres inneren Auftrags verbunden sind. Aus dieser ständig aus uns wirkenden Kraft bewegt sich das Leben jedes einzelnen Menschen wie auf einer Schaubühne. Wir stellen die Kulissen selbst, wenn wir mit diesem Auftrag in Verbindung stehen. Stehen wir unbewusst im Leben, werden die Kulissen, vor allem aber die Mitspieler in diesem Stück für und aus uns und unserer Lebensszene gestellt. So entfaltet sich der Zustand des Menschseins oft in einem starken inneren Kontrast zwischen dem Kuss des Vergessens und dem Kuss des Erwachens.

Die Qualität der Zeit öffnet sich aus der Entfaltung unserer Persönlichkeit, in Kindheit, Jugend, den Jahren des Erwachsenseins. Für viele Menschen zeigt sich diese Lebensphase zwischen Vergessen und Erwachen im Gestalten der äußeren Lebensbedingungen. Viele Menschen legen sich aber auch mit dem Kuss des Vergessens auf den Lippen, nach einem oft unbefriedigenden Leben in die Hände des Todes, KEME. Er hütet sie auch auf den anderen Seinsebenen vor der Erkenntnis und vor dem Erwachen. Es wäre traurig, würde die Seele in den

Ebenen des Verstorbenenreichs erwachen und erkennen, dass sie zeitlebens im Vergessen geschlafen hat. Die Gnade KEMEs als Hüter des Totenreiches fließt wie ein Nebel des Verhüllens über das wahre Sein dieser Seelen, die stetig aus einem inneren Impuls danach drängen, zurück zu kehren in das Leben, um zu erwachen. Der Geist Gottes, der Ruf seiner Stimme aus unserem innersten Kern, ist gleichsam eine Einladung, erneut in den Kreislauf des Lebens einzutauchen. Es sind die Momente, in denen der Feuervogel über die Stille und Ehrwürdigkeit des Verstorbenenreiches fliegt und dabei seine Feder auf die Seelen fallen lässt, die gerufen sind. So steht im heiligen Kalender TZ'IKIN als der Rufende, als Mittler zum Geist des göttlichen Vaters. Diesem Ruf möchte und kann sich keine Seele entziehen. Die Situationen auf dem Planeten Erde oder auch in anderen Seinsebenen sind so gestellt, dass die Voraussetzungen für den fortzuführenden Weg eines neuen Erdenzyklus oder in andere Welten gegeben sind.

Der Gang eines der großen Väter der Menschheit, Moses, durch das sich öffnende Meer ist ein Symbol für diese Wanderschaft. In jedem Moment des Menschseins ist es denkbar und möglich, dass sich die Meere öffnen und den Weg in die Freiheit freigeben. Dieser Weg lässt das, was wir als Bedrohung empfinden, zurück. Es sind die Streitwägen der Ängste und der dunklen Kräfte der Verfolgung, die jeder einzelne Mensch in sich wahrnimmt und denen viele Menschen ausgesetzt sind. Erinnere dich an das Bild der dunklen Wesen, das deine Frau Christine in der Untergrundbahn von Mexico City erhielt. Dunkle Wesen ziehen in die Menschen ein und bedienen sich ihrer Lebensenergie.

Sie steigen von Station zu Station aus und ein, nehmen, wo ihnen die Tore geöffnet werden, und lassen energielose Körper zurück. Es gibt keinerlei Austausch in diesem Geschehen, weil sich diese Wesen einzig und allein danach ausrichten, ihre Bedürfnisse und ihre Gier nach Lebensenergie zu befriedigen. In der menschlichen Gesellschaft gibt es, immer stärker wahrnehmbar, ein Ebenbild dieses Verhaltens. Immer mehr Menschen richten ihre Aufmerksamkeit darauf, sich zu bereichern und auf Kosten anderer ein angenehmes Leben zu führen. So gehen die dunklen, geistigen Geschehnisse unmittelbar Hand in Hand mit dem zwischenmenschlichen Geschehen. Je stärker ein Mensch in die Ebenen der Gier und des Habenwollens eintritt, um so stärker ist er diesen Wesen ausgesetzt. Erinnere dich an die vielen Situationen, in denen Menschen selbst in deinen Veranstaltungen voller Hoffnung auf Hilfe vor dir sitzen und zunehmend ermüden, geistig abschalten und sich, ohne dass sie es selbst wollen, energetisch zurückziehen. Sie können die sich verbreitende Energie nicht fassen, weil sie allein danach ausgerichtet sind, sich Energien zu nehmen, was du ihnen durch deine Form der Vermittlung der geistigen Kräfte nicht erlaubst und ermöglichst. In dem Moment, wo du suchenden Menschen die Quelle der sich verbreitenden göttlichen Energie der Liebe und des Dienens in einem göttlichen Plan öffnest, kommt es zu gleicher Zeit zu einem heftigen inneren Kampf um die Erhaltung eines tief in vielen Menschen festgefahrenen Systems des ungefragten Nehmens. Aus dieser Reibung heraus ermüden Menschen und treten lieber zurück in einen Schlaf des Vergessens, als dass sie sich erinnern würden an die wahre und heilsame Form des Miteinander-Teilens.

Du kennst das große Geschenk des göttlichen Kosmos, das Menschen erhalten, wenn sie sich in die Hingabe begeben. Diese aus der Seele wirkende Kraft ist kein Geschenk an einen anderen Menschen. Es ist das größte Geschenk, das sich der Mensch selbst und Gott machen kann. Er findet sich in der Hingabe in seiner größtmöglichen Tiefe und Erfahrung, im Erspüren seines ICH BIN. In dieser Erfahrung kann der Mensch aus einem falsch verstandenen Dienen herausgehen, das für viele Menschen in Verbindung mit der Hingabe steht. Das Dienen aus der Kraft TOOJs zeigt sich in seiner reinsten Form aus der Ermächtigung eines Menschen. Es steht im Ausgleich dessen, was aus dem Herzen, aus der ungebundenen Liebeskraft eines Menschen zurückfließt. Im Ausgleich des Energieflusses nähren sich in dieser Form des Dienens zwei Menschen. Aus dieser Form des Dienens beginnt TOOJ als Kraftfeld zu wirken, das Projekte, Visionen und unsere täglichen Aufgabenbereiche trägt und aus der Freude heraus in die Fülle bringt.“

KAPITEL 20

TZ'I (TSI)

Oc

HÜTER DES UNIVERSELLEN GESETZES

DAS SICH IN GOTT ERHEBENDE BEWUSSTSEIN

Die aus den Ebenen der Sternengeschwister auf uns Menschen einfließende Lebensweisheit öffnet sich auf sehr geheimnisvolle Weise in den Kindern des Lichts. Sie werden sich aus dem Erkennen der größeren Lebenszusammenhänge an den Urzustand der menschlichen Seele und des Geistes erinnern und auf diese Wahrheit reagieren. Es ist unerheblich, ob diese Erinnerung durch ein Gespräch mit einem vertrauenswürdigen Menschen ausgelöst wird, sich durch das Lesen eines Buches öffnet oder wie immer öfter in meinem Leben aus dem Herzenskontakt zu Wesen anderer Welten. Dem Menschen stehen vielfältige Zugänge zur kosmischen Weisheit und deren Mittler offen. Daraus können wir erkennen, wie nahe uns diese Welten stehen und welch große Hilfe wir erhalten im Erkennen der größeren Lebenszusammenhänge und in der Bewältigung unseres Alltags.

Kürzlich vernahm ich den Ruf meines verstorbenen Vaters, seinen Lieblingspfaden und Orten der Besinnung und der Meditation zu folgen. Oft hat er mir von Plätzen in seinem geliebten Wipptal erzählt, wohin er sich aus dem Trubel einer zwölfköpfigen Familie und seiner kontrastreichen Lebensumstände gelegentlich zurückzog. Ich wanderte über die Nösslacher Bergmader durch die weichen, lieblichen Landschaftsformen und Bergwiesen von Vollzahm. Wenn ich als kleiner Junge auf dem Schoß meines Vaters saß, erzählte er von seinen Erlebnissen und seinen mystischen Erfahrungen, wenn er dort nachts in einem Heustadel übernachtete. Einmal nur sprach er von einer unvergesslichen Bergquelle als Ort der Heilung. Nun saß ich selbst an diesem Ort und bat um die Klarheit meines Geistes und die Erkenntnis der Zusammenhänge meiner Lebensumstände. Eine innere Stimme lud mich ein, niederzuknien. Hinter mir verspürte ich die Anwesenheit einer geistigen Kraft. Ich nahm das reine Bergwasser in meine Hände und schüttete es wie in einem Taufakt über meinen Kopf. Mein Herz pochte vor Aufregung, während diese Wesenheit durch mich zu sprechen begann:

„Ausgelöst durch deine innere Bereitschaft, dem Göttlichen in welcher äußeren Form auch immer dienen zu wollen, wurdest du auf sehr direkte Weise auf Bindungen hingewiesen, die deiner und eurer Entfaltung im Wege standen. TZ'I, der Hüter der kosmischen Gerechtigkeit, stellte dich auf eine große und harte Probe. Du glaubtest dich in der inneren Freiheit für die Erfüllung deines geistigen Auftrags. Zugleich erkanntest du, dass es nicht darum ging, das dir Vertraute und lieb Gewordene loslassen zu müssen, sondern es so in dein Leben einzubetten, dass alte, bindende Vorstellungen das Neue nicht behindern würden. Du wurdest von Mal zu Mal aus dir selbst heraus vor die Entscheidung gestellt, das Kostbare in deinem Leben in die Waagschale dessen zu legen, was im Dienste des göttlichen Vaters für dich und deinen Lebensweg vorgesehen ist. Niemand hatte dies von dir verlangt. Du selbst sprachst in deinen Gebeten aus, auf deinem Lebensweg den Impulsen deines Herzens zu folgen. Damit löstest du in dir selbst einen Vorgang aus, der dich auf deine innersten Besorgnisse, Ängste und Schwächen aufmerksam machte.

In dieser für dich sehr schweren Zeit schienen sich alle geistigen Kräfte, deren Präsenz du so stark in deiner Arbeit und in den täglichen Gebeten verspürtest, zurückzuziehen. Deine inneren Hilferufe, deine Gedanken und Gefühle verstrickten sich aus der Schwere der Trauer in Verurteilung deiner selbst und in Schuldgefühle. Es gab niemanden in deinem Leben, dem du von deinen Bedrängnissen erzählen hättest können. Die dir nahe stehenden Menschen waren monatelang selbst in innerer Bedrängnis. Aus dem Gefühl großer, innerer Einsamkeit lud dich dein Erdenvater ein, mit ihm die Wege zu gehen, die er einst in seinen eigenen Lebensbedrängnissen gegangen war. Du verspürtest dabei die Hilfe und den geistigen Mittler AJMAQ, der dich mit den Erfahrungen deiner Ahnen verband. Sie wusstest du in großer Liebe und Wertschätzung für das, was du dir zur Aufgabe gesetzt hattest. Deine Schwester, verbunden mit den geistigen Kräften des Kraftfeldes TO-OM-RA, stand dir in diesen Tagen wie eine Mutter zur Seite. Du verspürtest auch über ihre medialen Texte die Nähe deines Vaters, der sich liebevoll dazu bereit erklärt hatte, dich aus seiner Erkenntnis und aus seinen geistigen Quellen heraus durch die tiefen, inneren Nöte zu führen. An dieser Quelle wurdest du von ihm und den Meisterinnen und Meistern mit dem reinen Geist des Quellwassers gesegnet. Wandere nun weiter zum Lichtsee, der das Licht der geistigen Welt in sich trägt. Dort solltest du erkennen, wie wenig Realität dein derzeitiger Zustand auf den geistigen Ebenen hat. Jeder Akt der Befreiung aus alten Bindungen trägt das Leid dieser Erfahrungen, aber vor allem die Freude für den Neubeginn in sich."

Ich stand auf, dankte den anwesenden Kräften und wanderte weiter zum Lichtsee, der sich zwischen den Hügeln und Almwiesen in seiner ganzen Pracht und Schönheit zeigte. Eingebettet in das Panorama der Kraftprotze der umliegenden Berge, den Tribulaunen, der Schwarzen Wand, dem Mutterkopf, dem im fernen Schneefeld leuchtenden Olperer, liegt dieser reine Bergsee wie ein einzigartiges Juwel in einer hochgelegenen, offenen Bergsenke. Ich ließ mich von meinem Vater an eine Stelle führen und legte als Dank für den Ruf dieses Ortes vier weiße Rosenköpfe in das Wasser. Aus dem Nichts erhob sich eine Windbrise und trieb die Rosen auseinander, führte sie wieder zusammen. Zwei Blumen drängten zueinander, während die anderen sich zurückzogen, und Minuten später kehrte sich das Bild wieder um. Die leichte Wasserbewegung ließ mich dieses Geschehen wie in einer inneren Meditation verfolgen. Der Bruder Wind zeigte in seiner Leichtigkeit das Spiel meiner zwischenmenschlichen Verbindungen. Nähe und Distanz wurden eingebettet in die Leichtigkeit der Bewegung, geführt von der unsichtbaren Kraft IQs. Die Schönheit und Erhabenheit des Moments ließ mich die Stimme eines Meisters vernehmen, der schon bei der Quelle mein Herz bewegt hatte:

„Hier spürst du, wie selten zuvor in deinem Leben, die Reinheit des Ortes. Du erkennst die Zeichen, die wir dir im größeren Zusammenhang deiner Lebensumstände geben. Aus dieser Klarheit schöpfte auch dein Erdenvater vor Jahrzehnten aus der Gewissheit, dass alle Erfahrungen seines Lebens in das Größere, in den göttlichen Geist eingebettet liegen. Richte deine Aufmerksamkeit auf das, was du durch die Erkenntnis deiner Lebenszusammenhänge und Aufgaben in Erfahrung bringen möchtest.

Viele Menschen orientierten sich allein aus ihren bisherigen Glaubenssätzen an den Gesetzen des zwischenmenschlichen Lebens. Das auf alle Menschen einströmende kosmische Bewusstsein zeigt sich in einer sich immer stärker verändernden inneren und äußeren Wahrnehmung. Aus dieser Erfahrung bildet sich die individuelle Wahrheit jedes Menschen. Zugleich verändert sich durch diese Wahrheit auch das bereits in sich zerfallende Gefüge der Gesellschaftsnormen. Die Lebensumstände einer Vielzahl von Menschen sind Ausdruck dieser inneren und äußeren Umschichtung. Lebenssituationen, die für den einen Menschen Wahrheit bedeuten, kann ein anderer Mensch als Einschränkung, Enge und Unwahrheit, ja sogar als Lüge empfinden. Das Gewissen der Menschen reagiert somit auf sehr unterschiedliche Weise. Erkenne in dieser schweren Zeit aus dir selbst, aus der Kraft deines Herzens deine eigene innere Wahrheit und setze sie in deinem Leben um. Geh an das Werk und löse mit der Kraft deiner Gedanken auf, was dich aus deinen Vorstellungen heraus behindert. Lenke nicht zu viel Kraft und Denken in alte, bereits nicht mehr existierende Lebenszusammenhänge. Du kannst deine Wahrheit aus dem Jetzt in Erfahrung bringen. Es ist nicht so wichtig, alte Behinderungen, Abhängigkeiten und Verletzungen zu durchforsten. Handle aus dem Moment und fülle gleichzeitig den dadurch frei werdenden Raum mit Gutem und Heilsamem. Spüre dich, deine unendlich große Liebe für ALL-ES, und beginne diese Liebe neu zu erleben und in der segensreichen, möglichst selbstlosen Reinheit zu leben. Über Jesus Christus, aus dem Herzen deines göttlichen Vaters und dem Schoß der Mutter Erde fließt die Lebensessenz aus dir und denen, die mit dir gehen. Diese Kraft ergießt sich in das Kraftfeld, das du und ihr gemeinsam als Gruppe für die Bewusstwerdung des göttlichen Plans auf Erden hütet. Es ist nicht jedem Menschen möglich, die Wahrheit in sich zu erkennen und zu leben. Viele Menschen brauchen die Maßstäbe der Gemeinschaft, die ihnen diese Wahrheit vorlebt. Es ist dir, Omrael Norbert, in dein Herz gelegt, in Erfahrung zu bringen, was im Zeitenwandel für viele Menschen in eine neue Form drängt.

Über den Nahual TZ'I drängt es viele Menschen in neue Lebenserfahrungen, ganz besonders im Umgang mit der Liebe. Alle bisher geltenden Regelungen und Normen der menschlichen Zivilisation brechen auseinander. Institutionen und Religionen, die sich bisher als Hüter der kosmischen und menschlichen Gesetze wahrnahmen, kämpfen in sich selbst mit der notwendigen Anpassung und Neuorientierung. Du erlebst die Auflösung dieser Normen im Volke der Maya und in deiner Tiroler Heimat. Du erfährst die Auswirkungen dieser Veränderungen in den Bedrängnissen und Nöten von immer mehr Hilfe suchenden Menschen.

TZ'I hat die Aufgabe, die Menschen im Zeitenwandel darauf aufmerksam zu machen, dass die sich im Wandel befindende Menschheit sich stärker abstimmen wird auf die kosmischen Gesetzmäßigkeiten. Allein dadurch kann die Menschheit an die im Kosmos schwingende Kraft der Liebe angeglichen werden. Du spürst aus dir selbst heraus, dass der Mensch dadurch vor fast unüberwindlichen Gegensätzen steht. Die im Kosmos sich verbreitende Schwingung der Liebe wirkt nicht als einschränkende und regulierende Kraft. Vielmehr verbindet und verschmilzt diese Kraft Unterschiedliches, ja aus der menschlichen Erfahrung sogar Gegensätzliches in Licht und Schatten zu einer gemeinsamen, auf das Göttliche ausgerichteten Absicht. Diese Gesamtübersicht über das kosmische Geschehen ist vielen Menschen verstellt. Sie können in ihrer eingeschränkten Sichtweise das Wirken der regulativen, zwischenmenschlichen Gesetze nur als Begrenzung und Einengung wahrnehmen. Aus deiner Erfahrung kennst du über Jahre hinweg die ständig aus dir selbst sich verändernde Wahrheit. Du stimmst viele Geschehnisse nicht nur mit deinem eigenen Lebensumfeld ab, sondern auch auf Seinsebenen, die aus deiner Seelendynamik heraus über dich in Erfahrung gebracht werden möchten. Mit dieser geistigen Ausrichtung wanderst du auf dem schmalen Grat zwischen physischer und gesellschaftlich anerkannter Wahrheit und einer sich immer stärker nach außen drängenden kosmischen Wahrheit. Handelst du nach deinen inneren Impulsen, stehst du oft auch vor der inneren Entscheidung, gegen die üblichen Normen deiner eigenen Weltanschauung, ja selbst gegen deine eigenen Wertmaßstäbe zu handeln. Niemand zeigte dir das klarer auf als dein Mayavater Don Julián. Erinnere dich an viele seiner Lebensgeschichten, die dich manchmal sogar schockierten. Er ging in seiner Arbeit und seinen Entscheidungen oft weit über die im Zwischenmenschlichen üblichen Vorstellungen und Gesetze.

Eine dir sehr vertraute innere Instanz, die aus deinem Herzen spricht, gibt dir die Freiheit, Erfahrungen aus deinen inneren Impulsen, aus deiner inneren Wahrheit heraus zu machen. Das Einbetten dieser Erfahrungen in dein Lebensumfeld führt dabei oft zu erheblichen Spannungen. In manchen Aspekten des Zusammenlebens steht dadurch die Trennung des von dir so sehr geschätzten Lebensumfeldes im Raum. Diese wagemutigen Schritte zur Veränderung können in ihren Auswirkungen von niemandem abgeschätzt werden. Wer diesen Weg in dieser Form beschreitet, muss sich dem Geschehen anvertrauen im Wissen um die dahinter wirksame göttliche Absicht. Jeder Mensch wird dabei in das Hier und Jetzt gestellt und dazu aufgefordert, die Kraft des Herzens ohne jegliche Vorstellung, was war oder sein könnte, in sein Umfeld einzubetten. Du setzt damit aus dir selbst heraus ein Zeichen, wie stark sich in der Menschheit die uralten Gesetzmäßigkeiten an das Wachstum der Seele anpassen werden. Je stärker ein Mensch in seinem Bewusstsein wächst, um so intensiver ergibt sich aus dem inneren Empfinden die Notwendigkeit, die tief im Menschsein verankerten zwischenmenschlichen Gesetze und Vereinbarungen zu verändern und an das individuelle Bewusstsein anzupassen.

Es gibt in deinem Leben eine Übereinkunft, dein ganzes Sein und Wirken in die Hände der göttlichen Vorsehung zu legen und damit auch deiner inneren Führung zu folgen. Das ist zugleich der Weg in die Befreiung aus Verpflichtungen und Vereinbarungen, die bisher vordergründig in deinem Leben gestanden haben. Du hast dich bereit erklärt, aus deiner Verantwortung im engeren Kreis der Familie immer stärker auch Verantwortung für das Gemeinwohl der Menschheit und des Planeten Erde wahrzunehmen. Du und ihr gemeinsam werdet erkennen, wie stark aus dieser Entscheidung heraus deine Frau und Kinder, aber auch die Gemeinschaft der TO-OM-RA-Familie wachsen werden. Damit beschreiten du und deine Begleiter den Weg in die erweiterte menschliche und kosmische Wahrnehmung und Verantwortung für die Lebendigwerdung des göttlichen Lebensquells auf Erden.

Der Lehrmeister der kosmischen Gesetzmäßigkeiten, TZ'I, stellte dich in diesem Übergang auf den Prüfstand deiner inneren Ausrichtung. Wie könntest du jemals glauben, aus einer göttlich eingebundenen Aufgabe dich entfalten zu können, wenn deine inneren Bedrängnisse und Anliegen stärker sind als all die großen, zu erwartenden Umschichtungen im zwischenmenschlichen und kosmischen Geschehen? Dein eigenes Schicksal zeigte dir in diesen Momenten die Kontraste, die sich auf dem Weg der Einweihung für all jene Menschen ergeben, die wie du an ihren inneren Auftrag glauben. In diesen Gegensätzlichkeiten des Lebens liegen die Erfahrungen von Trauer und Freude, Liebe und Leid, Verletzung und Erkenntnis, Verwirrtheit und Klarheit, die Einsamkeit und das Eingebettetsein in einen Kreis von Menschen. Die persönliche Loslösung aus diesen Kontrasten bringt den Menschen aus dem Wirken TIJAAXs in die Gelassenheit und Leichtigkeit IQs, um diesen inneren Vorgang in das Wirken der heiligen Nahuales einzubetten.

Lass dich an diesem Ort daran erinnern, zielgerichtet deinen Weg im Dienste und Auftrag Gottes mit gefestigtem Schritt zu beschreiten. Lass all das Geschehen im Außen nur Teilaspekt des wahren, inneren Geschehens sein. Mache dir nicht zu viele Gedanken über das, was in weiterer Folge durch deine Entscheidungen geschehen könnte, und bleibe mit aller Aufmerksamkeit im Hier und Jetzt. Das, was gerade jetzt aus deinen und euren Gefühlen und Gedanken dasteht, ist nur ein kleiner Teil einer größeren Realität, die es zu erkennen und bewältigen gilt.

Aus diesen Quellen wird sich die wahre Liebe aus dir und euch gemeinsam entfalten können. Jegliche Angst vor dem, was kommen könnte, jegliche Bewertung vergangener Monate und Jahre öffnet Tore in Ebenen des Dunkels, der Trauer, des Schmerzes, die kein Ebenbild im göttlichen Sein haben. Aus deinem Entschluss, dich hinzugeben, ist es für dich von großer Wichtigkeit zu erkennen, dass es für diesen Herzenswunsch eine große Anzahl von geistigen Begleitern gibt, die die Wahrheit deines und eures Seinszustandes und Weges kennen. Sie versuchten, in Zeiten größter Not zu euch zu finden, euch zu trösten, euch Botschaften zu geben und euch in eurem Herzen zu berühren. Wenn ihr sie in den Bedrängnissen eures Alltags nicht mehr wahrnehmen konntet, dann deshalb, weil ihr die Aufmerksamkeit von dieser hinter allem Geschehen liegenden Wahrheit abgelenkt hattet."

Auf den Spuren meines derzeitigen Lebensbegleiters wanderte ich am nächsten Tag zum mittelalterlichen Jakobuskirchlein im oberen Wipptal, das knapp neben der Brenner-Autobahn steht. Dort drängte es mich danach, ein Ritual für das Erkennen des Weges durch meine inneren Umschichtungen zu gestalten. Ich saß auf dem von Lärchen bewachsenen Hügel und vernahm die Stimme meines Wegbegleiters, des Apostels Jakobus. Ich sah sein Antlitz in einem Kristallherz, das ich in meinen Händen trug, und sprach in seinem Namen:

„Während viele Menschen sich auf dem Weg nach Santiago in Spanien zu erkennen suchen, sitzt du hier im Lärm der Autos, die über eine Verkehrsader vom Norden in den Süden ziehen. Jeder dieser Autolenker hat dabei ein Ziel vor Augen. Verbunden mit diesem Ziel ist vielleicht der Wunsch nach italienischem Ambiente, nach Natur und Erholung. Andere lenken ihre Fahrzeuge mit Gütern, die sie für die Befriedigung der materiellen Bedürfnisse der Menschen über die Berge führen. Wieder andere erfüllen auf diesem Weg ihre aus ihrem beruflichen Umfeld sich ergebenden Pflichten. Für dich als Betrachter ergibt sich hier das Bild einer sich mit hoher Geschwindigkeit wälzenden Autolawine mit einem dir unbekannten Ziel. Es gibt kein gleiches Ziel für all die reisenden Menschen. Jeder wird dort erwartet, dort ankommen, wo er oder sie selbst hinsteuern. Von deinem Blickwinkel aus ist allein die Richtung für alle vorgegeben.

Dein Erdenvater hat dich hierher geführt, um dir an diesem Ort eine Botschaft in dein Bewusstsein zu bringen. Erkenne deinen eigenen Weg zur Erfüllung deiner Aufgabe nicht an dem äußeren Geschehen. Du stehst durch deine Arbeit außerhalb jeglicher Vorstellungen, außerhalb der Maßstäbe der Menschen, die glauben, ihr eigenes Leben lenken zu können. Du hast dein Fahrzeug in die Hände Gottes gelegt und bist bereit, dich führen zu lassen. Du bewegst dich dabei in dir fremden Gefilden deiner Erfahrungen, und das mit einer sehr hohen Intensität. Damit stehst du in diesen Momenten deines Lebens über den Richtlinien und Maßstäben vieler Menschen, die ihr Reiseziel planen und an dir vorüberziehen. Du könntest jederzeit in dein eigenes Auto steigen und dich in diese Verkehrslawine einfügen. Stattdessen gibst du dich aus deiner inneren Aufgabe einem noch unbekannten, sich aus dir selbst entfaltenden Reiseweg hin.

Aus deinen eigenen Lebensumständen hast du dich in Verbindung zu deinem Vater entschlossen, diesen großen Kraftplatz deiner Ahnen, der Kelten, zu umwandern. Siebenmal gingst du im Gebet um die Kirche herum, wie es einst deine Vormütter und Vorväter getan hatten. Du kamst mit weißen Rosen als Symbol der Reinheit und deiner Bereitschaft und Hingabe für den Weg. Du brachtest das Wasser des Lebens für die Reinigung dieses von vielen Geschehnissen schwer belasteten Ortes. Erinnere dich, dein Vater hat immer vom Geisterkirchlein gesprochen. Selbst in deinen schwersten inneren Nöten war es dir ein Anliegen, etwas zu ordnen, was Menschen an diesem Ort in Unordnung gebracht haben. Menschen, die bereit sind, selbst in den größten inneren Nöten das gesamte Geschehen um sich herum wahrzunehmen, stehen in hoher Aufmerksamkeit derer, die den Weg zum Göttlichen offenbaren.

Dein Vater erhielt in diesen Tagen aus dem geistigen Rat die Erlaubnis, dich an dein Innerstes, an deine göttliche Gegenwart und Herkunft in diesen Lebensumständen zu erinnern. Er hatte in seiner großen Liebe zu den eigenen Kindern mit all seinen Sinnen erfahren, was Liebe ist, die nicht fordert, erwartet und braucht. Je größer die Kinder wurden, um so klarer zeigten sich auch die anderen Seiten seines Vaterseins. Er verspürte durch die individuelle Entfaltung der Persönlichkeit jedes seiner Kinder den steten Druck, sich von seinen Idealbildern befreien zu müssen. Dies fiel ihm sehr schwer, weil er in sich den engen Rahmen der kirchlichen Tradition und die damit verbundenen Lebensverbote nicht hatte sprengen können. Er suchte diese Freiheit in den Werken von Teilhard de Chardin und in anderen großen philosophischen Werken. Aber auch diese sich in ihm öffnenden Welten konnte er nicht mit seinem persönlichen Lebensumfeld verbinden. Er erkannte dich von klein auf als Kind mit Fähigkeiten, die er in sich suchte. Er wusste von deiner großen Gabe, selbst in schwierigsten Situationen Gelassenheit zu üben und aus deiner Unbeschwertheit zu reagieren und zu verändern.

TZ'I, wie alle anderen großen Lehrmeister des Lebensrades des Mayakalenders, lieben es, sich in zwischenmenschlichen Erfahrungen einzubetten und die Wahrheit von jedem einzelnen Menschen einzufordern. Wie nie zuvor in deinem Leben hast du dabei deine innere Ruhe und Gelassenheit verloren. Damit ging auch einer deiner größten Mitstreiter, dein inneres Kind, in die Trauer und Schwere. Es waren damit die Tore offen für Erfahrungen, das kosmische Gesetz in seinen unterschiedlichen Facetten in Bewegung, aber in schweren Zeiten auch in der vom Menschen selbst hervorgerufenen Stagnation wahrzunehmen.

In einem Buch von Franz Halper über das universelle Gesetz, das du vor Jahren einmal gelesen hast, erkanntest du die Wahrheit aus der Wirkensweise des universellen Gesetzes. Momente der Erkenntnis öffnen neue Welten und Räume für das ständig nach Erweiterung drängende Bewusstsein des Menschen. In dir wurde eine uralte Erinnerung aus dem Volke der Hebräer wach. Seitdem spürst du die Kraft und Weisheit dieses Volkes wie eine fließende Quelle in deiner Arbeit. Nie hattest du dich mit den traditionellen Vorstellungen des Judentums beschäftigt. Du zeigtest wenig Interesse für die Geschichte dieses Volkes und dennoch solltest du dich an einen Moment in deinem Leben erinnern, der dir einen Hinweis auf deine innersten

Quellen deines Seins gibt. Zu deiner Maturaprüfung wurde dir die Frage über die Entstehung des Staates Israel gestellt. In einem anderen Gegenstand solltest du unmittelbar danach über die Tradition des Herzens Jesu sprechen. Diese Übereinstimmung mit der inneren Entfaltung und Öffnung dieses Weisheitsbrunnens ist dir inzwischen sehr bewusst geworden. Der innere Ruf der Seele nimmt keine Rücksicht darauf, ob wir das Blut eines Volkes in uns tragen. Gottes Wege sind sehr geheimnisvoll. Aus diesem Geheimnis schöpft die Seele in ihrer unbändigen Kraft und Weisheit, sich aus alten und neuen Quellen in Erfahrung zu bringen. TZ'I wandert im Kleid des großen Vaters und Gesetzeshüters, des Hebräers Moses. Er trägt mit dem Wanderstab ein Symbol der menschlichen Wanderschaft, hin zur Einheit mit dem Quell allen Seins, mit Gott.

Durch Übereinstimmungen in deinem Lebenslauf konntest du erfahren, dass es im spirituellen Leben eines Menschen keine so genannten Zufälle gibt. Von Kindheit an wächst jeder einzelne Mensch aus dieser göttlichen Ordnung. Damit kann alles Geschehen im menschlichen Leben zum rechten Zeitpunkt und in dem dafür vorgesehenen Reifungsprozess geschehen.

Diese unsere Entwicklung regulierende Kraft sollte der nach der kosmischen Wahrheit suchende Mensch beachten und in seine Gebete, Meditationen und Rituale bewusst miteinbetten. Jede zu schnelle und krampfhafte Öffnung einer Seinsebene würde im Menschen und seiner inneren und äußeren Abstimmung ein Chaos schaffen. TZ'I ist einer der starken Schutznahuales aus der Abstimmung des inneren Plans auf die äußeren Lebensbedingungen eines Menschen. Auch wenn unsere Seele ständig nach neuen Erfahrungen drängt, so ist auch dieses Drängen aus der göttlichen Führung eingebettet in eine kosmische Hausordnung, die von TZ'I gehütet wird. Geht dieser Schutz durch die Nichtbeachtung des universellen Gesetzes einer zu schnellen Seelenentfaltung verloren, steht der Mensch den Bedrohungen von Seinsebenen gegenüber, die er weder kennt noch zuordnen kann.

Im Rhythmus der seelischen Entfaltung eines Menschen ist es nicht erlaubt und vorgesehen, Seinsebenen aus Neugier, Habgier oder Wissensdrang zu überspringen. Die Seele würde in

Ebenen eingehen, auf denen sie Schaden erleiden könnte. Das Bild eines Aufzugs in unterschiedliche Stockwerke und damit des freien Zugangs zu diesen sehr unterschiedlichen Seinsebenen nach oben und unten ist nur für Menschen möglich, die sich diesen Weg vorerst Stufe für Stufe erarbeitet und in ihr Bewusstsein integriert haben. Dies geschieht über unzählige Existenzen des Menschseins auf Erden und in anderen Seinsebenen, in die sich die Seele einbetten kann. Auf dieser Spirale der Entwicklung ist es dem Menschen unmöglich, sich allein nach oben, in das Licht zu bewegen. Erarbeitet sich die Seele eine Seinsebene des Lichts, gilt es, alle Aufmerksamkeit auch auf die sich zugleich öffnende Seinsebene des Dunkels zu richten. Don Julián führte dich als Krieger bis in die tiefsten Schichten des Schattenreiches, weil er wusste, dass du erst aus diesen Erfahrungen deine Aufgabe würdest erfüllen können. Du spürtest die Wahrheit und Reinheit seiner Absicht, dich in eine Welt einzuführen, die du aus deinen eigenen religiösen Mustern heraus ablehntest. Aus diesem Akt deiner Hingabe und des Mutes wurdest du auf diesen Seinsebenen als Krieger des Herzens erkannt. Du verspürtest wie nie zuvor in deinem Leben in diesen Monaten die Aufforderung, als dieser Krieger deine eigene Wahrheit zu finden und mit den liebenden Menschen um dich herum in Übereinstimmung zu bringen. Sie gaben sich aus tief empfundener Liebe zu dir den Veränderungen hin. Die Zusammenhänge des zwischenmenschlichen Geschehens waren das Ergebnis deiner und euer aller Bereitschaft, den eigenen Lebensplan und die dazu sich entfaltende Ermächtigung anzunehmen.

Verbanne aus dem Leben die Begriffe Schuld und Bestrafung. In den großen Lebensbedrängnissen erwachen auch die alten Vorstellungen eines Glaubens, der auf die ständige, wachsame Beobachtung eines strengen Gottes ausgerichtet war. Schuld und Sühne haben im Göttlichen keine Bedeutung. Sie nähren sich allein aus Empfindungen, Gedanken und gesprochenen Worten. Die Menschen manifestieren dies aus sich selbst heraus, aus der Form, ihre Umwelt und die geistigen Ebenen zu betrachten. Durch die aus diesen Vorstellungen gebauten Welten festigt sich eine innere Vorstellung, die sich in das Bewusstsein wie auch in das Unbewusste eingräbt. Aus diesen, über viele Generationen eingravierten Lebensanschauungen spüren wir das, was wir als Gewissen bezeichnen. Im Sprachgebrauch setzt sich dieses Wort zusammen aus den Begriffen Gefühl verbunden mit dem Wissen. Gefühle stammen dabei aus den vielfältigsten Erfahrungen eines Menschen. Das Wissen bezieht sich auf das Erkennen der zwischenmenschlichen Gesetze. In den Vorstellungen alter Glaubenslehren hing ein Schwert des Gesetzes über dem Menschen. Vor dem göttlichen Gericht kam der Mensch durch seine Unvollkommenheit zu Fall und musste Buße und Sühne leisten. All das hatte seine Berechtigung darin, dem unbewussten Menschen dabei zu helfen, sich in den unzähligen Formen des Zusammenlebens orientieren zu können. Von Generation zu Generation erkannten die Menschen die Reaktionen, die durch Handlungen ausgelöst wurden. Diese Erfahrungen wurden in die Regeln der menschlichen Zivilisation eingebettet und über Tradition, Erziehung, Beratung, aber vor allem über religiöse Maßstäbe und Richtlinien erhalten und weitergegeben. So hat das Gewissen auch mit der notwendigen Ordnung im Leben eines Menschen zu tun. Es wird diese innere, mahnende Stimme in den unterschiedlichen Kulturen und Völkern sehr unterschiedlich empfunden. Das hat mit den unterschiedlichen Lebensformen in der Menschheit zu tun. Dies ist ein Hinweis darauf, wie sehr die innere Stimme des Gewissens mit den Erfahrungen von uns Menschen zu tun hat und nicht als die Stimme Gottes wahrgenommen werden sollte.

TZ'I, der Nahual der kosmischen Gesetzmäßigkeiten, zeigt sich im strafenden Gottesbild in seiner dunklen, unbewussten Seite, wenn Gesetzmäßigkeiten in der Gesellschaft übergangen werden. Übergeht nun ein einzelner Mensch aus seiner inneren Wahrheit diese Regelungen, löst er damit in seinem Umfeld Energien und Kräfte aus, die ungemein stark sein können. In den Traditionen alter Völker erfolgte aus der Abwendung von festgelegten, gesellschaftlichen Normen der Ausschluss aus der Gemeinschaft, aus der Sippe und Familie, ja sogar die Todesstrafe. So wurden die Kräfte des Dunkels und der Zerstörung durch die Vorstellungen und Glaubensbilder der Menschen aktiviert, die das menschliche Verhalten allein in Gut und Böse einstuften. Das Böse war eine Antwort auf die Missachtung der gesellschaftlichen und traditionellen Regeln des Zusammenlebens und öffnete die Tore zu den Quellen der Zerstörung, der Verdammnis, der Trennung und des Ausschlusses aus dem göttlichen Sein und Wirken. Das Gute wurde in der Hingabe an die religiösen Normen und den aus der Gemeinschaft festgesetzten Zielen und Richtlinien definiert. Im Begriff des menschlichen Gewissens wird der göttliche Geist, der in dem bewussten Menschen wirkt, erst dann lebendig, wenn die Handlungen, Gefühle und Gedanken aus dem Herzen und aus der reinen Absicht kommen.

Da liegt die große Herausforderung für all jene, die durch ihre Bereitwilligkeit, Verantwortung zu übernehmen, nicht mehr bereit sind, die zwischenmenschlichen Regelungen in der Form anzunehmen. Viele von ihnen können aber zugleich aus ihren eigenen, inneren Umschichtungen die neuen Formen der Zwischenmenschlichkeit noch nicht fassen. In diesem Übergang haben sich geistige Kräfte bereit erklärt, in das Menschsein herabzusteigen und diese neuen Formen zu aktivieren. Du erkennst diese Menschen in deinen Veranstaltungen. Viele von ihnen tragen neue Visionen in sich, sie orientieren sich nicht mehr an den Zivilisationsstrukturen und versuchen, in Transparenz und einer oft unerbittlichen Klarheit im Zusammenleben aufzuzeigen, was hintergründig an Ängsten und Nöten in ihnen selbst und ihrer Umgebung an die Oberfläche gedrängt wird.

Die heute sich im Wandel befindliche Gesellschaft bedarf einer dem Zeitenwandel und den kosmischen Gesetzen angepassten Ordnung und der damit verbundenen Richtlinien für die Menschen, die bereit sind, ihr Verhalten auf diese Ordnung abzustimmen. Über den zwischenmenschlichen Richtlinien unterschiedlicher Religionen und Kulturen steht also eine kosmische Ordnung, die nicht auf Moralvorschriften, Beurteilung oder Verurteilung aufgebaut ist. Sie definiert sich durch das sich Ineinanderfügen unterschiedlicher Qualitäten auf unterschiedlichen Seinsebenen. So kann auch eine menschliche Handlung von unterschiedlichen Standpunkten oder geistigen Ebenen wahrgenommen werden. Die verschiedenen Glaubensrichtungen und Kulturen unseres Planeten beziehen sich aus den Erfahrungen unzähliger Generationen von Menschen in sehr unterschiedlicher Weise auf diese Seinsebenen. Die Kosmovision Maya spricht in diesem Zusammenhang von den dreizehn Überwelten und den neun Unterwelten und die auf unser planetarisches Leben bezogene Mittelwelt, in der wir Menschen das Oben mit dem Unten verbinden. Je stärker sich der Mensch in dieser Aufgabe wahrnehmen kann, um so weitreichender öffnet sich sein Blickwinkel in das Zusammenwirken dieser kosmischen Seinsebenen für den sich entfaltenden kosmischen Menschen und die aus seinem Wirken sich ergebenden Umschichtungen auf Erden.

Den Menschen stehen in ihrer Veränderung geistige Mittler zur Seite, die über die sich ständig erhöhende Vibration der Seele wachen und ihre Aufgabe als spiritueller Beistand ausüben. Sie wirken aus geistigen Ebenen als Meisterinnen und Meister, als Lebensbegleiter der Nahuales der Maya, als Schutzengel, Heilige und Avatare oder als Boten Gottes. Ihre Aufgabe ist es nicht, von den Menschen angebetet zu werden, sondern die Gebete zum göttlichen Vater aus der seelischen Entwicklung heraus wirksam werden zu lassen. Über ihrer Aufgabe als Begleiter, Hüter und Helfer für unsere Orientierung im kosmischen Geschehen steht das eine Gesetz. Es ist das Gesetz der Quelle aller Quellen, das Sein und Wirken des ALL-EINEN GÖTTLICHEN VATERS. Aus seinem Auftrag verbinden sich die Kräfte und Mittler aller Seinsebenen für ein Werk, das wir in unserem Menschsein als göttlichen Plan auf Erden bezeichnen. Niemand und nichts ist außerhalb dieses Planes wirksam. Es stehen der menschlichen Seele viele Möglichkeiten offen, sich vom kosmischen Strom der Liebe zu entfernen oder sich ihm zu nähern. Dies hängt von der Erkenntnis und den damit verbundenen Entscheidungen eines Menschen für seine Lebensführung ab. Der kosmische Strom allen göttlichen Lebens ist davon nicht betroffen. Vergisst eine Seele in einem Menschenleben auf ihren inneren Auftrag, sich zu entfalten, drängt es sie unmittelbar nach dem Tod, in ein neues Erdenleben einzutauchen, um diese urdynamische, göttliche Kraft der Entfaltung und Erweiterung wieder zu leben. Jede andere seelische Haltung würde die Seele selbst zur Auflösung bringen. Die Energie und die damit verbundenen Erfahrungen unzähliger Erdenleben und Leben auf anderen Seinsebenen würden sich verlieren. Jenseits des Selbsterhaltungstriebes eines Menschen gibt es für die Seele und ihre Aufgabe eine Urkraft im göttlichen Kosmos, sich selbst durch das kosmische Gesetz der Entfaltung zu erhalten. So kann eine Seele aus einer kosmischen Gesetzmäßigkeit nicht unverändert bleiben und ruhen.

Allein der Mensch selbst entscheidet sich, Erfahrungen innerhalb oder außerhalb dieses kosmischen Lebensstromes zu machen. Auch diese Erfahrungen der Seele werden im kosmischen Geschehen nicht gewertet. Sie beinhalten das in der Seele eingebettete Verlangen nach Erweiterung und Selbsterkenntnis. Für jegliche Form von Erfahrungen trägt allein der betroffene Mensch die Verantwortung.

Fehlendes göttliches Vertrauen bringt durch das Gesetz des Ausgleichs die Seele in Unfreiheit, Schwere und Leid, weil nichts außerhalb des kosmischen Lebensstromes in heilsamer Form existieren kann. Wir ernten innerhalb oder außerhalb des kosmischen Stroms der Liebe das, was wir säen und in Verbindung zum kosmischen Gesetz ausdrücken. Aus fehlender Bereitschaft vieler Menschen, die Verantwortung für das eigene Leben zu übernehmen, fällt der Mensch aus der göttlichen Ordnung. Dies könnte man als einzige Sünde bezeichnen, aus der sich alle Unvollkommenheit auf Erden entwickelt hat. In dieser entmündigten Lebenshaltung leben unzählige Menschen noch immer in den starren Strukturen unterschiedlicher Glaubensrichtungen, deren Vertreter sich als Hüter und Vertreter der göttlichen Ordnung wähnen und zugleich Menschen durch Angst, Schuld und Bedrohung in Abhängigkeit halten. Viele so genannte Vertreter Gottes in allen Religionen sprechen aus einem Machtanspruch in seinem Namen, sie gestalten in seinem Namen Rituale, ohne jemals zu hinterfragen, ob Gott in ihrem Sein und Wirken überhaupt präsent ist und aus welchen anderen Quellen sie die Gläubigen begleiten. So geschieht im Namen Gottes vieles, das dem Menschsein zugeordnet ist und auch vom gläubigen Menschen erkannt und gelöst werden sollte."

Allein aus der Hingabe des freien, menschlichen Willens an den Willen Gottes kann sich aus uns Menschen das Licht der Welt öffnen. Beginnt eine menschliche Seele in diesem Licht zu strahlen, fühlen wir uns in einer immer stärker werdenden inneren Kraft und Gewissheit mit Gott verbunden. Unsere Lebensumstände werden nicht mehr als erster Maßstab unseres Wohlbefindens gesehen. Die Heiligkeit eines Menschen zeigt sich damit aus der Kraft und Reinheit des Geistes und des Herzens, die alle Lebensaspekte durchdringen und das kosmische Leben, den Vibrationsfluss der kosmisch wirkenden Liebe im Menschsein erahnen lassen. Dieses innere Sehnen kennen die großen Lichtboten, die die Liebe in ihrem wahren Wesen in Erfahrung bringen durften und dürfen. Diese Annäherung an die göttliche Wahrheitsquelle führt den Menschen in die Erfahrung der Einheit. Dies ist das größte Geschenk, das uns Menschen für die Vollendung des Lebenswerks von den geistigen Seinsebenen gegeben werden kann.

Mein verstorbener Vater begleitete mich in diesen Tagen in den Keller, wo ich viele seiner Schriften aufbewahre. Ich nahm aus einem Ordner ein Blatt, auf dem eine Geschichte geschrieben stand. Ich verneigte mich vor der Kraft seines Glaubens und Vertrauens.

„Eines Tages bemerkten die Engel und Helfer Gottes auf dem Herzen der Mutter Erde zahlreiche kleine Zellen von ungewöhnlicher Schönheit. ‚Hier wird Gottes heiliger Name erscheinen', riefen sie und scharten sich um das Geschehen. Sie beobachteten die Zellen, die atmeten und sich wunderbar vermehrten. Jedoch eine Zelle war die schönste von allen. In ihr erschien das Bild einer Frau. Sie war so makellos schön und rein, dass alle zusammenkamen und Gott ehrten. Doch einige Beobachter verweilten in stillem Stolz und Ablehnung. Sie trennten sich in diesen Momenten von den anderen. Es vergingen viele tausende Jahre, und die Frau erschien eines Tages auf Erden und verharrte in Liebe. Da sprach der göttliche Vater: ‚Ich habe alles erschaffen und es war gut so. Jetzt möchte ich alles wieder in mein Herz heimholen.' Er nahm wieder ein kleinstes Teilchen aus sich und legte es durch den heiligen Geist unter das liebende Herz dieser Frau. Seither kommen die Wesen und alles, was geschaffen ist, wieder in das Herz Gottes zurück. Diese Frau hatte Gottes Sohn und viele Kinder des Lichts zur Welt gebracht. Sie alle öffnen seinen heiligen Namen, der da heißt GOTT IST DIE LIEBE. Gottes Schöpfung aber ist wie ein einziger Atemzug in der endlosen Ewigkeit."

Glücklich schloss ich das Tor zum Geheimnis der Lebensmeister der Maya, der Nahuales. Sie offenbarten sich aus meinem Sein und Leben in den schweren Monaten der Arbeit. Viele Stunden der Freude und Trauer, der Leichtigkeit und Schwere zentrieren sich auf den einen Moment meines Lebens, in dem Dankbarkeit für alles Geschehen in mir lebendig wird. Sie versammelten sich, die mich durch Höhen und Tiefen begleiteten, und gaben mir die Erlaubnis, die Schriften freizugeben. Aus dem Segen des Rates der Meisterinnen und Meister A-KASHRA-OM schloss ich die Tür zur Vergangenheit, aus der Hingabe an das göttliche Werk. An meinem Altar sitzend las ich den Text, der mir kürzlich von einem lieben Menschen gegeben worden war.

„Dein Herz verlangt nach großen Entscheidungen in der Zeit der Ermächtigung. Lass dich leiten ganz im Glauben und in Verbindung der Gottheiten. Alles hat seine Richtigkeit in der Liebe geborgen. Das Große in dir soll eine Tiefe in der Liebe All erfahren. So kannst du geben und wirken in der Allmacht zu den Suchenden in Liebe. Keine Grenzen könnten die Erfahrungen ertragen. Liebe ist im All und Nähe zu den Liebenden hat Gott zugelassen. Er ist ALL-LIEBE. Die Sünde, das Vergehen gegen den Gottesplan, liegt im Gedanken des Menschseins. Liebe ist ALL und das Begegnen mit der Liebe ist das ALL in dir. Sei in der Liebe und alles ist gut und geheiligt."

VEREIN FÜR INTERKULTURELLE FRIEDENSARBEIT

Österreich Stiftung
„PROYECTOS INTERCULTURALES DE PAZ"
Guatemala

Der Österreichische Verein für interkulturelle Friedensarbeit und die Guatemaltekische Stiftung sind verbunden mit dem Heilungs- und Einweihungsszentrum Espacio Sagrado TO-OM-RA in Guatemala.
Eine Gruppe von Menschen hat sich zur Aufgabe gestellt, Brücken zwischen Kulturen und Religionen zu bauen, soziale Einrichtungen zu fördern und dadurch einen Beitrag zum Weltenfrieden zu leisten.
Auf dem Areal des Zentrums wurde in den letzten Jahren ein Hospital für Erstversorgung und Prävention erbaut und ausgestattet. Schulmedizin, Naturheilkunde und Schamanismus reichen sich dort im Dienste der Indianerbevölkerung die Hände. Abseits interkultureller Begegnungen von Menschen im Heilberuf besteht in der „Casa de Salud Santiago" aus Spendengeldern ein Sozialfond für bedürftige Indianerfamilien.

KONTAKTE:
Organisation TO-OM-RA
Ebnersteig 33, A-6166 Fulpmes
E-Mail: kontakt@to-om-ra.com
Fax: 0043 (0)5225 64090
www.to-om-ra.com oder www.to-om-ra.at (Verein)

Norbert Muigg: omrael@to-om-ra.com
Christine Muigg: christine.muigg@to-om-ra.com
Silvia Foidl: silvia.foidl@to-om-ra.com

GLOSSAR

Abuela Ixmucané: Urmutter der Maya
Abuelas, abuelos: Ahnen, Großmütter und Großväter
Adobehäuser: aus Lehmziegel errichtete Häuser
Ajquíj: Maya-Schamane
Anciana, anciano: Weise(r)
Apazote, Chilca, Ruda: Heilkräuter für Zeremonien verwendet
Atitlán: Region im Hochland
Burlón: Betrügergeist
Calles: Gassen
Camajuil: Schutzkraft
Camino Blanco: weißer Weg der menschlichen Entwicklung, Milchstraße
Ceiba: Nationalbaum Guatemalas
Centro Espacio Sagrado: Zentrum heiliger Platz
Chak: Regengottheit der Maya
Chichicastenango: Maya-Pilgerort im Quiché-Gebiet
Ciacachol: Maya-Astronom
Cofradia: spirituelle Bruderschaft
Consejo Invisible: unsichtbarer Maya-Rat
Copán: Maya-Tempelstadt in Honduras
Cobán: Bezirkshauptstadt in der Region Alta Verapaz
Corazón del Cielo: Göttliche Urquelle
Corazón de la Tierra: Herz der Erde
Cucumatz: Schöpfergott
Elder: Weiser
Faja: gewebtes, breites Hüftband
Flores: Dorf am Lago Petén
Fonapaz: staatliche Friedensorganisation
Frijoles: Bohnen
Gran Ahau: göttlicher Vater
Gran Tepéw: Schöpfergott, Herr der sieben Strahlen
Guachipilín: heiliger Baum der Maya
Gucumatz: gefiederte Schlange
Hopi: nordamerikanischer Indianerstamm
Huipil: blusenähnliches Kleidungsstück der Indígenafrauen
Indígena: Indianer, Eingeborener
Iqui-Balam: einer der vier Lichtboten der Maya
Ixchél: Mondgöttin
Ixmucané: Muttergöttin
KU-KUUL-KAAN: Gefiederte Schlange, Träger des Maya-Bewußtseins

Ladino: nichtindianische Bevölkerung Guatemalas
Lago Atitlán: See umgeben von Vulkanen im Hochland Guatemalas
Lobo Errante: umherschweifender Wolf
Machete: langes Messer (für die Feldarbeit)
Mago Blanco: Weißmagier
Mahucutah: einer der vier ursprünglichen Lichtboten der Maya
Maria Tecún: Altar in Santa Lucia Cotzumalguapa, Finca El Baúl
Marimba: xylophonähnliches Volksinstrument der Indígenas
Mercedes: Dorf im Hochland
Mixco Viejo: alte Hauptstadt der Maya-Pocomames, restaurierte Tempelanlage
Morral: gewebte Tragtasche der Indígenas
Mundo Perdido: Tempelanlage in Tikal
Nahual: personifizierte Kraft
Palín: Stadt im Süden von Guatemala City
Panajachel: Touristenort am Atitlánsee
Pascual Abaj: Hüter des Totenreichs
Pocomames: Volksstamm der Maya
Pom, Kopal: Baumharz, Weihrauch
Pom, Cuil pom, Kaxlan: traditionelles Räucherwerk bei Zeremonien
Poncho: traditioneller Umhang
Popol Vuh: heiliges Buch der Maya
Quiché: größter Volksstamm der Maya
Quetzal: heiliger Vogel der Maya, Währung des Landes
Rancho: offener Bambus- oder Holzbau, Hütte
Santa Majóm: Herr der Lüfte
Santa Neblina: Herrin der Nebel und Wolken
Santiago: Apostel Jakobus
Semuk Champey: Wasserbecken und Wasserfälle in der Region Alta Verapaz
Ser Puente: Brückenbauer
Siete Machos, Agua Florida, Agua de la Reina: Pflanzenessenzen f. Zeremonien
Sololá: Kleinstadt über dem Atitlánsee
Tata: Respektvolle Anrede
Tikál: heilige Maya-Stadt mit Pyramiden und Tempeln im Regenwald der Region Petén
TO-OM-RA: Mantra, Name des Heilungs- und Transformationszentrums in Sololá
Uaxactún: Tempelstadt in der Nähe von Tikal (40 km)
Uxbalám: Geistiger Hüter Tikals
Vara: Beutel mit Kultobjekten, Symbol der Maya-Priesterschaft
Xibalbá: Maya-Unterwelt
Xela: zweitgrößte Stadt Guatemalas im Hochland (Quetzaltenango)

IBERA

Unser Alltag spiegelt den Zustand der Menschheit im Gefühl des Verlassenseins der Entwurzelung und Entfremdung von unserem Planeten Erde und den Wesenheiten des göttlichen Kosmos. Die Menschheit erlebt sich in einer Art kosmischen Einsamkeit.Trennung, Krankheit, Leid und Schmerz, die vielen weltweiten Katastrophen zeigen an, daß unsere Entwicklung Teil eines göttlichen Plans ist, der im kommenden Zeitenzykluswechsel zur Erfüllung drängt. Wenn wir Teil des Stroms dieser kosmischen Bewegung werden, können wir Veränderung, Heilung und Ganzwerdung erfahren.

In seinem ersten Buch erzählt Norbert Muigg wie er allmählich lernte, die „Sprache des Herzens“ zu verstehen und zu sprechen, und seiner Lebensbestimmung zugeführt wurde. Und er übermittelt die Botschaft der Maya von der Zeitenwende und von der Rückkehr der Lichtboten, die ihr vor vielen Jahrtausenden begonnenes Werk auf dem geliebten Planeten Erde vollenden werden. Sie hatten versprochen, wiederzukommen und die Menschheit von Leid und Schmerz zu befreien.

Norbert Muigg

Sprache des Herzens

Begegnungen mit den Weisen der Maya

308 Seiten, geb., Euro 22,-, ISBN 3-900436-90-8

Unser Planet „Mutter Erde“ und alle seine Bewohner leben in der Polarität, im Spannungsfeld zwischen Stärken und Schwächen, Wachsen und Vergehen, Tag und Nacht, Leben und Tod.
Das sogenannte „Böse“ kreieren wir also selbst, indem wir nur die lichtvollen Aspekte fördern und glauben, den dunklen Kräften zu entkommen, indem wir sie ignorieren oder bekämpfen.
Norbert Muigg zeigt anhand seiner Erfahrungen mit den Maya-Schamanen, wie unmittelbar sich diese Bewertung in der magischen Praxis, im Umgang mit den Wesenheiten des Lichts und der Dunkelheit und im Leben einzelner Personen auswirkt. Heilung besteht darin, mit den dunklen Energiefeldern in Kommunikation zu treten und sich mit den eigenen dunklen Facetten zu versöhnen. Nur so werden wir ganz, das heißt heil und manifestieren das göttliche Gesetz der Liebe im Irdischen.

Norbert Muigg

Der Mond im Jaguar

Begegnungen mit den Weisen der Maya

300 Seiten, geb., Euro 22,-, ISBN 3-85052-125-7